U0908088

政治通鉴 第一卷

The Peking University Critical Dictionary of Politics

俞可平　主编

中国大百科全书出版社

图书在版编目（CIP）数据

政治通鉴. 第一卷 / 俞可平主编. —北京：中国大百科全书出版社，2020. 6

ISBN 978-7-5202-0760-7

Ⅰ. ①政… Ⅱ. ①俞… Ⅲ. ①政治学 Ⅳ. ① D0

中国版本图书馆 CIP 数据核字（2020）第 081491 号

策 划 人　曾　辉
责任编辑　于淑敏
责任印制　常晓迪
装帧设计　黄　琛
出版发行　中国大百科全书出版社
社　　址　北京阜成门北大街 17 号
邮政编码　100037
电　　话　010-88390969
网　　址　www.ecph.com.cn
印　　刷　小森印刷（北京）有限公司
规　　格　710 毫米 ×1000 毫米　1/16
印　　张　29.75
字　　数　424 千字
印　　次　2020 年 6 月第 1 版　2020 年 6 月第 1 次印刷
书　　号　ISBN 978-7-5202-0760-7
定　　价　128.00 元

总序

／俞可平／

在人类文明史上，亚里士多德是举世公认的绝世奇才。这位出生于公元前384年的古希腊天才创立了多门基础自然科学和社会科学，许多重要学说至今仍是这些学科史上的丰碑。在他涉及的所有学科中，政治学一直被他断定为最重要的学科。他认为，人类作为最高级的“政治动物”，其终极目的，就是追求幸福生活。让所有公民都过上幸福生活，则应是城邦国家的最高目的。政治学之所以是“主导学科”，就是因为在众多学科中，唯有政治学着重关注“城邦最高的善”，即城邦国家的公共利益。如何才能最大限度增进城邦的公共利益，让全体公民过上幸福生活？为什么同一群人在同一地域中，有时富裕，有时贫困？有时野蛮，有时文明？有时内战，有时和谐？有时堕落，有时进取？有时贪婪，有时慷慨？（我把这些问题概括为“亚里士多德之问”）亚里士多德毕生致力于思考这些问题，他的政治学就是对这些问题的思考和解答。他对上述“亚里士多德之问”的终极答案便是：政治制度是决定城邦命运和公民幸福的关键所在。他说："只有具备了最优良的政体的城邦，才能有最优良的治理；而治理最为优良的城邦，才有获致幸福的最大希望"。因此，亚里士多德极其重视政治与政治学。为了寻求最理想的政治制度，他曾经带领成百上千的学生，对古希腊的158个城邦国家的政体逐一进行考察和比较。从某种意义上说，亚里士多德的政治学，便是他对古希腊城邦国家政治制度考察与分析的最终成果。

中国古代的先贤大儒也特别重视政治，把王权和王道看作社会稳定和国家兴旺的决定性因素。中国文化中一直有"以史为鉴"的悠久传统。这里的"史"主要就是历代的政权兴衰史，这里的"鉴"则主要是针对国家统治者而言的政治得失。从文献记载看，早在西周时期，王朝就设有史官，开始官修历史。据《逸周书》所载，中国历史上第一部《史记》并非后人熟知的司马迁所著。周朝在位时间最长（公元前976—前922）的周穆王，就命令左史戎夫作"史记"，主要内容便是记载二十八个古代国家的亡国教训。司马迁的划时代巨著《史记》，实际上主要也是一部中国古代政治的兴亡史。《史记》的"本纪""世家""列传"，以及"书""表"的基本内容，无非就是历代帝王、诸侯、大臣的政治传记，以及历朝重要政治制度的记录。司马迁欲通过编纂《史记》，达到"究天人之际，通古今之变"的目的。这里的"变"，主要也是历代的王朝政治之变。至于后来司马光的《资治通鉴》，书名就开宗明义：总结历代政治得失，为君王统治提供借鉴。用司马光自己的话来说，《资治通鉴》的宗旨，就是"专取关国家盛衰，系生民休戚，善可为法，恶可为戒者"。可见，"讲政治"实在是中国传统文化的显著特色。

传统中国有重政治的传统，却无政治学的历史。政治学泛指关于人类社会政治现象和政治发展规律的知识体系，它是人类最古老和最重要的学问之一，也是社会科学的基础学科之一。政治学拥有自己独特的研究对象、问题、概念、方法和公理，是其他任何社会科学都无法取代的基础学科，对人类的政治进步和知识进步发挥着重大作用。首先，政治学有助于确立人类社会的基本政治价值。人类的政治进步需要有明确的政治目标和政治方向。为人类社会的政治进步设定目标，奠定人类的基本政治价值，是政治学的首要功用。其次，政治学有助于探索人类社会政治发展的规律。人类的政治发展是有规律可循的，从现实政治生活中发现规律性的政治现象，是政治学的重要任务。其三，政治学有助于确立政治评价标准，推进人类政治进步。政治进步、政治评价必须有客观和科学的标准。政治学的一个重要任务，就是努力提供政治评价的标准，使得政治进步有一个相对客观的衡量尺度。其四，政治学有助于解释社会政治现象，揭示社会现象背后的政治本质。纷繁复杂的政治生活背后，往往隐藏着深刻的政治动机和政治利益，政治学知识帮助人们认清政治生活的实质。最后，政治学有助于总结人类政治的游戏规则，影响人类的政治制度设计。

作为一门独立学科的政治学，在中国是近代的产物。一般认为，1899 年北京大学的前身京师大学堂首次开设专门的“政治讲堂”，是作为一门独立学科的政治学在中国的发端，至今已有一百二十年的历史。在过去的一百二十年中，由于战争和政治的原因，中国政治学时断时续，在十分曲折中发展。1949 年中华人民共和国成立后，我们开始照搬苏联的模式，错误地将政治学当作“伪科学”，政治学作为一门独立的社会科学在我国日渐式微。1952 年，高等院校进行院系调整，大学的政治学系被正式取消。从二十世纪五十年代初直到七十年代末这一漫长的时期中，虽在少数大学里短暂有过“政治学系”或“国际政治系”的设置，但作为一门独立学科的政治科学在我国不复存在，它在我国学术领域中消失了近三十年。改革开放后的 1979 年，在邓小平关于政治学等要尽快恢复的直接指示下，作为独立学科的政治学才得以在中国走上正常的发展轨道。

重政治而轻政治学的历史传统导致的直接结果便是，在中国的知识体系中，传统的政治经典文献浩如烟海，而现代的政治学经典则寥若晨星。以工具书为例，《史记》《资治通鉴》，乃至整个“二十四史”，以及各种“大典”“全书”，均可算作传统的政治经典文献资料，而现代的工具性政治学基础文献，则十分稀少。改革开放后编纂的《中国大百科全书·政治学》卷，从某种意义上说可能是目前我国最重要的现代政治学工具性文献。传统政治经典的工具性文献与现代政治学工具性文献有三个重大区别。一是研究对象不同。传统文献的主要研究对象是历代王朝政权的制度和政权更替，现代政治学工具文献的主要对象则是政治发展的一般规律和政治生活的基本知识。二是阅读对象不同。传统文献的主要阅读对象是统治阶层，特别是作为最高统治者的帝王，现代文献的主要对象则是广大民众。三是研究范围不同，传统文献局限于中国的政治制度和政治变迁，而现代的政治学工具性文献则不限于某个国家，而是放眼整个世界。毫无疑问，对于现实的政治进步和政治教育来说，现代的政治学工具性文献更有直接的意义和价值。

正是为了填补政治学基础性工具文献的不足，北京大学中国政治学研究中心在2017年就决定开展“政治通鉴”的研究和《政治通鉴》的编撰工作，这一研究工程得到了北京大学的全力支持，被列入“双一流”专项资助计划。“政治通鉴”研究项目的最终成果不是编撰一般意义上的政治学工具书，甚至也不是编纂政治学百科全书。实际上，这是一项重大的基础性研究工程，本项研究将努力解决以下几个关键问题：第一，迄今为止，世界各国的主要政治经典有哪些；第二，迄今为止，人类创造的基本政治制度有哪些，哪些是中国特有的政治制度；第三，人类政治发展的普遍规律是什么；第四，政治制度与政治文化究竟有什么关系，它们之间如何相互影响和转化；第五，人类有哪些重要的政治理想，未来人类的理想政治应当是什么。

显而易见，这样一项大型基础研究工程，仅有北京大学中国政治学研究中心的参与是远远不够的。我们决定依托北京大学中国政治学研究中心，动员全国相关科研院校的专家学者，用十年左右的时间来完成各项任务。按照我们的设想，最终成果将是多卷本的《政治通鉴》，既包括政治学经典文献，又包括政治学研究的前沿成果，并且充分体现中国政治学者的独立观点。该项研究不仅将总结和分析中国政治发展的经验教训和一般规律，也将分析和探讨世界主要国家政治发展的经验教训和普遍规律。此外，“政治通鉴”研究工程的实施过程，也将是基础研究与人才培养相结合的过程，是“政治通鉴学派”学术共同体的建构过程。

目前呈现在读者面前的《政治通鉴》，就是“政治通鉴”研究项目的系列成果之一。每一卷《政治通鉴》均包括五个部分的主体内容：（一）古今中外的重要政治学经典；（二）改变政治历史进程的重大政治事件；（三）影响各国政治发展的重要政治人物；（四）对人类政治生活具有广泛影响的政治理论；（五）人类有史以来的基本政治制度。这五个部分其实也是“政治通鉴”研究工程的五个子课题，其中“政治经典文献选编与研究”由北京大学俞可平教授负责，“重大政治事件研究”由中国人民大学王续添教授负责，“重要政治人物研究”由中央党校王长江教授负责，“主要政治理论研究”由中央党史和文献研究院杨雪冬研究员负责，“基本政治制度研究”由北京大学何增科教授负责。

我们计划陆续编撰出版的《政治通鉴》既不同于传统的《资治通鉴》等经典政治文献，它不是简单的政治实录，其目的不在“成一家之言”，更不是为君王提供统治的镜鉴。《政治通鉴》也不是一般意义的政治学百科全书，它收录的重点是政治经典、政治事件、政治人物、政治理论和政治制度，而不是政治学的基本概念。在“政治通鉴”的研究和《政治通鉴》的撰写过程中，我们努力要求作者做到以下三点：第一，将叙述和分析相结合，每个部分都将包括经典文献和历史事实的客观叙述，以及作者的主观分析和评论。第二，将纵向和横向的比较研究相结合。对所论及的政治制度、人物、事件，不仅要做纵向的比较历史分析，还要做横向的比较研究。第三，将经典文献研究与理论前沿论述相结合，《政治通鉴》的内容既包括整理和汇编历史上曾经产生过重大影响的政治学经典文献和政治思潮，同时也包括各国政治学研究最具有代表性的前沿研究成果。

“政治通鉴”的研究与《政治通鉴》的撰写，是一项庞大的系统工程，需要多方的通力协作与支持。最终成果的陆续出版，首先要归功于北京大学和北京大学中国政治学研究中心的坚强支持。北京大学当初决定建立中国政治学研究中心这一新实体机构的重要目的之一，就是加强政治学基础研究，包括编撰出版《政治通鉴》。没有北京大学中国政治学研究中心这一实体机构的支撑，“政治通鉴”的研究和《政治通鉴》的编撰是不可想象的。其次要感谢全体作者的贡献。《政治通鉴》的作者，只有一小部分是中国政治学研究中心的老师和博士生，更多的是中心之外的相关领域专家。由于《政治通鉴》选录的条目，大都是政治学和其他社会科学的重要内容，通常都会有专门的研究者及其代表性成果。当编委会邀请这些专家学者为《政治通鉴》贡献其最新成果时，绝大多数专家学者都给予积极的响应。最后，特别要感谢中国大百科全书出版社的大力支持，为了保证《政治通鉴》的顺利出版，大百科全书出版社领导还延请了当年负责《中国大百科全书·政治学》卷的资深编辑参与审稿。由于需要致谢的人数众多，恕我在这里不一一列出名单，哪怕是贡献重大的领导和学者。

按照“政治通鉴”的研究与《政治通鉴》的编撰计划，我们在多卷本的《政治通鉴》全部出齐后，还将按照五个主题的内容进行重新编排，分门别类再出一个版本。在这一过程中，我们特别欢迎各位读者和专家提出批评和建议，以便我们及时修订和完善各个条目的内容。

2020 年 1 月 30 日

于北京大学中国政治学研究中心

目　录

总　序…… 俞可平 / 1

第一部分　政治学名著

《理想国》…… 张新刚 / 3
《政治学》…… 俞可平 / 51

第二部分　政治事件

秦始皇统一中国 …… 黄　涛 / 103
十七世纪英国革命 …… 高亚林 / 145

第三部分　政治人物

隋文帝 …… 王长江 / 197
华盛顿 …… 郑　寰 / 243

第四部分　政治思潮

世界主义 …… 刘　彬 / 291
民粹主义 …… 费海汀 / 331

第五部分　政治制度

共和制 …… 房亚明 / 385
法　治 …… 马　啸　吴泽民 / 425

第一部分

政治学名著

《理想国》

/ 张新刚* /

一、导论

（一）柏拉图其人其书

柏拉图（公元前 428/427—前 347）是西方哲学以及政治哲学传统最为重要的奠基人，从他留下来的对话与书信可以看到其著述主题的丰富性，并且在人类文明的不同阶段和关键节点处，柏拉图的著作都发挥了重要的思想影响，时至今日，其著作中的众多主题仍被反复研究和讨论。对于柏拉图对西方文明乃至整个人类文明的贡献，无论如何强调都不为过，但是考虑到本文的关注点，即《理想国》所体现的柏拉图政治思想这一议题，我们还是首先将注意力集中于柏拉图思想中的政治面向。

柏拉图出生于雅典贵族家庭，其父亲阿里斯通（Ariston）并不十分显贵或富有，并且在柏拉图

* 张新刚：北京大学历史学系助理教授。

出生后不久便去世了。柏拉图的母亲珀克里提俄涅（Perictione）祖上则可追溯至雅典著名的立法者梭伦（Solon）家族，并且是克里提亚（Critias）的外甥，而克里提亚是伯罗奔尼撒战争后雅典内乱时三十僭主的重要成员。阿里斯通与珀克里提俄涅另育有两个儿子格劳孔（Glaucon）和阿德曼图斯（Adeimantus）、一个女儿波托涅（Potone）。格劳孔和阿德曼图斯也是《理想国》这部对话中与苏格拉底对谈的主要人物。在阿里斯通去世后，珀克里提俄涅改嫁给自己的叔叔派里兰佩斯（Pyrilampes），后者是雅典的政治家，曾出使波斯，并是雅典著名的将军和政治家伯里克利（Pericles）的好友。“柏拉图”（Πλάτων）一称实为绰号，出自古希腊语“宽阔的”（πλατύς），可能形容其脑门，或身材，或著作的范围。“柏拉图”的本名为阿瑞斯托克勒斯（Ἀριστοκλῆς / Aristocles），原意为“最好的声誉”。

柏拉图出生时，雅典与斯巴达之间的战争（即伯罗奔尼撒战争）已经打了三年，雅典经历了重大的瘟疫，伯里克利也刚刚过世。柏拉图从小就目睹了这场大战，并在二十多岁的时候经历了雅典的战败以及战争晚期的城邦内乱。在公元前405/404年的这场内乱中，他的家族成员克里提亚、卡米德斯等都参与其中。柏拉图最初也曾积极地投身这场内乱之中，在《第七封信》中，他在回顾自己的这段经历时说：“我虽然曾经满腔热忱地希望参加政治生活，但当我看到这些变化和万物之不稳定后，这些混乱的状况却使我晕头转向。尽管我并没有停止思考如何改进我们的礼法与政制，但我的行动推迟了，以等候有利的时机。”[1]而在城邦从内乱中恢复之后，柏拉图最挚爱的老师和朋友苏格拉底被城邦判处死刑，这件事给他带来了切身的痛楚，柏拉图也进一步反思城邦的正义问题。在《第七封信》中，他关于政治事务给出的一个结论就是：“所有现存的城邦无一例外都治理得不好，它们的法律制度除非有巨大的变革并伴随好运气，否则是难以好转的。因此我不得不说，只有真正的哲学家才能看清在公共和私人生活中正义究竟为何物。除非真正的哲学家获

1 Plato, Letter VII, 325a–b. 本文中对柏拉图著作的引用，除《理想国》外，英文本皆参照 Cooper, John. M. (ed.), *Plato: Complete Works,* Indianapolis: Hackett, 1997.

得政治权力，或者出于某种神意，政治家成了真正的哲学家，否则人类就不会有好日子过。”[1]

柏拉图除了年轻时受到家族成员召唤，短暂地投身政治活动之外，最为重要的政治经历就是三次前往西西里叙拉古。公元前 388 年，柏拉图第一次来到叙拉古僭主狄奥尼修斯一世（Dionysius Ⅰ）的宫廷，狄奥尼修斯一世自诩拥有哲学修养，而柏拉图则力图让他建立正义城邦。遗憾的是，柏拉图并未成功，但却与狄奥尼修斯一世的堂兄和连襟狄翁（Dion）建立了友谊。柏拉图第一次在叙拉古只待了几个月，之后便被狄奥尼修斯强行送上船打发走了。经过一番困顿经历后，回到雅典的柏拉图于公元前 387 年建立了著名的“学园”（Ἀκαδημία），学园一直维系到公元前 83 年。公元前 367 年，柏拉图应狄翁的邀请，第二次造访叙拉古，为继任者狄奥尼修斯二世（Dionysius Ⅱ）出谋献策，但后者并不信任柏拉图，认为柏拉图与狄翁是同党。狄奥尼修斯二世驱逐了狄翁，并扣留了柏拉图一段时间之后才放行。六年之后，柏拉图最后一次奔赴西西里，但仍未能说服僭主重新信任狄翁，也就结束了自己的三次叙拉古之行。然而令人唏嘘的是，最后狄翁率军夺取了对叙拉古的统治权，但他也未建立起符合柏拉图理论的正义城邦。柏拉图于公元前 347 年辞世，享年 80/81 岁。

从公元前 380 年代起，柏拉图开始撰写对话录，并且在学园内留下了很多演讲。柏拉图一生著述丰富，根据古代传统，共有 46 篇对话和 13 封书信在其名下，而现代学者一般认为目前保存的对话中有 24—26 篇是真作。在这些作品中，就政治思想而言，最为重要的对话有：《申辩》《克力同》《高尔吉亚》《美涅克塞努斯》《普罗塔哥拉》《理想国》《政治家》《蒂迈欧》《克里提亚》和《法律篇》等。从早期的苏格拉底式对话，到以《理想国》为代表的中期著作，再到最后的《法律篇》，柏拉图政治思想的总体面貌基本保持稳定，不同时期的作品虽有细节方面的差异，但整体并没有明显的发展或断裂，更不

1 Plato, Letter VII, 326a–b.

存在学界长期持有的误解，即柏拉图的政治思考经历了从理想到现实、从人治到法治的转变。[1]要正确把握柏拉图政治思想，特别是《理想国》一书中的政治思考，我们需要首先对柏拉图所处的政治和智识语境进行简要的说明。

（二）柏拉图政治思想的语境

柏拉图生活在公元前五世纪末至前四世纪中叶，这一时期的雅典经历了诸多重大的政治事件，要想准确定位柏拉图的这个时代，需要从更长时段来把握雅典的历史与演变。为了讨论的方便，我们可以把雅典城的历史划分为以下几个大的阶段。第一个阶段是从前六世纪中叶到公元前508年，这个阶段是雅典作为政治共同体的萌生和确立期。在这一时段内，雅典先是经历了内部严重的贫富分化和冲突，梭伦为了缓和城邦危机进行了调解和立法，但雅典城最终还是进入了庇西特拉图家族的僭主统治，在驱逐了僭主家族之后，克里斯提尼借助民众的支持掌握了城邦统治权，并于公元前508年对雅典进行了同质化的改革。正是克里斯提尼的改革，使得雅典从原来松散的共同体聚合城实质性地转变为政治共同体。第二个阶段是从克里斯提尼改革到公元前五世纪中叶的伯里克利改革，这一阶段中，雅典内外都发生了重大变化。对外方面，雅典以及希腊世界经历了与波斯的大战，并最终成功击败波斯入侵，雅典逐步崛起为提洛同盟的领袖。对内方面，因为希波战争中雅典的海军得到实质性发展，这也进一步使得政体慢慢走向民主化，到伯里克利改革后，雅典最终转型为民主帝国。第三个阶段是从公元前五世纪中叶到前405/404年，作为民主帝国的雅典在公元前五世纪最后阶段与希腊世界另一强大的联盟——伯罗奔尼撒联盟展开了为期27年的战争，最终雅典以失败收场。雅典不仅丧失了之前控制的盟邦，而且自身的民主制度也在战争后期不

1 关于柏拉图政治思想统一性的研究，可参见［法］普拉多：《柏拉图与城邦》，陈宁馨译，梁中和校，华东师范大学出版社2016年；关于《法律篇》与《理想国》关系的研究，参见安德烈·拉克：《法律篇》，［英］克里斯托弗·罗、马尔科姆·斯科菲尔德主编：《剑桥希腊罗马政治思想史》，晏绍祥译，商务印书馆2016年，第十二章。

断调整，最重要的就是三十僭主内乱平息后通过司法手段对之前的激进民主制度进行制约。第四个阶段是雅典民主制恢复后一直到马其顿征服，这一阶段的雅典政体总体保持了稳定。

柏拉图生活在第三和第四个阶段，这一时段雅典的主要命题是面对伯罗奔尼撒战争的失败以及随之而来的城邦内乱，想方设法维系城邦的安全以及调适趋于激进的民主制度。在《美涅克塞努斯》中，柏拉图借伯里克利情妇阿斯帕西娅（Aspasia）之口说，雅典是不会被外敌击败的：

“实际上，只是由于我们内部的纷争，而不是出于别人之手，才弄到我们失去光彩；在别人手下，我们直到今天还是不曾失败过，我们乃是自己打败自己、自己被自己打败的。

“上述这些事件之后，当时我们正同其他城邦和睦相处，我们城内却发生了内战。战争是这样打的，——倘使人们注定要进行内乱的话，那就没有一个不希望他自己的国家有缺点都能像我们。比雷埃夫斯来的公民和雅典本城的公民以十分亲切友爱的态度彼此和解了，并且——出乎一般人的期望之外——也同其他的希腊人和解了；在他们解决对厄琉西斯人的战争时，也采取了这样的温和态度。这一举动的根源不在别的地方，乃是在于纯正的亲缘关系，它为人们提供了不仅在言语方面，而且也在行动方面所拥有的基于血亲关系的牢固友爱。”[1]

柏拉图对于雅典城邦内乱的反思与理解显示了这一事件对其政治生涯和政治思想的影响。但是，对于柏拉图来说，内乱（stasis）绝非仅仅意味着一般性的政治语境，而是构成了其政治哲学的核心问题意识。在他的《理想国》和《法律篇》[2]这两部最为重要的政治哲学著作中，内乱都构成其政治思考的重要对象。在《理想国》中，内乱被视为是城邦最大的恶，而只有哲人王统

1 ［古希腊］柏拉图：《梅尼克齐努士》，243d–244a，中译文引自《柏拉图〈对话〉七篇》，戴子钦译，辽宁教育出版社 1998 年，第 143 页。

2 本文《理想国》原文的引用皆出自柏拉图：《理想国》，顾寿观译、吴天岳校，岳麓书社 2010 年。部分有改动。

治的城邦才能最大限度地避免内乱。而《法律篇》的开篇就开始于对城邦立法应该着眼于对外战争还是防止内乱的讨论，并在此问题基础上展开整个《法律篇》关于政体和立法的探究。在这个意义上，柏拉图作为西方政治哲学开端处的重要奠基人，其政治思考一开始就与内乱问题交织在一起，并将内乱及其理论作为其基本的问题意识。

在柏拉图看来，城邦内乱这一希腊城邦世界的疾患背后有特殊的理论支撑，在《法律篇》的一段著名的段落中，柏拉图提出：

"朋友们，所有这些说法都是由年轻人所认为的智慧之人——作家和诗人们——提出来的，他们解释说最正义的是使得人能用强力取胜的东西。这是影响年轻人不虔敬的根源，年轻人则认为诸神并非法律所规定他们所应该认为的那样。经由这些事情，内乱就出现了，因为有人导引人们过'依据自然正确的生活'，即实际上过依据法律主宰别人而不成为别人奴隶的生活。"[1]

柏拉图的这段话将城邦内乱与公元前五世纪希腊思想中著名的"自然—礼法"关系联系在一起，并且明确认为将正义建立在强力逻辑之上就是城邦内乱的理论基础。[2]熟悉《理想国》的读者可以很自然地发现，《法律篇》这里所提及的理论恰恰是《理想国》开篇处由智者色拉叙马霍斯以及柏拉图的两位兄弟为苏格拉底设置的正义难题，所以从《法律篇》的这段话回头看《理想国》的文本，就能够对柏拉图政治思想有更为准确的定位和把握。下面，我们就正式转向《理想国》这一对话。

---

1 ［古希腊］柏拉图：《法律篇》，890a。本文所引用《法律篇》文本皆为笔者翻译，参照英译本 Plato, *The Laws of Plato*, trans. By Thomas L. Pangle, Chicago and London: The University of Chicago Press, 1988.

2 关于礼法与自然（nomos-phusis）关系的研究可参见：Guthrie, W. K. C. *A History of Greek Philosophy*, vol. 3, Cambridge: Cambridge University Press, 1956, Chapter 4.

二、正义的难题

（一）《理想国》：场景与人物

柏拉图这篇对话的古希腊原文为Πολιτεία，拉丁字母转写为Politeia。在古希腊语中，Politeia一词有多重含义，包括政体、生活方式、公民权、城邦管理等等，现代西语多沿用西塞罗使用的术语而将该书翻译为“共和国”（The Republic；La République；La Repubblica）或者“国家”（Der Staat）。“理想国”很可能取自日本在二十世纪初的译法，[1]后经二十年代吴献书翻译的《柏拉图之理想国》全书[2]而确定下来，并被广泛接受而一直沿用至今。[3]《理想国》这一译法实际上取自对该书总体政治图景的描述，特别是对书中描述的“美丽城”的转译。可以说这一中文译法既有其合理的地方，即将该对话里政治构想的乌托邦色彩凸显出来，且在很大程度上符合柏拉图自己的观点；但另一方面也容易使中文读者忽视其原文意涵的丰富性和复杂性，而只有综合把握该词的多重意义，特别是灵魂层面的政体和生活方式，才可能正确理解这部对话。

《理想国》从开篇一直到第二卷格劳孔和阿德曼图斯挑战，展示了整部对话开展的历史与智识语境，以及该部对话所要处理的核心问题。关于《理想

1 《理想国》最初的日译本是1906年9月由木村鹰太郎翻译的《柏拉图全集》第2卷，底本是本杰明·乔伊特（Benjamin Jowett）的柏拉图对话集（*The Dialogues of Plato*, 3rd Edition）。根据日本柏拉图研究专家纳富信留（Noburu Notomi）的研究，“理想国”是日本独自的称呼，见纳富信留：《近代日本的“理想国家”论——谈柏拉图〈理想国〉吸纳的意义》，《浙江树人大学学报》2012年第12卷第3期，第66–71页。

2 吴献书译，《柏拉图之理想国》，上海：商务印书馆1920年1月第一版。

3 民国时期的政治学者沿用《理想国》的译法，如民国时期的政治思想史家吴恩裕就采用《理想国》译法，见吴恩裕：《柏拉图〈政治家〉及〈法律篇〉中的政治思想》，《东方杂志》，1946年第42卷第6号，第36页。目前通用译本，如郭斌和、张竹明的商务印书馆译本以及顾寿观先生的译本都沿用了《理想国》这一译法，见［古希腊］柏拉图：《理想国》，郭斌和、张竹明译，商务印书馆1986年；［古希腊］柏拉图：《理想国》，顾寿观译，吴天岳校注，岳麓书社2010年。

国》的开篇，已经有很多学者对其进行了富有深意的分析与解读，[1]本文在此不想重复，而是试图从政治史和内乱的角度来进行简要诠释。

首先来看对话的时间和地点。按照对话开篇的叙述，《理想国》这一对话有三重时间值得注意。第一个时间是文本中对话的实际发生时间，即在本迪斯女神节日的傍晚。第二个时间是按照历史记述，该节日应该是在公元前431年到前411年之间，也就是伯罗奔尼撒战争的前二十年中。[2]在此期间，克法洛斯一家因为制造盾牌而成为非常富裕的家族。第三个时间就是柏拉图写作这篇对话的时间，即在三十僭政之后，这一点向我们揭示了对话中人物和场景的意义，因为在第一卷参与对话的克法洛斯家族在雅典内乱中遭受了巨大的冲击，柏拉图在撰写该对话的时候，当时的读者对这一事实是了然于心的。就场景来说，从《理想国》的第一句话我们就得知对话发生在雅典之外的比雷埃夫斯港。在雅典战败后内乱中，该港是城外民主派反击三十僭政的重要阵地，也是很多从事制造业和商业的外邦人聚居的地方。

对话发生在居住在比雷埃夫斯港的克法洛斯家中，这一地点的选择也是很值得注意的。如吉福德（Gifford）所言，[3]在《理想国》卷一最初的对话者并不是什么著名的人物，他们甚至不是雅典公民，而是从事工匠和贸易的人，唯一被后世所熟知的大演说家和修辞家吕西阿斯（克法洛斯之子）只是站在旁边听着整个对话，而没有发表任何自己的观点。我们对克法洛斯的了解也主要来自吕西阿斯：

“我父亲克法洛斯是受伯里克利说服来到这片土地的（阿提卡），他在这里住了三十年；他和我们（吕西阿斯和波勒马霍斯）从未指控过任何人，也

1　比较有代表性的是沃格林，参见《〈王制〉要义》，华夏出版社2006年第164页以下；施特劳斯（*The City and Man*），布鲁姆等，此外，对卷一的戏剧场景设置分析较为充分的是Gifford, Mark. “Dramatic Dialectic in Republic Book I”, *Oxford Studies in Ancient Philosophy 20*, 2001, pp.35–106。

2　参见Garland, R. *Introducing New Gods*, Cornell University Press, 1992, pp.111–14; Parker, Robert. *Athenian Religion: A History*, pp.170–5; Gifford, p.53。

3　Gifford, Mark. “Dramatic Dialectic in Republic Book I”, *Oxford Studies in Ancient Philosophy 20*, 2001, pp.35–106.

没有被任何人起诉过。实际上，当城邦在民主派治下时，我们过着一种避免对别人行不义和受不义之行为的生活。”[1]

克法洛斯大约是在公元前450年代后期被伯里克利劝说来雅典定居的，在雅典居住了三十余年，其间从事盾牌制造业，并因此变得富有，到公元前404年时已经拥有一百多名奴隶。[2]但是这一家人在三十僭政时期的雅典内乱中，遭受了统治集团的迫害和掠夺：

“我（吕西阿斯）前往船主阿凯纽斯（Archeneus）家里，请他去城里寻找我的兄弟。他回来告诉我，埃拉托斯塞涅斯（Eratosthenes）在大街上抓了他，并把他投入了监狱。听到这个消息后，我连夜驶往麦加拉。三十人用惯常的命令将波勒马霍斯处死，让他喝下毒芹，并没有说明处死他的原因；波勒马霍斯也没有被审判，也没有机会进行自我辩护。当他死后，被从监狱中抬出来时，虽然我们有三所房子，但他们不允许在其中任何一处举行葬礼，而是将他放置在一个租来的小屋里。我们有很多斗篷，但是他们却不允许我们在葬礼上用哪怕一块儿。我们的朋友们这一个给个斗篷，那一个给个枕头，再就是把自己多余的什么东西拿出来，这才完成了葬礼。他们拿走了我们几百块盾牌，以及超出他们预想的所有的金银、铜、珠宝、家具和女性衣装。同时还有120名奴隶，他们把其中精明能干的挑走，剩下的则交到城邦。这就是他们无耻和贪婪的程度，下面这件事更能显出他们的秉性：当麦洛比乌斯（Melobius）踏进门时，他看见波勒马霍斯妻子戴着黄金耳环，便一把从其耳朵上拽了下来。他们没有对我们表示丝毫歉意，反而因为我们的钱财，他们对待我们的方式就好似曾受到严重的侵犯一样。”[3]

了解了这一背景，对于《理想国》的读者来说，看到对话发生的地点克法洛斯家时，必然会记起这一家人在城邦内乱时的遭遇。柏拉图安排勤勉的

1　Lysias, 12.4. See Lysias, trans. by S.C. Todd, University of Texas Press, 2000.

2　参考 Nails, Debra. *The People of Plato, A Prosopography of Plato and other Socratics,* Indianapolis/Cambridge: Hackett Publishing Company, Inc., 2002, p.84。

3　Lysias, 12.16–20.

军火商克法洛斯以及其子波勒马霍斯作为苏格拉底最初的两个对话者，实际上是将克法洛斯家族的财富以及波勒马霍斯与吕西阿斯在内乱中的表现与遭遇重新激活。正是在这一语境设置之下，克法洛斯所主张的正义观，即欠债还钱，以及波勒马霍斯认为的正义就是扶友损敌才能得到更加完善的理解。总起来说，克法洛斯一家与雅典城的命运有着紧密的关联，雅典帝国的兴盛使得克法洛斯从军械生产中获益良多，而巨额的财富在雅典战败后也成为三十寡头垂涎的对象，波勒马霍斯和吕西阿斯也以不同的方式被卷进与雅典内乱相关的事件之中。所以整部《理想国》的起点就是内乱中民主派的大本营比雷埃夫斯港，以及与在内乱中被三十寡头迫害的克法洛斯一家人的交谈，并且在苏格拉底与波勒马霍斯讨论完扶友损敌的正义观之后，对话很快就转向了内乱的理论层面的质询。

（二）不义的挑战

在《理想国》第一卷，克法洛斯和波勒马霍斯退出正义的讨论之后，智者色拉叙马霍斯登场。色拉叙马霍斯具体提出了对正义的两种看法：正义是强者的利益和正义是他人的好处。学者们对色拉叙马霍斯正义观的实质以及前后两种观点是否一贯有着诸多争论，但如果仔细辨析，我们会发现两个定义的一致逻辑。[1]

我们先来看色拉叙马霍斯对正义的第一次界定：

“我说，正义不是别的什么，而是更强者/更好者的好处（to dikaion ouk

1 关于色拉叙马霍斯正义观的理解一直是学界争论的问题，参见 Chappell, T.D.J. “The virtues of Thrasymachus”, Phronesis, 1993, 38(1): 1–17。认为色拉叙马霍斯正义观是不连贯的重要讨论，参见：Annas, J. *An Introduction to Plato's Republic*. Oxford: Oxford University Press, 1981; S. Everson, “The Incoherence of Thrasymachus”, *Oxford Studies in Ancient Philosophy,* 16 (1998), 99–131. 持一致论的学者参见：Kerferd, G B. “The doctrine of Thrasymachus in Plato's Republic”, *Durham University Journal,* 1947, 9: 19–27；Reeve, C.D.C. “Glaucon's Challenge and Thrasymacheanism”, *Oxford Studies in Ancient Philosophy*, 2008: 69–103。

allo ti e to tou kreittonos sumpheron)。”[1]

需要特别指出的是“更强”kretton一词的双重含义，该词既是kratos（力量）一词也是agathos（善好）一词的比较级。可能随后色拉叙马霍斯便将该词的意涵定位在前者而使得学者们直接将其等同为“强者”，但在目前这一表达中，“力量”与“善”的含义并不明确。而这种含混性对于理解色拉叙马霍斯的立场是非常有帮助的，它一方面提出了不同于传统习俗的正义观，另一方面显示出色拉叙马霍斯的话语体系又是深深植根于习俗正义观的。这一双重面相在色拉叙马霍斯接下来的解释中得到更加明确的澄清。更为重要的是，苏格拉底在《理想国》后面对色拉叙马霍斯逻辑的反驳恰恰是紧紧围绕这两个词的关系展开的。

色拉叙马霍斯对强者的解释是通过城邦来言说的，在每个城邦中都有统治团体，而统治者（to archon）是强者（kratei），无论在民主制、寡头制还是僭主制中，统治者都是为了自己的利益制定法律（nomoi），“他们宣称他们所制定的——符合他们自己的好处——对被统治者是正义的……这就是我说的正义，在所有的城邦中都一样，即现政体的好处”（338e–339a）。色拉叙马霍斯的解释由两部分构成，一方面是似乎非常习俗式的表达，即正义是遵从法律的规定。[2]但是另一方面这一界定的核心是围绕强者—统治者的利益展开的，也就是说他为习俗法律赋予了一个外在的目的指向，即礼法只是统治者满足自己利益的工具，这是与传统正义观不同的。[3]在这一主张中，统治者和被统治者在正义问题上有着明确区分，即通常的正义和不义都体现在被统治者是否遵守城邦法律上面，而统治者本身是正义还是不义这一问题被悬置起来。

苏格拉底针对这一界定，特别是对统治者的性质进行质疑，他提出如果

1　［古希腊］柏拉图:《理想国》，顾寿观译，吴天岳校注，岳麓书社2010年，本文所引《理想国》文本皆参照顾寿观译本，部分有改动。

2　有学者们就此认为色拉叙马霍斯秉持一种习俗主义（conventionalism）的正义观。

3　Everson正是在这一点上详加阐述，试图证明色拉叙马霍斯的不连贯性，但是色拉叙马霍斯的这两个面相决定了其观点并非简单的习俗主义观点。对Everson的批评见Reeve文，皆同前引文章。

一个统治者犯错的话，就会制定出违背自己利益的法律。针对这一质疑，色拉叙马霍斯对统治者进行了非常严格的规定，即“统治者，就他是在统治着而言，是不出差错的，而只要他不出差错，他就把对他自己最有利的事物定为法律，而后者是被统治者所必须去实行的”（341a1–2）。这样，色拉叙马霍斯意义的统治者就变成了一个哲人王式的统治者，唯一的差别是二者所持有的目的不同，色拉叙马霍斯的僭主统治是为了满足私利，而哲人王如《理想国》后面所呈现的那样是为了城邦整体的统一和善好。而僭主和哲人王的区分的要害则在于正确理解统治技艺本身与通过技艺获取利益二者是相分离的，这也是苏格拉底进一步反驳的要害。

苏格拉底接下来引入了技艺类比，将色拉叙马霍斯的正义主张推进到第二步。苏格拉底对技艺的性质进行了规定，即医术作为一门技艺，它考虑的是技艺对象身体的利益，而非医术本身的利益。按照这一分析，医生通过医术治愈病人这一过程就变成了医生考虑和安排的不是自己的利益而是属于病人的利益。由此得到的结论就是“不论什么一种知识，它都既不是去考虑，也不是去安排那属于强者的利益，而是去考虑和安排那弱于它的、在它自身的力量影响之下的被统治者的利益的”（342 c–d）。将医术与统治术类比的话，那统治术作为技艺自身就是为了被统治者，也就是弱者的利益，基于统治者对正义的规定也就变成了色拉叙马霍斯最初定义的反面。色拉叙马霍斯看出苏格拉底的反驳逻辑，指出牧羊人所操心的并不是羊群的好处，他将羊群育肥最后是为了满足自己的好处。而城邦统治者也是秉持着同样的逻辑来实施统治的。色拉叙马霍斯的反驳一方面认同了苏格拉底对技艺和通过技艺获取利益之间所作的区分，另一方面更加直接地将统治技艺附加在统治者的利益上面，由此，色拉叙马霍斯提出了新的正义定义：

“（你不知道）那所谓正义和正义的事实际上乃是他人的好处，他是属于那强者和统治者的利益，而对于为臣民的人和服劳役者，则是他的固有的、应得的不幸和损失；而不正义，则是恰恰相反——它统治着那些真正地是名副其实的‘好样的傻子’，亦即，那些正义的人；而他们，作为被统治者，就

去为着那旁人的利益而服务，因为后者是强者，他们侍候他，为他服役，使他快乐幸福，而自己则一无所有。”（343c2–d1）

色拉叙马霍斯将正义定义为他人的好处，这“他人”并不是随意的指代，而是特指强者和统治者。不仅如此，色拉叙马霍斯还进一步说明强者是幸福的和不义的，而正义的人则是弱者，过着服侍强者的悲惨生活。表面上看，色拉叙马霍斯改变了自己关于正义的定义，用习俗认定的正义与不义来形容统治者和被统治者，这也是学者们争论不休的直接文本根据。但是，如果从强者这一角度来理解的话，我们就会发现，色拉叙马霍斯的立场是非常融贯一致的。而表面的不一致可以通过下面这一区分来看清楚，“正义是强者的利益”这一界定更多的是从强者—统治者这一角度来考虑的，而“正义是他人的利益”则是从被统治者—弱者的角度来言说的。色拉叙马霍斯后来对这一界定的再次阐明时说“正义是强者的利益，而不义是其自己的利益和好处”（344c7–9）更加证明了这一解读的合理性。这样我们就会发现，虽然色拉叙马霍斯在改变着对“正义”与“不义”两个词的使用方式，但不变的是对强者利益的关注。色拉叙马霍斯的立场实质上并没有发生改变，但第二个定义并不是对第一个定义的简单重复，而是增加了新的内容。首先，在“正义是强者的利益”中没有处理的统治者是否正义的问题得到了回答，色拉叙马霍斯认为统治者为了自身利益统治是不义的，但是不义比正义更有利。其次，色拉叙马霍斯的新定义也将正义扩充到日常层面，即“正义的人和不正义的人相处，在任何场合下总是正义的人居于劣势”（343d）。需要特别指出的是，这一内涵的扩充并不能视为色拉叙马霍斯观点不连贯的证据，因为此处的“他人之好处”要被理解为“比自己更强的他人之好处”。在色拉叙马霍斯的第二个定义中，极端的例子就是僭主，他行不义之事而成为最幸福的人，而不肯为不义之事的人则成为最可悲的人（344 a3）。通过这一阐述，色拉叙马霍斯将不义与强者（力量）和利益联系为一个整体，而正义与弱者和不幸关联起来。

色拉叙马霍斯通过两次诠释正义将基于力量之上的统治逻辑揭示了出来：

（1）力量上的强者是城邦的统治者。

（2）统治者统治是为了获取自己的利益和好处。

（3）统治本身是通过立法等活动实现的，正义源自立法的规定。

（4）这种统治逻辑本身是不义的。

针对色拉叙马霍斯的挑战，苏格拉底紧接着在卷一中进行五步反驳，其中最为核心的是围绕力量与善的关系展开的，这一关系也构成了苏格拉底批驳与重建正义观念的要害。限于篇幅，这里不详述苏格拉底的反驳过程，但需强调一点，那就是苏格拉底通过最后的反驳将不义与内乱联系在一起：

苏格拉底：要是说到那不正义，亲爱的色拉叙马霍斯，它总是争执与不和、仇恨与内部斗争的源泉，而那正义则带来同心一致（homonoian）与友爱（philian）。是这样么？

色拉叙马霍斯：让它，他说，就算是这样吧，以免和你争执。

苏格拉底：……如果这就是不正义的作用（ergon）——凡是它所到之处就产生仇恨，那么是不是，如果它存在于自由人和奴隶之中，它将引起相互间的仇恨与争执（stasiazein），并使人无力进行任何协和一致的行动？

色拉叙马霍斯：正是这样。

苏格拉底：那么怎样，如果出现于两个人之间呢？是不是这两个人将相互不和，彼此仇恨，互相为敌，并且一起成为正义的人的敌人？

色拉叙马霍斯：是这样的，他说。

苏格拉底：而如果，尊敬的先生，不正义存在于一个个人之中，难道它就将失落它那固有的能力了么，还是它将毫不逊色地具有它？

色拉叙马霍斯：让我们说，它毫不逊色地具有它。他说。

苏格拉底：那么，很明显，他所具有的是这样一种能力，这就是：不论它在什么地方，不论这是一个城邦、一个家族、一支军队，或一个任何什么社团，凡是它所到之处，它就，首先，由于引起不和与争执，使该团体不能在自身中达成一致而能有合作行为，并且使它成为既是它自身的，也是一切与它为敌的事物的，而且是正义事物的敌人。是不是这样呢？

色拉叙马霍斯：正是这样。

苏格拉底：而如果是在一个个人之中，我想，同样，它的出现也要引起所有这些按它的性质它所要引起的作用的。首先，一个人既然自己与自己不和（stasiazonta），自己和自己不能一心一德（homonoounta），他也就无力去从事任何事为；其次，这将使他自己与自己为敌，并与一切正义的事物为敌。是这样吗？

色拉叙马霍斯：是。（351d3–a10）

色拉叙马霍斯最终同意苏格拉底关于内乱原因的诊断，并且接受了苏格拉底对自己所秉持正义观的批评。总结来看，色拉叙马霍斯坚持强者的力量逻辑，按照他的理解，正义应该是以强者为核心来建构。反观苏格拉底的策略，他驳斥了色拉叙马霍斯将不义与强者和善的勾连，提出正义是好的并且是有能力的，只有正义才能保证自我认同的稳定性以及建立在这一基础上的共同体的可能性。这样，正义就与内乱、友爱和共同体的主题内在地关联在一起。

如果说色拉叙马霍斯揭示了力量基础上的利益获取逻辑，那么在《理想国》第二卷一开始格劳孔的挑战中所展示出来的立场就更为彻底。格劳孔用三步将正义的讨论推向了极致。他首先用社会契约[1]的方式描绘了正义的起源，即行不义天生是好事，而受不义则为坏事，但是被施加不义的坏处超过了对别人施以不义的好处，两相权衡，人们相互订立契约，既不加人以不义，

1　关于希腊当时社会契约论的主张，参见 Kahn, Charles H. “The Origins of Social Contract Theory”, in G. B. Kerferd, ed., *The Sophists and Their Legacy,* Wiesbaden: Franz Steiner Verlag, 1981, pp.92–108。

也不承受别人施加的不义。由这一契约规定的法律和正义并不是好的，而是不得不采取的措施，它是介于施加不义而不被惩罚与受人不义而无力报复之间的一种状况（359a–b）。对正义这种社会契约论的解释背后存在着一个分裂，即现有的正义观是城邦的习俗约定，这一约定按照自然并不是好的，真正自然的善好应该是行不义。这一界定比色拉叙马霍斯定义更强地将自然和礼法对立起来。按照这一说法，每个人依其自然都有追求胜过别人的欲望，这是自然之好，而“只是因为法律与公约的强制才迫使他带着尊敬地去对待公平”（359c）。如果说色拉叙马霍斯认为获得幸福就要剔除习俗正义的约束，将不义定义为善和德性的话，那格劳孔这一阐述则是说人要受习俗的束缚，这一束缚是人理性计算后不得不接受的结果，但这一结果并不会去除或消解人的本性/自然所赋予人的总是追求胜过别人的欲望。

接着，格劳孔用巨吉斯指环的例子形象地点明，只要人能够避免惩罚，逃脱礼法的约束，那他就会去追求自然之好，追逐自己的欲望和胜过别人。不仅如此，格劳孔比色拉叙马霍斯更进一步，将礼法所赋予正义的好名声也安放在不义之上。即最为不义的人不仅有能力行最大的不义之事，而且还能享有正义之名声。用格劳孔的话说就是“顶峰的、极致的不正义实际上不是，但是看起来却是正义”（361a）。而似乎没有不正义行为的正义之人则要背负起不义的恶名，终生被人视为不义，受尽苦难。这样极端的不义之人和正义之人的生活就形成了鲜明的对比：不义之人在城邦中占尽一切好处，服侍诸神，丰厚献祭，而正义之人则饱受责难，至死方休。

在巨吉斯用自己的魔戒杀死国王夺取王位之后，格劳孔讲述的巨吉斯和色拉叙马霍斯所说的僭主已经并无差异了，两者的逻辑对人性的认识是一致的，即按照自然，人是要不断地满足贪婪的欲望，胜过其他的人。他们的区别只是说，色拉叙马霍斯口中的僭主可以行足够大范围的恶，将不义和正义颠倒过来，说不义为好，正义为坏；而巨吉斯是可以行礼法规定的恶之不义，但可以免除惩罚，并进一步以正义之名来行不义之实。经过从色拉叙马霍斯到格劳孔的推进，柏拉图通过正义的主题“自然—礼法”关系进行了系统性重构，并将权力 / 力量与善的核心困难加以充分澄清。

在提出了正义的困难之后，格劳孔和阿德曼图斯兄弟希望苏格拉底能够为他们阐明“正义与不义自身，各自在那具有它的人的灵魂中，当它既不为诸神也不为众人所知的时候，它的力量（dunamei）是什么”（366e，358b），以及“这两者（正义和不义）对于具有它的人所起的是一种什么作用，要就其自身来说，即一个坏，一个好，而把两者的名声与外表（doxas）都一起剔除掉”（367b）。苏格拉底接下了这一要求，并且用整部书剩下的近九卷的篇幅来正面阐述与回应格劳孔兄弟的挑战。

苏格拉底首先通过城邦和灵魂的比照关系来找寻城邦和个人灵魂中的正义（卷二 368a—卷四），具体揭示了正义在灵魂之中的力量究竟是什么；之后，为了阐述正义之好，也就是正义背后的基础，苏格拉底将正义这一德性的力量奠定在哲学之上（卷五—卷七），从而确立了新正义观的合法性，取代了基于“强者—利益”逻辑的正义看法。按照新的正义安排，无论是个人灵魂还是城邦都能保持良好的秩序，避免内乱，从而为统一共同体奠定基础。与之相对应的是卷八和卷九对失去正义安排的城邦堕落的描述，柏拉图揭示出，一旦失去正义，城邦内乱将不可避免，并将成为政体变革的动因。

二、正义城邦与美丽城

（一）正义城邦

为了找寻灵魂中的正义，苏格拉底提出要先在较大的城邦中寻找，因为在城邦中正义容易看得更清楚，而在个人之中的正义与城邦中的正义是等同的，故在看清城邦正义后，个人正义也就显明了。[1] 在这一原则的主导下，苏

1　关于城邦与灵魂的关系，学界有大量的讨论，特别是针对所谓的“城邦与灵魂的类比”，但是需要指出的是，二者的关系并不是现代意义的类比关系，而更多的是比照关系，即二者根本上是等同一致的。

格拉底开始构建言语中的城邦（369c9–10）。从城邦生成的角度，苏格拉底依次讨论了健康的城邦和发烧的城邦，并在后者中找寻正义的存在和理念。

城邦的起因是人会有很多的缺乏和需要，必须通过合作才能幸存下来，这也是城邦生成和扩大的动力与原则（369b）。满足人的欲求确立了城邦的目的，这在第一个城邦中体现得尤为明显。为了食物、住所等生活必需条件，每个人按照其各自的自然本性（kata physin）来从事不同的行业，通过相互分享各自的技艺产品，来构成一个城邦。但这样一个城邦，只是满足最低限度的生存需要，人与人的关系也是在此基础之上的产品交换关系。人们过着悠然自得的生活，保持着城邦人数和财力上的限度和规模，也不会陷入贫穷和战争。这样的城邦被苏格拉底称为“健康的城邦”，但在该城邦中很难找到正义与不义，因为根本上缺乏正义与不义产生的条件。在这第一个城邦中，人们会满足于最低限度的生活，没有欲求更多和胜过别人的想法，是一个极简形式的真正城邦（alethine polis）。

格劳孔嘲笑这一城邦为“猪的城邦”，因为它太过朴素了而不能满足某些人的需要，即是说除了生活必需品，人们总是要追求更多的东西。换言之，人的欲望，特别是无休止的欲望自然地会使得城邦扩张，超越朴素城邦层面，而必然推进到发烧的奢侈城邦。欲望的扩张一方面为城邦生长提供了内在动力，另一方面也为城邦带来了威胁。因为欲求的增长使得原来足够的土地变得小了，城邦就必然会寻求扩张，侵占邻邦的土地，同时，邻邦同样受制于物欲的驱使，也会来侵略自己的城邦，从而战争就出现了。战争起源于“那同样的欲望，这些欲望要为城邦和个人中出现的邪恶事情负责”（373e）。基于战争的需要，城邦中出现了军队这一单独的阶层，其目的在于保护自己的财富，并抗击外敌入侵。

从对城邦起源及其生长的描述中，我们发现，欲望成为最核心和一贯的内在原则，城邦的目的也是围绕欲望的满足来设定的，由此，城邦内部成员的关系也是为了满足各自欲望而展开的合作关系（371b）。按此描述，城邦是一个基于利益之上的团体。这一逻辑与色拉叙马霍斯和格劳孔的主张并无本质区别，而是在其基础上展开的讨论。

满足城邦欲望所必然带来的战争危险使得城邦军队，也就是护卫者阶层成为城邦最为重要的一个团体，因为其职责和使命关系到城邦的存亡。但是，护卫者要想保卫城邦、分清敌友的话，护卫者不能将其阶层产生的最初动因——欲望的满足和护卫——作为自身的安身立命之道。因为如果护卫者也以欲望满足作为自己行动的动力和目的的话，那护卫者阶层必然会将城邦带向内乱和奴役。所以，以满足欲望和保证财富安全为目的而设立的护卫者阶层自身必须摆脱其存在的最初动因。下面，我们就从护卫者的职责要求、护卫者的培养方式和生活方式几个方面来对护卫者的这一本质张力进行讨论。

首先来详细考察护卫者对于城邦的职责和作用。如上面已经提到的，护卫者要保证城邦的安全，捍卫城邦财富。具体来说，要能够分辨敌友，对敌人凶狠，而善待城邦亲友。用苏格拉底的话说，“法律和城邦的护卫者，如果他们是有名无实的，他们将会从根本上彻底地毁坏一个城邦；而同时，一个城邦的治理和昌盛（eudaimonein），它的关键正是掌握在他们手里”（421a）。护卫者由于担任城邦最重要的职责，同时也是城邦中力量最强大的一个团体，由此必须保证护卫者阶层的稳定，尽一切努力来使得护卫者阶层成为城邦稳定的中坚力量，最充分意义的护卫者必须能“使外敌不能够，使内部亲友不愿意为非作歹”（414b）。反过来说，一定不能使护卫者阶层成为内乱的发源地，必须防止他们“由于纪律不严，或由于饥饿，或者由于其他不良状况，来粗暴对待城邦居民，防止他们因力量的强大而成为暴君”（416a–b）。对护卫者性质的理解使得讨论逐渐偏离色拉叙马霍斯和格劳孔的强者逻辑，护卫者作为城邦中的强者，为了城邦整体的安全和幸福，必须远离欲望—利益的诉求。而要实现这一点，必须要对护卫者进行良好的教育和培养。[1]

对护卫者的挑选和培养对于城邦来说就成为最为重要的事务。首先，对于护卫者的天性/自然要有所选择，即要挑选那些兼具温顺和坚毅品性的人，

1　正是这一意义上我们才能理解柏拉图为何花了整整两卷（卷二和卷三）的篇幅来讨论护卫者的教育问题。

而要做到这一点，人又必须拥有更为根本的天性，即热爱知识和智慧。只有满足这一条件，才能够正确地分辨敌友，从而能对敌人勇敢坚毅，对朋友温顺。柏拉图在护卫者阶层的起点就已经将哲学奠定为护卫者品质的基础。在此天性基础上，要从体教和乐教两个方面来对护卫者进行培养，体教针对的是身体训练，乐教针对的是灵魂训练，但是体教最终也是旨在灵魂训练。具体来说，乐教是要通过诗歌和音乐来培养人的灵魂，主要分为两个环节，第一是在人还没有能力把握理性的时候通过良好的风俗习惯，即节奏与和谐音调来触动灵魂，为灵魂养成良好的品性；第二则是在这基础之上，在能力充足的时候第一个去把握和迎接理性[1]。乐教的终极就在于对美好事物的喜爱。而对于体教来说，其表面是培养人的体魄，但最终目的是培养人灵魂中的意气（thumos）[2]。这样经过乐教和体教的训练，灵魂就可以同时具备克制和刚毅，并且旨在灵魂爱智慧和意气部分都得到了培养，并能在二者之间达成和谐一致，这样良好护卫者的培养就宣告完成了。

在关于护卫者灵魂的描述中，我们没有找到欲望的位置，而只有对爱智慧和意气两部分的培养，这两部分在后面对灵魂结构的阐述中是居统治地位的，它们一起来挟制欲望。至此，我们可以更清楚地看出护卫者阶层和发烧城邦最初的生发动力之间的张力。要捍卫城邦的稳定，护卫者阶层必须不能受欲望主导而不断追逐私利，否则就会变成奴役城邦的罪魁祸首。与之相应，护卫者的生活是非常简单的，除了必需的生活品外没有任何私人财产，薪金也仅够日需所用，更勿谈金银钱财，所有护卫者居住在一起，实行共餐制，如军营一样共同生活。

阿德曼图斯对护卫者阶层这样的规定存有疑惑，即这样的护卫者怎么可能是幸福的呢？[3]也就是说，按照格劳孔和阿德曼图斯在卷二开篇对不义所能取得的好处的列举，护卫者似乎不能得到任何好处，也就是笔者所称为的护

---

1 ［古希腊］柏拉图：《理想国》，顾寿观译，吴天岳校注，岳麓书社2010年，401d以下。

2 同上书，410b。

3 同上书，419a。

卫者性质的悖论，即护卫者的性质与城邦生成和扩张性质之间的不一致。对此的回答有两点，首先是对幸福本身进行重新界定，就像要回答正义比不义更好需要对“好”进行重新界定一样。要完成这项工作需要后面更为充分的讨论。在这里更为重要的是第二点，即要着眼于城邦整体的幸福，而不是其中一部分人的幸福。为了寻找正义，必须要建造一个正确的城邦。如果是不按正确原则建立的城邦，那些城邦实质上并不是一个城邦：

“至少，不论怎么说，是有两个城邦，互相敌对的，一个是穷人的，一个是富人的；而且，在每一个城邦之中又有很多这样的城邦……只要你能够明智地把城邦建设成我们前面所规定的那样，那它就将是一个伟大的城邦”。（422e10–423a8）

城邦之为城邦的前提是城邦为一，它内部不会是分裂的多个城邦。因为一旦城邦分裂为两个或多个城邦，这样一来，城邦就遭遇到内外两方面的威胁。一方面城邦内部会陷入无休止的纷争和内乱；另一方面，城邦很难抵抗外敌的侵犯，因为没有统一的城邦，便不会有城邦共同的认同感，城邦彻底成为获取利益的工具，一旦有外敌侵犯，则会很容易将本来分裂的城邦彻底摧毁。由此，苏格拉底进一步对护卫者阶层的性质和重要性予以强调，这部分人必须要保持自身的稳定和统一，并应该将智慧而非钱财作为自己爱的对象，否则就会像其他城邦一样，成为敌对阵营的某一派。

经过对护卫者性质的讨论，发烧的城邦也已经转变成按照正确原则建立的城邦，是“至美至好的城邦”（teleos agathen）[1]。只有在好城邦中才能找到正义，苏格拉底通过将正义规定为德性来将其定位。在好城邦中，必然有智慧、勇敢、节制和正义四种德性，通过寻找四种德性在城邦中的具体体现，并将四主德与城邦的不同阶层相对应，便能最终找到正义的位置。

对四主德的讨论是通过将德性定义为力量来展开的，四种德性分别具有

1 在《理想国》第四卷开始，苏格拉底提出，只有在正确建立的城邦中才能找到正义，而依照不正确原则建立的城邦中会发现不义（420b–c），并且按照正确原则建立的城邦将最终是最好的城邦（427e）。

不同的力量，并在城邦不同阶层发挥不同的作用。城邦的智慧德性是由城邦统治者所持有的，统治者的知识不同于一般的技艺知识，而是涉及城邦全体的事情，并要处理如何与邻邦以及自身保持良好的关系[1]。而勇敢这一德性被明确视为是一种力量（dunamin）：

“一个城邦之为勇敢的城邦，和它之为智慧的聪明的一样，也是由于在它自身之中的某一个部分；因为它在这个部分里具备着这样一种力量，这个力量能够在任何情形下都保持着那关于何谓可怖的事物的信念”。（429b–c）

勇敢的力量就是对礼法规定的价值的持守，对该恐惧的事物恐惧，而对应该勇敢面对的事物表现出刚毅。节制在城邦中则体现为“比自己更强”（kreitto de hautou），是指在城邦中由较好的部分统治较差的部分，即由城邦中明智的人来统治素质较差的人。而要实现节制的最终结果，统治者和被统治者就必须就谁应该统治达成一致意见，由此节制也必须是为整个城邦所持有的德性。节制的这一特性也使得它能够产生城邦的同心一德（homonoia）。

在找到三种德性并与城邦相应的阶层对应之后，正义被界定为每个人做天性最适合自己的那一件事，正义的力量使其他三种德性在城邦中产生和保持。对正义的规定有两重含义。第一点，正义预设了每个人都有其天性规定的职分，即不同的人是要从事不同的工作（ergon）。这一划分首要的不是一个鞋匠与木匠之间的区别，而是基于城邦统治结构规定的三个阶层之间的区分，即商人/工匠、护卫者和统治者的区分。也就是说，正义本身就预设了城邦内部的一种划分与秩序的规定。第二点，一人一事要求每个人只做属于自己的事情，而不能越俎代庖，特别是不能违反三个阶层的秩序，否则三者之间的混淆将会给城邦带来最大的危害。

在正义的城邦中，四主德一并促进了城邦的善好与德性[2]，这样作为健康的城邦和发烧的城邦自身成立基础的利益和需要也被正义城邦的德性所取代。

1 ［古希腊］柏拉图：《理想国》，顾寿观译，吴天岳校注，岳麓书社 2010 年，428d。

2 《理想国》433d：“就它们有助于城邦的德性来说，这种每一个人在它之中只做属于他自己的事情的原则，是一种可以与它的明智、节制，以及勇敢相匹敌和媲美的东西。”

与之相应的是，在城邦前两个阶段，人与人的关系是建立在需要基础之上的，城邦的目的也由人的基本和膨胀的欲求所决定。而在正义城邦中，每个人通过自己的职分（ergon）与城邦发生关联，城邦成为职分的共同体，人与人的关系更多地体现为统治与被统治的关系，即通过正义划分的城邦秩序中的各安其位。在这一秩序中，通过较好的人统治较差的人来实现城邦"胜过自身"，并保证城邦德性。在言语中构建的这一城邦已经不再是城邦自然的生长，因为这一城邦与现存的所有城邦都不一样，我们在卷八和卷九中会发现现实城邦将不可避免地陷入内乱之中，而正义的城邦能够保持城邦秩序，不会发生基于统治事务上的错乱和僭越。这背后的道理是城邦的目标已经改变了，城邦不再是一个追求利益和欲望的群体，而是一个被良好秩序规定的城邦。而要理解城邦的目的和正义的好，必须转到个人灵魂层面考察灵魂秩序，发现正义在灵魂中的力量。

与城邦中三个不同的属类（gene）相对应，灵魂中也有三个部分：欲望、意气和智慧。欲望，这一支配城邦产生和扩张的因素，在人的灵魂中成为要被控制的对象。也就是说在灵魂中首先有两个类别，理性和欲望。欲望是灵魂中产生爱、饥饿、干渴等种种欲求，它能够产生各种满足和快感；而理性是灵魂中理性思辨的因素，它会阻止人去自动地追求欲望的满足。在二者之外，还有意气的元素，它在人的理性和欲望之间的内乱中，更多地和理性站在一起。在找到灵魂的三个属类之后，便要对应城邦德性的安排来为灵魂定位四主德。如城邦三属类各尽其职一样，灵魂中的三个属类也要尽各自的本分。具体来说，理性部分要居统治地位，因为它具有智慧，能够对灵魂整体进行引导和安排；而意气则辅佐理性来统治欲望。欲望部分是灵魂中最大的部分，因为基于肉体的快乐和对金钱的渴求是非常强大的，一旦如此，欲望就会试图来违反灵魂的秩序，占据统治地位，违背自己的本性去夺取按自然应该统治的理性的位置。对此，意气必须与理性站到一起，来统治和管理欲望。只有在这一正确的关系之中，才能保证灵魂的善好，也才能找到灵魂的四主德。

灵魂中的智慧则是居统治地位的知识，勇敢是信守理性对可怖之事的规定，节制是三者之间的友爱与和谐（philia kai sumphonia），使统治的部分与被统治的部分对统治秩序有一致的认识。由此正义则是灵魂的各个部分各司其职，只做自身最本分的事情。通过对城邦—灵魂正义的寻找，格劳孔和阿德曼图斯的要求最终被回答了，即正义通过城邦和灵魂秩序安排得以确定下来：

“真正的正义不是关乎一个人外在地履行其职分，而是与其内部的事务相关，涉及什么是真正的自己和属于自己的。正义的人不会允许自己内部任何一个部分越俎代庖。他非常好地管理着真正自己的东西并统治着自己。他使自己秩序井然，与自身为友，将自己的三部分像高中低三个音阶一样和谐一致。他将这些部分，还有中间其他可能的部分都凝集到一起，他从诸多事物变成整全的一、节制与和谐。只有这时他才行动。无论他做什么事情，不管是获取财富，照看身体，从事政治或私人交易等，在这所有的事情中，他认为正义和好的行为是能保持并达到内部的和谐，而智慧则是指导这些行为的知识。同时，他认为那些摧毁这和谐的行动是不义的，并且指导这些行动的意见都是无知。”（443 c10–444 a1）

在对正义的这一表述中，苏格拉底将色拉叙马霍斯和格劳孔的正义观彻底置换。新的正义观有如下几点需要注意。第一，这一正义观预设了灵魂的正确秩序，即理性为主导的和谐秩序，这一秩序的合理性和基础要到对哲学性质的阐明之后才能完成，但灵魂正义的讨论将这一问题正式提了出来。第二，色拉叙马霍斯正义界定和格劳孔挑战中的利益因素现在成为灵魂中需要被统治和管理的部分，即利益作为主导性力量要被理性和意气一并控制着。也就是说，色拉叙马霍斯所主张的政治力量的方向发生了改变，之前是意气来协助欲望占领统治权，现在则是意气协助理性来控制欲望。第三，充分回应了苏格拉底在第一卷中对色拉叙马霍斯的反驳（351c 以下），即只有正义才能保证自我统一，也就是自我认同，在这一基础上才有可能展开其他活动，否则自身内部就会产生内乱和纷争，根本无力有任何协调一致的行动。这也是正义力量的根源所在。

从最后一点我们就找到了城邦和个人内乱的原因，即二者内部秩序的混乱导致的不义。无论在城邦还是个人之中，一旦三个部分互相越俎代庖，那就是某一部分对整体灵魂或城邦的叛乱，内乱就成为不可避免的了（444b1）。如果说正义是对城邦秩序的划分和规定，那内乱就是对这一秩序的反抗，而这一违抗的根源在于灵魂秩序上，只有将欲望控制住，使其不成为灵魂整体的追求目标，才有可能保证灵魂良序，进而消解利益逻辑所导致的发烧城邦。

但是如上文分析的那样，正义这一规定预设了理性、知识的统治地位，以及与之相对应的灵魂—城邦秩序，苏格拉底对这一秩序的表达和阐述是直接给出的，并没有阐明其背后根本性的道理，而要理解这一新的正义观，必须对这一正义观背后的基础进行解释。通过灵魂正义的寻找，这一主题变得更加显明，正义秩序的合理性依赖于对哲学和知识性质的讨论。

（二）美丽城与统一城邦

《理想国》第四卷结束时，正义的城邦已经构建完毕，灵魂的正义也已经找到，按照格劳孔和阿德曼图斯在第二卷中提出的要求，苏格拉底接下来应该讨论不义在灵魂中的力量。但从第五卷到第七卷，讨论出现了长达三卷的“离题”，在这三卷中，苏格拉底提出了《理想国》被后世讨论最多，也是最有争议的主张。但仔细考察这三卷的讨论，就会发现这部分内容并非离题，而恰恰是关于城邦与灵魂讨论的理论基础。只有将正义的讨论延伸到哲学层面，才能够对整部对话开篇提出的不义挑战进行彻底的回应，我们先来看柏拉图是如何从根本上反驳色拉叙马霍斯和格劳孔的观点。

色拉叙马霍斯对于正义的理解并非原创，格劳孔和阿德曼图斯在第二卷重新将其主张推进的时候说这是大部分人的想法（358a4–d2），而这其实反映了智者的普遍思路。在卷六中谈及智者对哲学家天性的败坏时，苏格拉底说智者们教授的并不是真正的智慧，而是大众在一起时所具有的意见，“他并不真正知道，在所有这些意见与欲望中，什么是美的或是丑的，善的或是恶的，正义的或是不正义的”（493c），这些智者蛊惑年轻人，给城邦带来巨大伤害。与智者这种“怪诞的”教育家相对的就是哲学家，只有真正的哲学家才知道什么是真正的善。在苏格拉底看来，智者和哲学家的区别根本在于知识和意见两种不同性质的能力上。

知识和意见之所以是两种不同的东西，是因为二者所拥有的能力是不同的（477b）。那什么是力量呢？能力（dumameis）被界定为“事物中的一个类（genos），凭借它们，我们既有能力做我们所能做的事，而其他一切也有能力做它们所能做的一切”（477c）。能力在这里首先被理解为效力，如同视觉和听觉一样就是这样的能力。但如何区分不同的能力呢，苏格拉底紧接着给出了关于能力的进一步阐述：

“关于能力，我们既看不到它的色泽，也看不到它的体态，也看不到任何类似这样的东西，就像，例如，很多其他东西，我只要一眼看到其中的一些，心里就能分辨得出这些是什么，那些又是什么；可是关于能力，我就只能去注意它是和什么有关（eph hoi te esti）以及它所产生的效果是什么（或它的指向是什么）（ho apergazetai），并且正是以这样的方式，我把它们之中的每一种称之为一个能力，并且凡是针对（epi）同一的东西并且产生同一的效果的，我们称它是同一的能力，相反，凡是针对（epi）另一个东西并且产生另一效果的，我们称它是另一个能力”（477c–d）。

“能力”的界定包括三个方面：效能、对象和结果。其中，能力作为效能是最容易理解的，即作为中立性的能力，能力的后两个内涵使得能力具有方向和规定性。不同性质的能力不仅仅在于效能大小的程度差异，更在于其对象和最终实现的结果有着质的差异。但实际上问题要更复杂，并且集中体现在对能力所涉及对象的理解上面。苏格拉底在这里试图指出区分不同能力的困难，即它本身是不可见的，只能通过它表现出来的与什么相关（eph hoi）与最终的结果来判断。也就是说，当我们区分不同能力的时候，首先要关注的是它呈现出来的样子。接着，苏格拉底说，只要是关于（epi）同一东西并产生同一效果的就是同一能力。苏格拉底用epi替代了eph hoi，[1]这一替代的实质是界定不同性质能力要看能力的对象，也就是能力与其对象的本质相关性，而非仅仅是人可以观察到的能力所呈现出来的与某物的相关性。

在能力界定的基础上，知识和意见的能力得以认识。知识是针对“存在”，认识存在如其所是（478a），并且知识也是所有能力中最为强大的（477d）。在确定完知识的能力之后，比较困难的是确定意见的能力。意见的对象既不可能是“存在”，也不会是“非存在”，因为与二者相配的是知识和无知。意见最终被确定为介于知识和无知之间的能力，其对象是处于绝对的存在和完全的非存在之间的东西，这样的意见比知识更黯淡，比无知更明亮（478c–d）。与上述区分相伴的是知识和意见所能实现的不同效果。拥有知识的人，也就是哲学家有能力接近美本身并且能够直接切着美自身来观看美（476b）。而与哲学家相对是那些爱听唱和爱看戏的人，他们喜爱美丽的声音、色泽和形体，但是他们的心灵没有能力看到并且喜爱美的自然本身（476b），他们不承认有美本身，也不承认有永远同一而不变化的美的理念（479a）。后者就像在睡梦中，而拥有知识的哲学家则是真正清醒的人。

由此，我们对知识和意见，以及拥有知识的哲学家与爱意见的智者就有了更为深入的把握。知识的能力使得哲学家通过认识活动（gnonai）针对“存在”（to on）制作出/得到真正的知识。意见的能力使得智者等通过相信（doxazein）针对“存在与非存在之间的东西”制作出/得到信念。基于存在的优越性，知识的能力也较之于意见的能力更大，而这知识的能力又是源自何处呢？这就要转向《理想国》的顶峰：善的理念（he tou agathoui idea）。在苏格拉底看来，正是这善的理念[2]构成了能力的源泉：“那给予被认知的东西

1 参见 Smith, Nicholas D. “Plato on Knowledge as a Power”, *Journal of the History of Philosophy,* 38(2000):2, pp.147–51。另参见 Gonzalez, F.J. “Propositions or Objects? A Critique of Gail Fine on Knowledge and Belief in Republic V,” Phronesis, 41, 1996: 245–275。

2 “我们又说有一个美本身，有一个善本身，以及同样，关于一切我们在前此把它们当作是众多的东西来看的。现在，反过来，我们都把它们置于和它们每一个相应的单一的理念（kat' idean mian）之下，因为这理念的单一的，我们说它们每一个是其所是（ho estin）”（507b）。

以真理而给予认识者以认识能力的，就是善的理念；你可以把它理解为知识和真理的起因，是被认识所认知的东西”（508e）。“对于那些被认识的事物来说，不但它们之所以被认识是从善那里得来的，并且它们的存在（to einai te kai ten ousian）[1]也是由于善而为它们所具有的，而善并非存在，而是在尊严上和能力上都更加超越于存在之上”（509b）。这段对善的理念与存在和能力关系的话非常难以理解和解释，[2]但是可以明确的是，超越存在的善的理念是存在，同时也是存在得以被认识的源泉，也就是知识的能力的根源。苏格拉底通过将知识的能力奠基于善的理念之上，从根本上反驳了色拉叙马霍斯将强者和更好的人等同的主张，从而奠定了知识的能力是更强的，并且是善的。

确立了善的理念作为存在以及存在能被认识的哲学基础之后，哲学家的性质就看得更加清楚了。哲学家

“真正扑在存在上……他注视的是那井然有序的、永恒不变的事物，并且当他看到，如果它们既不互相为不义也不互相受不义之害，它们是和谐美好、秩序井然，合乎理性的，他就会努力去模拟、效仿它们，并且，尽量地，使自己和它们相像并融为一体。

……

“当他们进行工作的时候，他们就将要频繁地向两边张望，一边是向着那凭它的本性就是正义，就是高尚美好，就是明智适度以及诸如此类的事物，另一边是向着那个他们努力要在人间使它出现的事物，他们从人们的各种行为和追求中进行挑选和综合，调配出那种真正的人的肤色和模态来，用那样的一个标准来判断它，后来，当它在人间出现的时候，正巧是荷马也曾称之为是与神同格，与神同调的。”（500b，501b）

拥有这种能力的哲学家自然最为适合来统治城邦，这也是《理想国》最

1 关于这里 einai 与 ousia 的理解，可参见顾寿观译、吴天岳校注，岳麓书社 2010 年出版的《理想国》第 314 页校注［1］。此处将之一并翻译为“存在”，并不区别处理。

2 在《理想国》这段话中，苏格拉底并没有对善的理念超越存在进行过多解释，而似乎是将之作为很自然的结论，其具体含义应该如何理解有待进一步探究，但是这并不影响我们将善的理念作为最终的哲学基础，并在此基础上构建良好的政治秩序。

为著名的政治表达：除非哲学家在城邦中当王，或者我们现在称之为王或掌权者的人真正而充分地从事哲学思考，也就是说，除非政治力量和哲学完全协和一致，否则城邦的弊端是不会有尽头的，人类的命运也不会好转。[1]在澄清了哲学和知识能力之后，我们可以理解，一方面，哲学家得以洞察真正的正义和美，从而有可能按照最好的范型来塑造现实。另一方面，哲学或者知识能力本身的性质赋予哲学家以哲学的生活方式，这一生活通过确立真正的善好而超越了政治生活。而许许多多的城邦之所以不断陷入内乱纷争，原因就在于人们将统治视为真正的善，希望通过争权来夺利，殊不知，他们只是为一些影子在互相斗争（520c–d，521a）。而真理是“城邦中本来要统治的人们最不热衷于进行统治，那这个城邦必然能最大限度地摆脱内乱”（520d）。哲学家拥有的生活方式，或者说对真理的爱和对真正善的理解使他从根本上区别于色拉叙马霍斯脑中的僭主，他不是在金钱上富有，而是在“一个幸福的人所应该富有的事物上富有，即善好明智的生活”（521a）。这样，哲学家对于治理城邦有最明智的理解，并且拥有比政治生活更值得选择的生活，柏拉图从这两个角度重置了城邦基础。

在重新将权力与善结合在一起的基础之上，正义城邦就可以进一步提升为卷五的“美丽城”，同时也只有在这一视角下，才能正确理解卷五中的几次浪潮。除了上面讨论过的第三次浪潮（哲人王），前两次浪潮都是针对护卫者阶层的安排，第一次浪潮是男女护卫者的平等，第二次浪潮则是备受争议的共妻（夫）共子。仔细检讨这些内容，我们会发现柏拉图美丽城设想的目标是统一的城邦。

在卷五的第二次浪潮中，苏格拉底详细阐述了护卫者阶层共妻（夫）共子的细节安排。所有男女护卫者都要一起居住和训练，实行共餐制。当护卫者到了生育年龄后，城邦安排最优秀的男女护卫者同房，生产后代。由这些很优秀的父母所生产的婴儿则要交给城邦负责保育的官员，由他来负责孩子

1　参见《理想国》473d，501e。

的抚育。官员们尽一切办法不让任何母亲认出自己的孩子，同样，对父亲也是一样。对于同一时间段出生的孩子，将是相应众多父母的孩子。在这样一个城邦中，“任何人，凡是他碰上的，他都将认为是碰上了或者是他的兄弟，或者他的姐妹，或者他的父亲，或者他的母亲，或者他的儿子，或者他的女儿，或者，是他碰上了所有这些人的子孙或是他们的祖辈”（463c）。护卫者妻儿的共有制从根本上避免了将某些护卫者看作是自家，属于自己，而把某些护卫者看成是别家的人，不属于他自己。这样也就消除了护卫者阶层内部分裂的所有可能。苏格拉底通过护卫者阶层的安排消灭了内乱的两个最重要诱因——贫富分化和统治集团内部斗争，而“如果在他们之间没有龃龉、斗争，那就不用惧怕城邦的其他部分会或者对他们，或者在相互之间有什么对立和冲突”（465b）。

护卫者阶层保证了这一阶层力量上的优胜，从而确保了城邦的稳定。但护卫者的统一共同体除了防御威胁外，还实现了更高意义的统一之善。护卫者阶层彼此之间的关系用苏格拉底的话说就是“朋友之间一切共有”（424a，449c）。[1]那在《理想国》中，“朋友”应当作何理解呢？苏格拉底希望能把家庭中紧密的父子、兄弟关系扩充到整个护卫者阶层，从而在这一阶层共享最大限度的亲密关系。亚里士多德对苏格拉底这种安排有一个著名的批评，即妇孺为公的安排不但不会增强人们的友爱，反而会使友爱像水一样淡泊，就如同一勺甜酒混入一缸清水（1262b）。因为每个公民会有一千个儿子，这样父子之间的爱就只是真正父子之爱的千分之一，结果只能是父亲不得爱护儿子，儿子也不得孝顺父亲，兄弟之间也没有了相敬相爱。我们这里无法详细展开对亚里士多德批评的讨论，但是只需强调一点，即亚里士多德非常正确地点出，苏格拉底所构建的高度统一性是建基于家庭关系上的。但这是苏格拉底逻辑中非常悖谬的地方，即一方面护卫者阶层要消解家庭，但是其高度统一性依赖的却是家庭关系的城邦化。亚里士多德质疑的是家庭关系城邦化

1　这一原则在后来的《礼法》和亚里士多德《政治学》中也都被承认，但是对这句话的具体理解和实现措施却有不同主张。

后会稀释而非加强原本家庭中的父子、兄弟间的友爱，但是苏格拉底这一逻辑更为根本的困难在于，如果家庭不在了，基于私人家庭构建的亲密关系也就消解了，美好城邦里的父母、儿女以及兄弟是无法体验到家庭所能带来的亲密关系的，这样一来，当护卫者们彼此相遇的时候，除了“父母”“儿女”“兄弟”的口头称谓之外，他们还能共享什么性质的关系呢？在《理想国》中，苏格拉底给出的解答是，这种准家亲关系是通过礼法规定获得的（463d），在很大程度上要依靠教育实现。总体来看，苏格拉底并不认为这是一个问题，而是将其直接作为统一共同体构建的典范形式。

在柏拉图看来，护卫者阶层的独特安排不仅能够保证这一阶层的统一，还能将统一推广到整个城邦。但由此而来的问题是，护卫者阶层能够建立类似家庭中的兄弟、父子情谊，但这种友爱如何能够推广至生产者阶层呢？在回答这一问题之前，我们先来看柏拉图对于统一城邦的设想是怎样的。

柏拉图认为，护卫者阶层的独特安排不仅保证了这一城邦的中流砥柱不会分裂，而且还实现了最大限度上感情的统一，而这是城邦最大的善（464b）。在此基础上，整个城邦也成为有机的统一体：

“任何城邦，凡是在一切方面最接近于一个单一的个人的。这就像是，在我们之中，如果有一个人，他的一个手指受伤了，那整个共同体，通过肉体一直延伸到灵魂，并且在那里被那起统治作用的原则组成为一个单一的有机组织的共同体，就有所感觉了，然后在局部受损的同时，整个儿一起感到疼痛了，并且正是这样，我们说，这个人手指痛；以及关于一个人的其他部位，也都是同一个道理，不论这是说的一个部分在忍受痛苦中，或是说的一个部分在缓解中得着的快感。

“是同一的，他说，并且这就回到你原来所问的问题：一个治理得最好的城邦，它的生活就是和那样的一个合成组织最相近似的。”（462b–d）

好城邦就像有机体一样拥有统一感情，该城邦的公民们“最能在同一事物上共同一致，这个事物他们将称之为‘我的’；而既在这一点上共同一致，从而，他们也就将是最能在喜怒哀乐上保持共同一致的”（464a）。苏格拉底将城邦的这种统一性归功于护卫者阶层的妇孺为公。护卫者们没有任何私人的东西，这保证了护卫者阶层能够在“什么是自己的”这一问题上达成共识，并全体一起为这一目标而努力。作为城邦统治的中坚力量，他们能够将这一目标传递到整个城邦，让其他全体公民也遵循护卫者的判断，持有与护卫者阶层同样的快乐与痛苦的感情。

由此，苏格拉底所构建的言语中的城邦就不仅仅是基于正确统治关系的功能共同体，而且还是有机的整体。除了统治和被统治关系外，城邦所有公民间还有通过共同感情联结的纽带，这一纽带使得言语中的城邦区别于其他城邦：

正像在其他城邦里存在统治者和人民群众，在这个城邦也一样?

是，也是如此。

那么，所有这些人都将互相称呼为城邦居民?

不能不是这样。

可是，除了城邦居民这个称呼以外，那在别的城邦里的人民群众是怎样称呼他们的统治者们的呢?

在大多数城邦中，称为“主人”，在民主政体下，还是这个同一的称呼，“统治者”。

而在我们这个城邦里的人民群众呢?除了城邦居民这个称呼以外，他们是怎样称呼他们的统治者的呢?

救助者和卫士。他说。

而这些人称人民群众为——

为雇主和养育者。

而那些在其他城邦中的统治者又如何称呼他们的人民群众呢?

奴隶。他说。

而那些统治者们怎样互相自称呢?

同僚统治者。他说。

而我们的统治者呢？

同僚护卫者（sunphulakas）。（463a–b）

从这段引文可以明确看出，美丽城与其他城邦有着本质的区别。在其他城邦中，公民间的关系体现为统治与被统治的关系，甚至，统治者被视为主人，而被统治者则被视为奴隶。而在美好城邦中，公民间的关系首要的不是统治与被统治的关系，更像是协和一致的朋友关系。城邦中不同阶层的公民们非常清楚地知道自己在城邦中的位置和功能，并且并不首先以统治和被统治者自居，彼此以护卫和供给关系相待。在这统一的共同体中，“凡是每一个人所能供献给集体的东西都作为益处提供给大家分享”（519e）。

在该共同体中，任何一个阶层都离不了其他阶层，通过功能划分与协助，城邦凝和为一。这样一种城邦图景在一些学者看来，与城邦—灵魂类比逻辑并不完全一致。如波波尼奇（Bobonich）就认为基于城邦与灵魂的类比关系，因为人的灵魂由三部分组成，城邦也是同样，所以按照灵魂的三个部分可以推出城邦中哲人、战士和生产者的不同生活方式，即他们分别被爱智慧、爱胜利和爱利益控制。[1]由此他得出，在《理想国》中，由后两个阶层构成的非哲人群体与哲人的生活有着本质的区别，他们分别是受意气和欲望的主导，永远无法获得哲人的幸福生活。如果按照这一解释，《理想国》所构建的城邦图景则是统治者要求战士与自己一并统治，甚至压制第二阶层的膨胀。而很明显，这一图景与引文中所阐述的城邦是大相径庭的。这其中最重要的原因是，基于城邦—灵魂类比而得出的结论在一个关键点上出了问题，即在柏拉图的美好城邦和德性序列中，不同阶层和不同德性之间的关系是统领性的而非并列关系。也就是说，在美好城邦中，战士和生产者阶层的生活也并不是受错误意见和信念的支配，而是至少秉持着与统治者的智慧相一致的真意见和信念。否则，城邦三个阶层之间就是相互冲突的关系，根本无法实现和平和统一。

1　波波尼奇认为《理想国》卷九 580d3–581c4 的文本就是这一推论的直接文本证据，Bobonich. Christopher. *Plato's Utopia Recast*. Oxford: Oxford University Press, 2002。

在了解了统一城邦的性质之后，我们需要进一步追问，护卫者阶层的友爱关系如何能够推延至包括生产者在内的城邦整体呢？从上文的分析中我们得知，护卫者阶层之间基本上由带有很强家庭关系色彩的朋友关系构成，而城邦作为一个整体的内部纽带则是由政治性的功能协助关系构成。很显然，这两种关系并不完全相同，甚至可以说，二者关系有着根本的区别。那从护卫者到城邦全体公民的联系纽带是如何建立起来的呢？柏拉图在《理想国》中对此着墨并不多，除了讨论节制德性时提到城邦整体的同心一德（homonoia，432a）外，本文认为一个可能的解答是由腓尼基神话给出的，这一神话也被称为“高贵的谎言”。在这一神话中，所有公民间的关系被描述为从大地母亲而来的兄弟关系（adelphon kai gegenon）：

“首先，我是想要说服统治者本人和战士们，其次，是其他城邦居民，就像情形是这样：我们给予他们的培养和教育，所有这一切，他们是在想象中，就像是在梦里一样，以为他们接受到了并且真有其事，而实际上，那个时候他们是在地底下，在大地的里面被塑造和培养着，他们自己是这样，以及还有他们的武器和其他装备也在那里制造和配备着；而等到他们已经充分地完成了以后，大地，作为母亲，就把他们送出来。而现在，所以，他们应当关心他们所居住和所在的大地，就像是关心他们的母亲和保姆一样，并且保卫她不受来自任何人的攻击，并且关心其他的城邦居民——因为他们都是出自大地母亲的孩子——就像关心自己的兄弟一样。”（414d–e）

以上引文是腓尼基神话的前半部分，学者洛侯（Nicole Loraux）曾富有洞见地指出，卷三中高贵的谎言是一个意识形态时刻，为卷五中城邦作为一个大家庭铺垫，使所有公民确信他们有着共同的起源，彼此都是兄弟。[1]洛侯在表述这一观点的时候，所主要讨论的就是这前半部分的神话。但是，高贵的谎言还有另外一半内容，那就是对于城邦不同阶层以金银铜铁来划分。正是后半部分神话为统一城邦带来了困难，城邦正义安排所要求的各安其事基础

1　Loraux, Nicole. *The divided city: on memory and forgetting in Ancient Athens*. Zone Books (NY), 2002, p.198.

都是人从大地中出生时的“自然”差别，而核心的问题在于，不同阶层间的功能和生活方式差别在多大程度上影响或阻碍了城邦统一的纽带。换言之，腓尼基神话的第二部分关于城邦阶层区分的叙述在多大程度上影响了第一部分关于所有公民都是兄弟关系的界定？柏拉图在《理想国》中并没有给出非常明确的答案，但是从一些表述中，我们可以推定他会认为城邦中所有的公民都有自然的亲缘性，虽然后来不同的人被混入了不同的金属，产生了不同的阶层，但是并没有冲击或影响城邦这一大家庭。苏格拉底曾表示这个神话即使暂时不能被相信，“它也已经有利于他们（公民们）更多地关心城邦和他人”（415d）。这样，美好城邦之为统一共同体的性质就基本明确了：不同公民按照自己的自然做好自己的事务，并以此来参与到城邦中来，这主要是正义的功能；正义并不能够必然保证城邦的协和一致，柏拉图通过把城邦变成一个大家庭来将不同阶层的公民凝聚为统一的情感共同体。“美丽城”也就是由“哲人—王”统领下的统一城邦。

四、哲人王悖论与灵魂的政体

经过上文的分析，我们已经澄清了《理想国》中“言语中建造的城邦”或“美丽城”这一政治图景的本意。特别是当柏拉图为人们提供了一种超越了功名利禄的美好生活方式之后，城邦内的所有安排最终都服务于公民的优良生活，而传统习俗、价值观和生活方式都需要重新衡量，而也正是在这一背景之下，共妻（夫）共子和哲人王的政治方案才会引起一般读者的异议。不仅如此，对这两个议题的认知，特别是对哲人王的理解直接影响着对《理想国》政治方案性质的评判。

上文分析已经指出，哲人王统治是美好城邦得以可能实现的关键条件，但是哲人—王这一组合在解决了城邦内部秩序问题的同时，其自身也有着巨大的困难和悖论。第一，政治的力量和哲学的力量是两种性质不同的力量，二者的结合需要极大的运气才能完成。第二，哲人王要求城邦的统治者是最不想要统治的，这一方面保证了统治者不会为通常人所秉持的私利而进行统治，克服了色拉叙马霍斯的难题，但另一方面为统治者的统治动机提出了新的挑战，即哲学家在看到了永恒不变的存在之后，是否还愿意将正义的样式实现出来呢？换言之，走出洞穴的哲学家为何还愿意回到洞穴中来呢？第三，如果按照正义城邦的要求，城邦中是一人一事的，特别是做好自己的事情，那哲人王为何要费力统治城邦，来关心别人的事而不是在洞穴外的世界静观沉思呢？以上这些问题实质上是柏拉图《理想国》整个努力所最终指向的困难，美好城邦得以成立必须要通过哲人王，而从《理想国》第五卷到第七卷的离题实际上说明了良好政治秩序很难在政治的视野内解决，而必须上升到哲学层面，但是哲学生活与政治生活二者是有着巨大张力的，具体地表现为在哲学的视野下，政治生活有可能完全沦为洞穴生活，而从根本上失去了合理性。

在《理想国》中，苏格拉底对哲人王这一难题给出的合理解释是，哲人因为某种必然性被迫进行统治。[1]将哲人统治的实现落在被迫（anagke）上面实际上是苏格拉底从第一卷到第七卷一直持有的主张，[2]具体来看，柏拉图有三次重要的阐释来说明这一观点。第一次是在卷一对色拉叙马霍斯的反驳中，苏格拉底首次提出好人是不愿意统治的：

“那些优秀的人既不是因为金钱的缘故而决定去进行统治，也不是因为名誉的缘故……因此，对于这样的人来说，如果要他们去进行统治，没有强制

1 关于哲人被迫统治的学术争论以及更为完整的讨论，参见张新刚：《重思哲人王难题》，收入《古典学评论》（第三辑），上海三联书店 2017 年，第 91–109 页。这里仅就哲人被迫为王这一结论做简要的介绍。

2 持这一主张的学者参见 Brown, Eric. “Justice and compulsion for Plato’s philosopher-rulers”; Brown, Eric. “Minding the Gap in Plato’s Republic”. *Philosophical Studies* (2004)117: 272 - 302; Sedley, David. “Philosophy, the Form and the Art of Ruling”, in *Cambridge Companion to Plato’s Republic*, Cambridge University Press, 2007, pp.256–271.

和惩罚是不行的。而这，看来，也就是为什么一个人，如果不几经强迫，自愿地便径直去进行统治，总要被认为是一件不光彩的事。而说到惩罚，那么最大的惩罚却是：除非自己去进行统治，否则就要被比自己更差的人统治。很明显，我认为，那些干练明达的人，每当他们进行统治时，正是由于惧怕这样的惩罚才统治的。而那时候，他们走向统治，并不像是走向一件好事，也不是为了在统治职务中去谋求生活享受；而是，只是由于不得已，由于没有别的比他们自己更好的人，甚至没有与他们自己相像的人可以信托。因此，很有可能，假如有那么一个城邦，在那里全部都是好人，那就人人将争着不去参与统治，就像今天人人争相去进行统治那样；而在那里，也就可以清楚看：真正说来，一个真正的统治者，按他的天性，是不会去谋求他自己的利益的，而是谋求他的被统治者的利益；从而，每一个稍具明智意识的人都将宁可选择接受他人的利益，而不愿挑起担子来自己去施利于他人。”（347b–e）

苏格拉底这里借用技艺类比的结构，即技艺的好处是由技艺施加的对象获得的，统治的结构也决定了是被统治者获益，所以统治本身是要付出辛劳的。按照这一逻辑，统治者的好处并不能从统治中获得，这也是在后面第七卷中所揭示出的要点。所以，柏拉图在《理想国》一开篇就给出了统治必须基于强迫的观点，并且直接将这强迫的性质归结为“被比自己更差的人统治”。按照这一观点，我们可以在消极的意义上认为，统治还是能给统治者带来一些作为后果的好处的。统治者通过自己辛劳地承担统治任务，至少保证了自己不会因为更差的人统治而直接将自己正义生活的环境倾覆。

在开始哲学的讨论之前，我们在第一卷末尾处看到的是好人不愿为统治者，随着讨论的推进，在对高贵的谎言的讲述中，苏格拉底再一次向我们确证了统治者是不会自愿进行统治的。[1] 在卷三的结尾处，苏格拉底谈完护卫者的教育之后，将城邦的统治者问题提了出来，并在将护卫者树立为城邦统治

1　Schofield 在晚近的一篇文章中也提出将高贵的谎言与哲人回到洞穴对比讨论，参见 Schofield, Malcolm, “The Noble Lie”, in G. Ferrari, eds., The Cambridge Companion to Plato’s Republic, pp. 138–164。

者之后，突然插入了高贵的谎言。苏格拉底说：“前面我们说到过那种应有的、必需的欺骗，现在我们要问，我们应该怎样来运用它们呢——怎样用它们之中的一个正当的、高尚的欺骗来说服主要是统治者自己，或者，如果不能，就来说服其他的城邦居民们？”（414b–c）这个首先要说服统治者的谎言目的是，让统治者能够“更多地关心城邦和关心他人”，将城邦中的其他人当成是自己的兄弟一样关心。从这一视角来看，这个高贵的谎言的两部分侧重点就更为明晰了。谎言的第一部分，即从所有人被从同一个大地母亲中送出，所有人都是兄弟般的关系；第二部分关于灵魂金银铜铁的等级描述是在强调应该由金银一类的人来统治，具备金银灵魂的人不能推托统治职责，而应该担负起自己应该承担的统治职能。

高贵的谎言首先所要说服的就是灵魂中被混入金银的统治者，那为什么苏格拉底还说“有可能说服不了他们”呢？这是因为，经过卷二、卷三的城邦净化，格劳孔在卷二中提出的发烧的城邦或奢靡的城邦已经基本退烧了，所有超过生活必需的部分也逐步被剔除出城邦，同时，通过对诗歌的审查和对教育的立法，护卫者已经成为热爱智慧并意气高昂的人，到卷三结尾处，苏格拉底已经可以确保护卫者不会成为色拉叙马霍斯口中的，利用自己的强力来从统治中获利的统治者了。但是这也带来另一方面的问题，即护卫者们一旦将真理和智慧作为自己生活的目标，自然便成为卷一中所说的“好人”，不会把统治作为自己的利益，也就不会愿意统治。正是出于这一考虑，才需要对统治者们讲述这一谎言，劝说他们不要只考虑自己的利益，还要为城邦整体与其他人的利益考虑。基于同样的理由，苏格拉底才会接着说，如果说服不了统治者，就要说服其他城邦居民。苏格拉底这里的意思首先不是让其他城邦居民接受金银铜铁的划分，而是在承认这一前提基础上让其他人来请求护卫者成为统治者，如苏格拉底在卷六中所言：“真理应该是：如果一个人病了，不论他是有钱人还是穷人，都必须是他走到医生的门上去，同样，一切需要被管辖的人，走到那能够进行管辖的人的门上去；而不是那进行管辖的人，如果他真正地是一个有点用处的人的话，要求请求那些受管辖的人接

受他的管辖。”（489b–c）

如果上述对“高贵的谎言”的性质理解不错的话，那么这一谎言实际上从反面说明了护卫者不会自愿统治的，他们需要被说服或者被城邦其他居民请求来统治。《理想国》的这一线索在提出哲人王后得以最终展开，强迫几乎成为哲人进行统治的唯一表述：[1]

1. 除非是要等到那少数的，并不是变坏了的，但是，现在，却被人们称为是无用的哲学家们，出于某种机遇，不论他们愿意还是不愿意，都被迫地必须来负担起照管城邦的职责，而那城邦必须来服从他们……（499b）

2. 如果与哲学最有亲缘的人或者在漫漫的过去的岁月中曾经，或者在目前某个不能为我们目睹的远方四夷中正在，或者甚至，在以后的年代中将要，被迫地不得不担负其照管城邦的职责……（499c）

3. 那么如果有必要迫使这个哲学家要去注意把他在那里所看到的模式，不独是依照它来塑造他自己，并且用它来模印到人们的，不单是个人的，而且是社会和公众的习性上去……（500d）

4. 而我们作为城邦的奠基人的职责，就在于迫使那些具有最好天性的人，去接触那最大的学问，去观看那善和去攀登那时所说的上升之路，在既已攀登上去了，而且也有了足够的观察之后，我们就不再允许他们做我们现在所允许的事了……在原地逗留不前，站着不动，不愿再下去走向那些被捆绑的人了……（519c–d）

5. 亲爱的朋友，你又忘记了，我们的立法的本意本来不在于，使城邦之中某一个单一的阶层生活得与众不同地好，而是相反，要在整个城邦里都做到这一点，它既用劝说也用强迫使全体城邦和谐地集合为一个整体，使凡是每一个人所能贡献给集体的东西都作为益处提供给大家分享，并且，法律，它在一个城邦里造就这样一些人，它并不是为了好放任他们每个人都随心所欲地去各行其是，相反，它是为了它自己能够利用他们来把整个城邦联系、

1 参考 Brown(2000) 对相关文本有梳理，此处在其列举的基础上另外补充了三处新的文本。

结合起来。（519e–520a）

6. 在我们对他们提出要求，迫使他们去照管和护卫他人的时候，我们将是能够对他们说出正义的、公平的理由的。（520a）

7. 我们将是对着正义的人下达着正义的命令。可是，毫无疑问，他们中的每一个人都将是像向着一件被迫的、不得已的事情那样去进行统治，这和目前每一个城邦里进行着统治的人相比，情形正好相反。（520e）

8. 因此，除了那些对于如何最好地治理城邦具有最明智的理解，并且拥有政治之外的荣誉和超越于政治之上的生活的人，此外，还有什么其他人是你应该强迫他去进行保卫城邦的工作的人呢？（521b）

9. 在这之后，他们还必须将要再一次回到我们前面所说的洞穴里去，并且被迫使去管理有关战争的事，以及充任各种适宜于年轻人担当的职务……(539e)

10. 每一个人都要去处理繁杂的政治事务，并且担当统治者的职务，这是为了城邦的缘故，而并不是把它当作什么美好的事情，相反，这只是必需的不得已而为之的事。（540b）

正如布朗（Eric Brown）准确指出的那样，上述这些文本中，强迫哲学家进行统治的是城邦的建立者或法律。也就是说，哲学家之所以会进行统治完全是基于政治的理由，而非出于某种内在的动机。之所以非常彻底地秉持这一观点，是因为柏拉图明确提到，在某些情况下，哲学家是能够逃离这种强迫，过着独善其身的哲学生活的。在卷六中，当苏格拉底描述哲学的天性有着各种腐蚀的危险，而只有少数人有可能幸免，这很少数的人“偶然地，是那些由于被逐出城邦、遭到流放而得以幸免于难的、生性高尚而又教养很好的人，他们由于不受种种腐蚀因素的影响，得以不违背他们的天性，长期和哲学相亲相伴；或者，这是在一个小城邦里，当那里有一个天生的精神开阔恢弘的人，他鄙薄乡曲的城邦事务，并且卑视它；而更有一小部分则可能从其他技艺中脱离出来的，他们由于天性的优秀，理所当然地鄙薄这些行业，从而走向哲学”（496a–b）。这些少数能够有幸走上哲学道路的人都是远离政治事务的人，他们或者不在城邦中生活，或者在思想上已经看清楚城邦事务，从而能够在不义中独善其身。从这段话可以看出，柏拉图通过给出几种走上哲学道路的方式，实际上提供了某些能够脱离城邦政治生活的纯粹哲人的例子，这些人是无须也不愿涉足政治的。存在着少数哲学家的例子，恰恰从反面向我们证明了哲学家不会出于个体动机主动愿意承担统治职责的。这也进一步证实了，只有通过强迫，哲人才会为王。

至此我们可以清楚看到哲人王与美丽城的复杂关系：哲人王的最初引入是为了解决美丽城的可能性问题，只有哲学家成为统治者才能够使美丽城得以最终建立；但是另一方面，哲人为王自身又构成一个无法解决的难题，哲人是不愿统治的，只有美丽城的奠基者和立法者的强迫才能使他们从事烦劳的城邦事务，除了美丽城之外，也没有哪种政体是能够使得哲人成为统治者的。所以综合来看，《理想国》中的哲学家生产机制是在城邦主导下进行的，这样一来，美丽城中的哲学家在数量上是相对较多的，在培养上也更为稳定。更为重要的是，通过城邦培养出的哲学家能够持续地维持城邦的正义，为城邦源源不断地提供明智的统治者，哲学家们“总是把别人教育成为这样的人，并且把后者作为护卫者遗留给城邦”（540b）。

哲人王是整部书的最高潮和政治方案的最后一块拼图，哲人—王组合的成功与否决定着整个美丽城的成败。当我们不得不面对哲人只有外在强迫才能为王的结论时，《理想国》政治方案的严肃性就不得不重新加以审视了。二十世纪有很多学者基于哲人王的困境，试图给出美丽城实际上是不可能的，柏拉图也清楚地认识到他的建议是不可行的，甚至包括哲人王在内的很多安排从根本上是反讽的。[1]本文并不能同意这一观点，根据前面的分析，这一困难的实质是柏拉图解决城邦政治疾患的方法是走出城邦，向比城邦更高的智

1　如 Sallis 就认为哲人王是个喜剧角色，参见 Sallis, John. *Being and Logos: The Way of Platonic Dialogue*, Pittsburgh: Duquesne Univeristy Press, 1975; Bloom, Allan. trans. *The Republic of Plato*, with notes and an interpretive essay, New York: Basic Books, 1968; Strauss, Leo. *The City and Man*, Chicago: University of Chicago Press, 1964.

慧寻求新的基础。这种从政治领域之外为政治奠基的思路是柏拉图政治哲学的重要创见，并且在其最后一部对话《法律篇》中，柏拉图仍然坚持了同样的思路。所以，本文认为《理想国》中的政治方案是严肃而认真的。

但是，正如这些学者看到的那样，哲学和政治二者性质并不相同。对于政治来说，最大的善是城邦的统一以及公民德性的提升；而对于哲学家来说，最大的善是超越政治生活的沉思。超越政治的哲学在为城邦提供了可靠基础之外，也为哲学家不愿统治城邦提供了充足的理由。那么，柏拉图如此勾画这一城邦是想做什么呢？本文倾向的解释是，柏拉图在《理想国》中的政治方案最终是服务于其对灵魂的讨论的，他确实明确意识到美丽城构建的内在困难，但通过这一政治方案，柏拉图希望让读者最终去看到正义自身。正如安纳斯（Annas）提醒我们注意到，柏拉图在《理想国》中并不是让我们把首要的注意力放在寻找美丽城的理念或范型上去，而是寻找正义的理念，并在灵魂中将其实现。[1]而这恰恰就是《理想国》卷八和卷九关于政体衰变过程讨论的核心。

在卷八、卷九中，苏格拉底依次展示了荣誉政体、寡头政体、民主政体和僭主政体。在这一过程中，苏格拉底将政体衰变的主要原因归为人生活方式和品性的衰变，也就是说不仅是城邦的政体在衰变，更为实质的是邦民灵魂政体的衰变。所以，捍卫灵魂的政体成为“美丽城”得以实现和最大限度抵御败坏的关键。在卷七结尾处，苏格拉底提出要实现“美丽城”只有一个方法，那就是把城邦中十岁以上的人都送出城邦，让哲学家把十岁以下的孩子接管过来，不让他们受传统习俗的影响，而是按照正确的教育方式培养（541a）。这一方案在卷九中也得到进一步阐发，苏格拉底说：

“我们不允许儿童自由，要直到我们在他们之中，就像在一个城邦里那样，建立起一个政体（politeian），并且，借助于那个在我们之中的最好的因素，把那个在他们之中的最好的因素接管下来，替代这个因素在他之中树立起一个与我们自己相像的护卫者和统治者来；只有到了这时候我们才放开他

1 Annas, Julia. “Politics and Ethics in Plato’s Republic”, in Otfried Hoffe eds., *Politeia, Klassiker Auslegen*, 7. Akademie Verlag, Berlin, 1997. p.108.

们让他们自由。”（590e-591a）

在卷九的结尾处，柏拉图明确强调，人应该注视着自己“灵魂中的政体”，并且他会“至少在他自身城邦里；当然，的确，也许并不在他的祖国的城邦里（除非是有什么天命的机缘）”积极参与政治事务（591e-592a）。而“天上的城邦”恰恰也是就灵魂而言的：“在天上，对于凡是愿意去观看，并且在观看中愿意在自身之中建立一个城邦的人来说，也许是存在这样一个模型的”（592b）。在这里，柏拉图非常明确地告诉我们，天上的城邦并不是美丽城地上实现的范型，而是我们灵魂秩序或灵魂中城邦的范型。所以，《理想国》中的政治构想最终仍要服务于理解灵魂的最高生活。如果我们对《理想国》意图的把握是正确的话，那其中的政治方案一方面是严肃的，因为它提供了城邦良好秩序的新思路和新基础，但在另一方面，政治方案并不是整部对话首要的关切点，它是为了说明和教育对话者以及我们这些后来的读者如何在灵魂中构建良好的政制，并走上爱智慧的路。

经过上文的讨论，我们可以总结说，柏拉图的政治思想始于对城邦政治的深切洞察，而完成于他对政治问题的重新奠基。面对现实的政治世界，柏拉图离开智者们创立的道路，他告诉世人很难在单纯的政治视域内构建良好的秩序和生活方式。在《理想国》中，美丽城邦有赖于超出政治生活的哲学家被迫来担当统治者，而以智慧为欲求对象的哲学生活方式保证了政治统治不会陷入色拉叙马霍斯难题。政治技艺要做的就是看顾人的灵魂，政制和立法的目标也旨在培养人良好的德性。要做到这一点，政治共同体必须是统一的共同体，这一目标在柏拉图思想中从未发生过变化。与统一共同体相对，所有现实城邦政治实际上都难以长期维持良好的尺度，最终不可避免地坠向城邦分裂，这通常表现为富人与穷人、寡头派和民主派的无休止的内乱。而要彻底消除城邦内乱，实现统一的共同体，就必须将城邦立法的着眼点放在公民德性的培养上面，进而统一共同体也是德性共同体，这也就是希腊将政治与伦理哲学讨论结合在一起的根本原因。

五、二十世纪的《理想国》：充满争议的遗产

经过对《理想国》的上述考察，我们可以认定说，政治哲学确由柏拉图创立。沃林（Sheldon Wolin）就曾对柏拉图在政治哲学上的贡献有过这样的表述："柏拉图教导后来的人将政治社会视为一个连贯的、相互关联的整体，他是第一个将政治社会视为相互联系的功能'系统'和有秩序的结构。"[1] 在柏拉图将政治哲学的位置奠定下来之后，后世的政治思想家无论秉持何种立场，但基本都要归功于柏拉图开创的这一传统。[2]但是自二十世纪后半叶以来，柏拉图及其《理想国》却引发了激烈的争论，学者莱恩（Lane）就这样总结二十世纪柏拉图的解释状况："柏拉图被作为二十世纪哲学的首恶之人，而亚里士多德则是以英雄面目出现，苏格拉底相对难以判断；柏拉图被视作有害的理想主义者和僭政的施行者，亚里士多德被当作清醒的务实家和共同体的捍卫者，而苏格拉底则是自由个体（但可能在政治上是有害的）的典范。"[3]

柏拉图在二十世纪的这一形象很大程度上要归因于卡尔·波普尔对他的攻击。波普尔的《开放社会及其敌人》一书出版于1945年[4]，是他对西方思想传统中极权主义意识形态反思之作。该书的第一卷大部分篇幅都在讨论柏拉图，因为在波普尔看来，《理想国》中的政治方案是西方传统中第一个封闭的

---

1 Wolin, S. *Politics and Vision: Continuity and Innovation in Western Political Thought*, Princeton University Press, 2009, p.31.

2 关于柏拉图政治思想与中世纪伊斯兰思想的关系，参见 Rosenthal, E.I.J. *Political Thought in Medieval Islam*, Cambridge: Cambridge University Press, 1962, 特别是该书的第二部分"The Platonic Legacy"；关于文艺复兴时期的柏拉图翻译与研究，参见 Hankins, James. *Plato in the Italian Renaissance*. Vol. 1. Brill, 1990; Jayne, Sears. *Plato in Renaissance England*. Vol. 141. Springer Science & Business Media, 2013；古希腊政治观念在现代世界的一个重要复兴阵地是维多利亚时期的英国，可参见 Demetriou, Kyriakos. *Studies on the Reception of Plato and Greek Political Thought in Victorian Britain*, Routledge, 2011。

3 Lane, M. *Plato's Progeny: How Plato and Socrates Still Captivate the Modern Mind*, London: Duckworth, 2001, p.8.

4 Popper, K. *The Open Society and Its Enemies*. Routledge, 1945.

威权社会谋划，苏格拉底在言语中构建的“美丽城”在波普尔笔下成为“极权主义乌托邦”。波普尔认为，柏拉图毫无疑问地想将城邦那“天上的范型”付诸实施，其中包括严密的等级制度、哲人统治、毫不考虑个人自由、以牺牲个体为代价来实现集体所谓的幸福等。波普尔对柏拉图的批评引发了极大的争议，很大程度上是因为他对《理想国》的解释并非是要理解这部对话的本意，而是检讨二十世纪极权主义的理论渊源，所以他对柏拉图的批判主要是出于政治性考量而非学术检讨。

与波普尔相对，另有一些学者认为柏拉图并非真的想要在大地之上实现“美丽城”。比如伽达默尔就认为柏拉图的政治谋划从根本上说是乌托邦，柏拉图自己更看重的是对真理的寻求以及灵魂的提升，而非确立一个国家范本。用他的原话说：“《国家篇》所关心的对象甚至不是城邦的公正法律，它所真正关心的是城邦的正确教育，有关公民的权利和义务的教育。而从根本上说，它就是哲学教育。这场对话是一场哲学讨论，在其中构筑了一个理想的城邦，一个远离现实的乌托邦。”[1]持有类似立场的还有施特劳斯，他认为不能对柏拉图《理想国》中的政治方案太过相信。在施特劳斯看来，《理想国》实际上是一部“反乌托邦”的对话，他认为仔细阅读的读者会发现卷五中的方案，如女性护卫者、共妻共夫、城邦教育设置以及哲人王等是实际上是喜剧式的反讽，因为这些设想完全无视身体性欲望和公民间及性别间的差别，是极为不自然的乌托邦，所以柏拉图是绝不想要将其实现出来。真正的哲学家最想过沉思的生活，“美丽城”既不可能也不可欲，柏拉图之所以讨论这一方案只是为了揭示政治谋划本质上的局限性。[2]施特劳斯所理解的古典政治哲学或者政

1 ［德］H-G. 伽达默尔：《柏拉图的教育城邦》，《伽达默尔论柏拉图》，余纪元译，光明日报出版社 1992 年，第 81 页。伽达默尔关于柏拉图的其他相关论述，参见 Gadamer, H.-G. Plato und die Dichter. Frankfurt am Main: Klostermann, 1934; “Platos Denken in Utopien. Ein Vortrag vor Philologen.” In H.-G. Gadamer, *Gesammelte Werke*, vol. 7, 270–89. Tübingen: Mohr.1983。

2 Strauss, L. *The City and the Man*. Chicago: University of Chicago Press, 1964, Chapter II. 施特劳斯的这一解释路径也引起了一些批评，最有代表性的是 Burnyeat, M. "Utopia and Fantasy. The Practicability of Plato's Ideally Just City." In J. Hopkins and A.Savile (eds.), *Psychoanalysis, Mind and Art*, pp.175–87. Oxford: Oxford University Press, 1992。

治哲学更多聚焦在政治和哲学的关系上面，在他看来，“政治哲学的首要涵义不是指以哲学的方式来处理政治，而是指以政治的或大众的方式来处理哲学，或者说是指对哲学的政治导引——尝试将有资格的公民，或更准确地说，将他们有资格的后代从政治生活引入哲学生活”。[1]

波普尔和施特劳斯虽然在对待柏拉图政治思想 / 哲学的态度上有近乎对立性的差异，但是他们都认为“美丽城”的乌托邦设想并不足取，有着重大的缺陷。除了这类聚焦于《理想国》政治方案严肃性的争论外，有越来越多的学者将《理想国》解释为伦理性，即关于灵魂学说的对话。这一解释方向中最为代表性的学者当属沃格林，他并不否认《理想国》浓厚的政治意图，但是他认为希望哲学家献身城邦统治的方案本质上是失败的，苏格拉底对格劳孔与阿德曼图斯的教育也并没有成功。但是这一失败却成功地将政治方案转变为伦理关照，即如本文所阐述的那样，将美丽城实现在个体灵魂之中。[2] 在沃格林之后，安纳斯和费拉里更进一步，认为《理想国》这部对话本质上就是一部关于灵魂学说或伦理性的对话，核心关切就是个体灵魂结构，城邦结构和正义的讨论只是服务于灵魂正义讨论的工具，柏拉图最终关切的是如何实现正义与幸福的生活。[3]

在回顾了围绕《理想国》的这些争论之后，究竟应该如何理解这部对话的性质呢？根据本文的研究与介绍，我们认为《理想国》最终关照的确是个体灵魂的良好秩序，但是柏拉图借城邦来讨论灵魂秩序并非偶然或权宜之计。《理想国》实际上构建了以护卫者为核心的美丽城，并且通过对护卫者的特殊教育，尽可能使他们成为德性上更为完备的人。这一方案的核心环节在《法律篇》和亚里士多德《政治学》中都被保留和延续下来。此外，柏拉图对灵

---

1 ［美］列奥·施特劳斯:《论古典政治哲学》,《什么是政治哲学》，李世祥等译，华夏出版社 2011 年，第 81 页。

2 ［美］埃里克·沃格林:《柏拉图与亚里士多德》（秩序与历史第 3 卷），刘曙辉译，译林出版社 2014 年，第三章。

3 Annas, J. *An Introduction to Plato's Republic*. Oxford: Clarendon, 1981;［美］G.R.F. 费拉里:《城邦与灵魂》，刘玮译，译林出版社 2017 年。

魂秩序和个体德性的关照决定性地宣告了，人不可能在家庭中获得真正的幸福，而必须借由城邦的政制与立法安排，通过教育逐渐走上爱智慧的道路。也就是说，人的幸福生活和德性完满最终是超越家庭的（甚至在终极意义上是超越城邦的），这一观点是对家庭和自然血缘关系保有更多温情的亚里士多德也认可的。对《理想国》这一对话性质的最准确判定实际上还是来自柏拉图自己，在《法律篇》讨论最佳政体时，他说：

“在第一位的政制和拥有最好法律的城邦，那句古老的谚语所说的‘朋友的一切都是公共的’就最大程度地在整个城邦之中实现了。如果这一理想在今天能够在某处实现，或者实现于将来的某一天——妇女是公共的，儿童是公共的，每种财产也是公共的；如果，人们通过各种措施来将可以称之为‘这是我的’的东西从生活的所有方面都去除掉；如果通过这样或那样的方法，尽其可能地将依自然是私人的事物变成公共的，像眼睛、耳朵和手，以使得他们好似是一起公共地看、听和行动；再有，如果人们一致地赞扬与不齿一些事物，并最大程度上对同样的事情感到高兴，对同样的事情感到痛苦；如果他们对旨在使城邦变成尽可能统一的法律而感到无比高兴——那么没有人会设置一个比这样的政制更为正确或更好的界定，因为这一政制就德性而言已经达到极致。这一城邦居住的应该是那些神们或神的子孙们（不止一个），他们过得这种生活非常愉快。因此，我们不应去别处去寻找一种政制的模式，相反，我们应该紧握这一模式，并竭尽全力来寻找那与之最接近的政制。如果我们现在所谈及的政制能实现，那么它将是最近于不朽，并就统一而言是第二位的（kai he mia deuteros）。”（739c–e）

由这段引文可知，从具体安排设置上来讲，《法律篇》讨论的最佳政体并非《理想国》所勾画的美好城邦，而是将护卫者阶层的原则——“朋友之间一切公有”尽可能推广至整个城邦。但需要注意的是，这一城邦是神及神的子孙们居住的城邦，换言之，这并非适用于人。人应该尽量模仿或实现最大限度的统一共同体，实际上，就统一而言次佳的城邦是对人而言最佳的政体。所以对于柏拉图来说，充分意义上的统一无法在城邦中实现，但统一的德性共同体始终是其政治哲学的不变追求。

在充分澄清了柏拉图政治思想的问题意识与思考线索之后，我们就会发现，二战之后围绕柏拉图《理想国》的这些争论实际上反映了学者们对政治问题的现实关切以及对西方文明走向的反思与诊断。无论出于何种立场，学者们试图重新梳理柏拉图开启的西方政治思想/哲学传统，以更好地思考现代政治的走向以及现代人更好的生活方式。从这一视角来看，只要人类仍以政治共同体的方式共同生活，就不得不面对和思考柏拉图在《理想国》中提出的诸如正义、家庭与政治共同体、政治共同体的纽带与统一、成员的生活方式与政体的关系、公民教育等议题。而当现代人认真思考与严肃回应这些关乎政治共同体的根本性困难时，与其把柏拉图的《理想国》当作毒药或者解药，不如借助他的思考回到这些议题本身，进入政治自身的逻辑与疑难之中，努力构建出更合宜的政治秩序与精神秩序。

《政治学》

/俞可平*/

亚里士多德是人类迄今最伟大的百科全书式学者。他的研究涉及了当时几乎所有的学科，并对这些学科做出了极大的贡献。在科学领域，亚里士多德研究了解剖学、天文学、胚胎学、地理学、地质学、气象学、物理学和生物学。在哲学、人文和社会科学领域，亚里士多德的研究包括文学、诗歌、美学、音乐、哲学、神学、法学、语言学、逻辑学、修辞学、教育学、伦理学、政治学、经济学和心理学等基础学科。事实上，他是许多学科的奠基者，他对上述这些学科所提出的观点，是这些学科发展史上必经的关键环节。

亚里士多德是对全人类的思想体系和知识体系影响最深刻和广泛的学者之一，是西方世界的“精神领袖”[1]。在牛顿以前，亚里士多德关于物理学的思想一直占据自然科学的支配地位，深刻地塑造了中世纪的学术思想，其影响力延伸到文艺复兴时期。在动物科

---

* 俞可平：北京大学讲席教授。

1 ［德］维尔纳·耶格尔：《亚里士多德：发展史纲要》，朱清华译，人民出版社 2013 年，第 319 页。

学方面，十九世纪前亚里士多德的观点长期被奉为“金科玉律”。亚里士多德的形式逻辑定律，至今仍然是现代形式逻辑理论的基础。亚里士多德的哲学和神学思想对基督教、伊斯兰教和犹太教的传统产生了深远影响。他的经济学、教育学、伦理学、政治学、语言学等学说至今依然是难以逾越的人类知识里程碑。

《政治学》是亚里士多德众多著作之一，然而却是其最重要的著作之一；政治思想也是亚里士多德庞大思想体系的组成部分之一，然而却是其最重要的思想之一。亚里士多德自己多次明确地说，与其他学科相比，政治学更加重要，它超越于其他学科，是“主导性的科学”(master science)。他说：“世上一切学问（知识）和技术，其终极（目的）各有一善；政治学术本来是一切学术中最重要的学术，其终极（目的）正是为大家所最重视的善德，也就是人间的至善。政治学上的善就是‘正义’，正义以公共利益为依归。”[1]

把政治学当作“主要学科”在亚里士多德那里不仅是十分明确的，而且是一以贯之的。早在《尼各马可伦理学》中，他对政治学之所以是超越其他学科的“最高的科学”和“最权威的科学”还做了详细的论证：“因为正是这门科学规定了在城邦中应当研究哪门科学，哪部分公民应当学习哪部分知识，以及学到何种程度。我们也看到，那些最受尊敬的能力，如战术、理财术和修辞术，都隶属于政治学。既然政治学使其他科学为自己服务，既然政治学制定着人们该做什么和不该做什么的法律，它的目的就包含着其他学科的目的。”[2]

在《尼各马可伦理学》《大伦理学》《欧台谟伦理学》《论美德和邪恶》和《雅典政制》等著作中，亚里士多德都或多或少阐述了他的政治主张，但毫无疑问，他的政治思想和政治理论最集中地体现在其《政治学》一书中。在简要介绍亚里士多德的生平和著作后，我们将围绕“人与政治动物”“城邦与政体”“最好政体与最坏政体”以及“统治者与被统治者”四个主题着重阐释

1 ［古希腊］亚里士多德：《政治学》，吴寿彭译，商务印书馆 1996 年，第 148 页。

2 ［古希腊］亚里士多德：《尼各马可伦理学》，廖申白译，商务印书馆 2015 年，第 6 页。

《政治学》的核心内容和亚里士多德的政治思想。最后，作者将在前人相关研究的基础上，对亚里士多德及其政治思想做出自己的评析与判断。

一、生平与著作

亚里士多德（Ἀριστοτέλης，Aristotle，公元前384—前322年3月7日）出生于古希腊北部哈尔基季基半岛（Chalcidice）的斯塔吉拉（Stagira）的一个贵族家庭。父亲尼各马可（Nicomachus）是马其顿国王阿明塔斯二世（Amyntas Ⅱ）的御医，亚里士多德从小在优裕的家庭中长大。公元前367年，即亚里士多德十七岁那年，他正式进入雅典的柏拉图学园（Platonic Academy）学习，[1] 直至公元前347年柏拉图去世的二十年间，亚里士多德一直都在柏拉图学园学习。老师柏拉图去世后，亚里士多德随即也离开了雅典。为什么柏拉图去世后亚里士多德要急于离开雅典，一说是因为学园的新领导人更加强调柏拉图学园的数学倾向，令亚里士多德无法忍受；一说是因为亚里士多德本人与马其顿宫廷的特殊关系。离开柏拉图学园后，亚里士多德先是接受了先前的学友、阿索斯(Assos)的统治者赫尔米亚斯(Hermias)的邀请访问小亚细亚，并娶了赫尔米亚斯的侄女（一说养女）庇西阿丝(Pythias)为妻。公元前344年，赫尔米亚斯在一次暴动中被谋杀，亚里士多德不得不离开阿索斯，他和家人一起到了米提利尼（Mytilene）。

到米提利尼的第三年即公元前342年，亚里士多德又受马其顿国王腓力二世（Philip Ⅱ）的邀请，回到马其顿并担任年仅十三岁的亚历山大

1 另一种说法是，他去雅典后首先进入了当时在希腊世界更有名的伊苏格拉底语言学院(rhetorical school of Isocates)，不久再转入柏拉图学园。参阅洛德(Carnes Lord)翻译并作序的《亚里士多德的〈政治学〉》(*Aristotle's Politics*)，芝加哥大学出版社2013年，第IX页等。

（Alexander）的家庭教师。根据古希腊著名传记作家普鲁塔克的记载，亚里士多德对这位后来以亚历山大大帝（Alexander，the Great）著称的未来世界领袖灌输了道德、政治以及哲学的思想，对亚历山大的人生观和世界观产生了深刻的影响。正是在亚里士多德的影响下，被誉为西方世界“四大军事奇才”（另三位是凯撒、汉尼拔、拿破仑）之首的亚历山大大帝却始终对科学事业充满兴趣，对知识十分尊重，建造了人类现代社会之前最重要的亚历山大图书馆，还以帝王之便为亚里士多德提供丰厚的人力和财力资源，使其得以完成诸多科学研究。[1]也正是受亚里士多德的影响，亚历山大大帝对希腊人总是另眼相看。亚里士多德曾告诉过亚历山大大帝，要待希腊人如自由人，待“野蛮人”如奴隶。所以，“每一次离希腊更远，亚历山大就越来越不像是个希腊人，倒是越来越像是个野蛮民族的国王了”[2]。

公元前336年，腓力二世去世，亚历山大正式继承马其顿王位。公元前335年，亚历山大大帝开始远征亚洲。亚里士多德又回到雅典，并在那里亲自创办了著名的吕克昂学园（Lyceum）。吕克昂学园吸引了一大批学子，并开始分科式的系统教育。有人因此认为，“吕克昂学园是世界上第一所大学”[3]。在此期间，亚里士多德一边讲课，一边撰写了多部学术著作。亚里士多德在吕克昂学园的授课方式十分独特，他在给弟子讲课时，喜欢围绕走廊和花园边散步边讲述，因此他的哲学被称为“逍遥的哲学”，其学派也被称为“逍遥学派”（the Peripatetic School）。

公元前322年，亚历山大大帝猝死，雅典人开始奋起反抗马其顿的统治。由于和亚历山大的特殊关系，亚里士多德被雅典当局排斥，被指控犯下不敬神罪，被迫逃亡至其母亲的故乡哈尔基斯(Chalcis)避难，吕克昂学园则交给

---

1 参阅普塔鲁克（Plutarch，公元46—120），《希腊罗马名人传》第二册第十七篇第二章“亚历山大”(Alexander)，席代岳译，吉林出版集团2009年，第1195-1268页。

2 ［美］波默罗依等：《古希腊政治、社会和文化史》，周平等译，上海三联书店2010年，第399页。

3 ［英］亚历山大・莫里斯(Alexander Moseley)：《亚里士多德》，王爱松译，黑龙江教育出版社2017年，第189页。

了狄奥弗拉斯图 (Theophrastus) 掌管。亚里士多德为他逃离雅典辩解说，“我不想让雅典人再犯下第二次毁灭哲学的罪行”（隐喻雅典人曾犯下以“异端邪说”之名处死哲学家苏格拉底的罪行）。一年之后，即公元前 322 年，亚里士多德积劳成疾，与世长辞，终年六十三岁。

有人将亚里士多德丰富多彩的一生分为四个大致相等的时期：“首先是他从公元前 384 年到前 367 年在哈尔昔克（Chalcidice）和马其顿的童年时期。其次是他从公元前 367 年到柏拉图死之年公元前 348 年（或前 347）作为柏拉图学园成员的时期。第三是他从公元前 348 年（或前 347）到公元前 335 年（或前 334）在特罗阿德（Troad）的阿索斯（Assos）、在列斯堡岛、在马其顿的派拉 (Pella) 的生活时期。最后是他从公元前 335 年（或前 334）到他死之年公元前 322 年作为吕克昂的领袖的时期。”[1]

亚里士多德是人类知识发展史上最高产的作家之一，他不仅著作等身，而且涉及的学科范围相当广泛，从自然科学到社会科学，从文学艺术到哲学思辨，几乎无所不及。其作品数量之多，论述范围之广，原创程度之高，使人怀疑是否为他一人所为。从历史记载和后人的考证来看，可以肯定大部分著作都为亚里士多德所著。但同样可以肯定的是，他拥有众多的学术助手，帮助他在浩瀚的知识海洋中遨游，据说其学术助手最多时达到上千人。下面所列的是其主要学术著作。

哲学社会科学方面的著作包括：《范畴篇》（*Categoriae*）、《解释篇》（*On Interpretation*）、《前分析篇》（*Analytica Priora*）、《后分析篇》（*Analytica Posteriora*）、《论题篇》（*Topica*）、《诡辩篇》（*De Sophisticis Elenchis*）、《形而上学》（*Metaphysica*）、《尼各马可伦理学》（*Ethica Nicomachea*）、《大伦理学》（*Great Ethics*）、《欧代米艾伦理学》（*Ethica Eudemia*）、《论美德和邪恶》（*De Virtutibus et Vitiis Libellus*）、《政治学》（*Politica*）、《经济学》（*Oeconomica*）、《修辞学》（*Ars Rhetorica*）、《亚历克山大修辞学》（*Rhetorica ad Alexandrum*）、《诗

1 ［英］罗斯：《亚里士多德思想的发展》。见聂敏里选译《20 世纪亚里士多德研究文选》，华东师范大学出版社 2010 年，第 36 页。

学》(*Ars Poetica*)、《雅典政制》(*Athenaion Politeia*)。

自然科学方面的著作包括:《物理学》(*Physica*)、《论天》(*De Caelo*)、《论产生和毁灭》(又译《论生灭》, *De Generatione et Corruptione*)、《天象论》(*Meteorologica*)、《宇宙论》(*De Mundo*)、《自然诸短篇》(*Parva Naturalia*)、《论灵魂》(*De Anima*)、《感觉与所感觉到的》(*De Sensu et Sensibilibus*)、《论记忆》(*De Memoria et Reminiscentia*)、《论睡眠》(*De Somno et Vigilia*)、《论梦》(*De Insomniis*)、《论睡眠占卜》(*De Divinatione per Somnum*)、《论生命长短》(*De Longitudine et Brevitate Vitae*)、《论幼年、老年、生命和死亡、和呼吸》(*De Juventute et Senectute, De Vita et Morte, De Respiratione*)、《论呼吸》(*De Spiritu*)、《动物志》(*Historia Animalium*)、《论动物的部分》(*De Partibus Animalium*)、《论动物运动》(*De Motu Animalium*)、《论动物前进》(*De Incessu Animalium*)、《动物史》(*De Generatione Animalium*)、《论颜色》(*De Coloribus*)、《论听觉》(*De audibilibus*)、《论向面》(*Physiognomonica*)、《论植物》(*De Plantis*)、《论非凡听觉》(*De mirabilibus auscultationibus*)、《论力学》(*Mechanica*)、《论问题》(*Problemata*)。

虽然亚里士多德撰写了大量著作,但无比遗憾的是,其绝大多数作品已经佚失,只有大约三分之一的原创作品保存下来。所幸的是,作为政治学科奠基之作的《政治学》得以大体完整地保存下来。

亚里士多德的作品很多是讲课笔记,《政治学》原也是吕克昂学院给学生的内部课堂讲稿 (course of lecture)。亚里士多德死后由其继任主持人狄奥弗拉斯图交与弟子纳留(Neleus)携归小亚细亚的瑟柏雪斯(Scepsis),并封藏于地窖中达二百余年。已在当时流行的一些卷章则多被购集到马其顿帝国的帕加马(Pergamon)和非洲的亚历山大城图书馆中。埋藏在瑟柏雪斯的书稿在公元前一世纪被提奥斯(Teos)的收藏家阿佩利孔(Apellicon)发现,他买下了这些书稿并将其带回雅典。公元前 86 年,罗马帝国的卢基乌斯·科尔内利乌斯·苏拉占领雅典后,将亚里士多德的原稿带至罗马。公元前 60 年,这些原稿被文法家第勒尼昂(Tyrranion)出版,接着,吕克昂学院第十一代继任人罗得岛人安德洛尼可（Andronicus Rhod）又整理出版了亚里士多德的全部著作，但当时出版的这些著作及目录今已不复可见。

公元前三世纪中叶，亚历山大城图书馆馆长加里马沽（Callimaclius）已经编有 120 卷馆藏《文献总目》，列述古希腊各位作家的生平及其遗书。其中狄欧季尼编著的《亚里士多德传》内附《亚里士多德著作目录》，包括院内精密课程《政治学》八卷。法国经典学家梅纳治（Menage，1613—1692）评释狄欧季尼《列传》（卷五 50）附刊了所得无名氏编《亚里士多德书目》，其中第 70 号为院内精密课程《政治学》。另有公元前逍遥学派哲学家托勒密（Ptolemaous Philosophus）所编《亚氏书目》，今仅存阿拉伯文译本，其中第 32 号为《宪政纲要并列述各种政体》。亚里士多德自己在《伦理学》中提及这篇著作时就称《政治学各卷》，公元三世纪初的亚里士多德学诠释家亚历山大（Alex. Aplirod）亦将此篇著作的书名考订为《政治学》。中古第十一世纪末的亚氏学诠释家迈克尔（Michael Ephesius），以及第十二世纪荷马史诗专家尤斯塔修（Eustathius）都称《政体研究》。但后人多从《伦理学》和亚历山大所称，把此书名为《政治学》。[1]

罗马时代结束后，亚里士多德的作品再度大量佚失。幸亏阿拉伯学者将其作品译成了阿拉伯文，中世纪后欧洲学者开始将亚里士多德作品翻译成拉丁文，正是通过阿拉伯文和拉丁文的转译，亚里士多德的主要著作才得以传承下来。现存于世的各种语言的亚里士多德《政治学》版本，包括商务印书馆作为汉译名著系列编译出版的《政治学》中文版。大多依据牛津大学 1950 年出版的希腊语标准本《亚里士多德全集》（*Corpus Aristotelicum*）编译而成，牛津标准本亚里士多德《政治学》共八卷，各卷的目次和主要内容如下。

第一卷《人类、家庭和城邦》。本卷主要讲人类家庭、村落和城邦的起源。人类要繁衍，便有男女之结合；男女的配偶便组成家庭，家庭就成为人类满足日常生活需要而建立的社会的基本形式；若干家庭便组成村落，村坊

1　参阅亚里士多德：《政治学》，第 461-464 页，附录二《关于本书的书名》。吴寿彭译，商务印书馆 1996 年。

最自然的形式是由一个家庭繁殖而衍生的聚落；若干村落联合而形成城邦，城邦是一种基本上达到“自给自足”的社会团体，而且是社会团体中最高而包含最广的政治社群。人类组成城邦的根本目的，就是为了“善良生活”或“追求善业”。人类要拥有“善良生活”，除了礼法秩序之外，还必须具备必要的物质财富。人们致富有两种基本方式，一是从事农、牧、渔、猎；一是经商贸易。

第二卷《优良城邦》。本卷主要论述理想中和现实中的优良城邦。亚里士多德首先阐述了苏格拉底和柏拉图的理想城邦，这两位先哲主张最大限度的公有制，包括妻子、子女和财产公有。亚里士多德明确反对其老师的观点，认为优良的城邦既不能全部公有，也不能完全私有。接着，亚里士多德详细考察了他认为“政治修明”的现实城邦国家，包括斯巴达、克里特、迦太基和雅典等。亚里士多德在本卷中力图表明，城邦的本质是什么，什么样的城邦称得上“政治修明”，如何才能使城邦长治久安。

第三卷《公民与政体》。本卷主要阐述公民与政体之间的内在关系，以及各种政体的基本类型。在这一卷中，亚里士多德指出了政体的差异是区别不同城邦国家的主要标志。也是在本卷中，亚里士多德首次系统地阐释了其政体类型学，即君主政体、贵族政体和共和（宪制）政体，以及上述三种政体的变异形式：暴君（僭主）政体、寡头政体和平民（民主）政体。在本卷中，亚里士多德进一步阐释了城邦的本质，提出了区分正宗政体与变异政体的基本标准，还对政治家、立法家、公民、正义、平等和政治制度等政治学的基本范畴给出了明确的定义。

第四卷《现实的各种政体》。在本卷中，亚里士多德对理想政体和现实政体作出了明确的区分，并通过详细考察现实存在的158个城邦国家的具体政治制度及其实际效果，进一步论述了各种政体的利弊得失，特别是平民政体、寡头政体和僭主政体的构成要素和主要特征。通过对这些现实政体的分析，亚里士多德试图表明优良政体的现实条件是什么，怎样才能维护城邦的优良政体。在本卷中，亚里士多德还系统阐释了城邦国家中立法、行政和司法三类不同机构的职能分工，论述了中产阶级为什么是政体稳定的基础。

第五卷《政体的变革与革命》。在本卷中亚里士多德详细分析了各种城邦政体发生变革或革命的一般原因和特殊原因。发生政变或革命的一般原因，就是城邦国家内部的党派不满现存政权；特殊原因则因各城邦政体的实际情况而各不相同。亚里士多德重点论述了共和与平民政体，以及贵族和寡头政体发生政变与革命的现实原因，并且提出了如何防止政变与革命的具体措施。在本卷中，亚里士多德再次对专制和僭主政治进行了猛烈的批评，并从维护政体稳定的角度，再次对平等问题进行辨析，认为绝对的平等不利于政体的长期稳定。

第六卷《平民政体和寡头政体》。在本卷中，亚里士多德深入讨论了现实生活中最为常见的平民政体和寡头政体这两种政治制度，并且对平民政体和寡头政体的不同种类进行了详细的比较。他认为，平民政治的要害在于将国家最高权力交付多数穷人，寡头政治的要害在于将最高权力交付少数富人。诸如“正义”和“平等”这些人类的基本政治价值，对于平民政体和寡头政体各有不同的意义；无论是平民政体还是寡头政体，都不是完美的政治制度，两者都容易导致社会的不正义。

第七卷《理想政治与公民教育》。在本卷中，亚里士多德进一步阐述了他心目中的理想政治状态，提出了著名的亚氏善政公式：（1）政体＝人民的生活方式；最优良的政体＝最优良的生活方式。（2）优良（善德）＝幸福（快乐）；（3）最优良的政体＝最幸福（快乐）的生活方式。他认为，最好的政治制度就是能使人们实现优良生活的政体。优良的生活需要一系列的条件，不仅统治者的素质要高，普通公民的素质也同样关系到政体的优劣。在本卷中亚里士多德系统地阐述了理想的城邦需要什么样的公民，以及如何进行公民教育的思想。

第八卷《青少年教育》。在本卷中亚里士多德进一步阐述了公民教育与政治制度之间的内在联系，指出公民教育的状况直接关系到政体的存亡。亚里士多德尤其重视对青少年的教育，在本卷中他详细论述了儿童和青年的教育计划。他认为教育应当是国家的公共事务，而不是个人的私人事务。对青少年的国民教育应当包含读写、体操、音乐和绘画这四门基础课程。

仔细研读亚里士多德的《政治学》不难发现，一方面，这八卷的主题之间缺乏严谨的逻辑联系；另一方面，各卷之间的论述也多有重复，一些重要观点常常散见于各卷之中。亚里士多德创立了逻辑学，其论述以严谨的逻辑见称，似乎不应该出现这样的卷次编排。据此，一些研究者对《政治学》各卷的顺序纷纷提出了质疑，认为在《政治学》原稿的长期转译、补缺和考订过程中，卷次顺序发生了错误。“已经有两种顺序上的调整被提了出来。一种是将第六卷放到第五卷之前。但很少有学者采取这一调整，同时，它被第六卷中四处对第五卷的清楚的提及所否定。另一种调整——业已为许多学者所采用的一种——在于将最后两卷放到第三卷之后。支持它的某种证据在于这一事实，即在第三卷的结束，所有稿本都有一个句子（在一些稿本中还接着另一句话的一个片断）似乎在预告随后对理想城邦的一个讨论，这个讨论我们只是在最后两卷才实际看到。人们坚持认为，通过这一调整，我们就获得了带有理想性质的五卷，后面跟着带有现实性质的三卷。”[1]

其实这样的怀疑是站不住脚的，迄今并无令人信服的理由否定《政治学》八卷的内容及顺序违背了亚里士多德本人的意图。首先，一般认为亚里士多德的《政治学》原本是吕克昂学园“精密课程”的讲义稿，而且很可能是由学生根据课堂记录编纂而成的。课堂讲稿与专门著作不同，通常没有严格的结构和文字要求，显得更加松散和随意。《政治学》的叙述方式和卷次目录恰恰体现了讲稿的这些特征。其次，从《尼各马可伦理学》等书中可以得到佐证，《政治学》八卷的内容体现了亚里士多德原来的意图。在《尼各马可伦理学》的末尾，亚里士多德明白无误地表达了他的下一个研究计划：“首先，我们将对前人的努力作一番回顾。然后，我们将根据所搜集的政制汇编，考察哪些因素保存或毁灭城邦，哪些因素保存或毁灭每种具体的政体；什么原因使有些城邦治理良好，使另一些城邦治理糟糕。因为在研究了这些之后，我

1 ［英］罗斯：《亚里士多德思想的发展》。见聂敏里译，《20世纪亚里士多德研究文选》，华东师范大学出版社2010年，第40页。

们才能较好地理解何种政体是最好的，每种政体在各种政体的优劣排序中的位置，以及它有着何种法律与风俗。”[1] 可见，亚里士多德其实是在实施“《伦理学》中所制定的计划，顺序也是《伦理学》中所制定的”。因此，被誉为“我们时代最杰出的亚里士多德学者”的耶格尔（Werner Jaeger）也不认为需要对《政治学》的各卷顺序进行调整。[2]

二、人与政治动物

在古希腊的许多伟大思想家那里，科学、哲学和人文常常构成一个有机的知识体系，对科学知识的不同偏好或多或少会影响其思维方式，并进而影响其对社会现象的不同理解。柏拉图偏爱抽象的数学，据说在其学园大门悬挂着“不懂数学者止步”的训语，这多少昭示了其思想体系的理想主义特征。亚里士多德不喜爱数学而偏爱动物学和生物学，著有《论植物》《动物志》《动物史》等多种生物学和动物学专著，这多少昭示了其思想体系的现实主义特征。莫里斯说得对，亚里士多德“对生物学的思考比他的纯粹哲学思考应当占有更大的比重，而且我们也许应当将他的伦理学著作和政治学著作视为出自他的生物学著作（这十分有意义）、他对逻辑的思考是对他科学著作的补充。柏林曾评论说，就亚里士多德来说，也许通往真理的路是生物学，而对柏拉图来说，则是数学”[3]。

亚里士多德运用其生物学和动物学知识观察人类及其政治生活所得出的

1 ［古希腊］亚里士多德：《尼各马可伦理学》，廖申白译，商务印书馆 2015 年，第 318 页。

2 参阅罗斯：《亚里士多德思想的发展》。见聂敏里译《20 世纪亚里士多德研究文选》，华东师范大学出版社 2010 年，第 40–42 页。

3 ［英］亚历山大・莫里斯 (Alexander Moseley)：《亚里士多德》，王爱松译，黑龙江教育出版社 2017 年，第 53 页。

最重要结论是：人天生就是政治动物（Men are by nature political animals）。他说，人类是天然趋向于城邦生活的动物，“人类在本性上，也正是一个政治动物”[1]。把人理解为政治动物，这是亚里士多德全部政治分析的起点，也是亚里士多德政治理论的根本性命题。从某种意义上说，亚里士多德的整个政治思想不过是对其这一根本性观点的进一步展开而已。不理解亚里士多德关于人是政治动物的根本命题，就难以真正理解其十分丰富的政治思想。

中世纪的重要思想家托马斯·阿奎那被公认是使“基督教亚里士多德化”和“亚里士多德基督教化”的关键人物，[2]他在评述亚里士多德的《政治学》时，着重从人类具有语言能力和理性判断能力这个角度来证明“人天生是政治动物”的命题。他说：“较蜜蜂和一切过群居生活的动物来说，人类更是一种政治动物。证明如下：自然不做徒劳之事，其通常的活动都指向特定目的。因此，自然如果分配给某物内在地指向其目的的东西，就会赋予该事物以目的。我们认为，尽管其他动物也能发声，但在一切动物中，惟有人具有语言能力。”有了语言能力，人类便能判断“有益或有害、公正或不公正”。因此，“人类出于自然是家庭的和政治的动物”[3]。

当代的亚里士多德研究者也多从合群性和社会性来论证亚里士多德的这一根本命题。例如，伯纳德·亚科(Bernard Yack)就从人的道德判断能力、个体与整体的关系，以及人与社会的关系等三个方面，来阐释“人天生是政治动物”的命题。他说：“关于人的政治本性的论证，我们现在可以提出如下主张：（1）人天生就有特别的禀赋能够满足过政治生活的要求，因为只有人才能够进行政治言说——言说正义与非正义。（2）人与城邦的关系如同部分与整体的关系，之所以如此是因为人离开了城邦就不能履行专属他的工作，如同手离开身体就不能再执行它的工作。（3）人在城邦中才能变得完全；而当

1 ［古希腊］亚里士多德：《政治学》，吴寿彭译，商务印书馆 1996 年，第 7 页。

2 参阅［英］彼得·沃尔森著：《人类思想史：从阿奎那到杰斐逊》，姜倩等译，中央编译出版社 2011 年，第 76 页等。

3 ［意］托马斯·阿奎那：《〈政治学〉疏证》，黄涛译，华夏出版社 2013 年，第 15-16 页。

人变得完全时，他才是最优良的动物。相反，如果人离开了法律和法庭的强制，没有美德，他便是最坏、最邪恶、最野蛮的动物。”[1]

毫无疑问，所有这些对亚里士多德关于“人天生是政治动物”命题的分析都具有其合理性。但是我们认为，对这一根本性命题的分析，不能仅仅局限于亚里士多德在《政治学》中提出这一命题的上下文来分析，而应当把它放到《政治学》的整个体系中，甚至放到亚里士多德的全部政治思想和伦理思想中去理解。亚里士多德的城邦观、政体观、法律观、人生观、价值观和教育观，在很大程度上都反映了“人天生是政治动物”这一根本命题。

在亚里士多德看来，人类首先也是一种动物种类，它与其他动物种类具有共同的动物本性。不仅如此，在人类的身上也同样具备着动物的劣根性，包括贪欲、粗暴、野蛮、残忍的兽性。人类身上的兽性一旦发作，他就比其他动物还会更加野蛮和残暴。亚里士多德说：“人类由于志趋善良而有所成就，成为最优良的动物，如果不讲礼法、违背正义，他就堕落为最恶劣的动物。悖德（不义）而又武装起来，势必引致世间莫大的祸害。……于是失德的人就会淫凶纵肆，贪婪无度，下流而为最肮脏最残暴的野兽。”[2]人类的物欲也是无止境的，如果不加约束，就会跌入罪恶的深渊。“人类的欲望原是无止境的，而许多人正是终生营营，力求填充自己的欲壑。财产的平均分配终于不足以救治这种劣性及其罪恶。”[3]

当然，人与一般的动物有着众多重大的区别。一个显而易见的区别是，人不是独居动物，而是群居性动物，他们必须成群结队地生活在一起。这种群体生活的前提，就是某种秩序的存在；而群体生活秩序的形成，则需要某种形式的权威的存在。群体生活中的权威，则具有政治的某种属性。正是按照这样的逻辑，亚里士多德便把群居性或群体性生活看作是“政治动物”的

1 ［美］亚科(Bernard Yack):《自然正确与亚里士多德的正义观》。见刘小枫编《城邦与自然——亚里士多德与现代性》，华夏出版社 2000 年，第 95 页。

2 ［古希腊］亚里士多德:《政治学》，吴寿彭译，商务印书馆 1996 年，第 9 页。

3 同上书，第 73–74 页。

一个显著特征。但群居性并非是人类所特有的，更非人类区别于其他动物的实质性特征。其他一些动物，如蚂蚁、蜜蜂、野鹤等也是群居动物，需要过群体性生活。也正是从这个意义上说，不仅是人类，其他某些动物也具有“政治动物”的某种特性。亚里士多德在《动物志》中这样说：“凡社会性动物，在它们的社会中，必然存在某一共同目的；这种社会性质，并不是一切群居动物所概有。只有人、蜜蜂、胡蜂、蚁与玄鹤才是这样的社会性动物。”[1]

作为政治动物的人类与其他所有动物，包括群居动物的实质性区别在于，人类具有社会性。人们必须而且只能生活在社会共同体之中，尤其是生活在政治共同体之中。离开了社会共同体的生活，人就不成其为人，就跟其他动物没有实质性区别，它就是一只野兽。离开了社会共同体，人就会一事无成，连自身的生存都十分困难，更谈不上人类的文明进步。社会性是人区别于其他动物的本质特性，这种思想早在柏拉图那里就十分清楚。柏拉图曾经说过：离开了社会生活，人要不是一头猪，要不就是一位神。亚里士多德进一步发展了柏拉图的这一思想，他多次强调，人类设若离开了社会共同体，特别是离开作为政治共同体的城邦，就不成其为人类。他说：“凡人由于本性或由于偶然而不归属于任何城邦的，他如果不是一个鄙夫，那就是一位超人。”“凡隔离而自外于城邦的人——或是为世俗所鄙弃而无法获得人类社会组合的便利或因高傲自满而鄙弃世俗的组合的人——他如果不是一只野兽，那就是一位神祇。”[2]

人类之所以能够而且必须生活在社会政治共同体之中，是因为人类身上具备着其他所有动物所不具备的理性和德性。亚里士多德明确指出，理性和德性为人类所独有。其他动物只有兽性的本能，人类除了兽性这种本能之外，更有基于语言之上的理性和德性。德性和理性是亚里士多德用以阐述人类这种特殊政治动物的关键概念，他在《尼各马可伦理学》中用专门的篇幅对人类的“道德德性”和“理智德性”做了详细的论述。

亚里士多德所说的理性，就是基于人类理智能力之上的合目的性。按照

1 ［古希腊］亚里士多德：《动物志》，吴寿彭译，商务印书馆 1979 年，第 20–21 页。

2 ［古希腊］亚里士多德：《政治学》，吴寿彭译，商务印书馆 1996 年，第 7–9 页。

阿奎那对《政治学》的释读，亚里士多德所说的理性是人类特有的内在力量："我们通过理性来界定人，缺乏理性的人完全不同于人类"。"由于人类理性既能处理人类使用的事物，也能处理理性统治下的人类本身……人类理性指导人群形成特定联合。"[1]亚里士多德自己认为，天赋、习惯和理性是人类善良生活的三个要素，其中理性最为重要。如果三者发生冲突，则应当首先依从内在的理性。他说："人们所由人德成善者出于三端。这三端为［出生所禀的］天赋，［日后养成的］习惯，及［其内在的］理性。……人类［除了天赋和习惯外］又有理性的生活；理性实为人类所独有。人类对此三端必须求其相互间的和谐，方才可以乐生遂性。［而理性尤应是三者中的基调］人们既知理性的重要，所以三者之间要是不相和谐，宁可违背天赋和习惯，而依从理性，把理性作为行为的准则。"[2]

亚里士多德所说的德性，是人类基于是非善恶判断之上的向善品质。他在《政治学》中断定："人类所不同于其他动物的特性就在他对善恶和是否合乎正义以及其他类似观念的辨认［这些都由言语为之互相传达］。"[3]这实际上表明，德性也是人类所特有的品质，而且这种品质是人类基于语言能力之上的善恶判断。但在《政治学》中，亚里士多德并没有对德性做系统的论述，他对德性的系统论述主要出现于《尼各马可伦理学》。他首先认定，德性是人的一种内在品质。"既然灵魂的状态有三种：感情、能力与品质，德性必是其中之一。""既然德性既不是感情也不是能力，那么它就必定是品质。"[4]其次，亚里士多德认为，德性是人类一种向善向好的品质。他说："可以这样说，每种德性都既使得它是德性的那种事物的状态好，又使得那事物的活动完成得好。"[5]最后，亚里士多德还区分了两类德性：理智的德性和道德的德性。人类

1 ［意］托马斯·阿奎那：《〈政治学〉疏证》，黄涛译，华夏出版社 2013 年，第 10 页和第 2 页等。

2 ［古希腊］亚里士多德：《政治学》，吴寿彭译，商务印书馆 1996 年，第 385 页。

3 同上书，第 7 页。

4 ［古希腊］亚里士多德：《尼各马可伦理学》，廖申白译，商务印书馆 2015 年，第 43、45 页。

5 同上书，第 45 页。

的德性都不是与生俱来的，而是后天习得的。前者由教育形成，后者由习惯形成。他说："德性分两种：理智德性和道德德性。理智德性主要通过教导而发生和发展，所以需要经验和时间。道德德性则通过习惯养成，因此它的名字'道德的'也是从'习惯'这个词演变而来。由此可见，我们所有的道德德性都不是由自然在我们身上造成的。"[1]

人类首先是动物，所以要像其他动物一样，首先需要满足基本的生存需要，要具备基本的物质生活条件，拥有日常物质生活的欲望。但人类因为拥有德性和理性，又不同于一般的动物，并超越一般动物的物质生活欲望，而拥有对善良生活的追求。如果一个人只有前一种日常物质生活的需求，它就是奴隶或动物；只有将日常物质需求与对善良生活的需要结合起来，才是完整意义上的人类。所以，查尔斯·泰勒说："对于亚里士多德而言，维持这些活动（日常生活）要与对善的生活的追求区别开来 。当然，它们对于善的生活是必要的，但是它们在与善的生活的关联中只扮演着基础性的角色。倘使没有对生活的追求，你也不可能追求善的生活。不过，一个只致力于前一个目标的人生并不是一个完整的人生。奴隶和动物只关心生存。亚里士多德在《政治学》中论证道，一个仅仅因为经济和防卫目标的家庭联合体还不是真正的城邦，因为它只是为了这一区区目的才构建的。对人类而言，正确的生活是建立在这一基础之上的、与善的生活相关联的一系列活动。"[2]

人类因为拥有理性和德性而成为区别于其他动物的特殊"政治动物"，一方面，人类的政治本性自然倾向于组成城邦这样的政治共同体；另一方面，离开了城邦的政治生活，人类的理性和德性也不复存在。因此，从人天生就是特殊的政治动物这一前提出发，亚里士多德在《政治学》中重点论述了城邦及其政体形式。

---

1 ［古希腊］亚里士多德：《尼各马可伦理学》，廖申白译，商务印书馆 2015 年，第 35 页。

2 ［加］查尔斯·泰勒：《自我的根源：现代认同的形成》，韩震等译，译林出版社 2001 年，第 318 页。

三、城邦与政体

亚里士多德认为，城邦是人类的社会组织，但它不是一般的社会团体，而是人们为了追求共同利益而组成的政治共同体。城邦的首要特征是其政治性，并以此而与其他社会团体区分开来。作为政治共同体，城邦在所有社会团体中具有至高无上的性质。他在《政治学》中开宗明义地指出："我们见到每一个城邦（城市）各是某一种类的社会团体，一切社会团体的建立，其目的总是为了完成某些善业——所有人类的每一种作为，在他们自己看来，其本意总是在求取某一善果。既然一切社会团体都以善业为目的，那么我们也可说社会团体中最高而包含最广的一种，它所求的善业也一定是最高而最广的：这种至高而广涵的社会团体就是所谓'城邦'，即政治社团（城市社团）。"[1]

亚里士多德所说的"城邦"(the polis)，既不是一般意义的城市，也不是现代意义上的民族国家（nation-state），而是早期的国家形态。它已经具备了国家的基本特征：一定范围的领域、一定规模的人口、独立的政权机构、合法的武装力量等。但它还不是建立在威斯特伐利亚体系之上的、以国家主权为基础的近代民族国家。因此，更准确地说，亚里士多德所说的"城邦"，其实是"城邦国家"（city-state）。正如布兰德里所说古希腊的国家是一个城邦，而非民族国家(nation)。如果我们以下述方式去设想这样一个领土国家：它以一个城邦为基础，并伴有周边的领土，有独立的主权；那么，我们更应该想到的是一个最大的古希腊国家，而不是现代的民族国家。[2]

作为政治共同体的城邦，之所以在所有人类团体中具有至高无上的性质，

---

1 ［古希腊］亚里士多德：《政治学》，吴寿彭译，商务印书馆 1996 年，第 3 页。

2 参阅布兰德里（A.C. Bradley）《亚里士多德的国家概念》（*Aristotle's Conception of the State*），见凯特和米勒（David Keyt and Fred D. Miller Jr）编《亚里士多德政治学评论》（*A Companion to Aristotle's Politics*），牛津：布莱克维尔出版社 1991 年，第 14–15 页。

根本的原因在于建立城邦的终极目的是为了城邦整体的公共利益，即城邦的“优良生活”。亚里士多德把城邦的公共利益视为“善业”（the good），并且是所有善业中的“至善”(the highest good)。与城邦的“至善”这一终极目的而言，其他所有城邦组织和城邦活动，都不过只是手段和工具而已。他说：“城邦是若干生活良好的家庭或部族为了追求自足而且至善的生活，才行结合而构成的。……至于一个城邦的作用及其终极目的却是‘优良生活’，而社会生活中的这些活动却只是达到这种目的的一些手段而已。城邦为若干家庭和［若干家庭所集成的］村坊的结合，由此结合，全城邦可以得到自足而至善的生活，这些就是我们所谓人类真正的美满幸福。”[1]

城邦的这种至高无上性，与城邦的其他两个内在属性密切相连：城邦的自然性和城邦的优先性。

与近现代的政治思想家不同，亚里士多德坚持认为，城邦不是人类刻意创造的政治社团，而是人类作为天生的政治动物的自然结果。“亚里士多德之所以认为城邦是自然的，并非因为城邦碰巧从自然联合体中发展而来，乃是因为它是从自然联合体生长出来的：自然联合体长成（mature）城邦。”[2]亚里士多德用以论证城邦自然性的逻辑是：人类要繁衍，便有男女之自然结合；男女配偶便组成家庭，家庭是人类满足自然需要而建立的社会基本形式；若干家庭组成村落，村坊是由家庭繁殖而衍生的自然聚落；若干村落联合而形成城邦，城邦是“自给自足”的人类组织，是所有社会团体中最高而包含最广的政治社群。在城邦内部，一部分人天生是统治者，而另一部分则天生是被统治者，这也是自然的。亚里士多德所强调的是，从人类的繁衍，到家庭和村落的形成，直至城邦的产生，以及统治者与被统治者的形成等各个环节，都是自然演化的结果。因此，他的结论十分明确：“城邦出于自然的演化”，

1 ［古希腊］亚里士多德：《政治学》，吴寿彭译，商务印书馆 1996 年，第 140 页。

2 ［美］阿莫伯勒（Wayne H. Ambler）：《亚里士多德对城邦自然性的理解》。见刘小枫编《城邦与自然——亚里士多德与现代性》，华夏出版社 2000 年，第 92 页。

城邦的产生表明“社会就进化到高级而完备的境界”[1]。

既然城邦是人类自然演化的顶点，是完成了的人类最高组织形式，那么，它与其他任何形式的人类组织相比，便自然地具有优先性。正如阿莫伯勒所说：“每个城邦都自然存在；城邦从先前的联合体生长而来，是联合体生长的顶点；城邦比先前的联合体更加完善，事实上它是完全（或完美）的联合体；城邦是自足的，为了美好生活而存在；城邦特别适合于人类，因为人天生就是政治动物；就其本性而言，城邦先于家庭与个人；人与城邦的关系是部分与全体的关系；人在城邦中才得完全或完美，一旦脱离法律与审判，人便是最坏的动物。”[2]

更加具体地说，亚里士多德在以下两种意义上断定城邦具有独特的优先性。其一，相对家庭和村社等其他社会组织形式而言，只有城邦是自给自足的完备组织形式，其他任何社会团体都不是完备的，城邦超越其他任何社会团体。其二，相对于个人而言，城邦是整体，个人是部分，整体势必要高于部分，部分只有在整体中才具有存在的意义。因此，亚里士多德说：“城邦[虽在发生程序上后于个人和家庭]，在本性上则先于个人和家庭。就本性来说，全体必然先于部分。我们确认自然生成的城邦先于个人，就因为[个人只是城邦的组成部分，]每一个隔离的个人都不足以自给其生活，必须共同集合于城邦这个整体[才能大家满足其需要]。”[3]

据说为了系统地研究城邦的兴衰历史和寻找最优良的城邦形式，亚里士多德曾经比较分析了158个古希腊城邦。流传于今的《雅典政制》，只是其158个城邦的案例研究之一。[4]因此，亚里士多德所说的城邦，主要是指遍布

1 参阅亚里士多德：《政治学》，吴寿彭译，商务印书馆1996年，第3–7页。

2 [美]阿莫伯勒（Wayne H. Ambler）：《亚里士多德对城邦自然性的理解》。见刘小枫编《城邦与自然——亚里士多德与现代性》，华夏出版社2000年，第87页。

3 [古希腊]亚里士多德：《政治学》，吴寿彭译，商务印书馆1996年，第8–9页。

4 关于政制的论著，“在亚里士多德的古代书目中，据说有一百五十八部”，“这些论著往往都被说成亚里士多德的作品，但在编辑这些论著时，他可能得到门徒很多的帮助。到了中世纪，这些论著在《亚里士多德全集》中已经无存”。见亚里士多德《雅典政制》英译者序，林志纯译，上海人民出版社2011年，第4页。

古希腊的社会政治组织形式。它包括一定数量的公民、一定规模的地域和特定的政治统治方式。亚里士多德把城邦的政治统治方式称为政制，并认为政制是城邦的决定性因素，也是城邦相互区别的实质性标志。他说："城邦本来是一种社会组织，若干公民集合在一个政治团体以内，就成为一个城邦，那么，倘使这里的政治制度发生了变化，已经转变为另一品种的制度，这个城邦也就不再是同一城邦。……由此说来，决定城邦的同异的，主要地应当是政制的同异。"[1]

"政制"或"政体"的希腊语原文是politeiai，英文通常译为polity(政体)、constitution（宪制）或regime（政权）。在亚里士多德看来，"政体可以说是一个城邦的职能组织，由以确定最高统治机构和政权的安排，也由以订立城邦及其全体各分子所企求的目的"[2]。用现代政治学语言来说，政体主要是指政权的组织形式和运行机制，包括最高统治者的性质和产生方式、政权的构成和运行方式。质而言之，"政制"或"政体"就是城邦的政治制度。尤为深刻的是，亚里士多德进一步以"公民政治权利的分配体系"来界定城邦的政治制度，并且把这种政制视为城邦的本质："考察各种政制的实际意义及其属性，就应该首先确定'城邦'的本质；这样，我们先要问明'什么是城邦'？……政治家和立法家的一切活动或行为显然全都同城邦有关，而一个政治制度原来是全城邦居民由以分配政治权利的体系。[所以我们必须先行确定城邦的本质，然后才能理解一切政治活动和政治体系]。"[3]

由于亚里士多德把政制看作城邦的本质，政制或政体便成了其全部政治学分析的重点所在。他详尽考察了古希腊的各种城邦政体形式，包括政制的历史、法律制度、统治方式，在其众多助手的协助下分别撰写了158个城邦国家的政制专著。正是基于对现实城邦国家的大量历史文献分析和实证材料观察，亚里士多德在政治思想史上首次确立了政体划分的基本标准，建立了

1 [古希腊]亚里士多德:《政治学》，吴寿彭译，商务印书馆1996年，第119页。
2 同上书，第178页。
3 同上书，第109页。

相当完备的政体类型学。他还系统地比较了各种政体的优劣利弊，提出了自己心目中的优良政体和理想政体，论述了建立优良政体的必备要素和现实条件。亚里士多德认为“最高统治权”是区分政体类型的根本所在，“政体（宪法）为城邦一切政治组织的依据，其中尤其着重于政治所由以决定的‘最高治权’的组织”[1]。因而，他以城邦最高统治权执掌者的数量和性质为主要标准，来确定政体的种类。同时，他把公共利益当作区分政体优劣的根本标准，并以是否增进城邦公共利益为依归，来确定政体的优劣和变异。由此，亚里士多德便发展起了其卓越的政体学说。

按照城邦最高政治权力的归属，亚里士多德将所有政体分为三个基本类别。最高权力属于君主一人的政体，即君主制(Royalty or Monarchy)；最高权力属于少数政治精英的政体，即贵族制(Autocracy)；最高权力为多数公民的，即共和制(Republic or Constitutionalism)。按照亚里士多德的政体分类思想，君主政治的要害在于个人的卓越品质；贵族政治的要害在于少数政治精英的财富和势力；共和政治的要害在于多数自由民的意志。他说：“政体（政府）的以一人为统治者，凡能照顾全邦人民利益的，通常就称为‘王制（君主政体）’。凡政体的以少数人，虽不止一人而又不是多数人，为统治者，则称‘贵族（贤能）政体’——这种政体加上这样的名称或是由于这些统治者都是‘贤良’，或由于这种政体对于城邦及其人民怀抱着‘最好的宗旨’。末了一种，以群众为统治者而能照顾到全邦人民公益的，人们称它为‘共和政体’——这个名称实际上是一般政体的通称。”[2]

亚里士多德进而指出，政治统治有两种基本方式，一是优先追求统治者自身的利益，一是优先追求城邦的公共利益。他说：“统治有两个基本不同的方式：其一以统治者的利益为中心，另一则以被统治者的利益为基础，前者即所谓‘专制统治’（主奴统治），后者即所谓‘自由人统治’。”[3]如果上述三

1　［古希腊］亚里士多德：《政治学》，吴寿彭译，商务印书馆1996年，第129页。

2　同上书，第133页。

3　同上书，第387页。

种政体形式，都能以城邦的公共利益为依归，那么就都是常规的优良政体。相反，如果它们不是以追求城邦的公共利益为重，而是追求统治者自身的私人利益为重，那么，这三种政体就会发生畸变，趋向自己的反面，成为变态政体。用亚里士多德自己的话来说就是："这一人或少数人或多数人的统治要是旨在照顾全邦共同的利益，则由他或他们所执掌的公务团体就是正宗政体。反之，如果他或他们所执掌的公务团体只照顾自己一人或少数人或平民群众的私利，那就必然是变态政体。"君主制的变异是暴君制或僭主制 (Tyranny)，贵族制的变异是寡头制 (Oligarchy)，共和制的变异是平民制（Democracy，又译"民主制"）："相应于上述各类型的变态政体，僭主政体为王制的变态；寡头政体为贵族政体的变态；平民政体为共和政体的变态。僭主政体以一人为治，凡所设施也以他个人的利益为依归；寡头（少数）政体以富户的利益为依归；平民政体则以穷人的利益为依归。三者都不照顾城邦全体公民的利益。"[1]

换言之，正如阿奎那所说，亚里士多德实际上将所有政体分为六个类型，其中君主制、贵族制和共和制是常规政体，而僭主制、寡头制和平民制则是变异政体。阿奎那这样阐释亚里士多德的政体类型："存在着六种不同的城邦组织，即由一人或少数几人或由许多人来统治各城邦。如果由一人来统治，不是王制就是僭主制。如果他能做到有德性，以臣民的共同利益为目标，就是王制。倘若他是邪恶的，使一切都为了满足自己的利益，损害臣民的利益，就是僭主制。如果少数人应该统治城邦，并且照管民众福利的人是因其美德被选出，我们就称其为贵族制，抑或由少数人来统治，他将使一切属于城邦的事务服从于他自己的利益，如果这种人因其财富或权力，而非因其德性被选出，我们就称这类政体为寡头制。类似地，如果许多人来统治城邦，如果是由有美德的公民统治，那么我们就用如下这个一般性的名称即公民政体 (polity) 来称呼它。……但倘若全体人民想要集体统治，我们就称这种政体为平民政体。"[2]

1 ［古希腊］亚里士多德：《政治学》，吴寿彭译，商务印书馆 1996 年，第 133–134 页。
2 ［意］托马斯·阿奎那：《〈政治学〉疏证》，黄涛译，华夏出版社 2013 年，第 139 页。

一方面，亚里士多德对包括苏格拉底和柏拉图在内的古希腊重要思想家的政体理论进行了深入的研究，试图从这些思想家的著述中寻找理想的政体；另一方面，他又花费极大的精力对多达158个城邦的政治制度进行详细的考察，试图从实践中寻找最优的政体形式。他的主要目的就是为了寻找最优的政体形式，防止最坏的政治制度。他自己说得非常清楚，他所重点关注的是，“政治团体在具备了相当的物质条件以后，什么形式才是最好而又可能实现人们所设想的优良生活的体制。因此我们必须考察其他各家的政体的［理想］形式［不以我们的理想为限］。我们应该全面研究大家所公认为治理良好的被城邦中业已实施有效的各种体制，以及那些声誉素著的思想家们的任何理想形式。”[1]正是基于这样的目的，亚里士多德在《政治学》一书用大量篇幅对各种政体的优劣进行了反复比较，尤其是对最好的政体和最坏的政体进行了重点分析。

四、最好政体与最坏政体

从亚里士多德关于优良政体和理想政体的大量论述来看，我们可以概括出他所孜孜追求的最佳政体的三个必备要素。其一，“最优良的政体应该是由最优良的人们为之治理的政体”[2]。最好的政体必须由最好的人来统治，这些统治者要“才德出众”，大家都对他们的统治心悦诚服。其二，最好的政体必须有最好的治理；在亚里士多德那里，“最优良的政体”几乎直接等同于“最优良的治理”。其三，最重要的是，最优良的政体一定要使全体公民拥有幸福美好的生活。亚里士多德一直强调，建立城邦的根本目的，就是让人们过上一种幸福和善良的生活。如果一种政体不能最大限度地让人们幸福，那就根本

1 ［古希腊］亚里士多德：《政治学》，吴寿彭译，商务印书社1996年，第43页。

2 同上书，第173页。

谈不上是优良的政体。对他来说，“关于最优良的政体，有一点是大家明白的：这必须是一个能使人人［无论其为专事沉思或重于实践的人］尽其所能而得以过着幸福生活的政治组织”[1]。

在他自己确立的君主、贵族与共和三种基本政体中，究竟何种政体是最优良的理想政体，亚里士多德似乎并没有给出明确的答案。不仅如此，他的观点看上去还常常自相矛盾。他刚刚在前面说：“我们不允许由一个人来治理，而赞成由法律来治理。因为一个人会按照自己的利益来治理，最后成为一个僭主。”[2]不久他又在后面说，应当把最高权力交给“才德最高的”人，在三种基本政体中，“最好的是君主制”。[3]这时他显然是在倡导君主制是最优良的政体。有时他又说，“研究所谓最优良的政体实际上就是研究所谓‘贵族’和‘君主’这两种政体”[4]，这样就把君主制和贵族制两者都当成了最好的政体。有时他则说，共和制才是政体的正道，对城邦来说公民轮流统治的民主制又成为最好的政体。此外，他还说过混合政体才是最好的政体。例如，他高度赞赏迦太基的混合政制：“迦太基的政治体制大家都认为是一种良好的政制，这个政制在许多方面独异于它邦。它的立国精神原本于贵族政体，或共和（混合）政体，可是它有时偏向平民政体，有时又偏向寡头政体。迦太基的政体［虽以尚贤为本］，实际上已趋于寡头性质。”[5]

耶格尔也注意到，亚里士多德一直努力寻找最好的城邦政体，但似乎始终没有在现实中找到他所满意的“最好的城邦”。他说，在亚里士多德的《政治学》中，“‘最好的城邦’一直只是一个乌托邦。它清楚地表明，人们在这条道路上只能达到教育的国家，或者更恰当地说，达到一种教育学。此外，亚里士多德清楚地说明了权力问题。他将它作为柏拉图城邦观念后面的一个问号。他还说明，并非所有的‘统治’从根本上都是坏的，但是他没有拿出

1 ［古希腊］亚里士多德：《政治学》，吴寿彭译，商务印书馆 1996 年，第 344 页。
2 ［古希腊］亚里士多德：《尼各马可伦理学》，廖申白译，商务印书馆 2015 年，第 148 页。
3 同上书，第 247 页。
4 ［古希腊］亚里士多德：《政治学》，吴寿彭译，商务印书馆 1996 年，第 178 页。
5 同上书，第 97–99 页。

一个令人满意的解决方案，并且无疑义，在希腊文化总体的那个进步阶段，一个可行的解决方案是完全不可能的”。[1]

根据埃里克·沃格林(Eric Voegelin)的考证，在亚里士多德当时的语境中，“最好的”不只拥有一种含义。它可以意指“最强大的”“最健康的”“最稳定的”“作为实现沉思生活的环境最适合的”“最充分地将不能实现好生活的人置于控制之中的”“城邦的成熟”或“城邦本质实现中的最高点”[2]。照此理解，亚里士多德所说的最好的政体，实际上就是根据各个城邦的具体条件最适合的政治制度。只要城邦采用的政体最适合于增进整体的公共利益，这种政体便是最好的制度。他说：“有些社会自然地宜于专制式的统治，[即家主对于奴隶的统治，]另一些宜于君王为治，又另一些则宜于城邦团体的宪政的统治，这些，对于每一类的社会，各从其宜，也各合乎正义。”[3]换言之，除了寻求统治者私人利益的三种变态政体外，君主制、贵族制与共和制都可以是最好的政体，都符合正义的原则。

仔细分析亚里士多德关于优良政体的各种论述，我们还是可以得到这样的结论：在亚里士多德的心目中，共和政体或立宪民主制是最好的理想政治制度。亚里士多德确实明确说，君主制和贵族制是最好的政制，但在实际的举证中，他几乎没有把任何现实中出现过的君主制和贵族制当作其优良政体的范例。相反，他最赞赏的政体几乎都包含有共和民主的要素；他最赞赏的政治家是梭伦和伯里克利。他之所以赞赏他们，主要是因为他们进行了民主的改革。他说梭伦的宪法“最具民主特色”，“使人民有了投票权利，就成为政府的主宰了”。他说，当伯里克利“成了人民领袖的时候，宪法就变得更加民主了”。[4]在详细考察了雅典宪政体制更替的历史之后，亚里士多德再次高度赞赏雅典的民主制度：“人民使自己成为一切的主人，用命令，用人民当权

1 [德]维尔纳·耶格尔:《亚里士多德：发展史纲要》，朱清华译，人民出版社2013年，第427页。

2 [美]埃里克·沃格林:《柏拉图与亚里士多德》，刘曙辉译，译林出版社2014年，第326页。

3 [古希腊]亚里士多德:《政治学》，吴寿彭译，商务印书馆1996年，第171-172页。

4 [古希腊]亚里士多德:《雅典政制》，林志纯译，上海人民出版社2011年，第26、50页等。

的陪审法庭来处理任何事情，甚至议事会所审判的案件也落到人民手里了。他们这样做显然是做得对，因为少数人总比多数人更容易受金钱或权势的影响而腐化。”[1]

亚里士多德推崇共和民主政治主要有以下四个理由。其一，任何优良政体最终都会发生变异，而在所有的变异政体中，共和政体的变异相对说来危害最小。他反复说，在僭主政治、寡头政治和平民政治这三种变异政体中，“平民政体是三者中最可容忍的变态政体”[2]。其二，共和民主政治条件下，最高统治权由公民轮流执掌，这最有利于城邦的政治稳定。他公开批评苏格拉底倡导的世袭君主制，杜绝了公民的轮流执政，必然会导致政治的不稳定。“在苏格拉底所设想的政体中，主治的人们［永不更替，］一直由他们执政；这就隐伏着危险的根源。”[3]其三，民主政治的权力基础是中产阶级，中产阶级掌权有利于城邦的长治久安。他说：“据我们看来，就一个城邦各种成分的自然配合说，惟有以中产阶级为基础才能组成最好的政体。中产阶级（小康之家）比任何其他阶级都较为稳定。……很明显，最好的政治团体必须由中产阶级执掌政权。……僭政常常出于两种极端政体，至于中产阶级所执掌而行于中道或近乎中道的政权就很少发生这样的演变。”[4]最后，广泛的公民参与，有利于公民对城邦承担责任，从而有利于实现城邦公共利益的最大化。他说：“一个城邦，一定要参预政事的公民具有善德，才能成为善邦。在我们这个城邦中，全体公民对政治人人有责［所以应该个个都是善人］。”[5]

传统的主流观点一般都认为亚里士多德的理想政体是君主制或贵族制。例如，研究西方政治思想史及亚里士多德的权威学者列奥·施特劳斯(Leo Strauss)尽管也注意到亚里士多德关于最好政体的模糊观点，但他最后的研究结果是把贵族制当作亚里士多德内心的理想政体。他认为，亚里士多德完全

1 ［古希腊］亚里士多德：《雅典政制》，林志纯译，上海人民出版社 2011 年，第 67 页。

2 ［古希腊］亚里士多德：《政治学》，吴寿彭译，商务印书馆 1996 年，第 179 页。

3 同上书，第 60 页。

4 同上书，第 206 页。

5 同上书，第 384 页。

拒绝其老师柏拉图的理想政体观，“哲学王”一人统治的政体决不是最好的政体，贵族制才是亚里士多德的理想政制。施特劳斯说：“尽管亚里士多德并未明确联系较早对政体类型的系统分析自我讨论最好的政体，但几乎肯定无疑的是，他把最好的政体理解为一种贵族制。它是本来意义的贵族制：公开致力于追求美德的统治集团的纯粹统治。如果说亚里士多德似乎缄口不谈最好的政体的政治安排，那正是因为最好的政体不会面临由不同的自由民集团构成的政体常常具有的那种政治冲突。最好的政体的核心问题不是调解相互冲突的、对政治公正的要求，而是美德教育，因为美德教育是最好的政治公正要求的支柱。”[1]

传统的观点多数都把君主制或贵族制视为亚里士多德的理想政制，很少把民主制视作亚里士多德的理想制度。与此不同，当代的亚里士多德研究者开始更倾向于民主制是亚里士多德的理想政体。例如，戴维斯（Michael Davis）指出，亚里士多德认为所有贤人政治最后都是靠不住的，政治统治必须取得被统治者的同意，因此民主政治就成为最后的理想制度。“统治要成为政治性的，从某种程度上讲，就要求被统治者同意被统治。由此，政治生活根本上讲就是民主制式的。无论如何，一旦我们承认存在衡量政治生活的某种标准，依据该标准，有些政制好，有些政制坏，那么，最好的政制就是最好的人统治的政制。一开始，‘最好的人’意味着担负照料被统治者职责的人，但是，当君主变成牧羊人时，其臣民就会开始变得像羊群。最好的人为共同福祉（common good）而统治，这种情况往往不会带来政治统治，而是有带来专制统治的危险。专制统治的原则是统治者的福祉（the good of the ruler），政治统治的原则是共同福祉。”[2]

乔纳森·巴恩斯（Jonathan Barnes）从轮流执政、中产阶级和集体决策三个方面，考察亚里士多德关于理想政体的论述，认为混合型的宪政民主是亚

---

1 ［德］列奥·施特劳斯等：《政治哲学史》（上），李天然等译，河北人民出版社 1993 年，第 161 页。

2 ［美］戴维斯：《哲学的政治——亚里士多德〈政治学〉疏正》，郭振华译，华夏出版社 2012 年，卷三，第 47 页。

里士多德心目中的最好政体。他说："说到底，最好的国家类型需要采用宪政的形式，一切公民至少能够得到某些公职，从而他们'可以轮流地统治和被统治'。可以想象，处于某些条件下的君主制可能是最好的；但是实际上我们应该采用一种混合了民主制和寡头制特点的政权，在这种政体里由'中产阶级'掌权。'中产'阶级既不富有也不贫穷，如果他们人数足以维持权力的平衡，国家就会享有最大程度的稳定。而且，集体的决定亦最容易成为出色的决定：正如单个主人操办的筵席可能比不上每位客人自带一份特制的菜肴而凑成的宴会，集体的决定可能要比单个人作的决定高明。"[1]

莫里斯从另一个论证说，亚里士多德最后没有把信任给予君主或任何杰出个人，他相信中庸之道和多数的公民，最终选择了民主政治。"对一个喜欢各极端之间的平衡的哲学家来说，民主制代表了城邦的最佳形式，它使所有的自由人在其中都参与政治，参政是他们自然应得的权利，因为最佳的统治形式应当为它的公民提供平等的参与管理的途径。……这种观点有点令人吃惊：尽管我们最终期望理解他对等级制的偏爱，但这种微妙的转向——将民主形式表达为理想——却是出人意料的。……它恰好提醒我们，亚里士多德虽然相当自负，……但他似乎对一个人很好地执政或进行政治协商的能力仍没有太多信心。"[2]

奥伯（Josiah Ober）也看到了亚里士多德在最好政体问题上的模棱两可态度，但奥伯认为民主制至少是亚里士多德心目中的最好政制之一。奥伯说，亚里士多德从未指明哪种政体是最好的政制，这一点不难理解。最好的城邦国家既是一个源于人类本性的自然体，又是基于希腊政治史知识的立法设计产品，这表明它既是贵族制，也是民主制。奥伯比较分析《政治学》第一卷和第二卷中关于理想政体的论述后指出，亚里士多德在第一卷中关于"自然

1 ［英］乔纳森·巴恩斯：《亚里士多德》。见戴维·米勒和韦农·波格丹诺编《布莱克维尔政治学百科全书》，中国问题研究所等编译，中国政法大学出版社 1992 年，第 37 页。

2 ［英］亚历山大·莫里斯：《亚里士多德》，王爱松译，黑龙江教育出版社 2017 年，第 149 页。

合适的”政制以及第二卷中关于“最理想的政制”的论述，以一种确定的分析方法，把民主当作最好的制度。由于对公民的包容，民主制提供了解决社会稳定问题的答案，而社会稳定是亚里士多德所关注的希腊政治史的突出问题。因而，亚里士多德在《政治学》中将民主制对于社会稳定和国家长治久安的社会、政治和文化优点给予了自然化的论证。[1]

如果说亚里士多德关于最好政体的观点还比较模糊，从而容易引起争议的话，那么，他关于最坏政体的观点则非常明确，容不下半点怀疑。在他看来，人间最坏的政体，就是作为君主制变态的僭主制或暴君制。僭主不但垄断权力，专制独裁，为所欲为，而且一旦大权在握，便不受任何制度的约束，以手中的无限权力膨胀私欲，以各种动人的名义危害城邦的公共利益。纵观亚里士多德的《政治学》及其他相关著作，可以清楚地看到，他对僭主政治充满憎恶和鄙视，一有机会便不厌其烦地提醒人们，不能让任何人以任何名义握有不受约束的权力，否则对城邦必将贻害无穷。他甚至公开号召人们要反抗和诛杀僭主，给诛杀僭主的勇士以无上的荣誉。他说：“最优良而近乎神圣的正宗类型的变态一定是最恶劣的政体。君主政体或者是仅有虚名而毫无实质，或者是君主具有超越寻常的优良才德。所以，僭政是最为恶劣的，它同正宗偏反，处在相隔最远的一端；寡头与贵族政体相违背，是次劣的政体。”[2]他还说：“世间重大的罪恶往往不是起因于饥寒而是产生于放肆。人们的成为暴君（僭主），决不是因为苦于缺乏衣着。所以［僭主的罪恶特别大］，人们不重视谁能捕获一个窃衣的小偷，而以殊荣加给那位能够诛杀一僭主的勇士。”[3]

归根结蒂，政治制度是由人建立并由人执行的，制度与人相互影响，对城邦的政治生活都有着至关重要的作用。忽视人的因素，即使有最好的政治

1　［美］奥伯（Josiah Ober）：《自然、历史与亚里士多德的最佳政体》（*Nature, History and Aristotle's Best Possible Regime*）。见洛克伍德和萨马拉斯(Thornton Lockwood and Thanassis Samaras)编《亚里士多德的政治学：一个批判性的导读》(*Aristotle's Politics: A Critical Guide*)，剑桥大学出版社2015年，第234–238页。

2　［古希腊］亚里士多德：《政治学》，吴寿彭译，商务印书馆1996年，第179页。

3　同上书，第71–72页。

制度，也不可能起到理想的效果。正如施特劳斯所说，虽然政体是政治制度的安排，“但政体反映着更基本的政治现实——构成城邦诸不同群体之间权威与服从的关系”[1]。实际上，政体从本质上反映着统治者与被统治者的关系，政体其实就是统治者与被统治者相互关系的一种制度安排。亚里士多德深刻理解制度与人的这种辩证关系，除了考察和分析政体之外，还对统治者和被统治者发表了一系列重要观点。

五、统治者和被统治者

关于制度与人何者对城邦的公共利益更为重要的问题，在亚里士多德之前思想家们就已经争论不休。一些人认为法律制度更加重要，他们便主张最高权力应属于法律；另一些人则认为人的因素更加重要，他们便主张最高权力应交付统治者。亚里士多德没有回避这一争论，而是直面这一问题：“有些人看到，把治权寄托于任何‘个人’［或任何一组的人］而个人既难免情感的影响，这就怎么也不能成为良好的政制，于是他建议：这不如寄托于‘法律’。然而法律本身可以或倾向寡头，或倾向平民；以倾向寡头或倾向平民的法律为政，又有什么不同于寡头派或平民（民主）派执掌着最高治权，实际上是一样的。”[2]他自己显然认为，制度与人两者都至关重要，因而他既重视政体的作用，也同样重视统治者和被统治者的作用。

在亚里士多德的眼中，不仅人与其他动物之间存在着本质的差别，而且同样作为政治动物的人类自身也存在着极大的差别。他把人类自身之间的差

---

1 ［德］列奥·施特劳斯等：《政治哲学史》(上)，李天然等译，河北人民出版社 1993 年，第 151 页。

2 ［古希腊］亚里士多德：《政治学》，吴寿彭译，商务印书馆 1996 年，第 142 页。

别分为三类，即男人与女人、自由人与奴隶，以及文明人与野蛮人。首先，人类作为动物必然有雌雄之分，这就是男人与女人的分别。受体力和智力等自身条件的限制，女人要依赖于男人，并受制于男人。因为根据自然存在的差异，女人的天职就是繁育后代，"自然安排女性依赖于男子才能产生后代"[1]。其次，更重要的差别是自由民和奴隶的差别。受先天自然天赋的限制，一些人具有自由的本性，另一些人则具有被奴役的本性。因而，人类自然分为自由民和奴隶两个群体。亚里士多德说："非常明显，世上有些人天赋有自由的本性，另一些人则自然地成为奴隶，对于后者，奴役既属有益，而且也是正当的。"[2]最后是文明人与野蛮人之间的差别，文明人富有理性、德性和自由的本性，野蛮人则缺乏理性、德性和自由的本性。亚里士多德心目中的文明人实际上就是希腊人，其他外邦人则几乎就是野蛮人的同义语。这一点从他以下这段话中可以明显地看到："希腊人谁都不乐意称优良的希腊种人为奴隶，他们宁愿将奴隶这个名称局限于野蛮人（外邦人）……。在他们看来，世上有些人［野蛮族］到处都应该是奴隶，本性上就是奴隶，另一些人［希腊人］到处都应该自由，本性上就是自由人。"[3]

由于作为政治动物的人类自身存在着重大的群体差异，为了维护社会政治的基本秩序，就自然需要在这些群体之间确立统治与被统治的基本关系。亚里士多德认为，男人统治女人、文明人统治野蛮人，尤其是自由人统治奴隶，则是天经地义的事情。他反复强调，人类需要生活在社会政治共同体之中，而每一个政治共同体的基本秩序均有赖于统治者与被统治者基本关系的确立。在亚里士多德看来："世上有统治和被统治的区分，这不仅事属必需，实际上也是有利益的；有些人在诞生时就注定将是被统治者，另外一些人则注定将是统治者。"[4]他认为，统治者和被统治者的分层组合，是组成人类政治

1　［意］托马斯·阿奎那：《〈政治学〉疏证》，黄涛译，华夏出版社 2013 年，第 9 页等。

2　［古希腊］亚里士多德：《政治学》，吴寿彭译，商务印书馆 1996 年，第 16 页。

3　同上书，第 17 页。

4　同上书，第 13 页。

共同体的不可或缺的基本要素。他说，城邦这样的政治共同体，“还得有统治者和被统治者的结合，使两者互相维系而得到共同保全。凡是赋有理智而遇事能操持远见的，往往成为统治的主人；凡是具有体力而能担任由他人凭远见所安排的劳务的，也就自然地成为被统治者，而处于奴隶从属的地位。”[1]

亚里士多德把统治者与被统治者的区分，看作是城邦自然秩序的一个组成部分，不仅是天经地义的，而且是公平合理的。在这一前提下，他对统治者与被统治者的基本关系做了进一步的分析，认为在城邦中统治与被统治的关系有三种类型，它们各不相同。一种是自由民与奴隶之间的统治关系。在这种关系中，统治者的主要目的是为了自己得益。一种是父亲与妻子、子女之间的统治关系，在这种关系中，统治者的主要目的是为被统治者的利益。一种是公民相互之间的统治关系，在这种关系中，统治者的主要目的是为了公共利益。他说：“我们在公开课程所授的各篇中，曾对统治的各个种类屡屡加以说明。主人对于奴仆的统治就是其中的一个种类；这里自由主人和天然奴隶两者的结合的确可以互利，但主人执掌统治权力时，总是尽可能多地注意着自己的利益，即使有时也考虑到奴隶的利益，那是因为奴隶如果死灭，主人的利益也就跟着消失了。就我们所谓家务管理说，家长对于妻子和子女以及一般家属的统治是第二个种类；这种统治主要是为了被统治者的利益，同时也为了统治和被统治两方面的利益。……第三种类的统治——即城邦宪政统治。当一个城邦依据平等原则，由相同身份的人组成政治体系时，公民（城邦组成分子）们自然认为他们大家应该轮流执掌治理的职司。治理的职司主要是致力于被统治者的利益，所以这些义务应该由大众轮流分担，而统治者作为公民团体中的一员，也附带地获得共同的利益。”[2]

无论上述哪种统治与被统治的关系中，统治者的素质应当都是极其重要的。统治者素质的优劣都会直接关系到政体的安危，也关系到统治者自身的利益。亚里士多德认为，从维护城邦政体的公共利益角度看，对于城邦的最

1 ［古希腊］亚里士多德：《政治学》，吴寿彭译，商务印书馆 1996 年，第 5 页。

2 同上书，第 131 页。

高统治者来说，必须具备三种基本的素质。一是政治品质，统治者必须忠于自己所在城邦；二是出色的治理才能，统治者要足以胜任城邦管理的职责；三是高尚的道德品质，统治者必须模范地遵守公平正义的原则。他说："凡是想担任一邦中最高职务、执掌最高权力的人们必须具备三个条件。第一是效忠于现行政体。第二是足以胜任他所司职责的高度才能。第三是适合于各该政体的善德和正义。"[1]

在统治者的所有品质中，亚里士多德最看重的是其政治品质和道德品质。亚里士多德认为，良好的统治者应当追求城邦全体公民的幸福生活，并以此作为评判统治者及其政体优劣的根本标准。因而，在他看来，统治者首要的政治品质，就是不能以自我利益为重，而应以城邦的公共利益为重，这是优良的统治者不可变更的目标。他说："优良的立法家们对于任何城邦或种族或社会所当为之操心的真正目的必须是大家共同的优良生活以及由此而获致的幸福。[立法家应该坚持这种不可改变的目的，只]在制订法律的时候，对于某些条例自可各尽其变，以适应不同的环境。"[2]亚里士多德认为，统治者与被统治者的道德品质有所区别，统治者首先应当具备公民的道德品质。但这远远不够，统治者的道德品质应当超越普通民众的水准，成为公民当中品质最高尚的人。他说："统治者的品德有别于一般被统治公民的品德。那么，以统治者来说，其品德就相同于善人的品德；好公民和善人的品德虽不是所有的公民全然相同，在[作为统治者]这一部分特殊的公民，就的确相同。"[3]

尽管亚里士多德强调统治者的重要性，也期望世上能"出现这样一位人物，他既然善德优于他人，而且兢兢为善，没有人能够胜过他"，以致大家"可永远追随并一致服从他"[4]，但他非常清楚，这样圣明的统治者在现实世界其实并不存在。相反，他看到的是统治者之间的争权夺利和相互倾轧。统

1 [古希腊]亚里士多德:《政治学》，吴寿彭译，商务印书馆 1996 年，第 271 页。

2 同上书，第 348 页。

3 同上书，第 122 页。

4 同上书，第 350 页。

治者之间无何止的权力之争，恰恰是各个城邦政局动态、内乱不断的根本原因。他告诫人们："我们应该记住这样的教训：任何人或团体——或为个人，或为执政机构，或为一部族，或为邦内任何一个部分——凡能与人争攘而树立其政治权力者，也会引起后人的争攘；由内讧而身居高位者可由两方面招致内讧，或是他人嫉妒他的荣利，或是自己贪得无厌，还想揽取更高的权力，于是就又隐伏着祸乱的动机。"[1]因此，亚里士多德并没有像其老师柏拉图那样，将全部的政治理想寄希望于一位集智慧与德性于一身的"哲学王"，这也许是他从骨子里赞赏共和民主政治的重要原因。

亚里士多德不仅对任何圣明的"哲学王"不存希望，而且还特别厌恶那些嗜权如命，一旦大权在握便不肯撒手的统治者。他把那些打着城邦公共利益的旗号而不择手段获取权力，并且将城邦的公共权力作为自己终身占有物的统治者比作"盗贼和暴徒"，并且指出为这些专权者的罪恶辩护就是为盗贼和暴徒辩护。他说："人们一旦执掌权力，便永远不应该把它让渡给他的邻人了；反之，他还得尽其所能，从邻人那里争取更多的权力。既然人间的至善在于实践（行为），而实践有赖于权力，那么，凡是遇到权力关头，就得当仁不让，谁也不要顾及谁：父不必让其子，子不必管其父，朋友也不必互相关顾。如果说这种解释其中也包含真理，那么，盗贼和暴徒，对他们所作的［罪恶］行为，也未尝不可托词为怀有某种崇高的目的，所以使用这种手段了。"[2]

既然统治者就其总体来说都是靠不住的，除了求助于法律和政制之外，亚里士多德还求助于公民。亚里士多德视城邦为公民的政治组合，公民是城邦政治生活的核心角色。因此，与苏格拉底和柏拉图这些师辈学者和其他同时代的学者相比，亚里士多德尤其强调公民对于城邦生活和优良政体的作用。公民理论是亚里士多德政治思想的重要内容，他对公民的定义和作用，以及如何进行公民教育做了系统的论述。

作为伟大的哲学家，亚里士多德用部分与整体的关系来比喻公民对于城

1 ［古希腊］亚里士多德：《政治学》，吴寿彭译，商务印书馆 1996 年，第 246–247 页。

2 同上书，第 349–350 页。

邦的重要意义。他认为，城邦是公民的政治社团，由一个个的具体公民组成。公民是城邦的部分，城邦则是公民的整体。正像整体不能离开部分一样，离开了公民就无所谓城邦。他说："城邦的成为一个组合物就好像许多'部分'的结成为一个'全体'，我们如果要阐明城邦是什么，还得先行研究'公民'的本质，因为城邦正是若干（许多）公民的结合。"[1]整体虽然不是简单的个体之和，但个体的状况则与整体的状况直接相关。公民的素质如何，也直接关系到城邦兴衰和政体的优劣。有什么样的公民，势必会有什么样的城邦。只有公民的素质优秀，所在城邦才能随之成为良好的城邦。用亚里士多德自己的话来说，"倘使政体有几个不同的种类，则公民的品德也得有几个不同的种类"，"所有的公民都应该有好公民的品德，只有这样，城邦才能成为最优良的城邦"[2]。

亚里士多德不仅对公民概念做出了政治学的界定，而且将公民与居民、国民和侨民等概念做出了明确的区分。城邦的公民不是一般的居民，城邦内的奴隶就不是公民，在有些政体中连工匠和佣工也不属于公民的范畴。国民也不完全等于公民，城邦内的儿童虽是国民，但却不是完整意义上的公民，他们至多是"虚拟的公民"，因为只有成年人才是公民。侨居在城邦内的异邦人也不是公民，只有列入城邦的入籍者才有资格成为公民。公民本质上是一个政治的概念，其实质性要素在于享有参与城邦公共政治事务的权利。亚里士多德说："一个正式的公民应该不是由于他的住处所在，因而成为当地的公民；侨民和奴隶跟他住处相同［但他们都不得称为公民］。仅仅有诉讼和请求法律保护这项权利的人也不算是公民；在订有条约的城邦间，外侨也享有这项法权。……全称的公民是'凡得参加司法事务和治权机构的人们'。"[3]据此，关于什么是公民，他得出的结论是："公民的普遍性质业已阐明，这里可以作成这样的结论：（一）凡有权参加议事和审判职能的人，我们就可说他是那一

1　［古希腊］亚里士多德：《政治学》，吴寿彭译，商务印书馆 1996 年，第 109 页。

2　同上书，经 121 页。

3　同上书，第 110 页。

城邦的公民；（二）城邦的一般含义就是为了要维持自给生活而具有足够人数的一个公民集团。”[1]

既然公民的素质直接关系到城邦的命运，那么如何提高公民的素质，自然就变得极其重要。亚里士多德认为，决定公民素质的有三个因素，即“外物诸善、躯体诸善和灵魂（性灵）诸善”[2]。“外物诸善”即是财产等物质生活条件；“躯体诸善”即是公民的身心健康；“灵魂之善”即是公民的高尚心灵，包括其内在的品质才能。在这三种决定公民素质的要素中，最后的“灵魂之善”最为重要。前面两种条件只要具备一定数量即可，并非越多越好，唯有“灵魂之善”不存在过量的问题，而是越多越好。人们的物质财富和身体健康在相当程度上来自先天条件，唯有人们的“灵魂之善”主要通过后天获得。培育人们“灵魂之善”的根本途径，就是公民的教育。

遵循上述的思维逻辑，亚里士多德把公民教育提高到前所未有的高度。公民教育不仅关系到公民自身的身心素质和个人的幸福生活，而且关系到城邦的政治命运和优良生活。甚至整个城邦的兴亡和安危，在很大程度上与公民教育相关，而这一点恰恰长期被人们忽视了。亚里士多德说：“在我们所曾讲到的保全政体诸方法中，最重大的一端还是按照政体（宪法）的精神实施公民教育——这一端也正是被当代各邦所普遍忽视的。”“应该培养公民的言行，使他们在其中生活的政体，不论是平民政体或者是寡头政体，都能因为这类言行的普及于全邦而收到长治久安的效果。”[3]

“邦国如果忽视教育，其政制必将毁损。一个城邦应常常教导公民们使能适应本邦的政治体系[及其生活方式]。”[4]公民教育既然与城邦的长治久安有着如此紧密的联系，那它就不应当只是公民自己个人的私事，更应当是城邦政府的公共事务。城邦政府必须承担起公民教育的责任，设立专门的职司机

1 [古希腊]亚里士多德：《政治学》，吴寿彭译，商务印书馆 1996 年，第 113 页。

2 同上书，第 339 页。

3 同上书，第 275 页。

4 同上书，第 406 页。

构负责公民教育，让全体公民都能够接受良好的教育。公民教育也不能自行其是，没有统一的规划。“既然一城邦就［所有的公民］全体而言，共同趋向于一个目的，那么，全体公民显然也应该遵循同一教育体系，而规划这种体系当然是公众的职责。”[1]城邦还应当制订相关的法律制度，使公民接受必要的教育成为一种带有某种强制性的义务，通过教育使公民遵守一定的行为规则，使其行为受到必要的约束。亚里士多德认为，对公民行为的这种约束，并非是对公民的奴役，相反，是对公民自由的拯救。

亚里士多德认为，由于统治者和被统治者在城邦政治生活中的角色不同，对他们的要求也不同，从而对他们的教育也不尽相同。然而，由于统治者是从公民当中遴选产生的，公民也应当具备一定的统治知识。“统治者和被统治者的品德虽属相异，但好公民必须修习这两方面的才识，他应该懂得作为统治者，怎样治理自由的人们，而作为自由人之一又须知道怎样接受他人的统治。”[2]这样，公民教育就应当包括三个方面的内容，其一是城邦政治的一般知识，包括政治法律制度和行政管理；其二是道德品质的教育，使公民养成善良、节制、正义、勇敢，特别是“信从”的品质；其三是普通的国民知识，即学校教育的通用课程，包括读写、体操、音乐和绘画这四门基础课。[3]亚里士多德将公民教育的重点放在青少年身上，在现存《政治学》的八卷内容中，专门有一卷的内容论述“青少年教育”。

不过，“青少年教育”这一卷的内容极不完整，亚里士多德并没有就青少年教育做出详细的论述，最后结尾也是戛然而止。一般认为，这表明现存的《政治学》内容并不是亚里士多德原稿的全部内容。这或许也能解释为什么亚里士多德如此重视最好的城邦政体，然而他却在《政治学》一书中并未给出明确的结论。现存《政治学》所缺失的不仅仅是青少年教育的完整内容，也许还缺失了亚里士多德关于理想政体的最终结论。

1 ［古希腊］亚里士多德：《政治学》，吴寿彭译，商务印书馆 1996 年，第 406 页。

2 同上书，第 124 页。

3 参阅上书，第 409 页等。

六、贡献与影响

正如在本文开头所简要表明的那样，整个人类的思想史不能没有亚里士多德，整个人类的政治思想史当然更不能没有亚里士多德。德国著名的政治思想家汉娜·阿伦特认为整个西方的传统就是从柏拉图和亚里士多德开始的，她本人则主要以“亚里士多德的方式”建构起自己的政治思想体系。[1]英国剑桥学派主要代表人物昆廷·斯金纳(Q. Skinner)说，不仅政治科学由亚里士多德创立，而且近现代的政治思想史也是以亚里士多德的政治思想为基础的。他说：“任何探讨近代政治思想基础的企图都需要首先复原和翻译亚里士多德的《政治学》。并使这样一个概念再次出现：政治哲学是一门本身就值得研究的独立学科。”[2]不过，在系统评述亚里士多德对人类政治思想的贡献之前，我们还是从现代政治学的角度先来看看这位人类思想史上的巨人和政治科学的创始人具有哪些局限性，以及他在当代遭到了哪些重要的批评。

亚里士多德积极倡导平等的价值，他是思想史上最早将平等当作人类根本政治价值的伟大人物之一。他对平等的概念做出了至今仍然深有意义的界定，并将平等作出“数量平等”和“比例平等”的经典分类。他还警告统治者，如果城邦中不平等现象过分严重，那一定会导致政体的危机。然而，具有讽刺意义的是，亚里士多德在骨子里却是一个人类不平等主义者，他将平等仅局限在少数自由民的范围内，而将广大的奴隶排除在外。他认为奴隶与自由公民有着本质的区别，奴隶与自由民之间天然就是不平等的，奴隶天生就是被统治者，只有自由公民才有资格成为统治者。亚里士多德不仅没有给予奴隶基本的人权，更不用说给予奴隶以城邦的政治权利，他甚至根本就没

1 参阅［德］沃尔夫冈·霍尔(Wolfgang Heuer)等:《阿伦特手册：生平·著作·影响》，王旭等译，社会科学文献出版社2015年，第316–321页。

2 ［英］昆廷·斯金纳:《近代政治思想的基础》(下卷)，奚瑞森等译，商务印书馆2002年，第496页。

有把奴隶当作正常的人类。在他的著作中，他经常直接就把奴隶当作是供自由民使役的物品和财产。客观地说，亚里士多德的这种奴隶观对人类长期存在奴隶制起到了推波助澜的作用。

亚里士多德的人类不平等主义思想不仅体现在自由民与奴隶之间，还充分体现在男女之间和父子之间。亚里士多德强烈歧视女性，坚持认为男女之间天然的不平等，男性无论在身体和智力上都胜过女性，男性是天然的统治者，而女性则是天然的被统治者。他不仅反对给女性任何的政治权利，也拒绝给女性以与男性同等的社会权利。当时的斯巴达在希腊城邦国家中，对女性最为开明，女性的社会地位相对较高。亚里士多德便予以公开的批评，认为斯巴达对待女性的态度，使女性变得放荡和邪恶。亚里士多德也是典型的父权主义者，强调父亲对于家庭和子女的绝对权力，父亲在家庭中是天然的统治者，妻子和子女必须顺从。亚里士多德的这些观点显然助长了人类社会中长期存在的男权主义和父权主义思想。

亚里士多德不仅深深地带有奴隶歧视和性别歧视，还深深地带有种族歧视。在他的心目中，唯有希腊人才是文明理性的民族，其他外邦人都是野蛮人，至少不能与希腊相提并论。他对人类德性和理性的赞美，事实上只限于希腊人。他明确说，希腊人本性上是自由人，而外邦人本性上是野蛮人，他们是天然的奴隶。他还用理性征服野蛮的正义，去论证希腊人征服异族人。在他看来，如果说自由人统治奴隶是合乎自然正义的，那么希腊人统治野蛮人也是合乎自然的。不能不说，亚里士多德的这种希腊种族优越论，对后世的西方文化中心主义和欧洲的种族优越论产生了极大的影响。他的学生亚历山大大帝或许是受其种族优越论影响最早的人，他把对亚洲和非洲的大规模军事征服都看作是文明对野蛮的战胜。

亚里士多德认为人类天生就是政治动物，人类组成家庭和村落，最后产生城邦国家，这是一个自然的过程。在这个人类的自然政治过程中，一些人天生是统治者，而另一些人天生是被统治者，这也是一种自然的秩序，不仅是必然的，而且是有利的和正义的。尽管亚里士多德总是强调说，城邦的产生是为了公民的优良生活，其终极目的是人类的幸福生活，但从本质上说，亚里士多德的政治思想是一种目的论的国家观。这种自然主义的和目的论的国家观不仅违背了他自己创立的政治科学，而且对人类理性的政治生活十分有害。大量的考古和历史文献材料已经足以证明，人类政治秩序和国家制度起源于人类自身的理性，而非人类作为政治动物的自然本能。其目的论的国家观，将人类社会的政治不平等合法化，本质上是一种为统治阶级的利益进行辩护的理论。

作为一位生活在公元前三百多年的学者，亚里士多德思想的历史局限性当然不止上述这些，但这些局限性已经足以使其在人类历史上产生重大的消极影响。由于亚里士多德在西方科学、哲学、政治和宗教等领域数度占据正统的权威地位，他的消极影响力，正如他的积极影响力一样，也比其他所有的思想家都更大。有人甚至说亚里士多德对后世的消极影响力之大，整整阻碍了西方世界两千年的思想和科学进步。“亚里士多德学说在文艺复兴的意大利以托马斯主义和阿罗威伊学说的形式繁盛一时，并伴随着柏拉图主义的复兴，但逐渐地，如此依赖于古希腊遗产的人文主义和科学观，强势播下了独立的根源，催生了我们是其后裔的现代头脑。最终，人文主义和科学家抛弃了亚里士多德的学说，认为其是沉闷和无趣的。并遭到了伊拉斯谟、蒙田、培根、休谟、霍布斯、罗素等人的嘲笑和讥评，认为亚里士多德阻碍思想和科学的进步达‘2000年’。”[1]

亚里士多德的政治思想不仅在历史上常常遭到宗教领袖、政治家、思想家和学者的尖锐批评，即使在今天的学术界，也仍不乏批评之声。有人从政治上批评亚里士多德不把奴隶看作国家的公民，歧视妇女和其他民族。阿兰·莱恩(Alan Ryan)说：现代的读者会发现亚里士多德有几个观点非常令人讨厌。其中“最显著的是他关于奴隶的看法，以及关于妇女知识和政治能力的看法”[2]。有

1 ［英］亚历山大·莫里斯：《亚里士多德》，王爱松译，黑龙江教育出版社2017年，第219–221页。

2 ［德］阿兰·莱恩：《亚里士多德：将政治从哲学中拯救出来》(*On Aristotle: Saving Politics from Philosophy*)，纽约：里佛莱特出版公司（Liveright Publishing Corporation），2014年，第39页等。

人从哲学上批评亚里士多德的国家目的论，认为他的目的论是一种“吃人”哲学。戴维斯说：“强硬的目的论走向疯狂，就会出现吃人。仅仅按有用性——仿佛只有作为另一个存在者的部分时才具备某种善——理解他人，其自然结果必然是吃人。天生的奴隶自身没有任何目的(telos)，有可能被主人吃掉。”[1]

有人则从学术的角度批评亚里士多德的政治思想杂乱无章，先后的观点自相矛盾。例如，戴维·凯特(David Keyt)认为，亚里士多德全部政治学赖于其上的逻辑前提是错误的。一方面，亚里士多德说城邦是自然的产物；按照其在《物理学》中界定，自然的东西就是自身包含内在的变化。另一方面，他又说城邦的形成与发展有赖于公民的教育和统治者的法律制度，这好像又说城邦是人为的产物。他说：“亚里士多德和霍布斯政治哲学的基本问题之一，是关注政治共同体的性质。亚里士多德认为，政治共同体或polis是像动物和人一样的自然体。霍布斯则持相反的观点，认为政治共同体完全是人为的产物。现在，我主张亚里士多德应当同意霍布斯的观点，因为根据亚里士多德自己关于政治共同体的原则，城邦就是一个为了某种现实原因而创立的人为产物，而非自然的产物。因此，从根本上说，亚里士多德政治哲学有一个致命的错误。”[2]

还有不少学者认为，亚里士多德的政治思想许多已经过时了，不仅他关于奴隶和妇女的观点不合时宜，即便他关于自由、民主、正义和平等的看法也只适用于当时的城邦国家，而不适用于现代国家。例如，迈克尔·沃尔泽就认为亚里士多德关于公民轮番为治和政治平等的观点，已经显然不适合于现代民主体制了。他说：“在《政治学》中，亚里士多德争论说，在一个民主国家里，正义要求公民们轮番为治。他们轮流互相统治。那不可能是一个包括数亿公民的政治共同体的景象。像那样的东西也许对于许多公民来说是可能的，不仅在国家中统治，而且在城市和城镇中，在公司和工厂中统治。但

1　[美]戴维斯：《哲学的政治——亚里士多德〈政治学〉疏正》，郭振华译，华夏出版社2012年，卷三，第13页。

2　参阅戴维·凯特：《亚里士多德政治学的三个基本法则》(Three Basic Theorems in Aristotle's Politics)。见凯特和米勒编《亚里士多德〈政治学〉评论》(*A Companion to Aristotle's Politics*)，牛津，布莱克维尔出版社1991年，第118页。

是，如果公民的人数既定而且生命短暂，即使有足够的意志和能力，每个人也没有足够的时间等到他统治时候的到来。如果我们考虑政治领域，不平等肯定会出现。政客、雄辩家、激进主义分子和好战分子——我们可以期望他们受宪法约束——将比我们其余的行使更多的权力。……一个较大的正义观念要求的不是公民们轮番为治，而且是他们在一个领域内统治，而在另一个领域内被统治。”[1]

当然，对亚里士多德的这些批评，也遭到了许多反批评。例如，针对亚里士多德思想的前后矛盾，早在二十世纪二十年代，德国著名学者维尔纳·耶格尔就从发展的观点对亚里士多德各个时期的思想做了详细的比较分析，认为其先后观点的差异只是其思想演化过程的逻辑结果，亚里士多德的主要观点之间并无内在的矛盾。他看到了自从文艺复兴时期的人文主义者研究亚里士多德的《政治学》以来，许多人就开始对文本的顺序提出了各种质疑，并且试图恢复所谓的“真实顺序”。在详细分析《政治学》八卷的内容和逻辑结构后，耶格尔指出：“这几卷连接为一个整体，并透露出一个贯彻始终的内在的逻辑。一切显然都在方法论进程中指向一个最高目标，一个满足所有愿望的城邦的理想的标准。但是数个世纪以来，从《政治学》被系统地研究以来，严密的批判的考察已经揭示出一些困难，这使得现存的《政治学》形式是整体规划的或者来自一个单独的精神创造活动变成可疑的，事实上这是不可能的。”[2]

又如，关于亚里士多德逻辑前提的矛盾及其国家观的目的论，更是“招来了狂风暴雨般的反击”。例如，米勒（Fred Miller, Jr.）认为，凯特的立场没有考虑到亚里士多德目的论的深度和广度。“凯特看到的只是表面上的不一致。根据亚里士多德的目的论，……城邦的发展……要求自然与人同心协力。纵然他的框架是目的论的，他的说明却是一致的、看起来可信的。”因此，“一般

1 ［美］迈克尔·沃尔泽：《正义诸领域：为多元主义与平等一辩》，褚松燕译，译林出版社2002年，第428页。

2 ［德］维尔纳·耶格尔（Werner Jaeger）：《亚里士多德：发展史纲要》，朱清华译，人民出版社2013年，第227页。

来说，当代对亚里士多德政治自然主义的研究已得出一个最终结论：他的立场在哲学上是一以贯之的，只是需要更精心的解释以阐明其内在一致性”[1]。还有一些学者则把亚里士多德的自然主义和目的论思想，视为西方政治和伦理标准的最终源泉。“如果对比柏拉图和亚里士多德的自然主义伦理学和政治学来看，我们就能明白，霍布斯、卢梭、康德和黑格尔等人的道德和政治学说中共同存在的律法主义、平均主义、形式主义和对意志的强调，其根源在于，他们都轻视或弃绝了有目的的自然，而它正是政治、伦理标准的最终源泉”[2]。

究竟应当如何看待亚里士多德的历史局限性及其思想的内在不足？首先，要客观地看到并承认这些局限性和不足，不要否认它，也不要回避它。只要不是神而是人，即使他最伟大，也一定会有其局限和不足，承认这些不足和局限并不会损害和遮蔽其思想的光芒。然而，更重要的是，要深入分析产生这些局限性的认识论原因和社会历史原因，不能超越历史去看待这些局限性。从认识论的角度看，自然和社会的知识是无限的，而人自身的认识能力毕竟是有限的，任何人都不可能穷尽自然科学和社会科学的知识，即使博学如亚里士多德也不例外。从价值观的角度看，每个人的思想观点都会受到思想家本身的利益和立场的影响，或多或少会受其所处阶层或阶级的影响。亚里士多德的自然主义政治观和对人类的不平等主义态度，深刻地反映了其希腊“自由民”和“侨民”的复杂立场。从历史背景的角度看，每个人的思想都是历史的产物，必然受到社会历史条件的限制。亚里士多德生活在公元前三百多年的古希腊奴隶社会之中，自由民与奴隶的区分在当时是历史的常态，他赖以分析的希腊城邦国家在人类政治发展史上是国家的早期形态，尽管亚里士多德的政治思想已经大大超过其同时代的所有思想家，但他自己毕竟也无法超越社会历史条件的制约。

1 ［美］内德门（Cary J. Nederman）：《政治动物之谜——亚里士多德政治学说中的自然与人为》。见刘小枫编《城邦与自然——亚里士多德与现代性》，华夏出版社 2000 年，第 112 页。

2 ［德］伯恩斯 (Laurence Berns)：《亚里士多德与现代人论自由与平等》。见刘小枫编《城邦与自然——亚里士多德与现代性》，华夏出版社 2000 年，第 203–204 页。

正如巴恩斯所分析的那样，除了宏观的社会历史条件之外，亚里士多德个人的生活经历和政治境遇也对其政治观点产生直接的影响："他生平经历的时期遭逢深刻的政治变动，那些极端珍惜自治、只有在危机时期才肯结盟的传统的小规模城邦，一个接一个降服于扩张中的马其顿帝国。而亚里士多德和马其顿宫廷有着密切的联系。此外，他实际上是一个失去国度的人，他生平大部分时间是个居留民或'侨民'，无权参加他所居住的国家里的政治生活。他身为侨民，却主张人的最优良生活是公民生活。他是国王的密友，却认为君主制是不可取的。他看到了马其顿权力的增长，又谴责帝国制是政治联盟的衰败形式。亚里士多德的政治理论受到那个时代的历史条件塑造。"[1]

不过，我认为最重要的是，我们不应当对一位两千多年前的先哲思想提出苛刻的要求，拘泥于其历史的局限性，而应当把视角聚焦于其思想的贡献上，进一步发掘和弘扬其进步的和合理的内容。与同时代的其他学者相比，亚里士多德的思想无疑具有极大的超前性和进步性；与他对人类政治思想史和社会政治进步的贡献相比，亚里士多德的历史局限性实在是微不足道的。人们常常用"指路明灯"来赞美那些伟大人物的思想，而绝大多数这样的赞美往往是名不副实的，但是如果将此比喻放在亚里士多德的思想体系上，则是毫不过分的。亚里士多德的思想和学问，就像是闪闪发光的星星，指引着人类思想和知识进步的方向。

人类观察和分析社会有两种基本的思维角度，一种是把关注重点放在未来的理想状态，并用未来的理想目标来评判现实世界；另一种是把关注重点放在当前的现实世界，并从现实状况出发去追寻未来的理想状态。前一种思想体系即是理想主义，后一种思想体系则是现实主义，对于整个人类的思想来说，理想主义和现实主义同等重要。理想主义和现实主义各有优势，但两者相辅相成，不可或缺。在西方思想史上，亚里士多德之前最有影响的思想家是苏格拉底和柏拉图，他们的关注重点是未来的理想社会和理想国家，他

1 ［英］乔纳森·巴恩斯：《亚里士多德》，见戴维·米勒和韦农·波格丹诺编《布莱克维尔政治学百科全书》，中国问题研究所等编译，中国政法大学出版社 1992 年，第 38 页。

们都属于理想主义的体系。尤其是柏拉图，他是理想主义的集大成者，其《理想国》集中展示了他对未来美好社会的向往。亚里士多德本着“吾爱吾师，吾更爱真理”的精神，对苏格拉底和柏拉图的理想主义思想体系大胆地提出了深刻的批评。他认为柏拉图关于城邦政治设想，不仅对立法者和政治家没任何实际的用途，而且对城邦的政治实践还是有害的。正如阿兰·莱恩所说，“亚里士多德是柏拉图的第一个批评者”，因为他没有为我们提供更好的政治，而提供了一种没有政治的社会。柏拉图将政治纯粹理想化，导致了政治的消亡。从某种意义上可以说，亚里士多德将“政治从哲学中拯救了出来”[1]。亚里士多德认为任何理想的制度必须以现实为条件，从实际的政治生活出发，否则理想目标就是不切实际的空中楼阁。他说：“我们不仅应该研究理想的最优良（模范）政体，也须研究可能实现的政体，而且由此更设想到最适合于一般城邦而又易于实行的政体。”[2]他通过分析各种现实的城邦政治制度，进而去追求理想的城邦政体形式，从而开创了现实主义思想体系的先河。

尽管人类社会还存在着奴役、压迫、专制、独裁、战争、暴力、迫害、歧视、不平等和不自由等丑恶的政治现象，但不可否认，人类的政治处于不断的进步之中，就其整体而言，人类的政治生活正在变得日益文明，从专制走向民主、从奴役走向自由、从战争走向和平、从不平等走向平等、从不正义走向正义，已经成为不可阻挡的历史潮流。人类之所以能够取得不可逆转的政治进步，一个极其重要的原因，是各个文明体系中总有一些伟大的进步思想家持续不断地倡导民主、自由、平等、正义、和平等人类的基本政治价值，他们给人类的政治进步指明了目标和方向。亚里士多德就是人类有史以来最杰出的进步思想家之一，他坚持认为建立城邦国家的根本目标，就是为了人们的优良生活和幸福生活；平等是国家长治久安的重要条件；共和民主

1　参阅阿兰·莱恩：《亚里士多德：将政治从哲学中拯救出来》（On Aristotle Saving Politics from Philosophy），纽约，里佛莱特出版公司（Liveright Publishing Corporation），2014 年，第 94 页等。

2　［古希腊］亚里士多德：《政治学》，吴寿彭译，商务印书馆 1996 年，第 178 页。

是人类最优良的政体。他系统地阐述了平等和正义对于国家政治生活的真实意义，其平等观和正义观至今仍然是人类不可逾越的政治价值。他“反复论证和平为战争的目的”，“从事战争的训练不应以奴役不该做奴隶的人们为目的”[1]。他屡屡强调军事和战争的“终极目的”是为了获得“闲暇与和平”，离开了和平的目标，战争就是纯粹的暴行，这是人类最早的和平主义战争观，至今仍然有着重要的指导意义。

人类政治的进步还有赖于确立先进的政治评价标准，藉以褒贬人类的政治生活和政治现象，使正义的制度和行为得以弘扬，使专制独裁的制度和野蛮暴力的行径受到谴责。亚里士多德为人类确立先进的政治评价标准作出了重大贡献，由他确立的一些基本标准至今仍然是政治评价的重要工具。他将全体公民的公共利益当作区分政治上的善恶和正义与否的根本标准，并以此来评价统治者和国家政权的善恶。他说，只有那些维护和增进全体人民公共利益的政体才是正宗的，凡是以统治者自身利益为重的政权都是变态的政权，而这样的“变态政体都是专制的”。亚里士多德特别憎恶那些通过不正当手段取得权力或者使权力不受任何约束的专权统治者，他称这些独裁统治者为“僭主”或“暴君”。他还说，当国家由平等的公民组成时，把全部的权力“寄托于任何一个人，这总是不合乎正义的”[2]。亚里士多德所确立并倡导的这些政治评价标准，即使在两千多年后的今天，仍有着很强的现实意义。

国家制度的产生是人类最伟大的发明之一，它使人类得以避免相互的残杀，并为人类的群体生活确立了基本的秩序和规范。但是国家政权一经产生，便是一种暴力机器。这种暴力机器既可以用来维护和增进公民的权益，也可以用来剥夺和损害公民的利益。当统治者运用手中的国家权力用来为广大民众谋取福利时，国家机器就是一种“公善”；当统治者运用国家权力谋取自己个人或所在集团的私利时，它便是一种“公恶”。如何建立良好的国家制度，使之能够遴选出优良的统治者，并且确保统治者的权力受到有效制约，

1 ［古希腊］亚里士多德:《政治学》，吴寿彭译，商务印书馆 1996 年，第 392 页等。

2 同上书，第 172 页。

使其不得偏离国家公共利益的轨道，是所有政治思想家共同的命题。亚里士多德用大量精力，观察和研究各种城邦国家制度，确立了政体分类的基本标准，奠定了君主制、贵族制、民主制等政体的类型学基础，为人类的政治发展和政治分析提供了普遍的实用知识。同时，他努力寻找能够确保公民幸福生活和国家公共利益的理想政体，为人类不断改善国家制度做出了不可取代的贡献。

政治学是关于人类政治发展一般规律的知识体系，它是一门基础性的社会科学，是人类全部知识体系的一个组成部分。政治学有自己特定的研究对象、基本问题、概念范畴、研究方法和普遍公理，是其他学科无法取代的知识体系。政治学对于推进人类的政治进步有着不可取代的重要功用，它有助于揭示社会现象背后的政治本质，有助于确立人类社会的基本政治价值，有助于探索人类社会政治发展的规律，有助于人们有效地管理国家的公共事务。尽管列奥·施特劳斯(Leo Strauss)坚持认为亚里士多德不是政治哲学的创始人，苏格拉底才是政治哲学的创立者。但他明确承认"亚里士多德是政治科学的创始人"[1]。毋庸置疑，亚里士多德正是政治学这样一门重要学科的主要创始人，他的《政治学》一书被公认是这门学科的奠基性著作。他提出的许多重要概念，例如政体、平等、正义、公民、民主、共和、宪政等，依然是这门学科的基本范畴；他所使用的研究方法和秉持的研究态度，至今仍然是政治学者必须学习的内容；他所揭示的不少政治规律和倡导的政治价值，仍然对现实政治有着重要指导作用。

亚里士多德的学问和思想是人类知识和思想的宝库，它至今仍然在为许多重要的知识体系和思想体系提供取之不尽的源泉。从某种意义上说，人类的知识体系和思想体系就是在不断地模仿、传播、弘扬、创新、非议、质问、批评、否定和超越亚里士多德的观点中得以向前演进的。即使在科学技术和人文知识高度发达的今日，各种重要的思想流派也依然都声称从亚里士多德

1 ［美］列奥·施特劳斯:《城邦与人》(*The City and Man*), University of Chicago Press, 1978。

那里吸取着营养。亚里士多德主义(Aristotelianism)或新亚里士多德主义(Neo-Aristotelianism)，俨然成为超越人文社会科学与自然科学、政治意识形态和宗教信仰的特殊知识与思想体系。正如华莱士所说，亚里士多德的智慧性在其身后几乎连续不断地被各种学派所传承和翻新：逍遥学派继承了其雅典学派；阿奎那用来为天主教学说提供自然的和社会的依据；霍布斯用以摈弃经院哲学的目的论传统；西班牙的法学家用以证明对美洲土著统治的合法性；马克思用以发明一种自己的理论去削弱新的政治经济科学。由于亚里士多德的思想既非马克思主义的，又非自由主义的；既非资本主义的，又非社会主义的；既非教派的，又非无神论的；既非简约经验主义的，又非严格形而上学的，它便成了当代理论家们的“灵感”和“权威”。[1]

即使是当代最激进和前卫的社会政治理论，也常常声称源于亚里士多德的思想。在当代发达国家的民主理论中，社会民主和协商民主被认为是影响最大，在实践中最受重视的两种代表性理论。这两种理论的倡导者都纷纷从亚里士多德的政治思想中寻找各自的源头。社会民主理论是流行于欧洲的民主社会主义的重要思想来源，它不同于经典的自由民主理论，除了政治民主外，它更强调包括经济民主在内的社会民主，认为政治民主必须有其经济基础。亚里士多德认为，城邦的幸福生活离不开物质财富、身体健康、公民教育和自然环境，“政治统治就是自由而平等的公民的统治”，这些“观念为社会民主提供了哲学依据”。[2] 协商民主（deliberative democracy）是当代西方民主理论的最新发展，被认为是对经典代议民主理论的超越。它强调公民与政府，以及公民与公民之间的对话、商议、辩论和交流，以此达成政治上的共

---

1 华莱士（John R. Wallach），《当代的亚里士多德主义》(Contemporary Aristotelianism)，见《政治理论》杂志(*Political Theory*)，1992年11月，第20卷第4期，第614页等。该文对当代西方的亚里士多德研究及各种流派做了很好的综述。

2 参阅努斯鲍姆（Martha C. Nussbaum），《亚里士多德的社会民主》（Aristotelian Social Democracy），见特斯托里（Aristide Tessitore）编《亚里士多德与现代政治学：政治哲学的坚守》（*Aristotle and Modern Politics: The Persistence of Political Philosophy*），巴黎圣母大学出版社2002年，第47–48页。

识。在协商民主的一些倡导者看来，协商民主的理论与实践虽然是当代的问题，但却可以在亚里士多德那里找到其古代的渊源。对于亚里士多德来说，政制的质量在相当程度上取决于政治行动中的出色协商。亚里士多德因此特别关注在公民素质和才智各不相同的背景下政治制度和个人实践如何才能协调一致地产生一种合适的协商体制。“对于亚里士多德来说，通过协商达成一致的问题是一个核心的问题，记住这个问题有助于我们更好地理解和解释其《政治学》的许多问题。”[1]

正如我们在开头提到的那样，现在我们读到的亚里士多德的《政治学》，事实上是一本未完成的著作。他研究城邦政体的根本目的，是为了寻找何种政体是最优良的政体，“什么形式才是最好而又可能实现人们所设想的优良生活的体制”。他所说的城邦的“优良生活”，就是城邦“自足而至善的生活”，即“所谓人类真正的美满幸福”。[2]亚里士多德没有给我们提供其最终答案，事实上他也不可能给我们提供终极答案。因为一方面，这一问题是一个动态的问题，每个时代都有不同的答案，不存在一个终极的普遍答案；另一方面，对这一问题的回答，是任何个人都无法完成的，它需要全人类的共同努力。从某种意义上说，后世的思想家和学者继续探寻人类最好的政治制度，努力推动人类的政治发展朝着民主、和平、自由、平等、公平、正义、善治的方向前进，正是在续写亚里士多德《政治学》的新篇章。

1 ［美］J. 威尔逊（James L. Wilson）：《亚里士多德〈政治学〉中的协商、民主和理性的统治》（Deliberation, Democracy, and the Rule of Reason in Aristotle's Politics），《美国政治学评论》（*American Political Science Review*），2011 年 5 月，第 105 卷第 2 期，第 259–273 页。

2 ［古希腊］亚里士多德：《政治学》，吴寿彭译，商务印书馆 1996 年，第 140 页。

第二部分

政治事件

秦始皇统一中国

／黄　涛*／

秦始皇统一中国及秦始皇创立的政治制度和国家形态对中国历史有着根本性和长期性的重大影响，对于东亚历史也有极为关键的影响。具体而言，从秦朝诞生以来至近代西方文明侵入前，秦朝创建的中央集权君主官僚制国家形态对东亚国家的形成、国家治理、发展道路选择有着根本性影响。如果不能对秦始皇统一中国这次中国和世界历史上至为重要的政治大事件有足够认知，必然无法正确认知中国政治制度乃至中华文明，无法对中国史乃至东亚史作出准确判断。

一、秦始皇统一中国和秦朝国家体制的建立

秦始皇统一中国分为狭义和广义两种定义。狭义

* 黄涛：中国人民大学国际关系学院博士研究生。

指的是秦始皇军事统一中国的过程，包括武力统一六国和反击匈奴、统一西南夷与越族等族群的过程。广义指的是秦始皇通过军事、政治、行政、文化等手段统一中国的过程。本文采用第二个定义。理由是，军事手段虽是秦始皇统一中国的最突出手段，但并非唯一手段，还应包括政治与行政手段，如推广郡县制，统一货币、度量衡等；文化手段，如统一文字和思想等。最终，秦始皇实现了包括军事统一、政治统一、社会统一、文字和思想统一等在内的空前的国家统一，开创了一个统一的多民族国家，构建了一个世俗型中央集权君主官僚制国家。

（一）军事统一

秦始皇军事统一中国的过程分为两阶段。第一阶段，秦统一六国。从公元前 230 年至前 221 年，秦始皇先后灭掉韩国、赵国、魏国、楚国、燕国、齐国，实现中国核心地区统一。秦始皇统一六国的过程虽残酷，发生过多起大规模战争，导致大量人员伤亡，但因秦国制度更为先进、实力更强、地理上有优势，再加上秦始皇乃雄心勃勃的雄主，策略得当，总体还算顺利。

首先被灭掉的是韩国，时间是秦王政十七年（公元前 230）。《史记》记载："十七年，内史腾攻韩，得韩王安，尽纳其地，以其地为郡，命曰颍川。"[1]第二个被灭掉的是赵国，时间是秦王政十九年（公元前 228）。《史记》记载："十八年，大兴兵攻赵，王翦将上地，下井陉，端和将河内，羌瘣伐赵，端和围邯郸城。十九年，王翦、羌瘣尽定取赵地东阳，得赵王。……赵公子嘉率其宗数百人之代，自立为代王，东与燕合兵，军上谷。"[2]第三个被灭掉的是魏国，时间是秦王政二十二年（公元前 225）。《史记》记载："二十二年，王贲攻魏，引河沟灌大梁，大梁城坏，其王请降，尽取其地。"[3]第四个被灭掉的是

1 ［汉］司马迁著，［宋］裴骃集解，［唐］司马贞索引，［唐］张守节正义：《史记·卷六·秦始皇本纪第六》，中华书局 1959 年第 1 版，第 232 页。此文所引《史记》中所涉纪年除非特别说明，一般都是秦王政纪年。

2 同上书，第 233 页。

3 同上书，第 234 页。

楚国，时间是秦王政二十四年（公元前223）。《史记》记载："二十三年，秦王复召王翦，强起之，使将击荆。取陈以南至平舆，虏荆王。秦王游至郢陈。荆将项燕立昌平君为荆王，反秦于淮南。二十四年，王翦、蒙武攻荆，破荆军，昌平君死，项燕遂自杀。"[1]第五个被灭掉的是燕国，时间是秦王政二十五年（公元前222）。《史记》记载："二十五年，大兴兵，使王贲将，攻燕辽东，得燕王喜。还攻代，虏代王嘉。"[2]此时赵国残余抵抗势力也被肃清。第六个被灭掉的是齐国，时间是秦王政二十六年（公元前221）。《史记》记载："二十六年，齐王建与其相后胜发兵守其西界，不通秦。秦使将军王贲从燕南攻齐，得齐王建。"[3]至此，秦国实现"初并天下"的目标。秦始皇军事统一中国的第一阶段目标完成。

第二阶段，秦反击或统一周边少数族群，扩大中国疆域。时间主要是从公元前221年至秦始皇去世的公元前210年。分为四个方向。

第一，西北方向，反击匈奴。公元前215年和公元前214年，秦始皇两次派蒙恬反击匈奴，最终夺回黄河南岸和九原一带的地方，设立九原郡，并修长城以防御匈奴。《史记》记载：三十二年（公元前215），"始皇乃使将军蒙恬发兵三十万人北击胡，略取河南地"；三十三年（公元前214），"西北斥逐匈奴。自榆中并河以东，属之阴山，以为十四县，城河上为塞。又使蒙恬渡河取高阙、山、北假中，筑亭障以逐戎人。徙谪，实之初县"；三十六年（公元前211），"迁北河榆中三万家"[4]。第二，正南方向，征服南越。从公元前214年开始，相继派屠睢、赵佗等将领领兵进攻南方越人，经过艰苦战争后，设立南海郡、桂林郡、象郡。《史记》记载："三十三年，发诸尝逋亡人、赘婿、贾人略取陆梁地，为桂林、象郡、南海，以适遣戍。"[5]《淮南鸿

---

1 ［汉］司马迁著，［宋］裴骃集解，［唐］司马贞索引，［唐］张守节正义：《史记·卷六·秦始皇本纪第六》，中华书局1959年第1版，第234页。

2 同上。

3 同上。

4 同上书，第252–259页。

5 同上书，第253页。

烈》记载：秦始皇“乃使尉屠睢发卒五十万，为五军，一军塞镡城之岭，一军守九疑之塞，一军处番禺之都，一军守南野之界，一军结余干之水。三年不解甲驰弩，使监禄无以转饷。又以卒凿渠而通粮道，以与越人战，杀西呕君译吁宋”。[1]第三，东南方向，统一东越、闽越。在大将王翦领兵灭掉楚国后，秦始皇命其征服楚国周边的东越、闽越。《史记》记载：秦王政二十五年（公元前222），“王翦遂定荆江南地；降越君，置会稽郡”[2]。王翦“虏荆王负刍，竟平荆地为郡县。因南征百越之君”[3]。最终的结果是，“闽越王无诸及越东海王摇者，其先皆越王句践之后也，姓驺氏。秦已并天下，皆废为君长，以其地为闽中郡”[4]。第四，西南方向，经营西南夷。嬴政继秦国君主位时，“秦地已并巴、蜀、汉中”，在西南经营多年。[5]美国历史学者斯塔夫里阿诺斯称：“公元前318年，秦占领了四川的产粮大平原”。[6]秦始皇统一六国后，在西南少数族群居住地设置政府机构进行管理，并修筑“五尺道”。司马迁称“秦时常頞略通五尺道，诸此国颇置吏焉。”[7]通过四个方向的用兵和经营，包括设置郡县、政府机构、修路、移民等行为，秦始皇大大拓展了中国疆域，使中国疆域达到空前规模。

1　刘文典撰，冯逸乔华点校，《淮南鸿烈集解》（下），中华书局1989年第1版，第617页。不过，中国学界对这次发兵是否为五十万人有不同看法，很多人认为没有五十万人。

2　［汉］司马迁著，［宋］裴骃集解，［唐］司马贞索引，［唐］张守节正义：《史记·卷六·秦始皇本纪第六》，中华书局1959年第1版，第234页。

3　［汉］司马迁著，［宋］裴骃集解，［唐］司马贞索引，［唐］张守节正义：《史记·卷七十三·白起王翦列传第十三》，中华书局1959年第1版，第2341页。

4　［汉］司马迁著，［宋］裴骃集解，［唐］司马贞索引，［唐］张守节正义：《史记·卷一百一十四·东越列传第五十四》，中华书局1959年第1版，第2979页。

5　［汉］司马迁著，［宋］裴骃集解，［唐］司马贞索引，［唐］张守节正义：《史记·卷六·秦始皇本纪第六》，中华书局1959年第1版，第223页。

6　［美］斯塔夫里阿诺斯：《全球通史：从史前史到21世纪》（第7版修订版）（上册），北京大学出版社2005年第1版，第160页。

7　［汉］司马迁著，［宋］裴骃集解，［唐］司马贞索引，［唐］张守节正义：《史记·卷一百一十六·西南夷列传第五十六》，中华书局1959年第1版，第2993页。

（二）政治统一和秦朝国家体制的建立

秦始皇在完成第一阶段军事统一后，很快就在秦国政权体系基础上进行制度建设，打造新国家形态。这个过程既是政治统一过程，又是秦朝国家体制建立过程。这些制度建设最核心内容包括以下几方面。

第一，创立皇帝制度。《史记》记载，统一六国后，秦王政决定"去'泰'，著'皇'，采上古'帝'位号，号曰'皇帝'"，皇帝之"命为'制'，令为'诏'，天子自称曰'朕'"，他自己"为始皇帝。后世以计数，二世三世至于万世，传之无穷"。[1]皇帝制度不单单是称号变化，更重要的是以皇帝为代表的国家集权的大发展。皇帝制度是在人间树立了原来存在于天上的"帝"的权威，有点神化的味道，但在当时有利于维护政治统一。皇帝制度是秦朝国家体制的轴心。皇帝制度的确立，是秦朝国家形态确立的关键一步。

第二，废除封建制，实行郡县制。《史记》记载，秦统一后，"海内为郡县，法令由一统"，"分天下以为三十六郡，郡置守、尉、监。更名民曰'黔首'"，"皇帝并一海内，以为郡县"。[2]秦史专家林剑鸣认为，"统一后，秦王朝将原在秦国范围内实行的一套地方政权组织，推广到全国，即建立郡、县、乡、亭四级行政组织"，秦郡最多时有四十六个之多。[3]郡县制有效地保证了中央集权，有效地保证了国家治理的有效性。史学大家钱穆指出："秦汉以来的郡县政治，到今天民国时代还存在，中国之永为一个统一国，此项政治制度实贡献过其甚大之绩效。"[4]郡县制的确立，使得中国真正成为一个由政府实施直接统治的国家，这在世界历史上几乎是最早的。在西方世界，这是它们只有在现代国家阶段才取得的成就。

第三，构建了一整套有效的官僚体系，包括建立中央层面的三公九卿制

1　［汉］司马迁著，［宋］裴骃集解，［唐］司马贞索引，［唐］张守节正义：《史记·卷六·秦始皇本纪第六》，中华书局 1959 年第 1 版，第 236 页。

2　同上书，第 236–247 页。

3　林剑鸣：《秦史稿》，中国人民大学出版社 2009 年第 1 版，第 291–293 页。

4　钱穆：《中国历史研究法》，生活·读书·新知三联书店 2013 年第 3 版，第 22 页。

度等。“三公”包括丞相、太尉和御使大夫。丞相，相当于政府首长，乃百官之长，太尉主管军事，御使大夫主管监察。“三公”中丞相为最贵，其他两人分割丞相的重要权限，形成对其的有效制约。三公之下设“九卿”。据林剑鸣研究，“九卿”实际之数不止于九，包括奉常、郎中令、卫尉、太仆、廷尉、典客、宗正、治粟内史、少府、中尉、主爵中尉等。[1]

秦朝这一整套包括中央和地方官制在内的政治和行政制度，不仅高度分工，而且十分合理，实际上就是世界上最早的官僚制，在秦朝国家形态和国家治理中发挥着极为重要的骨架性作用，也奠定了中国两千多年中央集权君主官僚制国家形态的基础。

（三）社会统一

秦始皇统一中国前，诸侯国各自为政，“田畴异亩，车涂异轨，律令异法，衣冠异制，言语异声”[2]。社会各方面都缺乏统一标准，货币也不相同，民众生活和交流受到影响，同时也加剧了国家分裂。秦王政二十六年(公元前221年)，秦始皇“一法度衡石丈尺。车同轨”[3]。在货币方面，大刀阔斧改革，废除六国旧有货币，统一使用秦朝新货币，实现币制统一，国家掌握铸币权和发行权。据林剑鸣研究，秦始皇采取大量措施实现币制统一，包括整顿秦的旧有币制，“废除原在秦以外通行的六国刀、布、蚁鼻钱以及郢爰等，一律使用新规定的货币”，规定黄金为上币，半两钱为下币，“币制统一后，克服了过去使用、换算上的困难，便利了各地商品交换和经济交流。而秦代圆钱的形式，一直沿用了两千多年，到了现代才被淘汰”[4]。此外，秦始皇还通过修筑驰道、直道、“五尺道”，拆除壁垒关塞，移民实边等手段，维持和加强在全

1 林剑鸣:《秦史稿》，中国人民大学出版社2009年第1版，第291页。

2 ［汉］许慎:《说文解字·叙》。转引自钱穆:《秦汉史》，生活·读书·新知三联书店2012年第3版，第30页。

3 ［汉］司马迁著，［宋］裴骃集解，［唐］司马贞索引，［唐］张守节正义:《史记·卷六·秦始皇本纪第六》，中华书局1959年第1版，第239页。

4 林剑鸣:《秦史稿》，中国人民大学出版社2009年第1版，第298-300页。

国范围内的统治，促进了社会统一。秦始皇这一系列措施，在全国范围内树立了可遵循的统一标准，有利于形塑中国人共同的生活方式和促进中华民族的形成，极大地巩固了国家统一。

（四）文字和思想统一

秦始皇统一中国之前，全国文字和思想也不统一。一是存在“言语异声，文字异形”的情况，阻挠施政，同时妨碍民众的交流。[1]二是诸子百家学说流行，地方主义兴盛，缺乏主导型的思想，社会缺乏共识，国家潜伏分裂危机。秦朝大臣李斯如此描述：“今诸生不师今而学古，以非当世，惑乱黔首”，“古者天下散乱，莫之能一，是以诸侯并作，语皆道古以害今，饰虚言以乱实，人善其所私学，以非上之所建立。”[2]这种局面既是国家分裂的结果，也是国家统一和国家治理的障碍。秦始皇统一六国后，推行“书同文字”，使得国家有了统一的官方文字。[3]统一文字后，秦始皇又统一思想，“史官非秦记皆烧之。非博士官所职，天下敢有藏诗、书、百家语者，悉诣守、尉杂烧之”，“所不去者，医药卜筮种树之书。若欲有学法令，以吏为师”。[4]“焚书坑儒”自然不值得提倡，但一个成熟国家需要有统一的文字，也就是当代人所谓的官方语言，也需要有主导性的社会思想和核心价值观，否则必将四分五裂。秦统一文字对于巩固国家的作用，一向为后世称道。历史学者张岂之认为，秦始皇统一汉字“使得中华文化的传承与发展有了保证”，“有效促进了不同地域思想文化交流和国家政令畅通，对实现国家统一和多民族融合发挥了重要作用”[5]。

---

1 ［汉］许慎：《说文解字・叙》。转引自钱穆：《秦汉史》，生活・读书・新知三联书店 2012 年第 3 版，第 30 页。

2 ［汉］司马迁著，［宋］裴骃集解，［唐］司马贞索引，［唐］张守节正义：《史记・卷六・秦始皇本纪第六》，中华书局 1959 年第 1 版，第 255 页。

3 同上书，第 239 页。

4 ［汉］司马迁著，［宋］裴骃集解，［唐］司马贞索引，［唐］张守节正义：《史记・卷六・秦始皇本纪第六》，中华书局 1959 年第 1 版，第 255 页。

5 张岂之：《文化自信：国家兴衰的命脉 民族精神独立的基石》，载 2017 年 8 月 6 日《光明日报》第 7 版。

二、中外对于秦始皇统一中国的评价和研究综述

中国历史上对秦始皇统一中国的评价很多。近代以来，一些学者对秦始皇统一中国问题进行了专门研究，更多学者在研究秦史或者中国史过程中，对秦始皇统一中国问题进行了附带性研究。总体看来，关于秦始皇统一中国的评价和研究成果颇为可观。从成果类型来看，在中国古代以政论文为主，而在近现代则以期刊论文、会议论文为主，部分成果散见于相关著作的部分章节，主题是秦始皇统一中国的学术专著很少。到目前为止，只查到两本研究秦统一中国的专著。一本是历史学者黄朴民写的《秦汉统一战略研究》。该书泛泛谈论秦汉统一战略，近乎杂论。[1]另一本是秦史专家王子今主编的《秦统一的进程与意义》。此书是众多学者撰写的论文集，主题不全是秦始皇统一中国。[2]另有三本相关度高但仍不是以秦始皇统一中国为主题的著作。第一本是政治学者许田波的《战争与国家形成：春秋战国与近代早期欧洲之比较》。这本书是从国际关系学和比较历史学角度研究东周战争和国家形成的力作，涉及秦朝新国家形态的形成，同时对春秋战国时期的官僚制也有深度揭示。[3]第二本是社会学学者赵鼎新写的《东周战争与儒法国家的诞生》。他用"儒法国家"概念阐释秦朝国家形态，论点鲜明而新颖，不过其阐释仅点到为止，对秦始皇统一中国的原因、过程、规模阐释不多。[4]第三本是赵鼎新2015年推出的《儒法国家：关于中国历史的新理论》(*The Confucian-Legalist State: A New Theory of Chinese History*)。此书进一步阐释他在《东周战争与儒法国家的诞生》一书中的观点，但也非研究秦统一中国的专著，且太过于强调战争

---

1 黄朴民:《秦汉统一战略研究》，中国人民大学出版社2007年第1版。

2 王子今主编:《秦统一的进程与意义》，中国社会科学出版社2017年第1版。

3 许田波:《战争与国家形成:春秋战国与近代早期欧洲之比较》，徐进译，上海人民出版社2009年第1版。

4 赵鼎新:《东周战争与儒法国家的诞生》，夏江旗译，华东师范大学出版社2006年第1版。

对于新国家形成的重要性，对其他方面重视不足。[1]从研究领域来看，历史学、考古学研究是主力，政治学、经济学、地理学等学科的研究极少，亟待加强；从研究方法来看，基本都是文献研究法；从研究重点来看，论者对秦始皇统一中国过程作了一般性描述，主要关注点在于秦始皇统一中国的条件、原因、意义、世界影响、规模和秦亡原因等。依据论者关注的重点，将秦始皇统一中国的评价和研究分为以下四方面。

（一）关于秦始皇统一中国的条件和原因的研究

1. 相当多的观点认为秦国通过变法实现富强，国力超过东方六国，当政者策略正确、决心坚定，人心思统一是秦统一中国的关键。

历史学家李学勤认为："经过东周时代长时期的变乱，各民族各地区的文化得到了空前的融会交流，人民要求结束分裂动荡的局面。西方的秦国凭借强大的经济、军事力量，先后兼并了东方六国，建立起中央集权的秦朝。"[2]但他同时认为："有的著作认为秦的社会制度比六国先进，笔者不能同意这一看法，从秦人相当普遍地保留野蛮的奴隶制关系来看，事实毋宁说是相反。"[3]史学大家吕思勉认为秦统一"决不全是兵力的关系"，还包括：当时中国"在政治上、经济上、文化上，本有趋于统一之势"；秦"地处西垂，开化较晚，风气较为诚朴"；三晋地狭人稠，秦地广人稀，秦人招三晋之民为其所用；奉行法家的政策，裁抑贵族，激发人民的积极性。[4]战国史专家杨宽认为人心向背、人民群众是秦统一中国的关键，具体有四个方面。一是"人民的向背是战争胜负的关键"，"由于兼并战争的胜负，人民群众起着决定性的作用，因而政治上比较进步的秦国能够完成其统一中国的历史任务"；二是"秦在兼并战争中推行了符合人民愿望的政策"；三是"社会经济的发展需要建成

1　DingXin Zhao：*The Confucian-Legalist State: A New Theory of Chinese History*，Oxford University Press, 2015。

2　李学勤：《东周与秦代文明》，上海人民出版社 2016 年第 1 版，第 7 页。

3　同上书，第 348–349 页。

4　吕思勉：《中国通史》，民主与建设出版社 2015 年第 1 版，第 25 页。

统一国家”；四是“人民群众迫切要求统一”。[1] 王子今认为：“统一局面形成于秦，成之于秦始皇，是多种历史因素共同作用的结果。就秦始皇而言，是他顺应了时代发展的趋势；就秦国而言，是秦孝公以后几代人尚武崇法、矢志改革、富国强兵的必然结果；就历史大势而言，是时人已厌倦春秋战国长时期的诸侯纷争局面、渴望统一安定的民意反映。”[2]

美国政治学者弗朗西斯·福山认为“现代政治制度的优势，令秦国打败所有对手，进而一统天下”[3]。美国汉学家费正清、赖肖尔认为秦国在统一战争中获胜有三个原因。第一是地理。秦国易守难攻，可向周边发展，水患比其他国家要轻，又吞并四川盆地，与“蛮族”接触提高了军事技能。第二是“全力以赴地采纳法家所鼓吹的政治和军事制度中的新方法”。第三是“中国的统一与公元前246年一位冲龄继位的秦国国王分不开”，也就是秦王嬴政。[4] 美国汉学家陆威仪认为秦统一中国依靠两次改革。一是商鞅变法，“把国家所有成年男子统计在册，发动他们服兵役，缴纳赋税。虽然所有诸侯国都在备战，但只有秦把这种模式扩大到整个社会的层面，使整个国家管理的各个方面都致力于发动和支持国家的武力征服”；二是“通过范雎的改革，秦国成功地把权力集中到了统治者个人手里”。[5] 美国汉学家卜德认为秦统一中国原因众多，包括地理优势、农业和灌溉技术优良、军事技术先进、崇尚阳刚武德、打破传统的准备、任用外来人才的决心、统治者的长寿和行政因素等方面，“更具决定性的因素是提高行政效率的计划、农业改革计划和商鞅留给秦

---

1 杨宽：《战国史》，上海人民出版社 2016 年第 1 版，第 469–478 页。

2 王子今：《秦皇扫六合 虎视何雄哉：论秦始皇嬴政的统一功业》，载 2009 年 7 月 28 日《光明日报》第 12 版。

3 ［美］弗朗西斯·福山：《政治秩序的起源：从前人类时代到法国大革命》，毛俊杰译，广西师范大学出版社 2014 年第 2 版，第 104 页。

4 ［美］费正清、赖肖尔主编：《中国：传统与变革》，陈仲丹、潘兴明、庞朝阳译，江苏人民出版社 2012 年第 1 版，第 51–52 页。

5 ［美］陆威仪：《早期中华帝国：秦与汉》，王兴亮译，中信出版集团 2016 年第 1 版，第 39 页。

的一心一意追求政治和军事力量的计划”。[1]美国汉学家万志英在分析秦统一中国原因时认为：“秦国之所以能取得军事胜利，不在于其军力抑或战术有任何的优势，而在于整个社会强大的战争动员力。”[2]

2. 有些论者认为文化因素在秦统一中发挥更重要作用。

历史学者刘高远认为：“秦国不同于山东六国的重利观念，使滥觞于关东的法家学说在秦国得以全面实践，并促使秦人较早地形成小家庭的私有观念。法家学说与秦国社会结合以后，很快收到了富国强兵、加强中央集权的效果，为秦统一中国奠定了深厚的物质基础。”[3]历史学者蔡礼彬认为：“春秋战国时期，秦国由于自然环境、人文环境的影响，逐渐形成了功利主义的习俗，实行‘择勇猛者而立之’的君主继统制度，用赏与罚的手段来推行尚军功以及注重实际能力的人才选拔方式，这对于秦国的发展强大乃至最终统一六国都起到了极大的推动作用。”[4]历史学者陆青松认为：“战国中期以后，秦国要统一六国，必须解决好‘富国强兵’‘君臣关系’以及‘政权运作’等三个重大问题。秦国通过吸收和整合诸子学派中的相关学说，并结合自己的实际，有效地解决了国富兵强、君臣关系以及政权运转等重大问题，推动了统一大业的完成。”[5]

3. 有些论者认为秦国地理环境优势是秦统一的关键因素。

汉代政治家东方朔认为：“汉兴，去三河之地，止霸产以西，都泾渭之南，此所谓天下陆海之地，秦之所以虏西戎兼山东者也。”[6]汉代政治家晁错在谈到秦统一中国时表示：“地形便，山川利，财用足，民利战。其所与并者六

1 ［美］卜德：《第一章：秦国和秦帝国》，见［英］崔瑞德、鲁惟一编《剑桥中国秦汉史（公元前221年至公元220年）》，杨品泉等译，中国社会科学出版社1992年第1版，第43–47页。

2 ［美］万志英：《剑桥中国经济史：古代到19世纪》，崔传刚译，中国人民大学出版社2018年第1版，第74页。

3 刘高远：《重利观念与秦统一》，载《焦作大学学报（综合版）》1994年第2期。

4 蔡礼彬：《功利主义对秦统一六国的作用》，载《天中学刊》2001年第1期。

5 陆青松：《论学术在秦统一中的作用》，载《社会科学论坛》2011年第7期。

6 ［汉］班固：《汉书·卷六十五·东方朔传第三十五》，中华书局1992年简体字本，第2151页。

国，六国者，臣主皆不肖，谋不辑，民不用，故当此之时，秦最富强。”[1]他首先说的因素就是“地形便，山川利”。汉代官员田肯曾对汉高祖这样描述秦国：“秦，形胜之国，带河山之险，县隔千里，持戟百万，秦得百二焉。地势便利，其以下兵于诸侯，譬犹居高屋之上建瓴水也。”[2]汉代政论家贾谊认为：“秦地被山带河以为固，四塞之国也。自缪公以来，至于秦王，二十余君，常为诸侯雄。岂世世贤哉？其势居然也。且天下尝同心并力而攻秦矣。当此之世，贤智并列，良将行其师，贤相通其谋，然困于阻险而不能进，秦乃延入战而为之开关，百万之徒逃北而遂坏。岂勇力智慧不足哉？形不利，势不便也。”[3]法兰西学院院士、汉学家勒内·格鲁塞认为秦统一原因众多，但地理因素是秦最大的优势，“战国时期的列国中，秦国因为其地理位置而拥有最大的优势。它从渭河的高原流域俯瞰着富庶的河南平原，这块平原是它在这场比赛中最主要的奖品”[4]。

4. 有些论者关注到间谍战在秦始皇统一中国中的重要作用。

杨宽在分析秦始皇统一中国时提到“尉缭使用间谍兼并的策略”，肯定间谍战在统一过程中发挥了重要作用。[5]日本学者鹤间和幸也提到“秦王为了实现天下统一目的，向各国派遣了许多携带大量金玉的密使，让他们去那里进行离间君臣关系的间谍工作”[6]。秦汉史专家孙家洲认为：“因尉缭、李斯建议所施行的‘反间’策略，造成了赵国良将李牧被害、齐国丞相后胜被收买的严重后果，导致赵国的败亡和齐国的不战而降，加快了秦始皇完成统一六国

1 ［汉］班固：《汉书·卷四十九·爰盎晁错传第十九》，中华书局1992年简体字本，第1760页。

2 ［汉］司马迁著，［宋］裴骃集解，［唐］司马贞索引，［唐］张守节正义：《史记·卷八·高祖本纪第八》，中华书局1959年第1版，第382页。

3 ［汉］贾谊：《过秦论》，见《中国古典文学名著分类集成》（散文卷·二），百花文艺出版社1994年第1版，第7页。

4 ［法］勒内·格鲁塞：《伟大的历史——中华民族五千年的兴盛与辉煌》，秦传安译，江苏人民出版社2015年第1版，第42–43页。

5 杨宽：《战国史》，上海人民出版社2016年第1版，第487页。

6 ［日］鹤间和幸：《始皇帝的遗产：秦汉帝国》，马彪译，广西师范大学出版社2014年第1版，第38–39页。

的进程。由此上溯战国时期多次出现的‘反间’方式，客观上都有利于奠定秦国独强于天下的军事优势，也可以理解为秦国由‘兼并之战’逐渐转变为‘统一之战’的有机组成部分。”[1] 历史学者芦茂华、张宁认为，“秦统一战争中间谍起的作用是明显的，也是巨大的”，“秦以王翦对付楚国，以间谍而对付齐赵，俱都得手，大大提前了统一进程，间谍的作用是很大的，甚至起了决定性作用”。[2]

（二）关于秦始皇统一中国的规模的研究

有一种相当普遍的观点将秦始皇统一中国等同于秦始皇统一六国。唐代诗人杜牧在《阿房宫赋》中说“六王毕，四海一”。这句脍炙人口的诗句很大程度上让人们认为秦始皇统一中国就是兼并六国。历史学者严耕望说：“秦国不获东方各国共尊为帝，乃继续以武力蚕食六国。至秦王政二十六年尽灭六国，统一天下，遂自制名号为皇帝。”[3] 历史地理学者谭其骧说：“战国后期秦国逐步蚕食、吞并山东六国，至秦王政二十六年（前 221 年）完成统一，建号皇帝，建立起了中国史上第一个一统皇朝——秦朝。”[4] 严耕望、谭其骧言下之意，秦始皇统一中国完成于公元前 221 年，也就是吞并六国。日本学者西嶋定生也将秦统一中国等同于统一六国。他说：“公元前 221 年，秦王政——这位不久后被称为始皇帝的秦国君王，歼灭了战国六雄中的最后一个残存的国家齐国，由此完成了天下一统的宏业。”[5] 英国史学大家汤因比表示：“在中华世界，秦国开疆拓土，用了不到十年（公元前 230—前 221）时间就第一次实现了有效的政治统一。在这段短短的时间内，秦王嬴政吞并残存的六国，

1　孙家洲：《“反间”：秦统一进程中的成功策略》，载《咸阳师范学院学报》2017 年第 5 期。

2　芦茂华、张宁：《秦统一战争中的第五纵队》，载《秦文化论丛》2008 年增刊。

3　严耕望：《中国政治制度史纲》，上海古籍出版社 2013 年第 1 版，第 51 页。

4　谭其骧主编：《简明中国历史地图集》，中国地图出版社 1991 年第 1 版，《秦时期图说》。

5　［日］西嶋定生：《秦汉帝国：中国古代帝国之兴亡》，顾姗姗译，社会科学文献出版社 2017 年第 1 版，第 11 页。

创立中华世界大一统国家，获得了‘秦始皇’的称号。”[1]言下之意是将秦统一中国视为统一六国。

另一种观点认为秦始皇统一中国的规模要远大于兼并六国。王子今认为："人们普遍以为随着所谓‘六王咸伏其辜’，统一局面已经形成。‘六王毕’，被看作统一实现的标志。……然而仔细考察秦史，应当注意到秦始皇三十三年（前214）的历史记录中又有以北河和南海为方向的军事进攻的成就。秦帝国的版图因此空前扩张。这一历史变化，可以理解为规模更为宏大，意义更为深远的统一"，"秦始皇二十六年（前221）‘天下初定’，兼并六国，实现了统一的第一层次；秦始皇三十三年（前214）‘天下已定’，征服北河和南海，实现了统一的第二层次"。[2]历史地理学者葛剑雄将秦国吞并六国，王翦率领秦军进入今浙江和福建，屠睢等将领征服南越并设置南海郡、桂林郡和象郡，蒙恬北击匈奴，设置九原郡，以及秦军开拓西南领土的行为都视为秦始皇统一中国的行为。[3]日本历史学者鹤间和幸将秦帝国十五年历史分为六年、六年、三年三个阶段，认为第二个六年是"对蛮夷战争时期"，是"李斯之统一天下战略的第二阶段"。[4]

（三）关于秦始皇统一中国的意义的研究

1. 多数论者认为秦始皇统一中国奠定中国疆域基础，促进华夏族的形成，为后世王朝奠定制度基础，为统一的多民族国家形成发挥了至关重要的作用。

中国历史主流高度肯定秦始皇统一中国，国外学者也多有肯定。贾谊说："秦并海内，兼诸侯，南面称帝，以养四海，天下之士斐然向风"。[5]西汉政论

1 ［英］阿诺德·汤因比：《历史研究（下）》，郭小凌等译，上海世纪出版集团2010年第1版，第619页。

2 王子今：《秦统一局面的再认识》，载《辽宁大学学报（哲学社会科学版）》2013年第1期。

3 葛剑雄：《统一与分裂：中国历史的启示》，商务印书馆2013年第1版，第31–32页。

4 ［日］鹤间和幸：《始皇帝的遗产：秦汉帝国》，马彪译，广西师范大学出版社2014年第1版，第74–83页。

5 ［汉］贾谊：《过秦论》，见《中国古典文学名著分类集成》（散文卷·二），百花文艺出版社1994年第1版，第6页。

家主父偃认为："昔秦皇帝任战胜之威，蚕食天下，并吞战国，海内为一，功齐三代。"[1]西汉政论家严安道："及至秦王，蚕食天下，并吞战国，称号皇帝。一海内之政。坏诸侯之城。销其兵，铸以为钟虡，示不复用。元元黎民得免于战国，逢明天子，人人自以为更生。"[2]唐代诗人李白有"秦王扫六合，虎视何雄哉！挥剑决浮云，诸侯尽西来"[3]的诗句。唐代学者柳宗元道："秦之所以革之者，其为制，公之大者也。其情私也，私其一己之威也，私其尽臣畜于我也。然而公天下之端自秦始。"[4]史学大家章太炎说："古先民平其政者，莫遂于秦……借令秦皇长世，易代以后，扶苏嗣之，虽四三皇、六五帝，曾不足比隆也，何有后世繁文饰礼之政乎！"[5]钱穆认为："中国版图之恢廓，盖自秦时已奠其规模。近世言秦政，率斥其专制。然按实而论，秦人初创中国统一之新局，其所努力，亦均为当时事势所需，实未可一一深非也。"[6]李学勤指出："秦的统一功业是不可以抹杀的"，"秦兼并列国，建立统一的新王朝，使秦文化成为后来辉煌的汉代文化的基础"。[7]史学大家许倬云认为："直到秦帝国的出现，才真正为中华大帝国的核心划下基本的疆域。"[8]历史学者张金光认为秦在中国古代历史上造就九个开创性的、为后世长期效法的"第一"，包括开创行用二千余年的皇帝制度；开创了国家大一统的政治传统；开创了行用二千余年的专制主义中央集权，在中央和全国地方推行官僚政治等。[9]王子今

1　[汉]司马迁著，[宋]裴骃集解，[唐]司马贞索引，[唐]张守节正义：《史记·卷一百一十二·平津侯主父列传第五十二》，中华书局1959年第1版，第2954页。

2　[汉]班固：《汉书·卷六十四下·严朱吾丘主父徐严终王贾传第三十四下》，中华书局1992年简体字本，第2122页。

3　[唐]李白：《古风·秦王扫六合》，见《中国古典文学名著分类集成》(诗歌卷·三)，百花文艺出版社1994年第1版，第188–189页。

4　[唐]柳宗元：《封建论》，见《中国古典文学名著分类集成》(散文卷·四)，百花文艺出版社1994年第1版，第481页。

5　章太炎：《秦政记》，见汤志钧编：《章太炎政论选集》(上册)，中华书局1977年第1版，第499–500页。

6　钱穆：《秦汉史》，生活·读书·新知三联书店2012年第3版，第18页。

7　李学勤：《东周与秦代文明》，上海人民出版社2016年第1版，第7–13页。

8　许倬云：《许倬云说历史：大国霸业的兴废》，上海文化出版社2012年第1版，第16页。

9　张金光：《秦制研究》，上海古籍出版社2004年第1版，自序第11–12页。

认为："秦并一海内，对于我们统一多民族国家的形成和发展，对于东方文化的进程以及世界史格局的形成，都有重要的意义。"[1] 勒内·格鲁塞认为："秦始皇在完成中国领土的统一之后，紧接着就是政治、社会甚至智力的统一的工作了，这项工作同样是他的不朽业绩中非常值得注意的部分。这位中国的凯撒不仅是一位征服者，而且还是一位天才的管理者，无人能与之比肩。"[2]万志英认为："中华帝国的诸多政治制度与政治实践都肇始于秦王嬴政治下"，"在如何实现帝国大一统方面，秦朝为后代打下了制度基础，并进行了诸多政治实践。"[3] 以色列汉学家尤锐称："公元前 221 年秦国统一'天下'是中国历史上最重要的事件。"[4]

2. 有些论者认为秦朝发明了官僚制，或者至少认为先秦时期的官僚制萌芽到了秦朝真正形成和成熟。

美国汉学家顾立雅最早提出近代欧洲和两千年前的中国在中央集权化官僚机构方面的相似性。他在 1964 年发表的论文中研究了中国官僚制的起源问题，强调人们忽视了古代中国在现代中央集权官僚制国家的必要要件方面的贡献，认为汉朝时期的中国和近代中央集权国家的官僚制有高度相似性。他反驳了韦伯关于中国古代官僚制乃是家产官僚制的说法，强调韦伯认为官僚制的三个特征只有现代国家才能发展，但实际上全都在中国汉朝已有充分发展。虽然说的是汉朝，但他在讨论中国官僚制起源时却大量地涉及先秦。顾立雅最早提出古代中国出现官僚制。[5] 他这个结论在西方受到相当高的重视，影响甚广。埃德加·凯瑟教授和蔡勇博士对秦朝的官僚化现象进行研究，解

1 王子今：《秦"北边"战略与统一进程》，载《西安财经学院学报》2016 年第 4 期。

2 ［法］勒内·格鲁塞：《伟大的历史——中华民族五千年的兴盛与辉煌》，秦传安译，江苏人民出版社 2015 年第 1 版，第 47–48 页。

3 ［美］万志英：《剑桥中国经济史：古代到 19 世纪》，崔传刚译，中国人民大学出版社 2018 年第 1 版，第 74 页。

4 ［以］尤锐：《展望永恒帝国：战国时代的中国政治思想》，孙英刚译，上海古籍出版社 2013 年第 1 版，第 134 页。

5 H. G. CREEL:*The Beginnings of Bureaucracy in China: The Origin of the Hsien,* Journal of Asian Studies,XXXII,1964.

释了为什么中国的官僚化行政体制比欧洲国家早了两千年。他们探索了战争和国家构建间的因果关系，从战争角度揭示中国官僚制的诞生。这也是承认秦朝乃官僚制的创造者。[1]英国政治学者塞缪尔·E. 芬纳在皇皇专著《统治史》中认为中华帝国发明了官僚制和常备军，欧洲人是上述两项制度的“二次发明者”。在分析先秦和秦朝时，他认为中国经历从部落结构的国家发展成为封建贵族国家，最终成形成了中央集权的帝国。[2]他承认秦朝是世界上最早发明官僚制的国家。

3. 有些论者认为秦始皇统一中国形成全新的政治制度，是一次重大的“国家革命”，带来了一个相当具有现代性的国家。

弗朗西斯·福山认为秦统一中国创建了一个中央集权的现代国家。他说：“在中国，拥有韦伯式现代特征的中央集权国家出现于公元前221年的秦朝，到西汉（公元前206—公元9年）获得进一步巩固。中国建立起任人唯才的中央官僚体系，登记人口，征收统一税项，掌控军队，监管社会，比欧洲出现类似国家制度整整早了一千八百年。”[3]他还集中阐述了对古代中国政治制度的看法。他说：“中国是开发国家制度的先行者，但西方的政治发展史解说，却很少提及此一创新。”[4]他表示：“在某种意义上说，中国人发明了好政府。他们设计的行政机构是理性的，按照功能而组织起来，以非人格化标准进行招聘和晋升，这绝对是世界第一。”[5]福山说的主要指秦朝。翦伯赞认为秦始皇在中国历史上“消灭了封建领主制，开创了一个中央集权的封建主义的新的

1　Edgar Kiser ,Yong Cai:War and Bureaucratization in Qin China: Exploring an Anomalous Case, *American Sociological Review,* Vol.68,No.4(Aug.,2003),pp.511–539.

2　［英］塞缪尔·E. 芬纳：《统治史（卷一）：古代的王权和帝国——从苏美尔到罗马》（修订版），华东师范大学出版社2014年第2版。

3　［美］弗朗西斯·福山：《政治秩序与政治衰败：从工业革命到民主全球化》，毛俊杰译，广西师范大学出版社2015年第1版，第323页。

4　［美］弗朗西斯·福山：《政治秩序的起源：从前人类时代到法国大革命》，毛俊杰译，广西师范大学出版社2014年第2版，第24页。

5　［美］弗朗西斯·福山：《政治秩序的起源：从前人类时代到法国大革命》，毛俊杰译，广西师范大学出版社2014年第2版，第283页。

历史时代”，“当秦王朝在亚洲东部辽阔的土地上建立起一个强大的封建专制主义国家的时候，世界上最大多数的人民还是生活在历史上的野蛮时代，只有极少数进入了奴隶制时代”，“在公元前3世纪末，秦帝国是世界上最先进的国家”。[1]美国历史学者斯塔夫里阿诺斯认为：“在中国长达数千年的历史上，有过三次从根本上改变了中国的政治和社会结构的大革命。第一次发生于公元前221年，它结束了领主封建制，创立了实行中央集权制的帝国；第二次发生于1911年，它结束了帝国，建立了共和国；第三次发生在1949年，建立了共产党领导的政权。”[2]史学大家何炳棣认为：“就全部传统中国历史而言，真正最大之事应是秦专制集权统一郡县制大帝国的建立及其传衍。”[3]费正清、赖肖尔认为：秦始皇“所建立的帝国制度虽偶有间断却一直延续了两千多年，被证明是世界上最持久的政治制度”[4]。西嶋定生认为，“秦汉帝国这一最早统一国家的出现”，在中国史上的意义“在于因统一国家的建立而形成的国家构造基本形态，与这一时代造就的精神文化基本形态，一同跨越并规范了其后中国两千年的漫漫历史”[5]。

4. 有论者认为秦始皇统一中国重塑了中国的天下观念，对后世影响深远。

许倬云认为，秦汉乃天下帝国之关键时期，“秦始皇统一中国，二世以后刘汉代秦，先后两个大帝国的体制，奠定了‘中国’与‘天下’两个观念的内涵”，秦始皇将“中国”确定为相当于天下的地位。[6]考古学者苏秉琦认为：“夏、商、周三代，由于方国的成熟与发展，出现了松散的联邦式的‘中国’，

1 翦伯赞：《秦汉史十五讲》，张传玺整理，中华书局2012年第1版，第3–40页。

2 ［美］斯塔夫里阿诺斯：《全球通史：从史前史到21世纪》（第7版修订版）（上册），北京大学出版社2005年第1版，第160页。

3 ［美］何炳棣：《何炳棣思想制度史论》，中华书局2017年第1版，第396页。

4 ［美］费正清、赖肖尔主编：《中国：传统与变革》，陈仲丹、潘兴明、庞朝阳译，江苏人民出版社2012年第1版，第54页。

5 ［日］西嶋定生：《秦汉帝国：中国古代帝国之兴亡》，顾姗姗译，社会科学文献出版社2017年第1版，第4页。

6 许倬云：《说中国：一个不断变化的复杂共同体》，广西师范大学出版社2015年第1版，第63–66页。

周天子的‘普天之下，莫非王土；率土之滨，莫非王臣’的理想的‘天下’。理想变为现实的是距今2000年前的秦始皇统一大业和秦汉帝国的形成。”[1]学者胡键认为秦统一中国后“天下”内涵有嬗变，“在秦统一之前，‘天下’更多的是一种文化现象，是建立在血缘之上的一种文化纽带关系，很少有政治的意蕴。即便是在秦统一以后，‘天下’被赋予了政治的内涵，但也并非是一种超越国家利益之上的政治单位，而是‘大一统’的‘中国’体系的基本规训工具和权力合法性基础，是皇权与儒家思想体系结合起来的区别自我与‘他者’的重要标尺”[2]。历史文化学者黄旭认为，天下思想是中国传统国家思想的集大成者，秦统一天下对于后世产生的深远影响包括对“天下秩序之建构”的影响，秦王朝“以天为则”，体现着上应天象的理念，象征其膺受天命与统一天下的政治观，最终导致天下秩序形成，对后世王朝影响深远。[3]

（四）关于秦统一中国的世界影响的研究

有相当多论者认为，秦始皇统一中国是具有世界意义的大事件，使得“秦”在相当长时期内成为中国人的代名词，同时对周边国家和世界产生重要影响。

1.“秦”在相当长时期内成为中国人的代名词。

许倬云认为：“从汉代的典籍来看，即使中国已经改朝换代，北边的匈奴和西域一带的民族，依然常常称呼中国人为‘秦人’。‘秦’的发音，也就相当于英文的‘China’，在印度的梵语中，中国被称为‘支那’或者‘震旦’。外人称中国人为‘汉人’，要到汉武帝以后，在此以前，‘秦’代表了中国。”[4]费正清表示：“秦的名称‘Chin’很恰当地成为中国在西方文字中的名

1　苏秉琦：《中国文明起源新探》，辽宁人民出版社2009年第1版，第82页。

2　胡键：《“天下”秩序：一种文化意象》，载《学海》2017年第4期。

3　黄旭：《再论秦并天下——认知人类学视野下的统一观念建构》，见王子今主编《秦统一的进程与意义》，中国社会科学出版社2017年第1版，第261–272页。

4　许倬云：《说中国：一个不断变化的复杂共同体》，广西师范大学出版社2015年第1版，第66页。

称‘China’的来源。”[1]日本历史学者宫崎市定认为：“中国之所以被称为‘支那’，就是由于‘秦’一词在传到西方后经过转音，‘支那’是后来印度人的发音，随着佛教一同传入中国，中国人再度将其汉译之后而产生的。”[2]

2. 秦始皇统一中国对周边国家和世界有着重要影响。

翦伯赞认为：“秦帝国的建立及其活动，推动了中国历史的发展，也对当时的亚洲起了文明的先导作用。它发展了和邻近各国之间的关系，打破了东方世界的原始封闭性。”[3]卜宪群等历史学者认为：“中国在公元前3世纪初就形成完善的官僚行政体制和统一的中央集权的国家形态，在当时的世界实属罕见”，秦朝官僚体制“是世界上出现得最早、最完备的官僚体制，开创了此后中国两千多年专制主义中央集权官僚体制的基本模式，并对周边国家产生了重要影响”，“不仅给中国也给世界带来了难以估量的遗产”。[4]弗朗西斯·福山认为中国传统制度对东亚有重大影响，并认为这种体制的重要来源就是秦朝。他说，历史上的朝鲜、日本、越南，虽独立于中国政体，但借鉴了大量中国思想，中国王朝的重大遗产是高品质的威权政府。世界上几乎所有成功的“威权现代化者”，包括韩国、新加坡、中国大陆和台湾地区，都是分享中国共同文化遗产的东亚国家和地区，这不是偶然现象。[5]西嶋定生认为：“对于东亚世界而言，秦汉帝国的出现造就了它最初的形成契机，具有极为重要的历史意义”，“对日本而言，秦汉帝国的出现不仅使日本由未开化社会迈向文明社会，同时还为日本加入东亚世界这一完整独立的政治文明世界创造了契机”。[6]

---

1 ［美］费正清、赖肖尔主编：《中国：传统与变革》，陈仲丹、潘兴明、庞朝阳译，江苏人民出版社2012年第1版，第54页。

2 ［日］宫崎市定：《亚洲史概说》，谢辰译，民主与建设出版社2017年第1版，第60页。

3 翦伯赞：《秦汉史十五讲》，张传玺整理，中华书局2012年第1版，第40页。

4 中国社会科学院历史研究所：《中国通史（贰）：秦汉魏晋南北朝》，华夏出版社2016年第1版，第33-46页。

5 ［美］弗朗西斯·福山：《政治秩序的起源：从前人类时代到法国大革命》，毛俊杰译，广西师范大学出版社2014年第2版，第119-283页。

6 ［日］西嶋定生：《秦汉帝国：中国古代帝国之兴亡》，顾姗姗译，社会科学文献出版社2017年第1版，第7-9页。

三、秦始皇统一中国后的中国国家形态问题

国家形态，也可称为国家形式或国家类型，指的是国家组织方式和运行方式，包括国家内部结构和外部形态，涵盖政体、政治制度模式、中央与地方关系、基本经济制度、阶级阶层关系、国家与社会关系等内容。国家形态的核心是权力关系，包括政权内部权力结构，以及政权和社会的权力结构。古往今来，世界上的国家形态并不那么多。一种强大有效先进的国家形态出现后，往往会被本民族继承，多数时候还会传播到其他地区。

（一）学界对于秦始皇统一中国后的中国国家问题的讨论

目前学界公认秦始皇统一中国后产生的是一个新国家。那么，新国家的国家形态是什么？这是研究秦始皇统一中国所必须首先回答的根本问题。当前对这个问题的回答主要有五类。

第一类，以当代中国马克思主义学者为代表。他们认为秦始皇创建的是一个“专制主义的中央集权的封建国家”，清一色是用“封建国家”。较早引用马克思主义理论来解释中国历史的历史学者郭沫若认为，西周是奴隶制社会，东周中国社会才由奴隶制逐渐转入了真正的封建制，秦朝是封建制。[1]政治学者白钢认为秦始皇统一六国建立“封建专制主义中央集权制的国家”，中国封建社会大约延续了两千一百年之久。[2]历史学者安作璋认为“秦始皇灭诸侯，置郡县，建立了我国第一个中央集权的多民族的封建统一国家”[3]。历史学者谢维扬用早期国家——成熟的国家来解释夏商周时期的国家和秦朝的国家，认为秦朝的建立是先秦时期以中原王朝和国家为主体的中国早期国家进

1 郭沫若：《中国古代社会研究》，商务印书馆 2011 年第 1 版，第 17–26 页。

2 白钢：《制度物议》，中国社会科学出版社 2013 年第 1 版，第 3 页。

3 安作璋：《从睡虎地秦墓竹简看秦统一的原因》，见《秦汉史研究文集》，人民出版社 2015 年第 1 版，第 209 页。

程的顶峰，将秦朝定性为成熟国家，是比周更高级的新的专制主义的国家形态，同时也是“一个确切无误的高度专制主义的帝国”[1]。历史学者周苏平认为：“中国古代的宗族城市国家在西周时期达到鼎盛，此后即由盛转衰，走向灭亡。这一历史进程始于春秋，历经战国，以秦灭六国、建立统一的封建专制国家作为终结。”[2]他将秦朝视为“封建专制国家”。以上论者背后的基本理论支撑是斯大林钦定的社会演进规律，也就是认为人类将按照原始社会、奴隶社会、封建社会、资本主义社会、共产主义社会演进。秦朝对应的是封建社会。这种观点引发了相当多的质疑。张金光指出，“关于人类社会的发展，马克思主义的创始人并未提出如‘五种生产方式’那样明确的阶段性理论模式”，中国古史分期问题的讨论最为典型，尽管是群儒舌战，热闹非凡，但争来争去，只不过是在既定的框框中捉迷藏而已，仍不出“五种生产方式”说之窠臼。[3]赵鼎新表示：“为了将中国历史套进一度被教条化的马克思主义理论模式，中国的一些历史学家将秦国一统天下之后所建立的农业帝国体制曲解为封建制度。”[4]

第二类，对新国家性质的价值判断比较中性的一派。他们认为秦始皇建立的是大一统中央集权郡县制国家、成熟国家。如前文提及，何炳棣认为“就全部传统中国历史而言，真正最大之事应是秦专制集权统一郡县制大帝国的建立及其传衍”。这里用的是“专制集权统一郡县制大帝国”，没有用封建主义或是封建社会作为定语。何炳棣在系统研究商周社会后得出结论：“商周社会绝不是奴隶社会，中国漫长的历史中也从未曾有过奴隶社会的阶段。”[5]他否认了中国社会与西方社会演进的对照性，因此不可能使用“封建主义”来定性秦朝。如前文提及，卜宪群等学者在描述秦朝时用的是“完善的官僚行

1 谢维扬：《中国早期国家》，浙江人民出版社1995年版。

2 周苏平：《中国古代国家形态论纲》，《学术界》1999年第2期。

3 张金光：《战国秦社会经济形态新探》，商务印书馆2013年1版，第2–3页。

4 赵鼎新：《东周战争与儒法国家的诞生》，夏江旗译，华东师范大学出版社2006年第1版，第14–15页。

5 ［美］何炳棣：《何炳棣思想制度史论》，中华书局2017年第1版，第69页。

政体制和统一的中央集权的国家形态”，“专制主义中央集权官僚体制的基本模式”。钱穆认为中国历史上的政治制度分为两段落，“前一段落为秦以前的封建政治，后一段落为秦以后之郡县政治”，并指出“近人好说封建社会，其实今天所谓的封建社会，乃是西方历史上的产物，只因中国人拿自己固有的‘封建’二字，来翻译西方历史，遂有此一名词，以至于中西双方混淆不明，这实在是不妥的”。[1] 严耕望认为战国时期中国“由贵族世官之封建国家过渡到官僚组成的集权国家”。[2] 可见他认为战国乃是中国封建社会的终结，秦朝更不可能是封建制。哲学学者何怀宏将先秦中国视为世袭社会，而将秦朝及此后的传统中国视为选举社会。他认为秦朝到清朝这段时期社会特征没有改变，这其中包括君主集权制、官僚制、社会等级制、社会秩序与伦理秩序的融合，其中政治上的官僚制和社会的等级制对选举社会的确立至关重要。[3]

第三类，用现代国家、现代制度来描述秦朝制度。这以弗朗西斯·福山为代表。如前文引述，他认为秦朝诞生的是“拥有韦伯式现代特征的中央集权国家”，是“现代国家”。他还说秦朝用“现代政治制度”打败所有竞争对手。他出乎意料地用了与“传统国家”对应的“现代国家”，与“传统政治制度”对应的“现代政治制度”来描述秦朝。尽管福山认为秦朝制度并不完美，有实施暴虐统治的风险，但仍坚信秦朝制度是现代的。许田波表示：“要论国家和统治者的区别，官职与官员的分离，根据客观和贤能标准来选拔和晋升官员的科层制，公开颁布的法律所具有的普适性和公平性，人口的调查和登记，中央岁入与支出的预算，统计与报告的汇集，直接统治的能力，以及其他行政技术，中国均先于欧洲两千年就发展起来了。”[4] 许田波所言都是现代国

1　钱穆：《中国历史研究法》，生活·读书·新知三联书店 2013 年第 3 版，第 19–20 页。

2　严耕望：《中国政治制度史纲》，上海古籍出版社 2013 年第 1 版，第 35 页。

3　何怀宏：《选举社会及其终结：秦汉至晚清历史的一种社会学阐释》，生活·读书·新知三联书店 1998 年第 1 版。

4　许田波：《战争与国家形成：春秋战国与近代早期欧洲之比较》，徐进译，上海人民出版社 2009 年第 1 版，第 5 页。

家基本制度。

第四类，官社经济体制模式。张金光在《战国秦社会经济形态新探》一书中提出官社经济体制模式理论。他提出“关于构建中国历史社会经济形态学理论新坐标体系的设想：国家权力中心论和中国地权本体论两个范畴、概念”，强调“在以国家权力为轴心运转的中国历史境域中，所构成之中国社会总为一国家体制式社会形态，并可依国家权力本身之发展线索将这一国家体制式社会形态划分为递进而相续的若干阶段”。[1]这里他提出极为重要的“依国家权力本身之发展线索”将国家体制式社会形态进行阶段划分的思想。根据这一思想，他将周—清间社会形态划分为四期：邑社时代（西周春秋）、官社时代（战国—秦—汉初）、半官社时代（汉—唐）、“国家—个体小农”时代（宋—清）。[2]官社时代对应的是官社经济体制模式。官社经济体制模式经济基础“为普遍土地国有制及其普遍国家份地授田制”；组织形式“首要特点，简言之，可谓‘政社合一’，详言之，实是以国家基层行政为统绪，以农为本，包括农业社会生产、军事以及社会、经济、精神文化生活等在内的一切服从于国家政治、同国家政治行政的一体化，其基本框架结构，乃是以政府行政系统进行编民、编农甚至于编军，在这个‘合一’体中，‘政’是筋骨，是统绪，是绳贯，是支配一切、统帅一切的”。[3]他用官社经济体制描述秦朝，实为重大独创之举。

第五类，用所谓的帝国（empire）或天下帝国概念来解释。帝国概念不是中国的概念，是西方的概念。在西方人的国家谱系里，帝国是与民族国家、城邦国家相对应的概念。在西方历史中，民族国家是在帝国的废墟中建立起来的。近代以来，相当多中外学人用帝国来描述秦朝。外国学者基本都用帝国描述秦至清的中国，对秦则直呼秦帝国。哈佛中国史秦汉部分书名是《早期中华帝国：秦与汉》，日本学者西嶋定生写了《秦汉帝国：中国古代帝国之

1　张金光：《战国秦社会经济形态新探》，商务印书馆 2013 年第 1 版，第 3–5 页。

2　同上书，第 4–53 页。

3　同上书，第 39–40 页。

兴亡》，单从书名都可以知道他们对秦朝的帝国定性。剑桥中国史秦汉部分，提到秦朝时都是用秦帝国。[1]法国汉学家谢和耐认为，中国从先秦到秦，经历从古老王国到中央集权国家再到帝国的演变。在他眼里，秦朝是统一的中央集权国家，同时又是帝国。[2]美国汉学家陆威仪认为是暴力推动战国时期中国由城市国家转向普世性的、专制的领土国家，最后转变为帝国。他视秦朝为帝国。[3]宫崎市定认为，中国古代经历从春秋的都市国家到战国的领土国家再到秦汉帝国的转变，东洋和西洋的古代史几乎是平行向前发展的。[4]很多中国学人也跟着使用帝国来形容秦至清朝中国，称秦朝为“帝国”。秦帝国、大秦帝国已经蔚然成为流行概念。如，杨宽称秦“早在公元前两个世纪创立统一的大帝国”[5]。许倬云认为：“自从秦始皇统一中国，中国就进入了帝国阶段。所谓帝国有两层含义：第一，一个国内只有一个皇帝，国家是统一的；第二，对于四邻而言，中国这个庞大的国家绝对是主控力量。这两个条件合在一起的时候，中国的帝国就是天下帝国。”[6]他用的是“天下帝国”概念。这是一个中西合璧的概念。历史学者何兹全认为西周春秋是城邦国家，但中国不同于希腊罗马的城邦国家，中国的城邦国家是从一开始就有上下统属关系，战国则是领土国家，秦朝则是帝国。[7]历史学者王震中认为：“夏代之前的龙山时代的国家，是单一制的邦国，属于早期国家，也可称为初始国家或原始国家；

1 ［美］陆威仪：《早期中华帝国：秦与汉》，王兴亮译，中信出版集团 2016 年第 1 版；［英］崔瑞德、鲁惟一编：《剑桥中国秦汉史（公元前 221 年至公元 220 年）》，杨品泉等译，中国社会科学出版社 1992 年第 1 版；［日］西嶋定生：《秦汉帝国：中国古代帝国之兴亡》，顾姗姗译，社会科学文献出版社 2017 年第 1 版。

2 ［法］谢和耐：《中国社会史》，黄建华、黄迅余译，江苏人民出版社 2010 年第 1 版，第 35–89 页。

3 Mark Edward Lewis:*Sanctioned Violence in Early China*, NY:State University of New York Press,1990.

4 ［日］宫崎市定著，［日］砺波护编：《东洋的古代：从都市国家到秦汉帝国》，马云超、张学锋、石洋译，中信出版社 2018 年第 1 版，第 263 页。

5 杨宽：《战国史》，上海人民出版社 2016 年第 1 版，第 494 页。

6 许倬云：《许倬云说历史：大国霸业的兴废》，上海文化出版社 2012 年第 1 版，第 15 页。

7 何兹全：《中国古代社会及其向中世社会的过渡》，商务印书馆 2013 年第 1 版，第 141–143 页。

夏商周三代属于多元一体的、以王国为‘国上之国’的‘复合制国家’体系，是发展了的国家；秦汉以后的国家则属于更加发展了的成熟国家，是一种郡县制下中央集权的结构稳定的国家形态，是帝国体系。”[1]总之，秦帝国成了普遍使用的概念，但背后的道理值得反省。

（二）秦始皇统一中国后创建的是世俗型中央集权君主官僚制国家，在政治制度上具有相当多的现代元素

首先，从国家性质来看。马克思主义学者用生产关系和阶级属性来划分国家，将国家分为奴隶制国家、封建制国家、资本主义国家、共产主义国家（包括社会主义国家）。根据以上研究可知，秦始皇统一中国后创建的国家不是封建制国家，更不是奴隶制国家、资本主义国家、社会主义国家、共产主义国家，马克思主义国家分类法对它不适用。按照亚里士多德关于政体的分类，正常的政体有君主制、贵族制、共和制，秦朝可归为君主制国家，但它又不单单是君主制，它还有极为标志性的特征——官僚制。孔飞力在《叫魂：1768年中国妖术大恐慌》一书中用官僚君主制形容中国的朝代政治，非常到位。[2]这个概念也适用于秦朝。该概念突出了中国传统政治的两个基本特点。一个是君主制，也就是皇帝制度，属于特殊的君主制。一个是官僚制。发达的官僚制成为古代中国政治的最突出特质。因此，可以认为秦朝是世俗型官僚君主制国家，或者说世俗型君主官僚制国家。

其次，从中央与地方关系的角度来看。西周东周实行的是封建制，乃天子诸侯国模式，最大特色在于权力分散。柳宗元指出：“周有天下，裂土田而瓜分之，设五等，邦群后。布濩星罗，四周于天下，轮运而辐集。合为朝觐

1　王震中：《中国古代国家的起源与王权的形成》，中国社会科学出版社2013年第1版，第59-60页。

2　［美］孔飞力：《叫魂：1768年中国妖术大恐慌》，陈兼、刘昶译，生活·读书·新知三联书店2014年第1版。

会同，离为守臣扞城。”[1]随着周朝衰落，周天子无法驾驭诸侯，中国逐渐变成一个四分五裂的封建诸侯国家。在中央与地方关系上，权力越来越倾向于地方。春秋战国时期，诸侯国内部权力结构不断朝着中央集权国家演变。秦始皇统一中国后，废除封建制，“海内为郡县，法令由一统”，“皇帝并一海内，以为郡县”，实行中央集权的郡县制，在中央与地方关系上，越来越倾向于中央。因此，秦朝是一个统一的中央集权的实行郡县制的君主官僚制国家。

再次，从传统国家—现代国家角度来看。关于现代国家，孔飞力说过：“从世界范围来看，‘现代’国家之间的差异和区别是由什么造成的？难道只有在经历了工业化的西欧和北美才会形成可以被称为‘现代’的国家功能、政治结构和社会体系吗？这其实是一种文化上唯我独尊的判断”，“不同国家是可以经由不同的方式走向‘现代’的”。[2]这段话有振聋发聩之效。按照福山的观点，秦朝政治制度具有足够的现代性。虽然它产生于遥远的公元前221年，但却是一个拥有韦伯特征的现代国家。仔细分析起来，福山主要是从秦朝政治和行政制度、国家能力、国家自主性等方面而言的。比照当今世上发达国家的政治与行政制度、国家能力、国家自主性，秦朝和它们相比并无本质性区别。秦朝制度包含平等的机会、竞争、功绩制、专业化、职业化、非人格化等要素，这些都是现代官僚制的重要内涵。因此，秦朝国家制度具有相当多现代元素。

第四，从国家与社会关系角度来看。国家与社会关系是基于西方历史经验归纳出来的概念。参照这个概念，可以看到秦朝乃一个国家和社会合一的国家。秦朝甚至在乡亭一级设立管理机构，国家控制直达乡里。历史学者孟祥才指出：“秦统一全国后，普遍实行以县统乡、以乡统里的地方基层制度”，

---

1 ［唐］柳宗元：《封建论》，见《中国古典文学名著分类集成》（散文卷·四），百花文艺出版社 1994 年第 1 版，第 479 页。

2 ［美］孔飞力：《中国现代国家的起源》，陈兼、陈之宏译，生活·读书·新知三联书店 2013 年第 1 版，中文版序言第 1–2 页。

秦汉时期“县以下的乡、亭、里等，乃是当时最基层的政治组织”。[1]对此，张金光有深刻洞察。如前文引述，他强调秦朝体制首要特点是“政社合一”，“实是以国家基层行政为统绪，以农为本，包括农业社会生产、军事以及社会、经济、精神文化生活等在内的一切服从于国家政治、同国家政治行政的一体化”。中国向来不分国家与社会。秦朝是一个全能主义国家，实行耕战体制、举国体制，以耕养战，以战带耕，全民动员。埃德加·凯瑟和蔡勇指出，秦国成功动员了其总人口的8%到20%，而古罗马共和国仅1%，希腊提洛同盟仅5.2%，欧洲现代早期则更低。[2]概言之，秦朝实行的是国家权力中心本位、政社合一、强动员的举国体制。

总结以上分析可知，从国家形态上来说，秦始皇统一后的中国是一个世俗型中央集权君主官僚制国家。秦朝所有制度都是中国人原创，可称为中华体制，但只是一个功能齐全的“毛坯房”，有待后世“精装修”。按照西方主流学者关于现代国家的定义，秦朝是人类历史上第一个从政治制度层面进入现代的国家。秦朝是一个非常强大的国家，属于“强国家”，同时是“自主型国家”，但秦始皇统一中国后仍不惜民力，大兴土木、大肆用兵，具有“掠夺型国家”特征。

四、秦朝灭亡原因分析

古往今来，分析秦亡者甚多，无一例外地归为秦之“暴政”。贾谊在《过秦论》中所说的“仁义不施而攻守之势异也”，几乎成了秦亡原因之定论。林

1　孟祥才:《中国政治制度通史（第三卷）·秦汉》，人民出版社1996年第1版，第236页。

2　Edgar Kiser, Yong Cai：War and Bureaucratization in Qin China: Exploring an Anomalous Case, *American Sociological Review*,Vol.68,No.4(Aug.,2003),pp.511–539.

剑鸣认为，秦始皇“既是一个有巨大贡献的政治家，也是一个暴君”，其统治是“残酷”的；秦二世“残忍昏暴”，“在二世统治开始以后，‘自君卿以下，至于众庶’，人人皆‘怀自危之心’。各阶级、各等级的人都感到过不下去了，于是全国范围的农民大起义的时机成熟了”。[1]安作璋认为：“残酷的统治和剥削，使人民走投无路。秦始皇一死，统治阶级内部的斗争又削弱了统治力量，而这时六国潜伏下来的反秦力量也在观望机会准备起来反抗，大风暴注定要到来了。”[2]卜德认为秦帝国崩溃至少包括“道德因素”“智能的缺陷”“屏弃传统”“社会因素”和“资源的过分紧张”五方面原因，并认为“《史记》对秦帝国，特别是对秦始皇的描述可能是过于阴暗了”，还对当代中国学者在分析秦亡问题上滥用阶级分析法进行了批判。[3]陆威仪认为，汉朝关于秦亡的解释“通常集中在对秦朝的道德或智慧缺陷的思量中，比如过分残暴的法制，抛弃古代先贤的智慧，等等，然而考古学和文献材料证明，这些批评都属于服务于汉朝利益的政治宣传，与秦的政策或它的灭亡没有关系”。[4]很显然，“暴政”说并不能完全解释秦亡。秦亡是多种因素作用的结果。

第一，秦朝国家形态仍未来得及经历完善期，就遭遇国家形态的核心——皇帝及核心决策圈出现颠覆性问题，乃秦亡的制度性原因，也是第一位的原因。政治因素向来在中国社会中居于核心地位，在秦朝这种君主官僚制国家尤然。秦朝灭亡的根本原因在于皇帝及核心决策圈。秦始皇以其卓越才华，将四分五裂的中国统一起来，并创造了新的国家形态、新的治理模式、新的政治文明。在秦始皇当政时，施政虽然严苛，民力虽然到处被征用，但因其乃政治强人，国家仍可维持，基本上可断言，秦始皇若没死，秦朝不可能如此快地灭亡，但历史不容假设。事实上，秦始皇在巡视中突然去世，只会

1　林剑鸣：《秦史稿》，中国人民大学出版社 2009 年第 1 版，第 325–334 页。

2　安作璋主编：《秦汉史十讲》，中华书局 2014 年第 1 版，第 38 页。

3　［美］卜德：《第一章：秦国和秦帝国》，出自［英］崔瑞德、鲁惟一编：《剑桥中国秦汉史（公元前 221 年至公元 220 年）》，杨品泉等译，中国社会科学出版社 1992 年第 1 版，第 80–90 页。

4　［美］陆威仪：《早期中华帝国：秦与汉》，王兴亮译，中信出版集团 2016 年第 1 版，第 71 页。

玩弄权术而毫无国家治理能力的赵高掌握大权，推出一系列荒诞冷血的施政，导致秦朝统治集团四分五裂，力量遭到极大削弱，民众离心离德，这才是真正的灾难。在这一点上必须承认，秦制新创，并不完善，无法防范赵高此类阴险小人，也无法选拔优秀王子继承皇位。任何一种全新的国家形态都必须经历一个完善期，才能真正完善起来。西式民主制度、社会主义制度，都是经历惨重教训后才完善的，而秦朝君主官僚制国家形态没有得到这个机会，十五年太短暂了。因为没有这个完善期，秦朝国家形态最大缺点——最高权力的继承和约束问题就在秦始皇意外暴死后暴露无遗。秦朝“坏皇帝”的太早出现，加上官僚体系尚未巩固，使得一个先进的国家形态、庞大卓越的官僚体系，无法应对一群由社会底层匆匆组成且未经任何训练的农民军，令人叹息。

第二，秦政过于严苛，滥用民力，使得社会主要矛盾——官民矛盾极度尖锐，成为秦亡的政策性原因。秦亡于农民起义，而激发农民起义的主要原因就是秦政的严苛。在秦始皇所创立的君主官僚制国家，社会主要矛盾一般就是官民矛盾。到了秦二世时，因施政不当，全国性的官民矛盾已尖锐到不可收拾的地步。政治学者杨光斌等认为：“戈尔巴乔夫的改革却使苏联在极短的时间内从‘强国家’走向‘失败国家’，而其中的关键则是没有处理好思想观念与政策选择的关系，在‘新思维’下选择了错误的改革战略。”[1]同样地，秦朝由强国家走向失败国家的重要原因也在于当政者的政策。秦朝新建，按理说应该休养生息，恢复生产，抚平战争创伤。但秦朝统治者因为统一战争的巨大成就，盲信权力、武力和严刑峻法，在统一中国后仍旧沿用战时动员体制，超大规模地使用武力和民力，超过民众可承受的极限，造成农民起义军领袖陈胜所言的“天下苦秦久矣”的局面，最终灭亡。[2]

1　杨光斌、郑伟铭:《国家形态与国家治理———苏联—俄罗斯转型经验研究》，载《中国社会科学》2007 年第 4 期。

2　［汉］司马迁著，［宋］裴骃集解，［唐］司马贞索引，［唐］张守节正义:《史记·卷四十八·陈涉世家第十八》，中华书局 1959 年第 1 版，第 1950 页。

第三，秦朝新国家建立不久，民众对新国家的忠诚度不高，原来的六国统治者和贵族始终怀有复国之心，加剧秦朝的脆弱性。秦始皇统一六国时，中国四分五裂已有五百多年，有的诸侯国已存在几百年，如楚国就存在了八百多年。用现在的话来说，当时中国存在根深蒂固的地方主义，统一反而是个渺小的新事物。统一前的中国，赵国人、楚国人、齐国人各有其忠诚的对象，那就是他们所在的诸侯国。秦始皇武力统一中国后虽然实行强有力的军事、政治、社会、思想和文化统一，但不过十年而已，十年比起五百年、八百年来说太短暂。秦国统一中国，对六国旧统治阶层和民众而言是亡国，是被征服，他们是不服的。日本秦史专家鹤间和幸认为：秦对东方六国的战争，“从秦国的立场上看是正义的统一战争。但是作为败北的六国，当然认为是秦征服六国”。[1] 钱穆指出，当时“封建之残念，战国之余影，尚留存于人民之脑际”，秦亡乃“封建心理之反动”之故。[2] 在六国遗民心里，秦国不过是野蛮落后之国。心有不服、图谋复国的六国旧贵族大有人在。农民起义军领袖陈胜、吴广就是以秦始皇长子扶苏和楚国旧贵族项燕的名义起兵，后参加反秦的项燕、项羽都是楚国旧贵族，雇大力士图谋刺杀秦始皇的张良是韩国旧贵族。农民起义中，六国旧统治阶层粉墨登场，皆意图复国。因此，秦始皇统一中国后十多年，秦朝尚未完全获得民众认同，根基并不牢固。

第四，法家主张的严厉的权力和律法统治、大政府统治难以让民众接受，存在与“国民性”的冲突。秦朝统治者信奉法家学说。卜德认为：“秦帝国可以很恰当地被认为是泛称为法家的思想和行政技术的最高体现。”[3] 法家主张人性恶，强调实力、利益和严刑峻法，强调君主集权。纯粹的法家学说之下，统治是比较严苛的。最为关键的是，法家撕掉人情、道义，奉行赤裸裸、冷冰冰、一板一眼的权力和律法统治。美国汉学家史华慈认为，秦始皇“本人

1 ［日］鹤间和幸：《始皇帝的遗产：秦汉帝国》，马彪译，广西师范大学出版社 2014 年第 1 版，第 22 页。

2 钱穆：《秦汉史》，生活·读书·新知三联书店 2012 年第 3 版，第 32–33 页。

3 ［美］卜德：《第一章：秦国和秦帝国》，出自［英］崔瑞德、鲁惟一编：《剑桥中国秦汉史（公元前 221 年至公元 220 年）》，杨品泉等译，中国社会科学出版社 1992 年第 1 版，第 68 页。

十分信赖法家的‘乌托邦’梦想，这一乌托邦是由非人格化的法律机制、‘技术’和神秘的权势支配的；在这种社会中，数不清的私人激情、情感、价值以及信念的力量都被清除出去”[1]。中国人离不开所谓的人情、道义，周朝的统治就是典型。周朝始终打着温情脉脉的血缘、人情的旗帜，将冷冰的政治变成温暖的亲情，成为中国历史上最长的王朝。当新统治者彻底撕毁人情、血缘、道义，民众难以接受。历史学者李禹阶认为，“在建立全国政权后，秦王朝展示在世人面前的国家统治思想及政治意识形态，仍然是赤裸裸的刑治主义和暴力对抗，是君臣之间的利益角逐，是人与人之间的冲突、斗争。它所主张的政治价值与信仰、理念，亦是法家理论主张的君主专制下的刻薄寡恩、苛暴无情”，“不能适应统一后中国社会的需要”。[2] 中国历史上如此强调律法、权力、利益的朝代恐怕唯有秦朝。后世朝代尽管也使用法家思想，但从来都是用儒家的温情和道义去掩饰法家的生硬和冰冷，这样中国民众似乎才能接受。另一方面，秦朝是中国原生型的大政府模式，法律严密、琐碎且处罚较重。中国人似乎倾向于一种崇拜国家但不希望国家干预太多的生活，正如一首流行甚广的先秦诗：“日出而作，日入而息。凿井而饮，耕田而食。帝力于我何有哉。”[3] 在这样一种整体性民众心理下，大政府模式和严刑峻法统治都是难以长久的。秦亡后，儒家思想主导、儒法道结合的治理模式经久不衰，这种模式被海外学者黄宗智概括为“集权的简约治理”，也从侧面证明了这一点。[4]

1 ［美］本杰明·史华慈：《古代中国的思想世界》，程钢译，江苏人民出版社 2008 年第 1 版，第 470 页。

2 李禹阶主编：《秦汉社会控制思想史》，中国社会科学出版社 2017 年第 1 版，第 60 页。

3 （先秦）佚名：《击壤歌》，见《中国古典文学名著分类集成》（诗歌卷·一），百花文艺出版社 1994 年第 1 版，第 95–96 页。

4 ［美］黄宗智：《集权的简约治理——中国以准官员和纠纷解决为主的半正式基层行政》，见《中国乡村研究（第五辑）》，福建教育出版社 2007 年第 1 版，第 1–23 页。

五、秦始皇统一中国对中国后世国家治理及政治文明形成和发展的影响

秦始皇统一中国对中国后世国家治理及政治文明形成和发展有着根本性的重大影响，正如英国政治学者塞缪尔·E. 芬纳说的，秦始皇“是中国的统一者，他短暂、野蛮，精力超常的统治塑造了华夏国家后来的整个历史。他的统治是决定性的，也是不可逆转的”，“在中国3000年历史上，没有人能够像秦始皇一样肩负如此伟大的历史使命；在世界历史上，也没有哪一个人能够像他一样在政府体制方面留下如此伟大而不可磨灭的印记。尽管他作为皇帝只统治了11年，但他对于中国政治制度的变革却是决定性的。……所有后来的帝国都采纳了这种基本框架，并以此为基础建立新王朝。”[1]总结起来，秦始皇统一中国对中国后世国家治理及政治文明形成和发展产生最深影响的有以下四方面。

第一，秦始皇统一中国是在中国分裂数百年后再次实现中国高度统一，并在疆域上有极大拓展，奠定了中国疆域基础，为后世开展国家治理提供了最基本的领土保障，也为中华政治文明的形成和发展提供了最基本的领土基础。国家有四要素：政府、人民、领土、主权。没有足够的领土，国家治理无从谈起。秦始皇统一中国奠定的这些领土，后来始终成为中国领土的核心部分，保障了中国人的生存空间，也是国家治理之基本依托。同样的，政治文明形成和发展也必须依赖领土。进入二十一世纪，还有不少民族在为争夺建国领土而流血，原因就在于国家治理、政治文明的形成和发展都需要最基本的领土。

第二，秦始皇统一中国后的一系列政治和行政制度建设，形成了发达高效理性的官僚体系和统一的中央集权君主官僚制国家，为后世国家治理提供

1 ［英］塞缪尔·E. 芬纳：《统治史（卷一）：古代的王权和帝国——从苏美尔到罗马》（修订版），华东师范大学出版社2014年第2版，第502–503页。

了长期有效的制度框架，所创建的君主官僚制国家也成为中国历史上主流的国家形态，构成了秦至清朝中华政治文明的核心内容。毛泽东在《读〈封建论〉呈郭老》中写道："劝君少骂秦始皇，焚坑事件要商量。祖龙魂死业犹在，孔学名高实秕糠。百代都行秦政治，十批不是好文章。熟读唐人封建论，莫从子厚返文王。"[1]他认为"百代都行秦政治"，并"劝君少骂秦始皇"。秦朝国家形态中的大一统、郡县制、中央集权、官僚制、能力主义、高社会流动、世俗化等重大原则，成为后世国家治理的基本内涵和特征，对当代中国也有重大影响力，是当代中国国家治理的宝贵经验和重大原则。这些重大遗产，也构成中华政治文明的基本内涵，使得中华政治文明成为一种以中央集权官僚制为核心的世俗主义政治文明，在世界政治文明史上独树一帜。福山说到中国发明了"国家"，顾立雅、芬纳说中国发明了官僚制，很大程度上也是上述论点的佐证。这种政治文明除了对当代中国产生重大影响外，还对历史上和当下的日本、韩国、朝鲜、越南等国的国家治理与政治文明形成和发展有重大影响。

第三，秦始皇统一中国后的一系列举措，尤其是文字和各种标准的统一，大大促进了统一的中华文化的形成，促成了华夏族的形成，为统一的多民族国家形成发挥了至关重要的作用，为后世国家治理及中华政治文明形成和发展奠定了文化基础和族群基础。国家四要素中有一项是人民。华夏族的形成，极大地便利了国家治理的展开。共同政治文化和政治心理的养成，是构建统一国家的重要条件，有利于消除社会冲突，促进社会运行，大大降低了国家治理成本。华夏族的形成，为政治文明的形成和发展提供了主体，反映了政治文明的成熟。统一的中华文化的形成，实际上也包括了中华政治文明的形成，而且政治文明是其核心。

第四，秦始皇"暴政"恶名，秦朝速亡，是中国历史上原生的大政府模式和严厉的权力与律法统治的终结，从此中国国家治理整体上走向了一种集

1　苏桂主编：《毛泽东诗词大典》，广西人民出版社 1993 年第 1 版，第 454 页。

权的简约治理模式，国家组织化程度由高到低，这构成中国政治文明演变的一个重大转向。福山指出：“统一中国的秦朝作出雄心勃勃的努力，想把中国社会重新整顿为一种原始极权主义国家。这个工程最终失败了”，“后续的中国政府学会收敛雄心，学会与现有的社会力量并存不悖。”[1]他指出秦朝和后世王朝在治理雄心上的不同，实际上就是指政府职能范围的缩小。秦朝国家形态、制度模式为后世王朝继续的论点，是从宏观层面而言的，也完全立得住。但在较为具体的治理层面，秦朝十五年而亡，正统中国史家将原因归之于法家统治的严苛无情，使得以法家为主要理论支撑的大政府模式和严厉的权力与律法统治背上恶名，遭到唾弃。后世王朝汲取秦亡的教训，抛弃了纯粹意义的法家治理模式，大都以儒家为主导性意识形态，走的是儒法道结合的国家模式。一是，官民比维持在一个较低水准，国家不过多干预社会事务，相当多的事务交给了地方精英。政府从职能上来说是大政府，但从规模来说却是小政府。马克斯・韦伯在讨论中华帝国时指出：“由于帝国的巨大扩展以及相对于人口规模来说官员的数量较少，中国的行政在一般统治者的治下既不精细也不集权。中央机构的指令均被下属机构拿来便宜行事，而不是当作具有约束力的指令。在这种环境下也像在其他地方一样，官员必须尊重宗族长老和职业行会体现出来的传统主义的抵制，只有设法与这些势力达成谅解才有可能履行公务职责。”[2]他没有说明这个“中华帝国”概念是否包括秦朝，但看得出来，这主要是对汉以来的中国王朝的描述。二是，国家组织化程度大大降低，整个国家由高度组织化走向低度组织化，国家与民众的关系越来越松散，一盘散沙局面逐步出现。秦朝之后，中原王朝之所以屡屡在遭到游牧民族攻击时败北，汉族的人口优势发挥不出来，主要原因在于唾弃了大政府模式和国家组织化程度太低。

1 ［美］弗朗西斯・福山：《政治秩序的起源：从前人类时代到法国大革命》，毛俊杰译，广西师范大学出版社 2014 年第 2 版，第 137 页。

2 ［德］马克斯・韦伯：《经济与社会》（第二卷・上册），阎克文译，上海人民出版社 2010 年第 1 版，第 1192 页。

六、秦始皇统一中国对中国历史演变路径的影响：与西方比较的视角

秦始皇统一中国对中国历史演变路径产生重大影响。历史学者黄仁宇认为："如果中国历史和其他各国文化有唯一最重要的歧异，那就是公元前221年秦始皇的统一全国。随着青铜时代的终止，全国立即展开了政治的统一，这种政治上的初期的早熟，创造了一个惊人的纪录，在此后千百年间树立了一个中央集权的传统。"[1]赵鼎新认为："从春秋—战国时代以降到西方崛起之前，中国历史有着与西方截然不同的发展轨迹。"[2]塞缪尔·E. 芬纳认为："中国的政治制度和希腊以来的西方传统完全不同。事实上，二者是截然相反的。"[3]从中西方比较视角来看，秦始皇统一中国使得中国历史演变呈现的特殊性表现在以下六个方面。某种意义上来说，秦始皇统一中国是中西历史的"大分流"事件。

第一，中华文明存在大一统的传统。中国历史上国家分分合合，分裂后总能再度统一起来。弗朗西斯·福山认为："秦始皇把秦的制度推广到全中国，其所创造的不仅是一个国家，而且将在后继者汉朝手里变成一种统一的中国精英文化。这不同于群众现象的现代民族主义。尽管如此，将中国社会精英链接起来这一新意识，坚韧不拔，在朝代兴亡和内乱之后，总能浴火重生。外邦人好几次打败中国，但无法改变中国制度，反而被吸收消化，直到19世纪欧洲人抵达。"[4]中国大一统传统自秦朝一直延续至今，超过两千两百

1 ［美］黄仁宇：《中国大历史》，生活·读书·新知三联书店2007年第2版，第21–22页。

2 赵鼎新：《东周战争与儒法国家的诞生》，夏江旗译，华东师范大学出版社2006年第1版，第17页。

3 ［英］塞缪尔·E. 芬纳：《统治史（卷一）：古代的王权和帝国——从苏美尔到罗马》（修订版），华东师范大学出版社2014年第2版，第474页。

4 ［美］弗朗西斯·福山：《政治秩序的起源：从前人类时代到法国大革命》，毛俊杰译，广西师范大学出版社2014年第2版，第119页。

年。2017 年 10 月召开的中国共产党第十九次全国代表大会仍在强调“完成祖国统一”是三大历史任务之一。[1] 大一统传统正是秦始皇统一中国所开创。西方乃至世界历史上出现过许多帝国，基本都是分裂后就没有再能统一的，分裂常常意味着消亡。历史学者瞿林东等人认为，“在西方的文字中似乎还找不到与中文‘统一’相对应的词”，“古代西方文明，比较缺乏中国古代文明那样的统一因素。在古代希腊，始终没有形成统一的政治中心”。[2]

第二，自秦朝至清朝覆灭，中国遭受多次重大灾难，但社会形态、国家形态、政治制度颠扑不破，始终是官僚主导的“四民社会”，始终是世俗型中央集权君主官僚制国家，实行郡县制，有高质量政府传统，一直有高度理性化的官僚体系。美国政治学者 S.N. 艾森斯塔得将汉至清朝中国称为“历史官僚社会”，很贴切。[3] 但汉承秦制，他的论述也适用秦朝。发达的官僚制是中国历史的显著特征，在全国范围确立君主官僚制的正是秦始皇。秦始皇推行郡县制，彻底废除封建制，进一步发展了当时已经出现了的官僚制度，为中国历史演变中的高质量政府传统作出突出贡献。同期西方社会演变则呈现较强的阶段性，经历封建社会，迈向资本主义社会。封建社会是贵族政治，谈不上真正的官僚制。资本主义时代则学习借鉴中国科举制，形成文官制度。虽然西方学者自认为他们第二次发明了官僚制，但是明显受到了中国的影响。因此，官僚制传统和社会形态、国家形态的恒定性成为中西一大差异。

第三，中华文明根本属性是国家权力中心。至少从秦朝开始，中国历史演变就是典型的国家中心主义路径，国家权力乃整个社会的纲。美籍华裔历史学者张光直指出：“政治是中国现代社会至关重要的因素。对古代中国来

1　习近平：《决胜全面建成小康社会 夺取新时代中国特色社会主义伟大胜利——在中国共产党第十九次全国代表大会上的报告》，人民出版社 2017 年第 1 版，第 71 页。

2　瞿林东主编：《历史文化认同与中国统一多民族国家》（第五卷），河北人民出版社 2013 年第 1 版，第 178–184 页。

3　［美］S.N. 艾森斯塔得：《帝国的政治体系》，阎步克译，贵州人民出版社 1992 年第 1 版。

说，政治也具有同等重要的地位。”[1]张光直所谓的“政治”就是指国家。赵鼎新认为：“中国有世界几大文明中最为显著的强国家传统。”[2]谢和耐在论述“华夏文明的一般特点”时指出：“中国最出色的成就之一是在漫长的演变过程中，发展了复杂的政治组织形式，成为人类社会史上最完善者”，“中国政治功能发达，而且大大高于其他功能（军事、宗教、经济等功能），这是中国最显著的特点之一”，“政治功能占绝对优势”。[3]而历史上，西方文明大多数时期都存在王权—神权两元结构，基督教作为非国家权力，处处掣肘国家权力。因此，西方文明没有如此强烈的强国家传统。英美社会是典型的社会中心主义，德国有强国家传统，但也不如中国。中国的强国家传统并非起源于秦始皇，秦朝强国家传统是中国历史演变的结果，而非源头。但是，秦始皇统一中国后确立皇帝制度，彻底废除封建制，严厉推进法家学说，国家权力在社会中的地位和作用得到强化，极大地强化了中国的强国家传统。

第四，统一的文字，共同的政治心理，民众普遍认同的华夏文化。西方社会在历史演变中语言众多，国家众多，无从形成共同的政治心理。正是秦始皇统一文字、度量衡等，才促进了统一的华夏文化的形成，塑造了中国人共同的政治心理。张金光在谈论秦朝的贡献时指出，“当战国之时，华夏文化圈虽已相当广泛扩展，圈内人心认同也已加深，然而由于列国分疆所造成的彼此之间地域文化差异和距离还是较大的……秦统一，在进一步整齐风俗，以营造华夏共同文化心理状况方面做了许多有益的基础性工作。其中文字形体的统一隶定是最具有决定性的特殊重大意义的”，“凡我中华东西南北之人，虽各殊方言，然却可心心相印，实赖文字统一之功”。[4]谢和耐指出：

1 ［美］张光直：《艺术、神话和祭祀：古代中国的政治权威之路》，刘静、乌鲁木加甫译，北京出版社 2016 年第 1 版，自序第 1 页。

2 赵鼎新：《东周战争与儒法国家的诞生》，夏江旗译，华东师范大学出版社 2006 年第 1 版，第 1 页。

3 ［法］谢和耐：《中国社会史》，黄建华、黄迅余译，江苏人民出版社 2010 年第 1 版，第 26–28 页。

4 张金光：《秦制研究》，上海古籍出版社 2004 年第 1 版，自序第 24 页。

“文字与文明密切相关，倘无此超越时空的传递与记录工具，伟大文明则无由发展。而通行的文字类型对于文明发展的总趋向亦产生深远影响。中国文字较之于其他文字更能令人认识这种重大效果”，“公元前3世纪末期，秦始皇在华夏地区强行书同文。自此以后，中国文字便成为政治统一的最有效工具之一。”[1]

第五，高度畅通的社会流动。在中国，从社会底层上升为社会上层的道路是完全畅通的，平民子弟担任政府高官是普遍现象。秦末农民起义领袖陈胜曾说过一句在后世流传甚广的话：“苟富贵，无相忘”。[2]这反映出中国古代社会阶层固化色彩较轻，有较强的流动性，否则就不可能有“苟富贵”现象，这句话也不可能流传开。钱穆指出：“中国历史上的传统政治，已造成了社会各阶层一天天地趋向平等。”[3]何怀宏从社会流动视角将秦汉至清朝社会视为选举社会，强调这种社会“体现了一种进入社会上层的单一的最大机会平等的发展”。[4]西方社会相当长时期内都是阶级社会，生为平民世世代代为平民，生为贵族世世代代为贵族，出生就决定了富不富贵，没有苟富贵的问题，直到近代资产阶级革命才打破这一点。中国历史上高度发达的社会流动并非秦始皇创造，春秋战国时已出现，商鞅变法已推行军功爵制和耕战制，废除世卿世禄，但秦始皇第一次在全国范围内彻底废除封建制和世卿世禄制，进一步强化和巩固了中国社会的高流动性。

第六，世俗型文化，尤其是世俗型政治文化。西方乃至所有主要文明在同时期都是宗教文化，西方文明更是基督教一统天下，大部分人的生死都离不开基督教，政治体系也脱离不了宗教的强大影响。中国却从周朝开始就是

---

1 ［法］谢和耐：《中国社会史》，黄建华、黄迅余译，江苏人民出版社2010年第1版，第30页。

2 ［汉］司马迁著，［宋］裴骃集解，［唐］司马贞索引，［唐］张守节正义：《史记·卷四十八·陈涉世家第十八》，中华书局1959年第1版，第1949页。

3 钱穆：《中国历代政治得失》，生活·读书·新知三联书店2012年第3版，第174页。

4 何怀宏：《选举社会及其终结：秦汉至晚清历史的一种社会学阐释》，生活·读书·新知三联书店1998年第1版，第39页。

一种比较世俗化的文明。谢和耐指出："无疑，华夏世界存在独立的宗教生活形式，存在战争传统与战争环境，也有过摆脱国家控制的异常活跃的商业部门，但是从来没有任何僧侣、任何军事集团、任何商业阶层能够在中国僭取政权。这大概便是华夏世界经久不衰的重大特点之一"，"在中国我们见不到人的秩序服从于神的秩序"，"中国人不了解超验真理、自然幸福观念、严格的私产概念"。[1]中国世俗型文化的形成并非秦始皇首创，但秦始皇统一中国，以高度理性化的法家思想作为统治思想，对于中国世俗型文化的形成和发展有着巨大影响，是中国世俗型文化尤其是中国世俗型政治文化发展的标志性阶段。

七、结语

秦始皇统一中国，终结了漫长松散的分封制国家形态，结束了国家分裂的漫漫长夜，将中国带入具有一定现代政治制度色彩的中央集权君主官僚制国家阶段，显示了中国国家形成和演变道路的独特性。秦朝所创立的君主官僚制国家形态深刻影响中国和东亚两千多年。这种国家形态虽然不再被当代中国采用，但其许多重大政治原则仍在运行，并成为不可易的国家基本制度，比如中央集权制、单一制、大一统原则、郡县制等。秦始皇统一中国后，中国成为当时世界最先进的国家之一。当时世界上许多地方不过是部落社会，东亚世界仍处于文明前夕。但在秦始皇意外暴毙后，掌权者倒行逆施，毫无治理能力可言，秦朝很快灭亡，留给后人沉重叹息和反思。今天的中国仍需要正视秦朝历史，正视秦始皇统一中国留下的遗产，取其精华

1 ［法］谢和耐：《中国社会史》，黄建华、黄迅余译，江苏人民出版社 2010 年第 1 版，第 28–29 页

去其糟粕。如此，我们才能更好把握中国国家形成和演变规律，更好把握中国的今天和明天。

参考文献

［汉］司马迁著，［宋］裴骃集解，［唐］司马贞索引，［唐］张守节正义：《史记》，中华书局1959年第1版。

杨宽：《战国史》，上海人民出版社2016年第1版。

李学勤：《东周与秦代文明》，上海人民出版社2016年第1版。

许倬云：《说中国：一个不断变化的复杂共同体》，广西师范大学出版社2015年第1版。

张金光：《战国秦社会经济形态新探》，商务印书馆2013年第1版。

严耕望：《中国政治制度史纲》，上海古籍出版社2013年第1版。

钱穆：《秦汉史》，生活·读书·新知三联书店2012年第3版。

许田波：《战争与国家形成：春秋战国与近代早期欧洲之比较》，徐进译，上海人民出版社2009年第1版。

赵鼎新：《东周战争与儒法国家的诞生》，夏江旗译，华东师范大学出版社2006年第1版。

张金光：《秦制研究》，上海古籍出版社2004年第1版。

［美］S.N.艾森斯塔得：《帝国的政治体系》，阎步克译，贵州人民出版社1992年第1版。

［美］何炳棣：《何炳棣思想制度史论》，中华书局2017年第1版。

［日］西嶋定生：《秦汉帝国：中国古代帝国之兴亡》，顾姗姗译，社会科学文献出版社2017年第1版。

［日］宫崎市定：《中国史》，焦堃、瞿柘如译，浙江人民出版社2015年第1版。

［法］勒内·格鲁塞：《伟大的历史——中华民族五千年的兴盛与辉煌》，秦传安译，江苏人民出版社2015年第1版。

［美］弗朗西斯·福山：《政治秩序的起源：从前人类时代到法国大革命》，毛俊杰译，广西师范大学出版社2014年第2版。

［英］崔瑞德、鲁惟一编：《剑桥中国秦汉史（公元前221年至公元220年）》，杨品泉等译，中国社会科学出版社1992年第1版。

［英］塞缪尔·E.芬纳：《统治史》（修订版，三卷），王震等译，华东师范大学出版社2014年第2版。

［英］迈克尔·曼:《社会权力的来源》(四卷)，陈海宏等译，上海人民出版社2015年第2版。

［美］万志英:《剑桥中国经济史：古代到19世纪》，崔传刚译，中国人民大学出版社2018年第1版。

DingXin Zhao:*The Confucian-Legalist State: A New Theory of Chinese History*，Oxford University Press, 2015.

Mark Edward Lewis:*Sanctioned Violence in Early China*,State University of New York Press,1990.

十七世纪英国革命

高亚林*

英国的历史曾被描述为和平、宽容、协调、持续不断的历史，是很多国家学习和效仿的对象，但随着时代与人的认识不断发展，对历史的研究也趋向全面和客观。如肯尼斯·O. 摩根所说，“英国人民的历史是一个复杂的、有时是暴力和革命的历史，其发展过程中充满了波折和急遽的变化”，“英国历史并不是像维多利亚时代知识界人士所说的那样，是一部和谐一致、一个接一个不断扩展的连续不断的历史，也不是一部从讲究身份地位走向互相协同的历史，而是一部富于戏剧性的、五光十色的，而且常常是暴力的历史；这一古老的社会和文化被人类以往的政治、经济和智力的动荡和骚乱撕成碎块。从许多方面来看，英国曾是人类纷争的一个场所。”[1]十七世纪英国革命便是英国历史上浓重的一笔，也是世界历史上最重大的事件之一。它有流血的战争、人民的暴动，也有调解的

* 高亚林：中国人民大学国际关系学院博士研究生。

1 ［英］肯尼斯·O. 摩根：《牛津英国通史》，王觉非等译，商务印书馆 1989 年版，编者前言，第 3-5 页。

行动、和平的斗争，更有复杂的情感、主观的种种。历史是纷繁复杂、有血有肉的。我们对十七世纪英国革命这一历史事件，只会尽可能客观而全面地分析，却不能做到极致。

关于英国革命有很多种提法，我国从新中国成立之初到今天都一直称其为“英国资产阶级革命”，但近几年来，关于英国革命的性质和称谓出现了很多争议，本文第四部分中关于“革命的性质”会做详细的分析。但要事先说明的是，文章放弃了“英国资产阶级革命”的说法，而是采用“十七世纪英国革命”的称呼，并且，这里的“十七世纪英国革命”是一个广义指称，囊括了十七世纪四十年代的两次内战、克伦威尔共和国时期、复辟时期和1688年“光荣革命”。之所以做这样的选择，是出于综合与全面的考虑：一方面，从时间与事件的连续性来说，不能将这一段历史割裂与分开，不能说1688年“光荣革命”是革命，而将之前的内战与复辟等排除在外，它们都是十七世纪英国革命的一部分，革命是一个完整的、曲折的过程；另一方面，从革命的性质来看，英国革命有很多成分，其中有宗教斗争的成分、人民维护自己权利的成分、反对君主专制（并不是要彻底推翻）的成分，以及富有争议的“资产阶级革命”成分等等，所以，在不能明确为革命定性的情况下，将其统称为“十七世纪英国革命”是比较合适的，虽然有太过笼统的弊端，但有利于我们在这个大框架之内做具体和有争议的分析。

一、十七世纪英国革命的背景与过程

历史总是环环相扣，不断延续的，了解十七世纪英国革命的背景与过程是我们分析与评价英国革命的前提，“在我们理解内战是怎么爆发的之前，就不能很好地理解内战为什么爆发”[1]。

(一)十七世纪英国革命的背景

关于英国革命的很多著作都将英国革命的前期社会、经济、政治状况追溯到斯图亚特王朝的开端，即詹姆斯一世继位，在叙述当时的情况时，甚至还提到都铎王朝的改革，以及伊丽莎白的统治为詹姆斯留下国库空虚的现实，詹姆斯一世的统治状况也与伊丽莎白留下的国家状况密不可分。“十七世纪的最初几十年是英国人民历史的转变时期。这个时期英国人民生活各个方面的变动都是很大的，因而可以有足够的理由说，日后四十年代革命风暴的种子就是在这些年代播下的。”[2]了解革命前英国的经济、社会和政治状况，是我们理解英国革命的重要前提。

1. 经济状况

十七世纪的英国，还是一个典型的农业国家，农业仍然占据经济的主导地位，到处散布的农村大大超过零星的城市数量，英国的主要人口还是农民。“五百万的人民中，总有四分之三的人是住在乡村中的。除了伦敦在当时已经成了工业与商业的中心外，其余别的城市，都是没有很多的人口的。”[3]但英国的农村已经发生很大的变化，都铎时期的圈地运动仍在农村持续发生，不过由于工业的发展，对农产品的需求增加，粮价不断上涨，刚开始圈地的主要不是为了养羊，而是耕种。后来随着商业的发展，出口羊毛需求的增多，圈地主要用来做牧场，放牧羊群。“从1578—1607年，在经过调查的各郡，被圈占的土地共达六万八千七百五十八英亩，被拆毁的农舍超过五百四十九

1　Conrad Russell(ed), *The Origins of the English Civil War*, Introduction, London: Palgrave, 1973, https://link.springer.com/chapter/10.1007/978-1-349-15496-8_1.

2　[苏]米·阿·巴尔格:《克伦威尔及其时代》，陈贤齐译，黄肇炯校，四川大学出版社1986年，第26页。

3　金果尔，朴利果仁:《西方革命史》，高峰译，上海社会科学院出版社2016年，第185页。

家。”[1]查理一世对违反“反圈地法令”的人收取罚金，其实是使得已经圈占的土地合法化，并鼓动了继续圈地的浪潮。1607年，英国中部发生了农民起义，因为圈地运动而引起的农民起义，断断续续地一直持续到英国内战的爆发。十七世纪的圈地运动使英国农村社会发生了很大的变化，农业耕种技术和粮食产量有所提升，因圈地而兴起的大租户逐渐增多，大农和乡居绅士（拥有农场和地产的城市富人）发展起来，失地农民和雇农成为农村的底层居民，但自耕农仍然是农村的主要力量。到十七世纪末，尽管自耕农数量减少，那也仍然比租户的数量多，农民依然是国家的主体。反对圈地和教会十一税的运动依然是由自耕农主导的，这些农民也成为英国革命的主要力量之一。

十七世纪英国工业和商业的发展也有了明显的起色。工业的发展变革主要表现在两个方面，一是“新技术的发明与改进”，如使用风泵在矿井中排水，鼓风箱在炼铁生产中的运用等；二是在工业生产中出现了新的组织形式。在工业部门涌现一系列的手工工场，一个厂房能够聚集数十或上百的雇佣工人。行会内部和行会之间也分化成三个彼此对立的集团，一是上层集团，主要是发了财的工匠组成，二是小工匠，与家庭工人差不多，三是帮工和学徒。[2]但在当时以农业社会为主的英国，工匠和商人只是非常少的一部分，主要社会人口还是农业人口，以及贵族、绅士和依附他人的人。商业方面的发展主要得益于地理大发现和打败西班牙的“无敌舰队”，英国成为国际贸易重要的商品集散地，而英国的海盗船只成为重要开拓殖民地和商品财富运输工具，商业公司也纷纷建立，如东印度公司就在1600年成立。此时，商业的主要问题在于贸易自由，英国王室推出了贸易集中化政策，如出售特许证，使贸易主要集中在伦敦商人手中，使得其他商人的处境艰难。英国工业商业虽有较大发展，但与尼德兰和法国等相比，仍比较落后。

1 ［苏］米·阿·巴尔格:《克伦威尔及其时代》，陈贤齐译，黄肇炯校，四川大学出版社1986年，第46页。

2 同上书，第26-37页。

2. 社会状况

十六至十七世纪即革命前的英格兰社会还是一个农业社会，“英国社会主要由数千个小小的农村共同体组成，小城镇和屈指可数的‘城市’只是星星点点地散布在广袤的乡村社会中。英国社会的人文地理，虽然由村、城镇、教区、郡县共同构成，它们作为各级社会单元，都有各自的完备性；但乡村与教区始终是为数最多，也是最为基层的社会组织。村庄与庄园、牧场与农场，不仅是地理学和行政学的单位，而且也是地方社会的基础。”[1]再加上英国农村的分散性，使得这也成为英国地方意识较强的原因所在。由于经济的发展和“圈地运动”的推进，大量的农民丧失土地，而一些自耕农或商人则借机富裕起来，成为“中产阶级”，其中也有不少农民上升为“乡绅”。由于“荣誉”观念的存在，一些“乡绅”在其所在地担任一些官职，比如乡长、治安法官等，但都是义务服务，他们把这种任职当作一种“荣誉”，这种“荣誉”能给他们带来较高的社会地位，或者通过担任公职，也能为自己的财产经营带来一些方便。“16—17 世纪的英格兰，没有常设的地方政府，只有常驻的乡绅，他们提供的是自愿服务。乡绅自治与伦敦中央政府的联系比较松散，而且更多地依赖人与人的关系。就是说，这是一种以地方主义为中心、以传统文化和习俗为纽带、由乡绅自愿担任公职进行管理的社会治理方式。从教区和村庄，到郡县，甚至到王国，社会治理大多由治安法官和巡回法庭来实现，处处体现着乡绅的社会责任，以及王国政府对地方精英的高度依赖。”[2]这种高度的地方自治也成为英国政治的重要特点。

十七世纪初，英国的社会也有社会阶级分层。“英国农业方面也是分成许多阶级的。大封主，农村贵族，自耕农，佃农，农工，及很多的贫民。”[3]许洁明将英国社会分为五个阶层：一是贵族，包括公、侯、伯、子、男；二是绅士，包括男爵、骑士、准骑士、乡绅、富商、律师、教士、官吏；三是自耕

1　钱乘旦主编：《英国通史》，第三卷，江苏人民出版社 2016 年，第 156 页。

2　钱乘旦主编：《英国通史》，第三卷，江苏人民出版社 2016 年，第 196–197 页。

3　金果尔，朴利果仁：《西方革命史》，高峰译，上海社会科学院出版社 2016 年，第 187 页。

农，包括约曼农、农夫、小店主、小商人、手艺人；四是工资劳动者，包括茅舍农、农业工人；五是依附他人或被救济者，包括学徒、仆役、教区济贫对象和城乡流民。[1]英国各阶级都热衷于商业和增加自己的收入，贵族也不会以从商为耻，中小贵族在社会变革中不断兴旺起来，而资产阶级上层和封建贵族与王室休戚相关。

高度的社会流动性是英国社会的另一个特点，“在17世纪后半期，‘乡绅’一词的创造和‘贵族’一字的应用，告诉我们很多关于社会进展的情况。城乡的结合、大城市的价值观和生活方式的传播、经济的流动性和社会的变动性都包括在人们相互生活在其中的某个门类中了。到1690年，英国已经形成了一个流动性的和单一的有钱精英。获得财富和权力的大门，不是像欧洲许多国家一样，限制在陈旧特权的观念和摆脱不掉的关于出身纯正的老框框中的”[2]。各个阶层的人民纵向之间由于婚姻关系、亲友关系和职业关系等，存在很大的流动性。

文化方面，受文艺复兴的影响，对宇宙、世界和人的认识有了新的发现，最重要的是对英国国家的认识，文艺复兴促进了英国民族国家意识的形成，也促进了英国民族国家的形成；同时随着印刷术的引进和发展，文化的传播也发展到前所未有的迅速与繁荣时期。散文、诗歌、戏剧等文学作品的大量出现，促使英国出现了文化繁荣的景象。围绕政治权力的归属问题，政治理论学界也展开了热烈的讨论，思想文化表现出百花齐放的繁盛局面。

3. 政治状况

十六至十七世纪英国的政治状况错综复杂，也充满着表面的与暗藏的冲突。“伊丽莎白崇拜与斯图亚特王朝早期君主的公共形象”“新教政治传统与非宗教原则的君主统治”“宗教宽容政策与英格兰人民反天主教的情绪”“新教国际主义与和平外交策略”“公民人文主义与宠臣政治”“乡绅的地方认同

1 许洁明:《十七世纪的英国社会》，中国社会科学出版社2004年，第25–37页。转引自钱乘旦主编:《英国通史》，第三卷，江苏人民出版社2016年，第187页。

2 ［英］肯尼斯·O. 摩根:《牛津英国通史》，王觉非等译，商务印书馆1989年，第319页。

与对抗专制统治”共同构成十七世纪英国革命前的政治文化，[1]对理解英国革命有着重要的影响。人民的思想意识、国家权力的分配、国王的个人秉性等都构成了十七世纪英国革命的政治环境。英国革命前的宗教问题，如关于主教制度与宗教礼仪的争论；议会及议会内部的党派分离，政治危机等，是英国革命爆发的重要影响因素。[2]

首先，人民的权利意识、自由思想、政治协商传统等结合起来，都为十七世纪英国革命提供了坚定的思想武器，来对抗国王的专制统治。文艺复兴提出的关于人的思想，激发了英国人民对个人权利的尊重与保护，私有财产神圣不可侵犯的思想，就是在英国革命中起着巨大的作用，两次内战都有国王要求征税的事件，而议会和人民反对国王的这种做法就是保护私有财产不可侵犯的体现。自《大宪章》以来，就有了保护人民权利不受国王侵犯的传统。从贤人议会到议会的产生，政治协商的传统及其运行在英国早已趋向成熟。洛克、哈林顿等人的政治思想也为英国革命提供了坚实的思想基础，洛克主张政府的权力来源于人民的同意，且人民可以推翻不称职的政府，“洛克在标准版本的自由主义政治理论中为人民保留了最低限度的革命的权利——这是霍布斯万万不能同意的。而历史证明，正是以洛克为首的辉格党人的温和革命理论为英国‘光荣革命’提供了法理论证”[3]。对王权的限制、对人民权利的尊重、保护与表达都为英国革命奠定了思想基础。

其次，国家权力的分配，在国王与议会之间出现了倾斜。如白芝浩在《英国宪法》中指出：“议会对亨利八世是盲从的，在伊丽莎白时期是窃窃私

1　刘淑青：《英国革命前的政治文化：17 世纪初英国议会斗争的别样解读》，人民出版社 2015 年版。

2　Anthony Fletcher, *The outbreak of the English Civil war*. London: Edward Arnold (publishers) Ltd.

3　高全喜：《政治宪法学的积薪之业——〈现代立国法政文献编译丛书〉代序言》，毕竟悦，泮伟江主编，毕竟悦，姚中秋等编译：《英国革命时期法政文献选编》，清华大学出版社 2016 年，第 14 页。

语的，到詹姆斯一世时已有反意，再到查理一世时则开始反抗了。”[1]“革命的核心问题是争夺国家最高主权——主权属于国王，还是属于议会？这是一场由政治对立引发的内战，也是自玫瑰战争以来持续时间最长的一次武力冲突。”[2]英国革命的政治状况主要表现为国王和议会的斗争。英国的专制制度从未达到法国路易十四时的程度，主要的原因就是英格兰王室财力不足，没有固定税收，不能养常备军，加上伊丽莎白变卖了大量王室地产，使国库收入减少，“她以出售土地的收入偿付战争的费用。虽然此事并未使詹姆斯一世和查理一世处境像一度想象中的那样困难，但它造成了严重的后果：它使国王丧失了借贷的抵押物”[3]。议会上院成员主要有大贵族、富人、主教等，上院具有对下院提案的否决权；下院成员则选自伯爵的领地和各城镇，主要是骑士和城镇代表，但没有自耕农和手工业者，只有下院有批准新税的权力，这也是下院的力量所在。詹姆斯一世在《自由君主制的真正法则》中表达了自己的专制观点，他认为君权神授，议会的权力来自国王。下院则坚决予以反驳，这样，国王和议会的纠纷产生了，这种斗争只有在内战的战场上用武力才能解决。詹姆斯一世有专制的欲望，却没有金钱和条件，他未经议会许可征收新税，并玩弄各种花招增加收入，当时，盗用公款、贪污受贿的风气盛行，政治社会风气混乱不堪。1621年，下院向国王提出让王位继承人查理娶一位新教徒为妻时，想同信天主教的西班牙结亲的詹姆斯一世一气之下解散了议会。但迫于“三十年战争”的费用于1624年2月19日召集议会，但补助金只批准了一半。詹姆斯一世、查理一世都对议会的权利进行肆无忌惮的侵犯，终于在议会的讨伐中发生了英国革命。

再次，宗教问题。都铎王朝在宗教改革以后，基本确立了英国国教的地位，但天主教一直都有被恢复的潜在可能，如“血腥玛丽”进行的恢复天主

1 ［英］沃尔特·白芝浩：《英国宪法》，夏彦才译，商务印书馆2010年，第286页。转引自钱乘旦主编：《英国通史》，第三卷，江苏人民出版社2016年，第96页。

2 钱乘旦主编：《英国通史》，第三卷，江苏人民出版社2016年，第108页。

3 ［英］肯尼斯·O.摩根：《牛津英国通史》，王觉非等译，商务印书馆1989年，第320页。

教的活动。斯图亚特王朝时期，詹姆斯一世、查理一世以及詹姆斯二世等国王都有恢复天主教的企图，天主教与国教一直处于矛盾的边缘。另外，清教徒要求国教进行比较激进的改革，如要求废除主教制度等。关于宗教的争论与矛盾，如主教制度和教会礼仪，始终是英国革命的重要影响因素，可以说宗教问题是英国革命的主要原因之一。

最后，国王的处境。詹姆斯一世及其后继者的处境与其个人思想观念的结合，激发王权与议会的斗争。詹姆斯一世（苏格兰詹姆斯六世）按照伊丽莎白的遗愿继承英格兰的王位时，同时也继承了英格兰留下的一系列问题，并作为苏格兰国王面临着对英格兰统治的适应性问题。一方面是英格兰本身的问题。像钱乘旦先生所说："第一，王室入不敷出，国王无法'靠自己生活'"；"第二，宗教矛盾复杂，教派众多，清教徒构成最大的挑战"；"第三，在都铎时期逐渐成熟的议会，不再盲从专制统治。"[1]另一方面，詹姆斯一世作为苏格兰的詹姆斯六世，对英格兰与苏格兰的政治生态、经济社会现状认识不清。英格兰与苏格兰的议会就存在明显的差别，"苏格兰的议会在整个存续期间都未能成为苏格兰政治生活的中心，而英格兰议会至少自从亨利四世时起就成为了英格兰政治生活的中心"[2]。詹姆斯一世并不了解英格兰的情况，以为可以像在苏格兰一样进行统治，并经常与英格兰议会发生冲突。推崇"君权神授"，巩固和扩大国王的权力，其对内对外政策都受到英格兰人民的反感。

1625年詹姆斯一世的儿子查理一世继位。他自登基时起就与议会相矛盾，查理更是强调自己的权威，认为议会应该由他掌控。在于西班牙的战争方面与议会意见严重分歧，查理把同西班牙的战争主要看成是报私仇的手段。而资产阶级的愿望则完全相反，查理并不打算在海上进行这场战争，而是在德国战场，其目的是帮助他妹妹收复已经失去的巴拉丁。于是查理就在1625年

1　钱乘旦主编：《英国通史》，第三卷，江苏人民出版社2016年，第78–79页。

2　［英］A.V. 戴雪，R.S. 雷特：《思索苏格兰与英格兰的联合》，戴鹏飞译，上海三联书店2016年，第30页。

解散了自己召开的第一届议会。1626年又是因为金钱迫使查理召集新的议会，而议会并没有给国王补助金。1628年3月17日又是因为补助金而召开第三届议会，并给议会发出威胁，在议会开幕词中说道，若不满足他的需要则会采取一些"特殊手段"，国王与议会的关系更加紧张。伊里奥说："这场争论所涉及的绝不仅仅是我们的财产和领地，而是包括我们称为自己的一切。我们所要争取的，是我们的祖先作为自由人所享有的一切权利和特权。"[1]另外还有皮姆、约翰·汉普顿、法学家爱德华·柯克等人。"为保障这些'权利和特权'不受侵犯，下院草拟了一份'权利请愿书'"，"下院是试图杜绝国王对反对他的政策的人随意进行镇压的可能性。"[2]1628年6月7日，因为需要钱，国王批准了请愿书。6月26日到10月20日的休会期间，发生了两起重要事件：一是军官费尔顿为报仇雪恨，暗杀了伯金汉公爵；二是议会反对派领袖之一温德渥兹（未来的斯特拉福伯爵）投到了国王方面。国王要求征税，再次召开议会，但下院没有讨论征税问题，而是讨论宗教问题，主要要求遏制英国最近出现的天主教发展势头，议会气氛非常紧张。[3]1629年3月2日，国王宣布休会，但下院大多数拒绝服从国王的命令，因为他们有理由担心，国王最终会命令解散议会。议长想离开的时候，被霍里斯和惠灵顿强迫坐回座位。没有议长议会就不能进行。"伊里奥提议，议会应在走散之前通过下面三项决议：（1）一切企图把教皇的各种新规定引入英国国教的人，都应看做王国的主要敌人；（2）一切建议国王不经议会批准就任意征税的人，都应看做英国的敌人；（3）一切自愿缴纳不经议会批准的捐税的人，都应宣布为英国自由的叛徒。"[4]此时，议会听说国王已带着武装部队赶往议会，准备驱散会议，霍里斯急忙凭着自己的记忆复述了提案，议会一致通过了这个提案并匆匆离开了议会厅。国王宣布解散议会。

1 ［苏］米·阿·巴尔格：《克伦威尔及其时代》，陈贤齐译，黄肇炯校，四川大学出版社1986年，第107页

2 同上书，第108页。

3 同上书，第108页。

4 同上书，第109-110页。

于是，开始了查理一世十一年的独裁统治。一方面，对反对国王或不顺国王之意者进行镇压，市街上几乎天天都有人在受鞭笞，耻辱柱上也几乎天天都有人示众。越是这样残暴的镇压，越是收到适得其反的效果，加剧了人们对国王的憎恨。另一方面，查理还想方设法筹钱，如不经议会同意而直接征税，出售煤、铁、酒等专卖产品的专卖权，征收船税等，不断激起人民的愤懑和反抗。从十六世纪末以来，由于经济社会的变动引起的人民起义和反抗不断发生，如1607年农民的反圈地起义、1620年5月埃克西特的职工暴动，到查理一世独裁统治期间，起义和暴动更是此起彼伏，人民的反抗情绪不断激涨，全国蔓延。如1638年在沃尔威克发生了暴乱，袭击了收税人。各地零星的骚乱，就像在黑压压的天空中，闪过的一道道雷鸣闪电，狂风暴雨就要来了。

4. 国际状况

“作为现代民族国家，英国必须具备两个最重要的因素，即国家主权与民族一体性。”[1]都铎王朝的宗教改革使英国摆脱了罗马教廷的控制，国家主权逐渐确立，也确定了国家对国内教会的权威。亨利八世的政府改革，则加强了英国的民族一体性。都铎王朝的外交活动，基本是为王权的加强服务。而十七世纪以来，因文艺复兴、罗马教廷衰落等，天主教与新教的斗争遍布在欧洲各地，对海外殖民地的扩张与海外霸权的争夺都在与民族精神的互相照映下激烈地进行着。而詹姆斯一世、查理一世等斯图亚特王朝的国王，一方面倒行逆施，实行亲天主教的政策，甚至企图恢复天主教，为英国革命埋下了祸种；另一方面，斯图亚特君王并没有把推进英国的海外扩张，争取国际地位放在首位，他们在处理国家战争的时候都是想到自己的王权，为加强自己的王权，往往与英国议会和人民对外发展国家势力的意愿发生矛盾和冲突。

1　钱乘旦主编：《现代文明的起源与演进》，南京大学出版社 1991 年，第 96 页，转引自钱乘旦主编：《英国通史》，第三卷，江苏人民出版社 2016 年，第 211 页。

（二）革命的过程

十七世纪英国革命从广义来说经过了革命的前夕“长期议会”的召开，从第一次内战开始，经过了内战、共和国、复辟，到1688年“光荣革命”结束；狭义的英国革命是单独指代1688年的“光荣革命”。“光荣革命”纵然有其极其重要的地位与意义，但只看“光荣革命”的历史和经过，很难全面把握十七世纪英国革命的前因后果，看清英国革命的全貌。因此，英国革命的过程就是广义上十七世纪英国革命的过程。

1. 革命前夕：长期议会的召开

1638年，苏格兰人民起义，反对接受英国国教的祈祷书，查理募集了两万人的军队开往苏格兰，但由于招募的军队条件和装备都很差，军队很快逃散。查理被迫于1639年6月24日与苏格兰人签订合约，但只是麻痹苏格兰人。为了招募出战苏格兰的钱款，查理只好在1640年4月13日召开议会，下院要求拿钱之前，要先恢复“议会权力和特权”，查理气愤之下，在1640年5月5日解散了议会，因为这次议会时间非常短，故称“短期议会”。但同苏格兰的战争仍然开始了，脆弱的国王军队一遇到苏格兰军队就溃不成军，节节败退，苏格兰军队侵入英格兰，占领了诺森伯兰和达拉谟两郡。英格兰人民对国王的败退漠不关心，甚至英格兰清教徒将苏格兰的胜利视为自己的胜利。英格兰贵族和人民向国王请愿与苏格兰议和，伦敦发生声势浩大的人民示威活动，况且“只要苏格兰人还呆在英国土地上，由于每天需要偿付八百五十镑占领费，国王就完全处在议会的权力之下。”[1]走投无路的国王只好重新求助于议会。这次议会的召开，改变了查理的命运，也扭转了英国的乾坤。

1640年11月3日，查理一世被迫再次召开议会，因为这次议会存在了20年，故以“长期议会”之名载入史册。此次选举的议会成员大部分来

1 ［苏］米·阿·巴尔格：《克伦威尔及其时代》，陈贤齐译，黄肇炯校，四川大学出版社1986年，第123页。

自英国东南部经济发达和人口稠密的地区，他们反对斯图亚特王朝的统治，只有少数支持国王的人进入议会。“本届议会开幕的时候，面临着三项头等重要的任务：1. 惩办国王的主要顾问，他们是查理一世十一年无议会统治时期实行横暴政策的鼓吹者。2. 使今后不再重复实行这类政策。3. 整顿教务，使英国国教会接近清教徒的标准。在实现前两项目标方面，议会是完全一致的，由此产生了行动的坚决性。”[1] 前两项任务得到了很好的执行，且议会宣布除非在议会自愿的情况下否则不能解散议会。议会也取消了星室法庭、北方委员会和威尔士委员会等，并释放了被关押的政治犯。十七世纪英国革命开始了。

2. 革命爆发：从两次内战到“光荣革命”

“长期议会”开始了议会与国王的长期斗争，议会面对国王的强大阻力，开始求助于人民，呼吁人民的支持。伦敦市民提交了联名请愿书，要求处死国王的主要顾问之一斯特拉福，上院贵族连出门都胆战心惊，查理国王自己也感觉到王权的衰落与尊严的丧失，迫于强大的压力，签署了处死自己宠臣的判决。

由于组成议会的议员们复杂的成分而使议会产生了分化。一方的意见是保持王权与议会的平衡，只是限制王权，而不要彻底推翻王权，在宗教事务上，保持国教的地位，保留主教制。如“议员埃德蒙·沃勒（他同时又是一个诗人）以明显的警告语气发言说：‘我们的法律制度和现有宗教组织是水乳交融的。我把主教职位当作一种外围的防御工事或堡垒，并且我私下认为，如果他被人民破坏，秘密就会被揭穿，而我们对人民的任何要求也不能加以拒绝了。’”[2] 他们在《大抗议书》中也只是提出“限制主教权力”而非“撤销主教权力”或“消灭主教”就表现出他们的立场。而此时又发生了爱尔兰起义，引起了建立武装力量的问题，而武装力量的控制权应属于国王还是议

1 ［苏］米·阿·巴尔格：《克伦威尔及其时代》，陈贤齐译，黄肇炯校，四川大学出版社 1986 年，第 125 页。

2 同上书，第 130 页。

会？《大抗议书》在议会的通过引起了查理的恐慌与警觉，秘密准备武装行动。这又使得议会向人民求助，1641 年底，人民要求“打倒主教”的示威行动声势浩荡。国王与议会的抗衡也到了剑拔弩张的地步。在此期间，出现了“骑士党”和“圆颅党”的称呼，“骑士党”是对国王的拥护者的称呼，而“圆颅党”则是对议会拥护者的称呼，后来改成“托利党”和“辉格党”。两个敌对的阵营逐渐形成，双方都在为自己的利益展开行动，冲突不断，战争一触即发。

（1）两次内战时期。第一次内战开始于 1642 年 8 月 22 日，诺丁昂升起了国王的军旗，国王向议会正式宣战，内战就此开始了，这是第一次内战。拥护国王的“骑士党”主要由英国西北部的大贵族、大官吏、教会势力组成，他们为国王提供巨大的财务支持和武装力量支持；而拥护议会的“圆颅党”则分布在英国东南部经济较发达的地区，主要人员是商人、厂主、乡绅和人民群众。但是，拥护议会的人当中也有分歧，大乡绅与大商人并不像底层人民一样有彻底的革命热情，他们希望与国王议和，和平解决问题，所以他们在准备战事时并不积极，如埃塞克斯伯爵的懈怠与犹豫使得在埃吉山的第一次大会战中一再给国王喘息的机会，使国王盘踞牛津，重整旗鼓。克伦威尔在这次内战中崭露头角并起到了至关重要的作用，大大展现了其军事才能，在 1643 年初便成为骑兵首脑。克伦威尔充分认识到人民群众的革命力量，把广大人民纳入武装队伍，改造扩大的铁军，号称“新模范军”。但是，议会的革命情绪在 1643 年发生了转变，多数主张与国王议和，使得战争一拖再拖。但由于国王得到爱尔兰的援助，再次引起议会的反对，议会与国王的和谈破裂。1644 年 7 月 2 日，发生了有决定性的马斯顿荒原战役，议会方面大获全胜。克伦威尔的军威也在此次战役中树立起来。1645 年的纳斯卑战役也是议会大获全胜，终于在 1646 年 6 月，国王承认失败，投奔到苏格兰寻求庇护，第一次内战落下帷幕。

议会方面取得胜利，但议会中的长老派忌惮“新模范军”的实力，要求解散军队，以人民为主力组成的军队就此与议会发生了冲突。军队中多数属于“独立派”，因此议会内部产生了“长老派”与“议会派”的冲突。

1647 年 1 月，议会着手与国王开始谈判。国王想从议会内部的分裂中，坐收渔翁之利。“独立派”不同意“长老派”与国王谈判的条件，主动出击，军队夺取了与国王谈判的权利。“独立派”提出《建议要点》，要求限制主教特权，扩大选举权等，但这个文件又激化了军队内部的矛盾，军队内部又分裂出主张平等思想的“平等派”。“平等派”提出了《人民公约》，主张废除王位，建立人民选举产生的议会，且所有人都有权参加选举，由选举产生的议会行使国家主权。1647 年夏天，士兵和军外的下层人民产生了他们自己有组织的政党，由于人民群众的干预，议会与国王的妥协始终未能达成。1647 年 10 月 28 日，“全军委员会”扩大会议在伦敦郊区的巴特尼教堂内召开，一方是以克伦威尔和爱尔顿为首的高级军官和独立派绅士的代表；另一方是士兵鼓动员和团队的下级军官代表，他们大多数是平等派，双方展开了激烈的争辩。平等派的主权在民思想和对选举权的要求遭到克伦威尔一方的反对。其实平等派虽主张主权在民和选举权，但也是有限制的，他们把“依附于别人的人”排除在外，那些人主要是贫民、仆役等。最后，平等派的势力被克伦威尔以军纪军威镇压下去。

第二次内战。“马鞍信件”成为第二次内战的催化剂。本来克伦威尔与爱尔顿奔走与国王谈判，其密切联系使得一些流言蜚语传开，说克伦威尔与国王关系亲近，于是碍于舆论的压力，克伦威尔减少与国王的往来，但截获了一封藏在马鞍中的信件，那是国王写给王后的信，信中表明要与苏格兰合作，镇压国内的克伦威尔一方的独立派。克伦威尔为首的独立派与国王谈判的希望破灭了，军队内部不计前嫌，重新团结起来，一致抵抗王党。1648 年，查理国王在苏格兰长老会的支持下重新升起王旗，向议会发动战争，第二次内战爆发。这次战争在三个孤立的地方进行，加上苏格兰侦察不足，国王又以惨败告终。最后独立派对议会进行了“普莱德清洗”，清除了议会中的长老派，禁止他们进入议会，“实质上，它是独立派依靠军队而发动的一次不流血的政变。从此，国会中的长老派议员不复存在，国会成员大为减少，长期国会也以‘残缺国会’而载入史册。经过这次清洗，国王查理一世的末日也就迫近了。”[1]1649年1月30日，查理国王被送上了断头台。

（2）共和国时期。处死国王以后，革命的独立派压制了倾向保留君主制的人，并取消了垂死挣扎的上院，“残缺议会宣布成立共和国，废除王位，取消上院，下院行使国家主权，由人民选举产生——这些显然反映了平等派的要求。在整个世界历史上，人民主权的思想第一次被公开承认，写成文字，后来在各个国家都产生巨大的影响”[2]。但这种共和政府遭到了军队中“平等派”的反对，他们认为共和国的新显贵，即军官们不过是代替了原来王政下的旧贵族，仍旧没有照顾人民的利益，并没有扩大选举权和尊重人民的权利。但最终，“平等派”遭到了克伦威尔等人的镇压。此时英国还出现了要求废除财产私有制，实行土地公有制的“掘地派”，其代表人物是温斯坦莱。“掘地派”掘地开荒，要求土地公有，批判独立派建立的共和国实际是寡头统治。“掘地派”有着革命的精神，美好的理想，却没有实际的行动，他们是用道德的感化力来实现他们的目的，难免有空想的意味，用这种和平手段来实现目标，使得掘地派最终消失。

1649年9月，克伦威尔征战爱尔兰，“以克伦威尔为首的独立派显贵，希望通过这次远征，一箭三雕：粉碎保王党颠覆共和政权的阴谋；掠夺爱尔兰的土地，把爱尔兰变成自己发财致富的殖民地；借机调走军队，打击军队里的平等派力量，并消除它的影响，把一支反封建斗争的革命队伍变成新统治者手里的工具”[3]。“军队高级军官中追逐战利品和民族主义的倾向上升，军队开始蜕变，成了建立军事独裁的工具。”[4]1653年，克伦威尔解散了议会，成为英国实际的领袖。1653年12月，克伦威尔就任英格兰、苏格兰和爱尔兰

1 顾学杰，孙仲发，刘克明，王铁之编著:《英国革命史话》，上海人民出版社1986年，第193页。

2 钱乘旦，许洁明:《英国通史》，上海社会科学院出版社2012年，第164页。

3 顾学杰，孙仲发，刘克朋，王铁之编著:《英国革命史话》，上海人民出版社1986年，第228-229页。

4 同上书，第230页。

共和国的终身护国公，建立了护国政体。由于克伦威尔个人统治与国会主权的矛盾，克伦威尔解散了他的第一届国会，并就任了护国主，面对实力与残酷的现实，最终实行国家主权的其实是军队。1653年克伦威尔驱逐了议会，看似胜利的议会军最终却落入了靠暴力维护统治的军队手中。克伦威尔的军事独裁随着克伦威尔的去世而告终。

英国各派系斗争不断，一片混乱，尤其大土地贵族为保护自己的利益，害怕新的革命，试图恢复斯图亚特旧王朝的统治；还有国内各阶层人民的公共思想倾向，如在谈到内战的遗产时，蒂姆·哈里斯就提到“其中之一就是普遍的恐惧，害怕同样的事情再次发生。这曾导致人们寻求妥协的渴望。……害怕邻国或政治精英所做的事情可能威胁到国内的和平”[1]。在大贵族的支持与帮助下，再加上公共思想倾向的影响，1660年查理二世登基，斯图亚特王朝复辟。

(3) 复辟王朝和1688年“光荣革命”。复辟初期，国王与议会处于平衡状态，“复辟之初主权的问题并没有解决，复辟只是权宜之计，最高主权之争迟早还是要爆发的”[2]。

1660年查理二世登基以后开始了残酷的政治报复和宗教迫害，为重建封建王朝统治肃清障碍。1685年2月，查理二世因病逝世，其弟詹姆斯二世在王位争夺中胜出，即位以后也是以残酷的镇压手段来巩固自己的地位，试图恢复天主教的地位，结果只是激起民愤。当时下院被詹姆斯的诺言所迷惑，给予他终身的关税收入，这实际上给予了他更大的不受限制的权力，“事实上，正是他在经济上的自主引诱他走上了独裁的道路，并导致他在政治上的毁灭。”[3]其恢复天主教的计划破产，更说明他在政治上的孤立，国王的地位岌岌可危。

1　Alan Houston and Steve Pincus (ed), *A Nation Transformed: England after the Restoration*, New York: Cambridge University Press, 2001, p.129.

2　钱乘旦，许洁明:《英国通史》，上海社会科学院出版社2012年，第177页。

3　［英］G.M. 屈威廉:《英国革命1688—1689》，宋晓东译，商务印书馆2017年，第25页。

保罗·西沃德认为:“复辟王朝没有发生极端恐怖主义和政治暴力革命,从某种程度上说,复辟王朝还是维持了一定的政治稳定。”[1]但“对复辟王朝发动政治革命的原因不是在于政治与经济权力的衔接上,也不在于议会寻求强大政府的野心,而是在于各方的极端不确定和恐惧。害怕政府的强大会破坏国家的自治传统;害怕个人执政官会因腐败而忽视法律或宪法传统;害怕因腐败与金融危机剥夺了贵族的政治和经济影响力;政府对极端暴力和议会自信的恐惧主导了复辟政治”[2]。这种对暴力革命的恐惧,对内战的记忆,使得复辟王朝没有再进行军事反抗,直接被“不流血”的“光荣革命”所取代。

1688年“光荣革命”。“辉格党”与“托利党”虽然政见不合,但面对詹姆斯二世的暴政和其恢复天主教的意图深感不满,于是两党都想让詹姆斯二世信奉新教的女儿玛丽和其丈夫威廉(荷兰执政奥兰治亲王)来英国继承王位,并秘密与威廉取得联系,准备迎接威廉的到来。“经过一番筹措,威廉得到荷兰国会的同意和一笔巨额的军费拨款。10月10日,他向英格兰和苏格兰公开发表宣言,阐述自己出征的目的是:维护英国国会的自由,矫正该国的弊政,为了教会的安全,了解非国教徒和其他教派的要求,对王子出生真相进行调查。为了笼络天主教国家,他又声明,无意毁损詹姆斯二世及其合法继承人。这份声明,在英国内外引起了强烈的反响。”[3]1688年10月19日,威廉出征英国,受到英国新教信众和乡绅等大部分人民的欢迎和支持,詹姆斯二世几乎只剩下天主教军官和信众的支持。深感危机的詹姆斯二世采取了一些缓和措施也已于事无补,几乎到了众叛亲离的地步。于是,詹姆斯二世在1688年12月11日凌晨乘船出逃,路遇肯特郡保王党郡长,在其鼓励与支持下,于16日重返首都,但其大势已去,威廉也并无伤害岳父的意思,便拖

1 Paul Seaward, *The Restoration, 1660–1688*, London: Macmillan Education LTD, 1991, PP.143.

2 Paul Seaward, *The Restoration, 1660–1688*, London: Macmillan Education LTD, 1991, PP.145.

3 顾学杰,孙仲发,刘克明,王铁之编著:《英国革命史话》,上海人民出版社1986年,第301页。

延进城，为詹姆斯二世预留出逃的时间。12 月 5 日，詹姆斯二世出逃，和王后在法国过着流亡的生活。

1688 年 12 月 18 日，威廉进入伦敦，暂任临时元首。英国就谁坐上英国王位的问题进行了讨论，威廉想拥有最高统治权，不想摄政，但若英国不同意他为王，他便返回荷兰。英国资产阶级和贵族害怕再次发生人民起义和暴乱，感觉离不开威廉，只好妥协。1689 年 2 月 6 日，威廉和玛丽登基，成为英国的国王和女王，于 23 日举行了加冕礼。

威廉和玛丽顺利成为英国国王也是与英国资产阶级和新贵族妥协的结果。在继任之前，英国国王的权力已被限制，并形成一个文件，即《权利法案》(全称《国民权利与自由和王位继承宣言》)，其中规定："过去国王拥有的'搁置'法律的权力，是非法的；国王未经国会同意，无权征税；在和平时期，未经国会同意，国王无权招募和维持常备军；国会选举必须自由，国会议员有言论自由，国会应经常集会；臣民拥有请愿的权力。"[1] 在加冕仪式上，公开宣布了《权利法案》，威廉与玛丽表示接受。

至此，长达半个世纪的英国资产阶级革命，经过了曲折的革命与反复的过程，终于以政变的形式落下帷幕。此后的英国，议会占据着主导的地位。"英国成为世界上第一个资产阶级君主立宪制的国家。这是历史的一大进步。"[2]

3. "光荣革命"之后

威廉和玛丽就任国王之前接受了《权利法案》，"光荣革命"以后，英国就确立了"立宪君主制"。"'光荣革命'还附带有其他几项法律文件，使一个新的政治体制基本形成。这些文件是：(1) 1689 年的《兵变法》，规定国王若征召一支常备军，只可以维持半年左右时间，否则不拨款。议会由此而控制了军队，国王在很大程度上丧失了军权。(2) 1689 年的《宽容法》，其中确

1 顾学杰，孙仲发，刘克明，王铁之编著：《英国革命史话》，上海人民出版社 1986 年，第 308–309 页。

2 同上书，第 309 页。

立了宗教宽容的原则，但仍维持非国家徒在政治方面的不平等地位。（3）1694年的《三年法》，规定一届议会最多为期三年，每三年应该改选一次议会。（4）1696年的《叛国法》，其目的是不让国王以‘叛国罪’为借口清除反对派，为被指控犯‘叛国罪’的人提供了法律保护。（5）1701年的《继承法》，规定日后王位继承的顺序，保证王位不会再回到詹姆斯二世的男系后代手上。”[1]这第三条中“一届议会任期三年，每三年改选一次议会”的提议也在某种程度上体现了主权在民，由人民和议会掌握国家权力的意味。

“光荣革命”的“光荣”之处就在于它是非暴力、和平与不流血的革命。“光荣革命”用不流血的手段解决了英国历史上议会与国王关于主权之争的问题。“光荣革命是英国历史的转折点，从表面上看似乎一切都没有变，只是换了国王，新国王还具有继承王位的最直接条件。但实质上新国王是由议会创造出来的，没有议会就没有国王的王位。这就把近一百年来困扰英国不休的主权问题解决了：既然议会创造了国王，主权当然在议会。”[2]“光荣革命”用和平的方式完成了英国的制度变迁，打开了现代英国的大门。

二、十七世纪英国革命的相关研究述评

关于十七世纪英国革命的研究数不胜数，对英国革命的看法与分析也是众说纷纭，不同学派、党派各执己见。王觉非在1989年也指出：“关于17世纪的英国资产阶级革命，350年来，争论从来就没有停止过。”[3]就像尤里·埃夫根·埃维奇·伊沃宁在评乔纳森·I. 以色列的书《英荷时刻：关于光荣革

1　钱乘旦，许洁明：《英国通史》，上海社会科学院出版社2012年，第185页。

2　同上书。

3　［英］肯尼斯·O. 摩根：《牛津英国通史》，王觉非等译，商务印书馆1989年，译序第3页。

命及其世界影响的论文集》时就总结道："J. R. 约翰质疑'革命'这个概念，因为他认为詹姆斯二世的政策经常包含有威廉三世后来的改革主张。约翰莫里尔认为，'光荣革命'基本上是一种保守的革命，旨在维持英国的政府制度不受詹姆斯二世的高压威胁。布莱尔·沃登（Blair Worden）将1640年代的英国内战与1688年至1889年的事件进行比较，看哪个事件对英国共和国传统更为重要。沃登，休·特维罗伯，劳伦斯·斯通，J. H. 赫斯特和克里斯多夫·希尔都将内战而不是光荣革命作为议会君主制发展的根本分水岭。然而，以色列指出，威廉三世和他的荷兰人背景才是议会君主制发展的关键。正是威廉三世和后来的斯图尔特政权将国王与议会之间的权力关系改变了。此外，正是辉格党和威廉三世以他的荷兰利益——而非议会——在光荣革命的准备和事件中发挥了至关重要的作用，但议会享有革命的结果。"[1]英国革命作为英国乃至世界的重大历史事件，仍在其坚实的重要位置上接受着来自四面八方不同的分析与点评。但我们也应端正历史研究的态度，"历史的解释是由一些历史学家提出来的，这些历史学家既受到他们那个时代哲学和政治偏见的影响，同时也受到新方法新问题不断涌现的历史学科不断变化的性质影响。因此，我们不应期望历史学家在17世纪早期英国政治这样既复杂又有争议的问题上达成一致的看法"[2]。罗斯玛丽·欧迪也说："每个时代都在用自己的方式，为自己的目的，去研究和使用关于英国革命的讨论和争议。"[3]对革命的研究也经历了第一代、第二代、第三代直到第四代的革命研究，"第四代革命研究者们所关注的对象，仍然是革命所得以发生的原因。但是，与第三代研究者不同的是，他们试图超越第三代研究者们过分强调结构性条件和某些结构性因

1　Yuri Evgen' evich Ivonin：Reviewed Work(s): The Anglo-Dutch Moment: Essays on the Glorious Revolution and Its World Impact by Jonathan I. Israel，*The Sixteenth Century Journal*, Vol. 40, No. 1, Special Fortieth Anniversary Issue (Spring, 2009), pp. 93-96，https://www.jstor.org/stable/40541113.

2　［美］大卫·安德当：《当前关于17世纪宪政史研究的争论》，载王觉非编：《英国政治经济和社会现代化》，南京大学出版社1989年，第69页。

3　Rosemary O'day, *The Debate on the English Reformation*, second edition, Manchester and New York: Manchester university press,2014,p.322.

素的限制，而试图将经济、政治、文化因素，以及各种因素的内在构成和机制结合起来进行更为深入的分析”[1]。

（一）关于十七世纪英国革命的学派之争与超越

很多学派对十七世纪英国革命有不同的看法并展开争论。早期英国内部关于十七世纪英国革命产生了辉格派与托利派，成为英国政党政治的雏形，由于两派的对立使得对革命的研究与评价也分为两派，很多论述英国革命的学者都被贴上辉格或托利的标签。后来英国以外兴起的马克思主义学派也成为研究英国革命的重要学派。马克思主义产生后，按照马克思的观点与理论对英国革命的分析被划分为马克思主义学派。除此之外，社会历史学派、经济学派、修正主义学派等都对英国革命各抒己见，随着时代发展以及对革命研究的深入，开始超越学派划分，综合分析英国革命及其评价。这些错综复杂的历史观点都已经摆在二十一世纪学者的面前，在原有的研究之上再分析，对英国的研究更加深入与全面。

辉格派反对君主专制，主张议会制；反对恢复天主教，主张新教等。辉格派关于英国革命的看法主要倾向于歌颂它的伟大与光荣。洛克（John Locke）的《政府论》被认为是为英国革命而写，为臣民抵抗政府提供政党依据。亨利·哈兰姆（Henry Hallam）主张君主立宪制等，代表作有《中世纪的欧洲》《英国宪法史》等。麦考莱（Macaulay）反对君主专制，但也反对暴力革命，在其《麦考莱英国史》中指出，英国革命“是绝对保守的革命，有它的规范性和合法性。这里，而且只有在这里，13 世纪的君主立宪制可以毫发无伤地保存到 17 世纪。我们的议会机制充满活力。我们的政府拥有完美的原则”[2]。他歌颂英国的“光荣革命”做到了用非暴力的方式解决问题，是英国

1 ［美］斯考切波（Skocpol ,T.）:《国家与社会革命：对法国、俄国和中国的比较分析》，何俊志，王学东译，（第三版），上海人民出版社 2015 年，译者序，第 13 页。

2 ［英］托马斯·麦考莱:《麦考莱英国史》，周旭，刘学谦译，安徽人民出版社 2013 年，第二卷，第 448 页。.

避免暴力革命引来的灾难。麦考莱的外孙屈威廉（George Macaulay Trevelyan）继承了祖父的思想，他在其《英国史》中把英国历史描绘成一种平稳、恬静的发展过程，指责历史上的革命和暴乱是破坏性的非正常现象。他在其《英国史》将英国历史描述为和谐一致、连续不断的历史。屈威廉在他的《英国革命：1688—1689》中就极力赞扬和歌颂"光荣革命"，他说："这次革命值得赞赏的地方不在于歇斯底里的吼叫和骚动，而在于冷静、谨慎、智慧的悄声细语，这些胜过了所有的喧闹声。""光荣革命"为英格兰的司法独立和宗教宽容奠定了基础。塞缪尔·罗森·伽狄纳（S. R. Gardiner）认为，英国革命是君主制与立宪制两种制度主张冲突的结果，而这次革命的动力是清教，"清教不仅构成为反对国王查理的力量，而且它也是英国这个国家本身的力量。"[1]有人据此认为英国革命就是"清教革命"。查理·费尔斯(C. H. Firth)在《奥立弗·克伦威尔和清教徒在英国的统治》一书中指出，克伦威尔的军队"都是出身于社会中、下层人民，并且都是虔诚的清教徒，具有反封建的决心；把他们的事业看成是上帝的旨意，神圣的使命"。[2]认为在克伦威尔那里，"宗教自由比政治自由更重要"，[3]清教是十七世纪英国革命的核心。基于其著作与思想，亨利·哈兰姆、麦考莱、屈威廉、塞缪尔·罗森·伽狄纳、查理·费尔斯等人都被划归为辉格党的主要代表人物。

托利派拥护王权与国教，克拉伦登（Clarendon）与大卫·休谟（David Hume）被认为是托利派的代表。克拉伦登是查理二世时的大臣，查理二世还颁布了以他名字命名的《克拉伦登法典》，重申英国国教的地位，其主要代表作是《英国的叛乱与内战史》。大卫·休谟的《英国史》在英国及世界历史上，对后来的研究者都有深远的影响。学界一般把休谟划归为托利派，是因为休谟的保守主义观点和思想，"休谟认为没有权威，自由就不可能存在；建

1　S. R. Gardiner, *History of the Great Civil War*. 1893. Vol. 1. p.9.

2　王觉非：《费尔斯和他的〈克伦威尔传〉》，《南京大学学报（哲学·人文科学·社会科学版）》2001年第1期。

3　C. H. Firth. *Oliver Cromwell and the Rule of the Puritans in England*. London: Oxford Univ. 1953, p.475.

立政府的目的不是为了提供自由，而是为了提供正义；对当权政府的反抗，是不可饶恕的行为。因此，休谟对英国史的认识，少有辉格史观所显示出的激进主义色彩，而是秉承中庸之道，对英王室和贵族的历史功绩给予了充分的尊重，并对光荣革命的历史渊源做了中肯的评价。"[1]

马克思与恩格斯的思想理论对世界产生非常大的影响，马克思恩格斯没有专门系统论述十七世纪英国革命，但在很多著作中都提到了英国革命。马克思恩格斯认为十七世纪英国革命是资产阶级革命，"在 1648 年，资产阶级和新贵族结成了同盟反对君主制度，反对封建贵族和反对占统治的教会。"在 1648 年英国革命和 1789 年法国革命中，"资产阶级都是实际上领导运动的阶级"。[2] R.H. 托尼（R. H. Tawney）也指出英国革命是一场资产阶级革命，在革命中有活力的进步的阶级反对封建制度的压迫，其代表作有《宗教与资本主义的兴起》《乡绅的兴起（1558—1640）》等。克·希尔（Hill）的《1640 年英国革命》是用马克思主义观点分析英国革命的代表作之一。用阶级斗争和阶级革命的方法分析了革命的经济和政治背景，英国革命是资产阶级领导的革命，其最大受益者也是资产阶级。并强调暴力革命对历史的作用，"重要的问题是社会制度是新的，而新的社会制度没有革命是做不到的"，"只有斗争才能得到改革，正如只有斗争才可以保存我们的祖先给我们争取来的自由一样。而且如果人民觉得法定的制度'不适于现在的自由民'，那么就可以用联合的行动来改变它。"[3]希尔的思想是当时典型的马克思主义观点的代表，表现出马克思主义阶级分析阶级斗争等思想。受马克思主义影响深刻，苏联的叶·阿·科斯明斯基和雅·亚·列维茨基合著的《十七世纪英国资产阶级革命》于 1954 年出版。这本书从阶级分析的视角看待英国资产阶级革命，从阶级配置分析英国革命的特点，解开英国革命具有保守性的谜。土地所有权的

---

1 高全喜：《麦考莱和他的〈英国史〉》，载［英］托马斯·麦考莱，《麦考莱英国史》，周旭，刘学谦译，安徽人民出版社 2013 年，第 8 页.

2 《马克思恩格斯全集》（第一版），第六卷，人民出版社 1965 年，124 页。

3 ［英］克·希尔：《1640 年英国革命》，舒贻上译，生活·读书·新知三联书店 1958 年版，第 60 页。

变化是英国资产阶级革命的重要结果之一。"革命是历史的火车头"，革命推动历史前进，十七世纪英国革命是结束封建制度、奠定资本主义制度的资产阶级革命。但也有保守性，没有免除农民的封建义务，没有消灭地主的大土地所有制，一系列封建机构，因畏惧人民群众又加以恢复。[1]

除了上述三种派别，世界各地很多学者都对英国革命从不同角度和方面进行深刻研究，随时间推移，有着越来越超越派别，出现综合与客观全面的趋势。基佐对英国革命也有很多著述，如他的《一六四零年英国革命史》《欧洲文明史》等。基佐认为英国革命的目的就是"捍卫或争取自由"，在十六世纪，英国的全国性需求有两个，"一方面，在已经开始的宗教改革运动内部存在宗教革命和自由的需求；另一方面，在当时正在发展的纯君主制内部存在政治自由的需求。……因此，英国革命本质上是为了捍卫或争取自由。……总的来说，英国革命本质上是政治性的，它发生在关注宗教的民众和关注宗教的年代中，宗教思想和热情是它的工具，但它的主要意图和最终目的是政治，是为了争取自由、废黜所有绝对权力。"[2]关于革命过程，提出"三次革命说"，合法改革派、政治革命派、社会革命派，这三个派别的革命都失败了。"这一革命的真正意义和根本性质是试图在世俗和精神领域内废黜绝对权力。"[3]基佐对于英国革命的看法相对来说是比较全面与客观的，他根据当时英国的情况，从宗教和世俗两个领域的结合中探索英国革命的原因、目的与性质，把革命的核心放在"自由"上。到二十一世纪左右，关于英国革命的看法更加趋于多样化，甚至出现与之前观点极为不同的思想。肯尼斯・摩根的《牛津英国通史》就对之前的英国研究进行批判，对英国革命的观点也进行了批判地发展。摩根看待英国革命不再是一味地批判或一味地赞扬。摩根认为前两次内战到共和国时期的革命并未取得多少成果。而克伦威尔进行的也是

1 ［苏联］叶・阿・科斯明斯基和雅・亚・列维茨基主编:《十七世纪英国资产阶级革命》，何清、王章辉、吴英增、闻一、程西筠译，王章辉校，商务印书馆 1990 年。

2 ［法］弗朗索瓦・皮埃尔・吉尧姆・基佐:《欧洲文明史》，钱磊译，台海出版社 2016 年，第 264–265 页。

3 同上书，第 277 页。

独裁专制的统治，于是又有了君主制的复辟，这个时间段的英国革命对王权的影响非常小，“君主制的废除和共和国统治的经验只具有极为有限的直接影响。甚至对查理一世的公开审判、定罪以及斩首的记忆既未能改变君权神授的说法，也未能使他们给予议会更多的尊重。”[1]而关于1688年“光荣革命”，摩根摆脱了以往关于“光荣革命”的看法，从正反两方面进行了全面的评价。首先，摩根承认“光荣革命”积极的革命意义，即确立了议会君主制，巩固了政府的地位，议会与国王齐心协力管理国家。但另一方面，“光荣革命”也为英国带来了紧张的矛盾与冲突。如在国际方面与法国成为敌人关系，以及陷入争夺海外殖民地的战争中，国内方面，由于国家权力掌握在议会手中，寻求对议会的控制和操控成为今后乔治时期英国政治的问题所在。再者，“光荣革命”后的宗教宽容虽然建立了一个宽容的、宗教上相互通融的社会，但同时也引起了宗教之间的争辩与矛盾，暗藏着国教的危机与宗教冲突。在很多历史学家看来，安妮女王统治时期的政治是稳定的。但是，仔细查阅资料就会发现，有限的君主制和财政上的稳定是以政治上的混乱为代价的。由此来看，摩根关于英国革命的观点比其他一些研究更客观、更全面，但也有其片面与不足之处。例如，他将英国革命的原因大部分归于国王与宫廷内部的因素，且大部分是偶然、随机或主观的因素，如国王本身的性格或道德的缺陷与主观行为，影响了革命的走向。这种看法难免有失偏颇。

中国关于英国革命的研究可以分为新中国成立前、新中国成立初、改革开放初和二十一世纪初几个阶段。“1949年中华人民共和国成立之前，在中国比较流行的英国史著作，仍旧以英国的议会制、立宪君主制的发展等为其主要内容；以肯定英国的政治民主和平渐进的优越性为其主导思想倾向。”[2]新中国成立初期，关于英国革命也是在马克思主义指导下进行研究，阶级斗争的思想始终贯穿其中，带有很强的批判精神，受苏联影响较大，中国有林举岱的《十七世纪英国资产阶级革命》、刘祚昌《英国资产阶级革命》等。改革

1 ［英］肯尼斯·O. 摩根：《牛津英国通史》，王觉非等译，商务印书馆1989年，第363页。

2 王觉非：《英国政治经济和社会现代化》，南京大学出版社1989年，第5页。

开放初期，中国学界开始对过去的极“左”思想进行反思，如对十七世纪英国资产阶级革命、十八世纪工业革命等都有了与之前相反角度的考察，开始对英国革命的保守性重新思考，肯定英国革命的进步性和取得的成就。如朱孝远的《马克思认为英国资产阶级革命是保守的吗？》（见《世界历史》1981年第4期）；金重远的《论英法资产阶级革命的“保守”和“彻底”》（见《复旦学报》1981年第4期）；沈志华《英国资产阶级革命保守性辨析》（见《北京师范大学学报》1981年第5期）。论述马克思主义关于英国革命的彻底性和深远的历史意义。二十一世纪初，逐渐形成了冷静客观的研究精神和自由讨论的风气，也对以前的观点重新反思，客观看待英国资产阶级革命的性质，辩证地看待它的保守性质和进步意义。加上翻译和引进一些欧美关于英国革命的研究著作，使我们看待英国革命的角度和思考方式都受到一些影响，并在与西方史学观点的碰撞与争论中，形成一些新的认识和新的观点。高全喜就指出给休谟贴上托利党的标签是不正确的，休谟本身对英国革命的分析就是超越派别的。我国把英国革命定性为“资产阶级革命”的说法也受到挑战，对十七世纪英国革命的称呼也不再坚定地称其为“英国资产阶级革命”，而是直接用“十七世纪英国革命”。

超越派别之分，超越历史局限是研究英国革命的发展趋势。纵观中外对英国革命的研究，难免受到时代的局限，历史研究者总是站在研究者自己的时代和立场来观看和评价历史，难免得出片面的观点。历史研究要客观现实，应该回归历史现实，这很难做到，但要朝这个方向努力。如王觉非所说，“历史的真理，从一个方面来看，是客观的、绝对的，历史一旦成为历史，就永远无法改变了。但是，另一方面，人类对历史真理的认识却是相对的，永无止境的，随着人类社会实践经验的不断丰富和发展，人类对历史的认识也将不断深化和全面”。[1]

1　王觉非：《英国政治经济和社会现代化》，南京大学出版社1989年，第19页。

（二）关于十七世纪英国革命的界限和时间划分

关于英国革命到底起于何时，终于何时，中间阶段如何划分，学界也是说法不一，关于英国革命中哪个阶段最重要也是不能统一。

林举岱的《十七世纪英国资产阶级革命》将英国资产阶级革命时间划为1640—1688年，共分为四个阶段，第一阶段是1640—1642年，资产阶级和新贵族以长期国会为中心建立联盟，展开对国王和反动的旧贵族的斗争，建立了君主立宪政体；第二阶段是1642—1649年，分为两次国内战争，第一次是1642—1646年，国王战败，1648年第二次国内战争，国王军队全军覆没，资产阶级暂时掌权，建立共和国，资产阶级、新贵族、小资产阶级、农民、城市平民之间的斗争也开始了；第三阶段是1649—1660年，取得政权的新贵族建立了克伦威尔军事独裁的护国政府，但并没带来“社会秩序”，在克伦威尔死后，企图勾结旧贵族，恢复君主制度；第四阶段是1660—1688年，重新建立君主制度，但旧贵族和王党企图恢复革命前的旧秩序，引起资产阶级和新贵族的反对，1688年新贵族发动政变，建立了君主立宪政体。认为英国资产阶级革命与无产阶级革命相比，具有局限性和不彻底性，是用资本主义的枷锁代替封建主义的枷锁。莫里斯·阿什利在《英国内战》中将英国的内战分为三个阶段，第一阶段是1640—1646年，第二阶段是1648年，第三阶段是1649—1651年。钱乘旦则将英国革命的时间分为两个阶段，第一阶段是从1642年到1660年王朝复辟以前，第二阶段是1688年“光荣革命”结束，这两个阶段加起来就是十七世纪英国革命，而中间1660年开始的王朝复辟时期不能算是英国革命。以1660年查理二世的复辟为节点断开，他认为1660年复辟之后，英国革命就结束了，然后又在1688年单独发生了“光荣革命”。复辟时期不在“英国革命”之中。[1]而关于复辟时期是否划入革命之内，也有肯定的说法。张新宇认为复辟是对英国传统的恢复，正好对应了革命的目

1 钱乘旦，许洁明:《英国通史》，上海社会科学院出版社2012年，第176页。

的，即恢复英国传统的权利与自由，因此复辟时期也是革命目的某种程度上的满足。[1] 还有学者认为英国革命就是指1688年的“光荣革命”，因为之前的两次内战和克伦威尔护国时期都没有解决问题，护国时期结束以后，英国又恢复到了内战以前的样子，所以“光荣革命”以前的革命都不能算是真正的革命，而只有1688年的“光荣革命”才彻底解决了革命要解决的问题，改变英国的政治面貌，完成了革命的目标，建立了君主立宪制国家，并为后来英国及世界的发展起到至关重要的作用，因此，英国革命主要是指1688年“光荣革命”。以上关于十七世纪英国革命时间界定的观点都有其合理性和依据，根据看问题的角度不同，分析的结果也是不同的。

关于十七世纪英国革命有“广义革命”和“狭义革命”的分别，广义革命就是指从内战到1688年“光荣革命”的长期革命时期，狭义的革命只单指“光荣革命”，不管是从广义还是狭义的角度来分析英国革命，都是合理的。事物的发生发展都有其前因后果的联系，将十七世纪英国革命当作广义的革命来分析，有利于看清革命的全貌，明了“光荣革命”的由来。“光荣革命”不是与前期内战完全断裂无关的革命，不能因为前期内战没有解决王权与议会的斗争问题而完全抹杀内战的地位。事情的发展都不是一帆风顺的，都是经过曲折和倒退的磨砺与考验，在经验教训中才能结出理想的果实。“光荣革命”也是由前期的内战、共和国和复辟的历史经验教训孕育出的“光荣”果实，不能只承认“果实”的成就而忽视前期培育果实的过程与努力。因此，十七世纪英国革命是一个长期的、复杂的过程，它经过了内战和共和国的实验，经过了复辟的失败，最终以成功的“光荣革命”而告终，这是一个完整而现实的历史过程。

（三）关于十七世纪英国革命的原因

十七世纪英国革命的原因有很多种说法，经济、政治、法律、宗教、社

1　张新宇:《从〈权利法案〉看英国革命》，载《西华大学学报（哲学社会科学版）》2006年6月。

会等因素都有被提及和论述，归纳起来有宗教宪法冲突说、经济原因说、马克思主义的阶级斗争说等，也有人批评纯粹某方面的原因分析，而主张综合分析英国革命的原因。

经济原因说。“1941年英国学者托尼的《乡绅的兴起》等文章指出，革命前一个世纪中所发生的大规模土地所有权的转移，是引起英国内战的主要因素。在土地所有权转移过程中，旧封建贵族没落了，而主要由中、小贵族组成的乡绅兴起了，内战就是由这些新兴起的乡绅所发动的，其目的在于使政权适应于土地所有权转移以后的经济力量的新配置。”[1]托尼、劳伦斯·斯通（Lawrence Stone）和屈沃·罗泊尔（H. R. Trevor Roper）都是用社会经济因素去分析英国革命的。

宗教宪法冲突说。辉格派的观点认为十七世纪英国革命的原因是宗教冲突，如塞缪尔·罗森·伽狄纳和查理·费尔斯。伽狄纳认为英国革命是君主制与立宪制冲突的结果，清教是革命的主要动力，费尔斯也认为清教是英国革命的核心。海克斯特、萨果林（P. Zagorin）、韦姬乌德(C. V. Wedgwood)等“从根本上否定社会经济分析的方法，把政治、宪法、宗教因素提到首要地位，使原来已消褪了的辉格派观点以新的形式一度复活”。[2]政治的因素也是重要因素，如德里克·赫斯特就说：“内战的原因主要存在于政治领域而不是社会或经济领域”，“恐怕更核心的原因应当归于宗教狂热。”[3]

马克思主义学派从阶级斗争的角度分析英国革命，认为英国革命的原因是资本主义的发展，新兴的资产阶级反对封建主义压迫的革命。

社会原因及其他原因的综合。劳伦斯·斯通在《英国革命之起因（1529—1642）》中评价了经济说、宗教宪法说的不足，甚至认为“马克思主

1　R. H. Tawney: The Rise of The Gentry, 1558-1640. Printed in *Essays in Economic History*. ed by E.M.Carus Wilson. Vol.1. 1963.pp.17-206. 转引自王觉非：《当代英美史学家关于英国革命的一些新论点》，《世界历史》1982年第3期。

2　王觉非：《当代英美史学家关于英国革命的一些新论点》，《世界历史》1982年第3期。

3　［美］德里克·赫斯特：《英国革命的起源》，见王觉非编：《英国政治经济和社会》，南京大学出版社1989年，第89页。

义者的阶级斗争理论对17世纪而言只有有限的适用性”。[1]斯通在对英国革命的原因进行解释后指出：“至17世纪20年代，英国正在进入失衡状态，或者多重功能障碍状态。新社会力量出现，新政治关系形成，新智识潮流涌动，但是世俗政府和教会都没有展示出适应新情况的能力。”[2]斯通主要从英国革命的长期因素、短期因素（如政策失误）、最接近的事件和决策三个层面进行原因分析。其分析主要从英国革命的具体事件出发，从不同层次具体分析，比较细致贴切，具有说服力。

十七世纪英国革命的发生本就是个非常复杂的事情，经济、社会、政治、宗教因素错综复杂，不是单一或几个方面就能解释清楚的。“要确定任何一个原因并把它说成是决定性的，或甚至是所有原因中最重要的一个，这并没有被证明是可能的——实际上这明显是完全不可能。”[3]分析革命的原因要具体结合当时的实际情况综合分析，就像韦姬乌德（C. V. Wedgwood）的方法那样，“她在关于英国革命的几部专著中，公开表示反对‘运用现代的研究方法和现代的知识和偏见去研究历史。’她说，她的书只叙述在历史上‘什么(what)发生了’和‘如何(How)发生的’。这当中也就包括了‘为何(why)发生的’答案”。[4]

（四）关于十七世纪英国革命的性质

十七世纪英国革命曾被戴上了“清教革命”“政治革命”“宪政革命”“资产阶级革命”“现代革命”等帽子，还有学者认为英国革命是“两个革命”。对英国革命性质的看法不能统一。

认为英国革命是“清教革命”的说法主要基于革命中宗教问题的重要地位，塞缪尔·罗森·伽狄纳和费尔斯都认为英国革命是清教革命。“骑士党”和“圆颅党”“划分双方阵营的最明显的界限是宗教信仰，几乎可以说，凡

1 ［美］劳伦斯·斯通：《英国革命之起因（1529—1642）》，舒丽萍译，北京师范大学出版社2018年，第66页。

2 同上书，第158页。

3 同上书，第204页。

4 王觉非：《当代英美史学家关于英国革命的一些新论点》，《世界历史》1982年第3期。

是支持国教的都支持国王，凡是反对国教的都支持议会，因此有一种说法，把英国革命说成是‘清教革命’”[1]。清教徒主张改革国教和政治制度，清除天主教，限制国王权力。但清教徒内部又有很多派别，表现出一种寡头政治的倾向。

关于英国革命是否是“资产阶级革命”也引发了争论。马克思主义认为十七世纪英国革命是“资产阶级革命”，是英国新兴资产阶级反对君主专制的革命，“英国的革命，是商业资本，反对企图依靠贵族图谋不利于商业资产阶级君主专制的革命。资产阶级达到了限制专制的目的，而同大地主的代表，共同取得了政权”。[2]反对这种观点的人主要是因为革命时代英国的资产阶级并未形成一个成熟的、有力量的资产阶级（英国资产阶级是到工业革命时期才形成和壮大起来），因而不可能有资产阶级领导英国人民进行资产阶级革命。革命派的组成成分是很复杂的，在革命中比较激进的派别“独立派”与“平等派”中阶级分野并不明显。“政治分裂并不显示阶级分野，两个阵营在社会结构方面没有太大区别，即双方队伍中都有贵族，有乡绅，也有富商和小商人，还有小土地所有者和手工工匠，又有佃农。进而各社会集团在两个阵营中所占的比例也大体相当，并且与整个英国的社会结构基本吻合，这种情况使内战中阶级的分野十分模糊，很难用阶级的概念来判断双方的属性。”[3]“有一种说法即英国革命是资产阶级革命，英国史学界也曾就这个问题展开过辩论。这种说法的最大弱点就是说不出谁是‘资产阶级’，如果不存在资产阶级，‘资产阶级革命’又如何存在呢？现在比较普遍的看法是：一般所公认的‘资产阶级’在当时还没有出现，因此‘资产阶级革命’这种说法就受到了很大冲击。”[4]

姜守明在《17世纪英国革命的双重属性问题》中指出：“英国革命不是

1 钱乘旦，许洁明:《英国通史》，上海社会科学院出版社 2012 年，第 159 页

2 金果尔，朴利果仁:《西方革命史》，高峰译，上海社会科学院出版社 2016 年，第 216 页 .

3 钱乘旦主编:《英国通史》，第三卷，江苏人民出版社 2016 年，第 109 页。

4 钱乘旦，许洁明:《英国通史》，上海社会科学院出版社 2012 年，第 159 页。

资产阶级革命，而是具备宪政革命和清教革命的双重属性。”其中“宪政革命”的说法是指英国人民为了自己的自由和权利而反抗专制暴君的革命。因此，如今学界大都放弃了“英国资产阶级革命”的说法，改为“十七世纪英国革命”或“英国革命”。

“两个革命”说。罗塞尔、希尔、曼宁等学者都认为英国革命是“两个革命”，一个是温和改良的资产阶级革命，一个是激进的下层人民的革命运动。“两个革命”概念“实质上是资产阶级革命的两重性、矛盾性的反映；它是一个革命的两个方面。它既是由资产阶级新贵族反封建的革命性和反人民的反革命性所决定的，也是由革命阵营中资产阶级新贵族和劳动群众在斗争中既一致又矛盾的状况决定的”。[1]“两个革命”也是英国革命成分与性质的复杂性的表现。

关于英国革命是“现代革命”的说法有很多，“狄金森强调这的确是一次革命，它使英国的国家统治机构和权力运行方式发生了根本的改变，是一次真正意义上的现代革命”[2]，大卫·R.科莫和瑞切尔·威尔在评论史蒂夫·平卡斯的《现代性与光荣革命》时说：“在确定他认为1688年后的事件相当于第一次现代革命的观点时，平卡斯阐述了一种新的革命理论，一种对历史学家和学者在历史和社会科学各个领域都有潜在影响的理论。简单地说，在平卡斯看来，现代革命是相互竞争的现代化进程之间暴力冲突的结果。他写道，这种革命‘必须涉及社会经济取向和政治结构的转变。这种转变必须通过一种民众运动来实现，转型必须涉及新时代已经开始的自我意识’。”“但是，平卡斯关于光荣革命现代性的主张的一个特征值得进一步探讨：他的论证必然涉及一个潜在主张，即1640年至1660年的事件并不构成现代革命。平卡斯确实偶尔允许中世纪事件与1688—1689事件之间存在关系。事实上，更广泛地说，他甚至在某种程度上表明，‘光荣革命’最好被理解为在1620年代的广泛危机中启动的一个过程，这场危机引发了一场反对派运动，展开了现代

1 王觉非：《当代英美史学家关于英国革命的一些新论点》，《世界历史》1982年第3期。

2 姜峰，陈晓律：《1688：一场真正的现代革命？》，载《光明日报》2011年9月1日011版。

化的挑战策略并即将结束。”[1]除了关于英国革命的现代性质的争论之外，还有学者指出在英国革命之后，英国在政治、文化、社会等领域都有了巨大的变化，呈现出现代性的特征。“就像蒂姆·哈里斯（Tim Harris）在对本卷的投稿中所说，这些变化并不都是与斯图亚特王朝后期相关。它们还为我们理解英国革命后现代性的增长提供了基本的背景。”[2]英国革命与英国的现代性确实密不可分，很多学者将现代性追溯到欧洲，进而追溯到英国革命，麦克法兰更是在其《现代世界的诞生》中将现代性追溯到英国革命之前的悠久历史之中。将英国革命定性为“现代革命”也有较大的合理性。

但是，按照麦克法兰的说法，英国的现代性可以追溯到十一或十二世纪，“英格兰具有极强的连贯性，从 11 或 12 世纪一直绵延至今，英格兰的现代性是一道横亘一千年的‘长长的拱弧’，没有任何间断”[3]。“1688 年的‘光荣革命’也不是一场革命，相反，它是对一种较早传统的复辟，是对詹姆斯二世图谋的那种革命的抵制。因此，英格兰的发展史是一部渐进的、连贯的、进化性的发展史，是‘变化的同一’（the changing same），它不像法国、俄国或中国的大革命那样，打从一开始就将一切涤荡净尽。”[4]从某种程度上来说，可以把麦克法兰归为“辉格派”。按照麦克法兰的观点，英国革命与现代性并没有太大关系，英国的现代性是自古就有的，英国革命只是将其恢复而已。

其实，给英国革命定性也意义不大，只是学术研究往往要对某个事件说出个所以然来，用定性来总结自己的研究成果。综合英国革命的过程来看，革命的内容比较复杂。首先，英国革命中的宗教成分确实占据着重要的位置，不能将其抹杀，但也不能用“清教革命”来概括整个英国革命。其次，在革

---

1 David R. Como and Rachel Weil, Review: Modernity and the Glorious Revolution, *Huntington Library Quarterly*, Vol. 73, No. 1 (March 2010), pp. 135–162. https://www.jstor.org/stable/10.1525/hlq.2010.73.1.135.

2 Alan Houston and Steve Pincus (ed), *A Nation Transformed: England after the Restoration*, New York: Cambridge University Press, 2001, p.11.

3 ［英］麦克法兰（主讲）:《现代世界的诞生》，清华大学国学研究院主编，刘北成评议，上海人民出版社 2013 年，第 007 页。

4 同上书，第 203 页。

命派的成员组成上，几乎社会所有成员都错综复杂地参与革命当中，“这次革命一直被认为是一次贵族性的革命。事实上，是全国人民、所有阶级联合起来促成了这次革命。但是在一个仍然以农业为主的社会里，不管是经济结构还是社会结构，都使地主们成为了农民的天然首长”[1]，并不能说是某个阶级的革命。再次，从革命的成因和目的来看，英国革命是人民团结起来，以议会抗争的形式反抗专制王权的统治，保护自己的自由和权利的革命。“英国内战不是要废除君主制，而是要控制它；不是要削弱现存社会显贵的权力，而是要使它制度化；不是要重新分配土地和财富，而是要维护占有者的权利；不是要打破国家对解释宗教信条和强制推行道德标准的垄断权，而是要改革国家所规定和实行的具体内容。”[2]英国革命不是人民先发制人来个翻天覆地的变革，而是从抵抗国王专制君权的战争开始，保护和捍卫人民权利的革命。后来议会开始与国王争取国家主权，也是为保护人民权利做打算的。再者，钱乘旦指出：“战争爆发时，议会仅为生存而战；但随着战争的胜利，议会提出了主权问题，这从一个侧面表明专制王权的历史使命已经结束了，议会以人民的名义要求主权。从这个角度看，革命的实质是推翻专制。”[3]因此，英国革命有“清教革命”“宪政革命”“政治革命”“反专制革命”甚至“人民革命”的因素，是需要综合看待与分析的革命。

（五）关于十七世纪英国革命的结果

十七世纪英国革命的结果是结束了英国君主专制的历史，确立了英国的“君主立宪政体”，王权受到很大限制，这是学界基本达成一致的。正如莫里斯·阿什利所说，“内战的宪法结果主要有三：一是查理一世在 1641 年同意废除的王权和都铎王朝特权法庭的封建权力，永远被推翻了；二是摧毁了国

1 ［英］G.M. 屈威廉：《英国革命 1688—1689》，宋晓东译，商务印书馆 2017 年，第 5 页。

2 ［英］约翰・莫里尔：《英国革命的性质》，见王觉非编：《英国政治经济和社会》，南京大学出版社 1989 年，第 100 页。

3 钱乘旦，许洁明：《英国通史》，上海社会科学院出版社 2012 年，第 160 页。

王不经下院同意而征税（如船税）的权力，以及随意抓捕下院议员的权利；三是议会的取胜使其自此以后成为英国宪法不可撼动的组成部分。教会不再是唯一宗教组织，因为除去对其重罚以外，不信奉国教的反对者作为公众生活和影响社会的重要力量而出现。”[1]

但是，关于王权与议会的权力问题也存有稍微的争议，即关于英国革命后，议会与国王关于权力的斗争，是否议会取得了最终胜利？普遍的观点都是给出了肯定的答案，认为革命的结果是议会对王权的最终胜利，革命结果虽然是保留了君主与王位，但主权确实掌握在议会手里，君主的王权受到法律很大的限制。而有学者却批驳了这种观点，第一种观点认为革命的结果不是议会对国家主权的绝对胜利，而是建立了王权与议会权力平衡制约的机制。“1689年的《权利法案》是英国宪政史上的纲领性文件，它对国王与议会之间的关系做了初步规定，尤其是对王权进行了一系列限制，但君主并未因此成为‘统而不治’的‘虚君’。这是因为：一方面，‘接受哪怕是被阉割的《权利法案》并不是威廉三世（William Ⅲ，1689—1702年在位）和玛丽（Mary）接受王位的先决条件，尽管在接受王冠之前，《权利法案》确实向他们正式宣读过，但无论是威廉还是玛丽，都没有明确表态将接受这些条款的约束’。另一方面，《权利法案》只是对王权加以限制，并没有剥夺王权，国王的权力依然很大。”“因此，可以这样认为，《权利法案》充其量只是确立了国王与议会共享政治权力的机制，而哪一方在权力的行使方面处于主导地位，取决于二者之间权力斗争的结果。从‘光荣革命’后二十多年间的情况来看，国王与议会之间的斗争异常激烈：国王力图维护并行使传统的特权，而议会则通过财政权和立法权来逐步削弱王权，并确立自己的主权地位。”[2]英国革命以后的安妮女王与汉诺威王朝的政治现实就是很好的说明，国王仍有很大的权力。芬纳也有类似的观点，他说：“英国的总体趋势是对集中在都铎王朝手中的权力进行分割，将其分给几个互相独立并且在很大程度上自治的机构。例如，

---

1 Maurice Ashley, *The English Civil War*. Guild Publishing, London, pp.192.

2 钱乘旦主编：《英国通史》，第四卷，江苏人民出版社2016年，第3-4页。

在1603年权力还集中在国王一人身上，到了1714年，这种集中已经结束，取而代之的是一个灵活而复杂的‘制衡’机制。从一个近似专制的君主制国家，英国成为一个贵族君主制共和国。”[1]第二种观点认为，十七世纪英国革命的结果不是确立了“君主立宪政体”，也不是议会对国家权力的获得与胜利，因为国王与议会的权力划分、议会的权力与自由都是英国历史上早就存在的，只是以惯例的形式存在，往往容易遭到破坏，议会和人民的权利与自由容易受到侵犯，而英国革命的结果是以成文法的形式，即《权利法案》等一系列文件，将对国王与议会的权力划分与平衡明确并固定下来，以法律的形式限制王权，保护议会和人民的权利与自由的传统，避免君主专制的再次出现。[2]

十七世纪英国革命的目的就是保护人民的权利和自由。而这种权利与自由的渊源很值得我们考究，英国人民一直维护与珍视的权利与自由是什么，是何时得来的？麦克法兰的《英国个人主义的起源》一书中，也许有部分答案可供参考。“英格兰的社会结构有一个很关键的基本特征，那就是长期以来一直强调，与团体和国家相比较，个人享有更大的权利和特权。这便是‘个人主义’，……此中表达的观点是：社会是由自治的、平等的单元即单一的个人组成，归根结底，这样的个人比任何更大的多人组合式团体更加重要。个人主义反映在个人私有财产权的概念上、个人的政治与法律自由上、个人应与上帝直接交流的观点上。”[3]“无论我们怎样定义个人主义，个人主义都出现于16世纪的诸般变革之前，可以说，正是个人主义塑造了所有这些变革。”“与个人主义问题如影随形的，是平等和自由的问题。”[4]麦克法兰并没有确切追踪到英国个人主义的最初起源，最多是追溯到了十三世纪初，我们暂

1 ［英］芬纳：《统治史（卷三）：早期现代政府和西方的突破——从民族国家到工业革命》，马百亮译，华东师范大学出版社2014年，第299页。

2 张新宇：《从〈权利法案〉看英国革命》，载《西华大学学报（哲学社会科学版）》2006年6月。

3 ［英］艾伦·麦克法兰：《英国个人主义的起源》，管可秾译，商务印书馆2008年，第11页。

4 同上书，第255-256页。

且不去追究到底起源何时，但只从十七世纪英国革命来看，十三世纪初就已经证明，长期以来，英国人民享受着个人权利与自由，这是英国人民生活中必不可少的内容，如若个人权利与自由受到侵犯，人民就要起来反抗。而对这种自由民来说，阶级、等级、社会分层并没有太大意义，面对侵权，自由民可以团结起来一起抵抗。

所以，从十七世纪英国革命的目的来看，就是保护人民的权利与自由。“议会参加内战的目的不是废除君主制，而是要控制它；不是削弱政治精英的权力，而是要使其制度化；不是重新分配土地与财产，而是保护有产者的财产权；不是要破坏国家界定宗教教理和加强道德标准的权利，而是要改变国家界定和加强的内容。但到 1649 年，这一切都发生了变化：君主和上院都被废除了，有一个在国家立法、行政、司法方面都比较激进的民主分子掌控了国家，攻击长子继承制和财产所有权，最重要的是，国家放弃了组织统一的信仰、仪式和实践的权利。”[1]革命的结果是确立了君主立宪制度，以制度与法律的形式将对人民权利与自由的保护固定下来，正如张新宇所说，十七世纪英国革命是对权力划分与限制的明确规定，是对人民权利与自由的明确保护，这个目的达到了，其他事情都是好商量的。所以，革命最终以“光荣革命”的形式，建立了“君主立宪制度”，颁布了《权利法案》，成为以后历史不断赞誉的伟大历史事件。

（六）关于英国革命研究的角度、内容和现状、趋势

对英国革命的研究内容丰富，角度多样，在研究角度方面，除了历史叙事与历史分析，还增加了从不同人物主体着手的研究，如闫照祥的《“光荣革命”后英国贵族集团的若干特征》、王觉非的《十七世纪英国革命中平等派对选举权的主张》，其中关于克伦威尔的研究非常丰富，宋华的《克伦威尔传》、米·阿·巴尔格的《克伦威尔及其时代》等都对克伦威尔在革命中的作

1 John Morrill, *The Nature of The English Revolution*, New York: Routledge,2013,pp.16.

用做了详尽的分析。在研究内容方面，也有了极大的充实，如程汉大《“光荣革命”与英国中央权力结构的变化》和《十七世纪英国宪政革命的博弈分析》、李宏图的《英国革命与现代国家的形成》。在研究英国革命的过程中，还增加了与法国革命的比较研究，如林晓星《关于英法资产阶级革命中土地问题处理的不同方式问题：兼论这两次革命的保守性和彻底性》、张跃发《从英国革命和尼德兰革命的不同点看世界近代史的开端》、郝承敦《从两种私有制比较英法资产阶级革命的彻底性》、蒋娅芳《英国“光荣革命”的渐进性与法国大革命的激进性比较刍议》。在西方关于英国革命的研究中，出现了新的研究方法和研究视角，包括经济学、社会学、政治学和法学的视角等，如史蒂夫·平卡斯的《现代性与光荣革命》、加里·W. 考克斯的《光荣革命是宪法分水岭吗？》、詹姆斯·理查德·雷德蒙·麦的《1688 年奥兰治的威廉在托贝登陆：近代早期现代英格兰的数字日期我的时间理解》（从事件日期和纪念日的角度进行分析）、马克·斯托依的《英国民族主义、凯尔特特殊论和英国内战》等等。

关于英国资产阶级革命的研究取得了丰厚的成绩，研究方面涉及面比较广，但也很分散，各成一家之言，互相切磋甚至矛盾争论。总体上呈现越来越客观、全面的趋势，关于英国革命的研究和观点百花齐放。新中国成立初期的研究主要以马克思主义和阶级斗争理论为指导研究英国的资产阶级革命，按照阶级分析的方法，将英国革命定为资产阶级反对王权专制的斗争，是资产阶级走向历史舞台的斗争，而大都认为英国的资产阶级革命具有保守性、妥协性。如林举岱的《十七世纪英国资产阶级革命》和刘祚昌的《英国资产阶级革命》。而在改革开放以后，对资产阶级革命的研究趋向理性和全面，除了阶级分析以外还介入了社会分析、人物分析等，对英国资产阶级革命也有了客观的分析，不再一味批判革命的妥协性和保守性，且研究内容有多拓宽，如顾晓鸣《十七世纪英国革命结局的经济分析》和《略论十七世纪英国革命中的新贵族》、姜德昌《论自耕农的经济社会地位和英国革命的基本动力问题》和张建人《论英国革命前的王室财政和征税权之争》。近几年，对光荣革命的研究更加深入，甚至提出一些与以往不同的观点。英国学者狄金森教授就在演讲中提出两个观点，第一，英国革命的重要部分不是四五十年代的内战，而是1688年光荣革命，“他指出，过去史学界在谈到‘英国革命’时，通常是指1640—1650年代的内战，只是近来才有越来越多的学者开始意识到，在十七世纪的英国，最重要、最深远的宪法和政治的变化，是由1688—1689年间的‘光荣革命’引发的”。第二，“光荣革命”并非不流血的、温和的过程，而是充满了流血牺牲的革命，“虽然詹姆斯二世在荷兰执政，威廉率军登陆后逃离了英国，并未与其正面交战，但英国民众主动发起的暴力行动和他们对詹姆斯二世的反叛浪潮在英格兰开始爆发并迅速波及英伦三岛。这种大众的暴力行动过程相当激烈，大规模的武装冲突不可避免，而且相当持久”，“光荣革命”也是充满暴力的。[1]汪朝光的《再看光荣革命》和管洪亮《流血的英国光荣革命》也提出了“光荣革命”也“有暴力因素”的观点。除此以外，还有关于英国革命的时间、革命的性质、革命的意义等方面，都有很多纷繁复杂的分析，总体上呈现出比较全面而又细致的研究趋势。

三、对十七世纪英国革命的综合分析

十七世纪英国革命作为重大历史事件，内容极其丰富，同时又富有争议，是随时代的发展需要不断探索与挖掘的历史宝库。十七世纪英国革命是发生在特定历史时期、特定历史情境中的重要历史事件，有其特定的历史复杂性，无论研究革命整体事件还是研究其中某个问题，都要以对当时事件有宏观全面而细致的了解为基础，并结合当时的历史情境具体分析。英国革命对英国

1　姜峰，陈晓律：《1688：一场真正的现代革命？》，《光明日报》2011年9月1日011版。

乃至世界都具有重要的影响。它建立的君主立宪制、议会制度、政党制度等，对世界都有重大的政治意义。十七世纪英国革命是一个现实的历史事件，它曾接受过颂扬与赞美，也承受过蔑视与批评。它的历史意义也曾被无比夸大，也曾被蔑若灰尘。面对这种种的百家观点，英国革命依然屹立于历史长河中，等待更多的文人墨客将其看个明白讲个清楚。

（一）十七世纪英国革命的复杂性

对十七世纪英国革命的研究已经取得很大成就，研究成果丰富。十七世纪英国革命历时比较长，阶段性明显，背景复杂，发生的事情比较多，将其中任何一个小问题单列出来就可以有很多研究内容。这使得革命的原因、性质等都具有复杂的性质。我们研究英国革命要回到当时的历史情境，宏观把握整个历史脉络与事实，以此为基础进行具体问题具体分析，在争议中追求对其研究的进步与完善。

十七世纪英国革命的背景、原因、性质具有复杂性。历史总是客观现实的存在，是必然与偶然的结合。英国革命的背景原因也是历史的必然性与偶然性综合作用的结合。"历史往往不以人们的主观意志为转移，有其发展的规律，因而总是会给我们留下许多值得思索的东西，令人回味不止。""英国的政治生态、经济与社会状况，以及它的国际环境，与先前相比，都呈现出巨大的变化，主要表现为民族国家的趋势似澎湃的巨浪，汹涌向前，锐不可当。然而在历史大趋势面前，斯图亚特早期的君主却逆流而动，站在英吉利民族主义的对立面，就激化了都铎时期被掩盖起来的专制王权与正在兴起的市民阶级（通过议会）之间的矛盾。到 17 世纪中叶，这种矛盾才以极端的形式爆发出来。这就是英国的内战与革命。"[1]不同的社会群体在当时的处境中纷纷登上历史舞台表达自己的利益。人民的自由与权利的思想影响，英国的经济、政治、社会、文化与宗教的状况，以及国王与政治领导者的个人原因等体现

1　钱乘旦主编:《英国通史》，第三卷，江苏人民出版社 2016 年，第 75–76 页。

了原因的复杂性。而革命中的宗教、政治、经济、社会、思想等因素，又赋予了革命复杂的性质。研究十七世纪英国革命要结合特定历史情景、宏观把握、具体分析，任何具体分析都要以宏观全面的了解为前提，方能做出较切实际的具体分析。

（二）十七世纪英国革命与法国革命、俄国革命的比较

十七世纪英国革命、十八世纪法国大革命、二十世纪初的俄国革命都是世界历史上浓墨重彩的一笔，它们分别在不同国家、不同历史阶段发生，之间有着明显的差异，但也存在很多相似之处，且它们之间有着不可分割的关系。

三次革命有着明显的不同之处，十七世纪英国革命发生最早，此时世界其他国家主要还是君主专制统治，英国内部议会与王权展开斗争，经过暴力革命与和平协商方式，最终在 1688 年以协商的方式确立了君主立宪制度。十八世纪法国大革命发生在英国革命和美国革命之后，革命受到了英国与美国的影响。而法国内部社会被分为三个等级，即第一等级教士、第二等级贵族和第三等级市民民众，第三等级承受着君主专制与封建等级制度的压迫，在启蒙运动、自由民主、天赋人权等思想影响下，第三等级发动了直接暴力推翻封建君主专制的革命，其势如疾风骤雨，比英国革命更直接，更彻底，法国革命以后，经历了君主立宪制、帝制、共和制的反复更替，直到法兰西第三共和国诞生，最终确立了法国资产阶级共和国政治制度。二十世纪俄国革命分为 1905—1907 年第一次资产阶级民主革命和 1917 年革命，两次革命相近且 1905 年革命没有成功，列宁称 1905 年革命是 1917 年革命的总演习，因此，可将两次俄国革命放在一起。俄国革命发生时已是帝国主义时代，欧洲的资产阶级革命已宣告结束，俄国是在资本主义发展成熟、工人阶级也已经发展起来的情况下反对沙皇专制统治，革命过程中实现了由资产阶级民主革命向无产阶级革命的转变，革命推翻了沙皇专制统治，建立了无产阶级政权，但最后高度集中的计划经济体制并没有给俄国带了较大的现代化发展契机。英法革命都受西方自由、民主、人民权利思想指导，而俄国革命主要受到列宁和马克思、恩格斯的思想指导。

十七世纪英国革命开启了反对封建君主专制的大门，法国大革命将反封建推向世界的高潮，而俄国革命则是发生在资产阶级完结之后，开启了世界无产阶级革命的大门。埃德蒙·柏克认为英国维护现有的社会体制，而“法国国民议会强于破坏拙于建设”，“英国的改良胜过法国的革命”。[1]托克维尔认为英国革命与法国革命的区别是“英国贵族并未因革命丧失权力，他们与资产阶级实行联合统治”[2]，“英国和法国资产阶级革命发生于资本主义发展的工厂手工业时期。它们所面临的主要任务是：消灭封建主义和确立资本主义。当时，资产阶级还是一个上升的阶级。资产阶级的主要敌人是君主专制政体。不消灭君主专制政体，就不能保证资本主义畅行无阻的发展。无产阶级和农民是在资产阶级领导下参加革命的。在早期资产阶级革命中没有提出而且也不可能提出争取无产阶级在一般民主革命中领导权的任务。可见，这一时期不可能在无产阶级面前提出把资产阶级民主革命转变为社会主义革命的斗争任务。”[3]俄国革命“从20世纪初期就光荣地走在世界工人运动的最前列。1917年10月的胜利最终巩固了俄国工人阶级在世界革命运动中的主导力量的作用，开辟了资本主义崩溃的先声，为共产主义在全世界获得胜利打开了道路”[4]。法国革命更具彻底性，“它摧毁并夷平了法国所有的古老制度，侵蚀了其他欧洲国家的政治基础，至今世界上其他地方依然受到其影响”，“特权网络、不同地方在税收、法律和地方行政方面的差异，社会等级结构，还有这个结构中的第一等级（教士）和第二等级（贵族），要想建立新的制度，必

1 ［英］柏克：《反思法国大革命》，张雅楠译，上海社会科学院出版社2014年。

2 ［法］托克维尔：《旧制度与大革命》，冯棠译，桂裕芳，张智联校，商务印书馆2013年，序言第7–8页。

3 ［苏］A.M. 潘克拉托娃：《第一次俄国资产阶级民主革命（1905—1907）》，刘厚存、刘正楷译，杨志超、崔佩亭校，中国人民大学出版社1956年，第1页。

4 中国人民大学马克思列宁主义教研室编：《俄国资产阶级民主革命》，中国人民大学出版社1958年，第88页。

须先将所有这些一扫而光。”[1]“法国是欧洲最强大、并在许多方面是旧贵族绝对君主制中最典型的国家。易言之，法国官方机构和旧制度既得利益集团与新兴社会势力之间的冲突比其他任何国家都更为尖锐。”[2]

三次革命虽然有很大不同，但也有相似之处。革命前三国都处于君主专制的统治之下，三个国家都是农业国，没有外来民族压迫与国家统一的问题，社会内部经济政治问题凸显，三次革命都完成了推翻君主专制的任务。

马克思、恩格斯认为：“在1648年，资产阶级和新贵族结成了同盟反对君主制度，反对封建贵族和反对占统治的教会。在1789年，资产阶级和人民结成了同盟反对君主制度、贵族和占统治地位的教会。1789年的革命只有1648年的革命来做它的原型（至少就欧洲来说），而1648年的革命则只有尼德兰人反对西班牙的起义来做它的原型。这两次革命中的每一次革命都比自己的原型前进了一个世纪；不仅在时间上是如此，而且在内容上也是如此。在这两次革命中，资产阶级都是实际上领导运动的阶级。无产阶级和那些不属于资产阶级的城市居民阶层，不是还没有与资产阶级不同的任何单独的利益，就是还没有组成为一些独立发展的阶级或一个阶级的几个部分。因此，在它们起来反对资产阶级的地方，例如1793年和1794年在法国，它们只不过是为实现资产阶级的利益而斗争，虽然它们采用的是非资产阶级的方式。全部法兰西的恐怖主义，无非是用来消灭资产阶级的敌人，即消灭专制制度、封建制度以及市侩主义的一种平民方式而已。”[3]霍布斯鲍姆也认为法国革命是资产阶级革命，“在一个相当有内聚力的社会集团中，他们的共同意愿惊人的一致，遂使该革命运动有力地团结起来。这个集团便是‘资产阶级’”。[4]摩尔在论从前工业世界进入现代世界所经历的

---

1 ［英］芬纳：《统治史》第三卷，马百亮译，华东师范大学出版社2014年，第496页。

2 ［英］艾瑞克·霍布斯鲍姆：《革命的年代：1789—1848》，王章辉等译，江苏人民出版社1999年，第72-73页。

3 《马克思恩格斯全集》（第一版），第六卷，人民出版社1961年，第124-125页。

4 ［英］艾瑞克·霍布斯鲍姆：《革命的年代：1789—1848》，王章辉等译，江苏人民出版社1999年，第77页。

三条道路时，将英法美革命归为资产阶级革命道路，“这些革命的一个关键特征就是，产生了一个拥有独立经济基础的社会群体，该群体奋起扫除那些过去遗留下来的阻止资本主义民主发展的障碍。”[1]斯考切波认为法国和俄国革命、中国革命有很多相似之处，如“革命前的俄国、法国与中国都是相对完善发达的帝国，都有充足的能力来维护自身的霸权，保护支配阶级的权力，镇压下层的反叛”，“政治革命危机之所以发生，并相应的导致行政机构与军事组织的崩溃，都是由于这些帝制国家受到了双重压力：一方面来自国外日益险恶的军事竞争与入侵；另一方面是，既存的农业阶级结构与政治制度对于君主政权做出相应反应时所施加的压力”，“三场革命都产生了更加强大的国家——更加集权、更加官僚化、更加独立自主”[2]。

英法革命之间也存在密切关系，“17 世纪英国革命恰恰是 1789 年法国革命的先声。在‘长期国会’里，很容易识别相当于法国制宪议会、立法议会和国民公会的三个阶段。从立宪君主制到民主制、军事专政、复辟和中庸革命［Justemilieu Revolution］这个转变过程，在英国革命中也鲜明地显现出来。克伦威尔集罗伯斯庇尔和拿破仑于一身：长老派相当于吉伦特派，独立派相当于山岳派，平等派相当于阿贝尔派和巴贝夫派。两次革命在政治上的结果都相当可怜；整个这一类似现象——本来可以描写得更详尽一些——同时也说明：宗教的革命和非宗教的革命，只要它们始终是政治性的，那么最终仍然会归结为一回事。当然，英国人只是暂时赶超大陆，慢慢地又持平；英国的革命以中庸和两个全国性政党的建立而告终，可是法国的革命还没有结束，并且在没有达到德国哲学革命和英国社会革命应该达到的结果以前，它是不可能结束的”[3]。

1 ［美］巴林顿·摩尔：《专制与民主的社会起源：现代业界形成过程中的地主和农民》，王茁、顾洁译，上海译文出版社 2014 年，前言，第 5 页。

2 ［美］斯考切波：《国家与社会革命：对法国、俄国和中国的比较分析》，何俊志，王学东译，第 3 版，上海人民出版社 2015 年，第 342–343 页。

3 《马克思恩格斯选集》（第二版），第一卷，人民出版社 1995 年，第 21–22 页。

（三）十七世纪英国革命的政治意义

十七世纪英国革命具有重要的政治意义，它促进了近代英国乃至整个西方近代政治制度的形成。十七世纪英国革命被看成近代英国的开端，它确立的君主立宪制、议会制、政党制度等成为英国乃至世界其他国家现代政治的主要政治制度，英国革命是近代世界的开端。

十七世纪英国革命对英国的意义。首先，英国革命后建立起来的“君主立宪政体”对英国来说是政治上的决定性变化，为英国创造了良好的政治环境。一方面，《权利法案》的通过，重申了议会的权利与对王权的限制，将议会与国王的权限法制化，虽然在最初几年的实施效果并不明显，国王与议会仍时有冲突，但国王与议会的权力关系还是以法律的形式固定下来。“1688年造成的巨大变化仍然是一场真正的革命，《权利法案》显然打破了世袭的权利，这种世袭权利是1660年旧政体复辟的基础，而被以议会为代表的民族意志所取代。”另一方面，英国革命结束了议会与君主的斗争拉皮现象，使英国君主与议会有了各种合作的可能，并能够集中力量进行革命后的发展。其次，“光荣革命”为英国人民的权利与自由提供了长久的保护伞，不会再出现君主权力侵犯人民权利的情况。再次，“光荣革命”开创了以和平方式进行变革的路径，英国后来承继了这种变革的方式，一直用和平和渐进的改革来处理问题，避免暴力的革命冲突，成为英国的优良传统与标签。最后，英国革命为英国现代民族国家的发展提供了政治前提。有学者认为，十七世纪英国革命是英国民族国家的开始，“随着君主立宪制的建立，英国作为一个整体，它不再属于君主个人，而是属于整个民族。这样，真正意义上的英国民族国家终于确立下来”[1]。但也有学者指出现代国家在“光荣革命”之前就已经产生，“光荣革命”是为现代国家的发展铺平了道路。“光荣革命”后，英国在海外扩张中霸权地位的建立，以及英国工业革命的进行都受益于英国革命后的政治

1 姜守明:《英国民族国家形成过程中的宗教因素》，载《世界历史》2008年第3期。

制度。

十七世纪英国革命推动了英国现代化的发展。虽然英国革命与现代性的关系存在争议，如阿兰·休斯顿和史蒂夫·平卡斯认为，在二十一世纪初，十七世纪英国的现代性受到忽视甚至遭受很多质疑，批判的观点主要有两点，一是他们坚持认为十七世纪晚期的英国社会继续保持坚定的宗教世界观，二是他们认为，如果说在十七世纪末产生了新的政治意识形态和新的世界观，那么现在看来那也不具有现代性。[1]那么"现代性"到底是什么？"作为历史学家不能说现代性是好还是坏——只是现代性需要界定和解释。一个现代社会就是，在其中有很多元素都在社会系统和哲理文学中被解释。"阿兰·休斯顿和史蒂夫·平卡斯指出，根据 Robert Pippin 的观点，现代性包含以下因素："民族国家"的出现，这个"民族国家"是有共同语言和传统组成的政治单位，且要超越地方的封建忠诚；在处理人类事物中，越来越呼吁最高权威的"理性"，而非传统、祖先和教堂；生活的启蒙，尤其是自然现象的启蒙；对所有人自然权利的坚持；有雇佣劳动、城市化、生产资料私有制的自由市场经济主导社会生活；相信人类至少是可以不断改善的，就算不能尽善尽美，和（至少在官方文化中）对源自基督教人文主义的各种美德的承诺：宽容，同情，谨慎，慈善等。[2]十七世纪的英国经历了两次内战、短暂的共和国、王朝复辟和"光荣革命"，已经发生了很大变化，人口、城市和商业都有巨大的变化，而这些变化为我们理解革命后的英国现代性特征的增加提供了至关重要的背景支撑。同时，国家的变化也非常大，如 Steven Pincus 说英国十七世纪中期的事件直接影响了英国的国家，英国人明显感觉到，国家才是他们实现意愿的重要工具或资源。并且，英国国家的增强也带来了政治与宗教的分化，"在十七世纪早期的英国，根据荷兰人是否促进真正宗教事业的发展来评价他

1　Alan Houston and Steve Pincus (ed), *A Nation Transformed: England after the Restoration*, New York: Cambridge University Press, 2001, p.5.

2　Robert Pippin, *Modernism as a Philosophical Problem(oxford*,1991,p.4. cited from Alan Houston and Steve Pincus (ed), *A Nation Transformed: England after the Restoration*, New York: Cambridge University Press, 2001, p.6.

们，然而，到十七世纪晚期，则是根据国家利益来评价他们。”[1]“英国不是一个民主国家，政治精英也不是民主主义者，但是越来越多的人能够影响中央政权的政策、法令和行动。这就证明了公共意志的力量与权威。”[2]按照这种观点，英国革命以后，英国有了明显的现代性发展，现代民族国家也有了较大发展，并渐渐取代宗教，而占据了人们生活中的主要地位。这种现代民族国家的发展，也为后来其他民族国家的独立与发展起到模范作用。

十七世纪英国革命对世界政治具有重要意义。首先，代议制、政党政治、君主立宪制的确立或发展成为至今国家政治的重要内容。英国革命确立的君主立宪制，确立了“王在法下”原则，是英国乃至世界政治的重要进步，为限制王权，保障人民权利提供了重要保障。代议制从英国发端然后传播到世界各地，推动世界现代政治的重大发展，“代议制政府原则由英国传播到欧洲大陆，又从欧洲传播到整个世界，并在此过程中被做出调整。在这一方面，认为英国是‘议会之母’的英国中心主义是很有道理的。”[3]英国革命还开启了现代政党政治，在英国革命期间产生的由“圆颅党”和“骑士党”演变而来的“辉格党”和“托利党”是最早产生的现代政党，从此，政党政治成为现代民族国家中重要的政治力量，主导和左右国家政治的发展，政党政治成为政治发展不可或缺的因素。

英国革命作为较早发生的反对专制王权的革命，对后来的法国大革命、美国革命等都产生了重要影响，光荣革命的成果和君主立宪的建立，对美国革命有着重要的借鉴意义。英国革命以后，开启了世界范围内现代民族国家的蓬勃发展时期，有人认为英国革命是近代世界的开端。“1648 年的革命和 1789 年的革命，并不是英国的革命和法国的革命；这是欧洲范围的革命。它们不是社会中某一阶级对旧政治制度的胜利；它们宣告了欧洲新社会的

1 Alan Houston and Steve Pincus (ed), *A Nation Transformed: England after the Restoration*, New York: Cambridge University Press, 2001, p.13.

2 同上书，第 17 页。

3 ［英］芬纳：《统治史》第三卷，马百亮译，华东师范大学出版社 2014 年，第 338 页。

政治制度。资产阶级在这两次革命中获得了胜利；然而，当时资产阶级的胜利意味着新社会制度的胜利，资产阶级所有制对封建所有制的胜利，民族对地方主义的胜利，竞争对行会制度的胜利，财产分配制对长子继承制的胜利，土地所有者支配土地制对土地所有者隶属于土地制的胜利，教育对迷信的胜利，家庭对宗族的胜利，进取精神对游侠怠惰风气的胜利，资产阶级法权对中世纪特权的胜利。1648 年的革命是十七世纪对十六世纪的革命，1789 年的革命是十八世纪对十七世纪的胜利。这两次革命不仅反映了它们本身发生的地区即英法两国的要求，而且在更大得多的程度上反映了当时整个世界的要求。”[1]

四、结语

十七世纪英国革命在世界历史上占据重要的位置，它对英国和全世界都有至关重要的影响。三百多年来，对英国革命的研究汗牛充栋，内容和观点也纷繁复杂，但正是在这些纷繁复杂的已有研究中，我们才能更全面更客观地去研究和把握英国革命，尽可能客观而全面地审视它。对历史的研究总会受到时代和个人的影响而产生偏颇，这在所难免，保持客观永远是对历史研究者的挑战。

英国革命确实因其重要历史地位而承受了无数的赞美，有学者提醒历史研究者，不要从我们当前所生活时代的优点出发，去倒推历史中美好的因素。如“全球史学者为从学理上颠覆‘欧洲中心论’做出很多努力，这主要表现在两个方面：一是他们自觉抵制‘从现实反推历史’的思辨逻辑，即反对从

1 《马克思恩格斯全集》（第一版），第六卷，人民出版社 1961 年，第 125 页。

欧美国家处于强势地位的现实出发，苦心孤诣地在欧洲国家内部寻找其‘兴起’原因，围绕‘西方有什么而东方没有什么’的问题兜圈子，不遗余力地挖掘‘欧洲文化的优秀传统’，为其贴上理性、科学、民主、进取精神、宗教伦理等等光彩的标签，直至将欧洲树立为全球的榜样。全球史学者通过宏观综合分析指出，所谓‘欧洲兴起’，只是人类历史上特定时期的特定产物，从中挖掘‘普世性’的‘文化特质’只能是制造神话。二是他们自觉地突破强调社会特殊性、文化排他性、经验地方性的史学传统，转强调各社会之间发展的相关性和互动性，突出影响各个社会的共同因素，将每个地区的发展都视为更为宏大的自然与社会结构运动的一部分，淡化单一地区或国家的个性和特殊性，这样也就淡化了欧洲国家的榜样作用。”[1]

十七世纪英国革命的历史地位和历史影响是毋庸置疑的。但是，“革命就是革命”，它不是为了后时代的光荣影响而爆发，它是当时历史时代的特定产物，既要深入当时的历史去探寻它，也要站在今天的历史高度去审视它。

1　刘新成：《全球史译丛总序》，见［美］大卫·阿米蒂奇：《独立宣言：一种全球史》，孙岳译，商务印书馆 2014 年，第 5 页。

第三部分

政治人物

隋文帝

/ 王长江* /

隋文帝杨坚（541—604），中国隋朝开国皇帝。在中国古代政治发展和政治制度建设方面有诸多建树。他结束了秦汉以后三百五十余年的分裂状态，实现了中国秦朝以后的又一次大统一。在位期间，他完善了中央集权的国家管理制度，初步确立了科举制，减少管理层级，简化官制，建立了相应的奖惩制度。这一时期，也是经济发展良好的时期，被称为"开皇之治"。隋文帝是入选美国学者迈克尔·H. 哈特 1978 年所著《影响人类历史进程的 100 名人排行榜》的三位中国皇帝之一，排在榜中第 82 位。该书这样评价隋文帝："他成功地统一了经历数百年严重分裂的中国。他最重要的改革之一是实行透过科举考试选拔政府官吏的制度，为中国提供了一批批非常得力的行政官员。"他还被 2012 年美国《时代周刊》评为最伟大的历史人物。

---

* 王长江：中共中央党校（国家行政学院）一级教授。

生 平

杨坚自称身家源出名门望族“弘农杨氏”，但无以考证。有史可考的是他的一个先祖在前燕时曾任太守，其子戍边武川镇，被任命为司马并定居，家族遂繁衍下来。其父杨忠在西魏时追随宇文泰建功立业，在宇文泰北周称帝后地位愈益显赫，成为北周统治集团的核心成员，官至柱国大将军，受封为隋国公。

杨忠按照当时达官世族的普遍做法，在自己家里辟宅做寺，杨坚本人从小在佛寺长大，深受佛教影响。后来袭承其父参与政事，靠其父而与北周柱国、大司马独孤信之女联姻，再后来又把女儿嫁给北周太子。这些社会关系成为杨坚逐渐位高权重的主要资源。在他父亲的庇荫下，杨坚仕途顺利。十四岁时，京兆尹薛善任用他为功曹，杨坚从此步入仕途。十五岁时，由于其父杨忠的功勋，他被授官散骑常侍、车骑大将军、仪同三司，封成纪县公。十六岁时已晋升为骠骑大将军，加开府。到此，这个大将军还一次战役都没有参加过。杨坚的功绩是在公元576—577年参与北周灭齐的过程中建立的。他领军消灭北齐主力，并因此进位柱国。

公元578年，北周宣帝即位，杨坚女贵为皇后，杨坚也晋升为上柱国，就任大司马。公元579年一月，三十九岁的杨坚被任命为新设的四辅官之一的大后丞，七月升为四辅之首的大前疑。580年五月，北周宣帝死，子静帝宇文阐年方八岁，杨坚被召入宫辅政，自为左大丞相，总揽军政大权。

公元581年二月，在杨坚及其支持者的运筹下，北周静帝下诏宣布禅让。杨坚正式称帝，定国号为隋，改元开皇。直至604年，隋文帝杨坚在位二十三年，开创了被后人称为“开皇之治”的繁荣时期。

重建统一国家

隋文帝的一个突出历史贡献是结束了中国历史上秦汉西晋以后延续三百多年的分裂，再次实现了中华民族的大统一。

公元前221年秦建立了中国第一个大一统的王朝，自秦至汉，延绵四百四十余年，到西晋灭亡，第一次大统一崩溃。随后在220年至577年的三百五十多年里中国再次处于分裂状态。以匈奴为首的北方游牧民族入侵中原，地方割据势力也乘势自立，史称“五胡乱华”。战乱使各民族之间相互仇杀，生灵涂炭，民不聊生。北方游牧民族政权入主中原后实行民族歧视和民族压迫政策，长期积淀的汉文化遭到严重破坏，文化粗鄙化，很难对黄河领域农耕文化进行有效的统治。这一期间曾出现过的国家被称为“五胡十六国”。到578年，占据着以往大秦统治疆域的国家至少有三个。杨坚所在的由鲜卑族宇文氏建立的北周，即为其中之一。

长期分裂状态，在这块汉族世代聚居的土地上促生了汉化运动以求重新统一国家的迫切政治需求。在北方地区，汉族以外的各少数民族已长期在中原生活，虽然不同程度地歧视汉族，实际上却处于不断汉化的过程中。明智的统治者是看到了这一点的。所以，在公元439年北魏统一北方后，就开始逐步推行汉化政策。到北魏孝文帝时期，更是迁都洛阳，全面推行以汉化为导向的改革。对这一改革的效果，学界存在不同评价。有的观点认为这一改革缓解了各民族间的矛盾，促进了北魏政治、经济的发展，也促进了民族大融合，为后来隋的统一打下了基础。有的观点则认为，这个时期的汉化主要吸收的是汉文化的糟粕和消极面，丢掉了少数民族自己的长处并使贵族迅速腐化，激化了社会矛盾与冲突，加速了国家的灭亡。不过，不管如何看孝文帝改革的实际效果，隐藏其后的以汉文化为主体重建统一国家的要求显然已经很强烈地表现出来。

杨坚称帝后，用十年时间重新实现了国家的统一。先是平定内乱，剿灭了反对杨坚称帝的若干股势力。587年十月，废掉已依附于隋的西梁后主萧琮，西梁国不复存在。589年二月攻灭陈国。到590年，岭南部落首领冼夫人归顺隋朝，中国长期分裂和战乱的局面终于宣告结束。

随着实现统一，隋朝的疆土也扩大了。开皇九年，隋朝疆域最西达到阿富汗，西北达到哈萨克斯坦，北至西伯利亚，东至琉球，南包括现在整个越南，比秦朝增加五倍之多。并且，隋文帝通过分化和打击，打败了北方强大的突厥势力，使之臣服，实现了边疆的稳定。因此，这次统一是中华民族的统一，具有不同寻常的意义。

与此同时，统一后如何建成强大的中央集权国家这个中心问题也变得格外突出。隋文帝对这个问题的认识十分清晰，充分体现了一个政治家的眼光。他对中央集权的加强是全方位的。官制、军制、财政、教育，乃至文化、意识形态，无一不纳入他的意图。隋文帝在国家行政、官制、军制、财政、教育等方面的建树，我们将在下面部分作专门论述。

建立地方行政制度，加强中央对地方的控制，是中央集权面临的一大难题。隋文帝把北周轻易被推翻和自己掌权之初遇到的对抗都归咎于没有分封宗室。所以他即位后，迅速推行分封制，分封诸子和宗室为王。他同时接受西周后期诸侯争霸导致王朝灭亡的教训，通过设置四大总管府（平陈前为行台）的方式来实现对地方的控制。所谓四大总管，就是把全国分成四个大区，代表皇帝统管地方军政事务。总管府模仿中央行政机构进行设置，规模略小，也设有尚书令、仆射、兵部尚书等职位，官员由中央任命。加强对地方控制的另一项重要举措是废郡，改变秦的郡县制，在行政层次上取消了郡这个环节，只保留州、县两级地方政权。595年又正式下令取消州县乡官，通过裁汰一大批冗官，加强了中央权力，节省了国家的财政开支，提高了地方行政机构的办事效率。据统计，隋初中央政府开支减省三分之二，地方政府开支减省四分之三，全国的行政经费，仅及南北朝时期开支的三分之一而已。这些都是缩减层级、裁减冗官带来的结果。所以著名学者钱穆强调，“开皇之治”的成功，简化地方行政机构是一个基本因素。

在通过改革军制、官制对军队、官员加强直接控制的同时，加强对社会的控制，是隋文帝加强中央集权的一个重要方面。隋文帝在这方面高度敏感，和他取得政权的合法性不足有关。隋文帝通过“禅让”获得政权。这种方式，对深受儒家文化影响的国人而言，其实就是“篡位”，即违反君臣伦理，利用自己掌控的力量（尤其是武装力量），通过强迫、威胁的手段逼君主把权力交给臣子，臣子自立为君主。在这种情况下，新君最怕别人重演篡位之举。所以，作为防范，隋文帝立国不久便下诏，禁止大刀长矛等兵器。公元595年，诏令除关中和边疆地区，国内私人拥有的兵器一律上缴，私造违法。598年又明令禁止江南诸州私人拥有三丈以上的船只。

隋文帝加强对社会的管控，一项非常重要的举措，是直接对乡村进行控制。在分裂和战乱时期，乡民不堪忍受暴君污吏强加的沉重的赋役负担，不得不纷纷依附豪强，从而大大削弱了国家政权的权威性，这是隋文帝所不愿意看到的。北魏在推行均田制时，同时在乡村实行了“五家设一邻长，五邻立一里长，五里立一党长”的“三长制度”。隋文帝继承了这一制度。立国后，隋文帝立即把三长制推向全国，成为加强中央集权的重要手段。《开皇令》明确规定了乡村基层组织的组成：“五家为保，保有长。保五为闾，闾四为族，皆有正。畿外置里正，比闾正，党长比族正，以相检察焉。”[1]后文将谈到的“大索貌阅”的推行，很大程度上依托的就是得到强化的三长制度。《隋书·食货志》记载了地方上执行“输籍法”的情况：“每年正月五日，县令巡人，各随便近，五党三党共为一团，依样定户上，自是奸无所容矣。”[2]

对社会的控制，根本上还要靠思想意识形态的管理。对此，隋文帝深谙其道。针对当时民族、宗教多元化的状况，隋文帝力图把儒、法、佛、道各种思想融合在一起，以达到不同人群和谐相处的目的。如英国的中国古代史学者崔瑞德所说：“如果要确定何种主题占支配地位，那就应推万物有机的和谐这一基本的中国价值观念——这是隋朝在几个世纪的战乱和分裂的背景下

1 《隋书》卷二十四，志第十九，《食货》，中华书局1973年，第680页。

2 同上书，第681页。

必须努力争取的目标。"[1]隋文帝倡导儒释道三教合流，主张儒、法、佛、道并举的混合意识形态。隋文帝本人对文化兼收并蓄。他的一些做法很能体现他的这些理念。例如，隋文帝自己从小在佛寺长大，一直醉心佛教；但他为自己起的"开皇"年号，又取自道教；服饰和朝制方面，完全接受儒家主导的传统规制；在推动政府集权化和合理化方面，则表现出典型的法家思想。

意识形态的背后是文化。对意识形态的掌控，归根结底依托于文化上的引导。在中央集权日益加强之下，隋文帝非常看重史书对于管制思想和精神、确认统治合法性的重要性。他一改以往私人修史的文化传统，完全禁绝了私人修史，确立了官办机构修史的制度。隋朝设立秘书省著作曹专事修史，门下省官员参与其中。参加史书编撰的人员由隋文帝钦定。即使秘书省长官安排的人选，也需得到隋文帝的批准。也正因为此，隋文帝时期形成的史书有很多重大缺陷，诸如褒贬失实、牵强附会和围绕文帝歌功颂德等，经不住历史检验，只能被唐朝史官拿来用作修正史的素材。

制乐也被隋文帝看作是文化上加强统一的重要手段之一。儒家认为，声音之道，是和伦理、政治相通的，甚至认为，"审乐而知政，而治道备矣"。隋文帝很认同这套道理。隋文帝要强化自己的正统性，建立自己的一套符号系统，自然需要有本朝自己的"正乐"。由于杨坚年轻时喜好音乐，弹得一手琵琶，更是亲力亲为地参与到"正乐"过程中去。粗放的胡乐和"亡国之音"的南朝乐，都被他一一否定。公元594年，隋文帝用于"移风易俗"的新乐律正式颁布，音乐也被统一到了显示皇权威严的格调之下。

---

1 ［英］崔瑞德编：《剑桥中国隋唐史（589—906年）》，中国社会科学出版社1990年，第79页。

确立三省六部制

隋文帝时期的中央集权，在行政管理上主要体现为三省六部制。这一制度在隋朝定型，并且被唐及以后王朝一直延续下来，成为中国中央集权制的最重要的制度和最基本的特征。

三省六部制不是隋朝初创，也不是从北周继承而来。来自北方的北周少数民族政权为收拢人心，在与其他诸国的抗衡中争得更多正统性，模仿周朝建立了六官制度。中央设大冢宰、大司徒、大宗伯、大司马、大司寇和大司空。分别称天官、地官、春官、夏官、秋官和冬官，分掌各类政务。但北周的六官制度是为我所用、断章取义的，有很强的功利主义目的，所以并不成功：先是确定由大冢宰总领六官，即所谓“五府总于天官”，随即出现了大冢宰专权的弊端；而当确定大冢宰不再统领五府，其下属的各大夫直接听命于皇帝时，又导致了权力过于分散，出现“十羊九牧”的情况。种种弊端表明，六官制度不能满足当时国家治理的要求，更不适用于大统一之后的隋朝。

隋文帝放弃了北周的六官制度，明确转向“三省”辅政体制。早在秦朝，皇帝在宗法亲缘关系范围内处理国事的状况就已经开始改变。但是，早期皇帝身边的官都是服务于皇帝的宫官。随着国家管理事务的需要，宫官逐渐向处理行政事务、而不仅仅是为皇帝服务的朝官演变。自魏晋南北朝以来，在君权虚化、相权扩大的趋势影响下，相继出现中书、门下、尚书三省，作为为皇帝辅政的国家最高行政机构。三省之间在职责上有基本的分工：中书省负责起草和发布来自皇帝的最高指令；门下省负责审核，包括中书省拟就的诏令和下面报送皇帝的各种奏章；尚书省负责政令的执行。被北周所灭的北齐，采用的就是三省制。但直到南北朝后期，三省的具体分工都仍然处于逐渐形成和不断变化之中，缺乏明确的规范，定型的三省辅政体制尚未形成。

隋文帝即位后，参照北齐制度，吸收南北朝三省制的优点，在此基础上建立了三省六部制。他宣布废除北周模仿《周礼》所设置的六官，恢复汉、魏旧制，设置太师、太傅、太保三师和太尉、司徒、司空三公，授官阶正一品。但三师不掌实权，不设置官署，只是荣誉职衔，用来授予那些德高望重的老臣。三公虽然设置了僚属，有参与国家大事的职责，但既不常设，也无实权，属于顾问性质。作为辅政机构设立起来的是尚书、内史、门下、内侍、秘书五省。其中，内侍省是宦官机构，主要掌管宫中的日常事务；秘书省则专管图书历法。因此，五省之中，尚书省、门下省和内史省才是负责国家政务的最高机关，是国家真正的权力所在，故制度上称为“三省”。

三省六部的具体制度形式如下[1]。

尚书省为最高行政机构，置令一人，左、右仆射各一人，为正副长官。在实际运行中，由于尚书令位高权重，皇帝忌惮，故除了隋炀帝时期杨素短期担任了尚书令之外，大多数时间职位是留空的，几成惯例。

仆射之下设左、右丞各一人，都事八人。在都省办公，分司管辖。下设吏部、礼部、兵部、都官、度支和工部六部，每部设尚书一人为首长。左、右仆射与六部尚书合称“八座”，是整个尚书省的领导核心。六部的职能分别是：吏部——掌管全国官吏的任免、考核、升降及调动等事务；礼部——掌学校、礼乐，掌管祭祀、礼仪及接待四方宾客；兵部——掌军籍舆马，掌管全国武官选用和兵籍、军械、军令等事务；都官（后改刑部）——掌管法律、刑狱等事务；度支（后改为户部）——掌管全国土地、户籍、赋税、财政收支等事务；工部——掌管全国各项工程、工匠、屯田、水利、交通等有关政令。各部均下设四司。吏部为吏部、主爵、司勋、考功四司，礼部为礼部、祠部、主客、膳部四司，兵部为兵部、职方、驾部、库部四司，都官为都官、刑部、比部、司门四司，度支为度支、户部、金部、仓部四司，工部为工部、屯田、虞部、水部四司。二十四司各置侍郎主事，共三十六人。从六部的职责规范看，它们囊括了几乎所有最重要的权力。也正因此，“六部”得以和“三省”组合，成为隋文帝建立的整个辅政体制的指代词。

---

1 《隋书》卷二十七，志第二十二，《百官中》，中华书局 1973 年，第 751-770 页。

门下省掌管封驳，颁布诏令，审阅百官奏事，沟通皇帝与内史、尚书各机构之间的联系。职位有纳言（也即侍中，因避隋文帝父杨忠之名而改此称呼）二人，给事黄门侍郎四人，为正、副长官。下面有录事、通事令史各六人，分管具体事务。此外散骑常侍、通直散骑常侍各四人、谏议大夫七人，皆为谏官。隋立国初期，门下省还掌管皇帝衣食供奉等日常生活事务，统城门、尚食、尚药、符玺、御府、殿内等六局。

内史省即中书省，为避杨坚父亲杨忠的名讳而改此名，主要职责为制定诏令，初设监、令各一人负责，后改设令二人，侍郎四人，为内史省正、副长官。下设舍人八人，通事舍人十六人，分掌具体事务。主书十人、录事四人为属员。掌宣奏。

在三省六部之外，隋文帝仍然沿袭汉魏以来传统，保留了包括太常、光禄、卫尉、宗正、太仆、大理、鸿胪、司农、太府、国子、将作在内的十一寺，作为诏令决策的具体执行机构。十一寺与六部的区别在于，六部向三省负责，处理国家政务，十一寺则除大理寺负责官员犯罪处理和平民死罪复审外，都是为皇帝和皇室服务的。服务内容从皇帝皇室的祭祀、宗谱、饮食、卫生到宾客接待、土木工程，衣食住行，统统包括。前九寺每寺设卿和少卿各一人作为正副长官，以下分设丞、主簿、录事等官职；国子寺长官则为祭酒，而将作寺长官称大匠。

三省六部制的具体运行分为决策和执行两个层面。在决策层面，皇帝召集三省长官共同商议决定国家的大政方针，即我们通常所说的朝政。其成员，除了三省长官之外，皇帝还可以任命其他官员参与，一般包括军事部门和某些重要部门的主管官员。决策确定后由内史省草拟诏令，交门下省审核。门下省或通过，或驳回修改。过了门下省这一关，再交皇帝，批准后由尚书省执行。在执行层面，决策一旦作出，便通过尚书省分别交给六部，或交给十一寺和十二府大将军等部门，由它们付诸实施。

在执行过程中，六部各司与旧制延续下来的十一寺之间，存在机构重叠、功能交叉、分工不清的情况。对此，隋文帝按照突出三省、加强集权的原则进行了调整。一些寺被撤并归省，一些部门则得到扩充。不过，这些调整往往反反复复，依需要而定。如隋文帝于开皇三年撤销光禄寺，将其职能并入司农寺，把鸿胪寺并入太常寺，开皇十二年又予以恢复。总体看，三省六部制的大框架已经定型，这些变动虽一直有，但都只是大局不变前提下的微调。

三省六部制的建立，使整个国家的行政具备了相当细致精巧的运行机制。各省之间的职责既相互衔接、相互补充，又分工明确、相互牵制，既提高了效率，又有利于皇帝控制，反映出权力平衡和职能分工都已开始进入精细化的阶段。

隋文帝建立的三省六部制在中国古代政治发展史上占有重要地位。它不但加强了中央集权，提升了皇帝辅政体制的职能与效率，对巩固隋王朝的统治、发展经济发挥了重要作用，而且为后来历代王朝治理国家提供了比较完善的模板和范例，对中国中央集权制的延续有非常深刻的影响。

改革官吏任用制度

与三省六部制的确立相对应，把什么样的官员放在这些位置上才能保证皇帝的号令得到贯彻，如何选拔这些官员，如何充分发挥这些官员的作用，成为必须解决的又一个重要问题。在这方面，隋文帝推动了一系列重大举措的出台和制度的构建，再度体现出他作为杰出政治家的远见卓识和非凡能力。

在官吏任用的问题上，隋文帝强调了以文治国的思想。北周和隋朝都以武开国，很自然要把各类官职授予武将作为奖赏，所以隋初的官员多武夫。隋文帝清醒地看到，这种状况不利于治国。他力图改变这种状况，采取的一项重要措施是在权力和官员的配置中，把勋官和行政官区分开来。前者作为待遇，用于对功劳的赏赐，后者则是政府官员，是国家的治理者。隋文帝设置了十一等“勋位”，即上柱国、柱国、上大将军、大将军、上开府仪同三司、开府仪同三司、上仪同三司、仪同三司、大都督、帅都督、都督等勋官，还设了特进、左右光禄大夫、金紫光禄大夫、银青光禄大夫、朝议大夫、朝散大夫等七等散官，授给有功劳的文武官员。但这些官员被称为“散官”，只享受相应待遇，并不理事，与担负具体职责的官员即“职掌官”相区别。

隋文帝着手官吏选用制度的改革，决然废除了“九品中正制”的选官方式。“九品中正制”的实行，起于曹魏。汉末混乱时期，先前的官员选拔制瘫痪崩溃，地方和基层体制的中正制开始出现。“九品中正”选士制度，简而言之，是一种由“中正”官评定士人品级，朝廷按品授官的选士制度。具体做法是：由各州推举一位在中央任职且名望高的官员任大中正，各郡相应推举出小中正。大小中正官一起，对本地士人登记造册，进行品评，分为九等。品评结果呈送吏部，吏部据此决定已官者的升迁、罢黜，对未官者进行选用。这套制度实施长达四百年之久，是起过良好作用的比较成熟的官吏选用制度。但是魏末晋初以后，世家大族的势力日益膨胀，中正之职实际上被各层大贵族垄断，逐渐蜕变成门阀世族的政治工具。原本由德才和家世诸因素共同决定品第的九品中正制，演变成以家世为品评士人唯一标准的贵族化制度，以至出现了“上品无寒门，下品无世族”的状况，寒门士子的仕进之路被堵塞。并且中正个人的好恶越来越起决定性作用，官员的选用成为地方豪族扩张势力的有效手段。这些情况表明，九品中正制已经完全偏离了选拔人才的方向。因此，公元583年，隋文帝果断撤销了各级中正的职务，在废郡的同时，把主持地方吏选的州都、郡正等连同地方郡的官员一起改为不理时事的“乡官”。

与选官制度改革相关联，地方官“辟署”制度也被废除。汉代以来，随着地方割据日重，出现了州郡长官可以自行辟署（也即地方官员自行招募僚佐，形成幕府）的制度。曹魏时的幕府最为发达，幕僚的数量甚至超过正官，达到了极致。州郡长官自辟僚佐，是地方割据势力得以固化的一个重要基础，进一步加重了九品中正制的弊端。僚佐的命运完全掌握在长官手里，往往唯长官之命是从，两者之间是典型的人身依附关系。北魏末年和北齐时期，州郡僚佐大多改由吏部铨授，但州郡长官自署僚佐的制度并未废除。这对于中央集权显然极其不利。所以，隋文帝下决心废掉这一制度。他取消州刺史和其他地方官员的任命权，把州郡僚佐的任命权完全收归吏部，规定全国九品以上地方官均由中央任命，由吏部进行考核。

新的官吏任用制度，从选人开始。选人权收归吏部后，由地方长官根据指定条件推举人选，每州“岁贡三人”。在此基础上，吏部组织推举上来的人参加考试。考试分科进行，当时已经比较明确地划分了秀才和孝廉科（隋炀帝时改称明经科）。秀才科考试内容为方略学，分甲乙二等。录为甲等的考试卷要报丞相复审、复试。吏部按考试成绩划分等级进行录取，然后按等级授予官职。秀才科授官等级在八、九品之间。孝廉科考试内容为儒家“五经”。隋文帝用以取代九品中正制的这套做法是否已经可以称为科举制，研究者的看法有分歧。但若把由吏部组织考试和以考试成绩为官吏取舍标准作为科举制的两大基本特点，则可认为，隋文帝的改革具备了科举制的基本原则和雏形。至于科举制的另一个基本特点“投牒自进”，即士子可自由报名，这一时期尚未实行。能够参加考试的仍然只能是地方官推举的贡士，而非所有士子。不过，科举制以能力选人而非以社会地位选人的原则已经开始体现出来。可以认为，在隋文帝时期，科举的基本要素已经具备，科举制度正初步形成。

隋文帝进一步建立了严格的对在任官员进行考核的制度，按政绩对官吏给予任用、升迁和罢免，体现赏罚分明的原则。开皇初年，隋文帝一再下达“举贤良”的诏书，选拔和褒奖地方官员中清廉公正、以德化民、政绩优异的贤才，并亲自予以表彰。《隋书》中有不少关于隋文帝对良吏褒奖的细致描述。例如有个叫房懿恭的官员，原来做过北齐的官。被推荐当了县令后，政绩为三辅之最。得到隋文帝赏赐后，将所得绢帛粟米都拿去救济百姓。隋文帝十分赞赏，在集体召见时专门把他叫到身边讨论治术，并破格提拔。提拔后政绩又得全国第一，隋文帝惊叹不已，再予重用，并“令天下模范之”[1]。通过奖赏政绩突出的官吏，产生激励作用，在官吏中形成政治清明、励精图治的导向，是隋文帝时期治官的一个突出特点。文献中有不少关于官吏岁末考课的记载，有大量关于良吏的传记，记录了表现优秀者的事迹。对类似这样的官员的褒奖，确实起了很好的导向作用，促使一批为隋文帝守土抚民的地方官员的产生。开皇年间吏治清明、循吏辈出，“由是州县吏多称职，百姓富庶”[2]。隋王朝在建国后的短短十几年就出现初步繁荣昌盛的景象，和隋文帝推行选贤任能制度分不开。《资治通鉴》的作注者胡三省更有“开皇之治，以赏良吏而成”[3]的感慨。

在对有政绩的官吏充分鼓励的同时，隋文帝高度重视针对官吏的监督系统的建设。成型后的监督制度，包括四个方面的内容。一是宪官纠弹。隋代继续按照三国两晋以来的惯例，设置御史台作为朝廷监察机构，纠察官吏的失职违法行为。御史台以御史大夫为长官，下设治书侍御史、侍御史、殿内侍御史和监察御史二人至十二人。但和汉晋相比，隋朝御史大夫权力要大得多。他们不但主事监察，而且往往参与朝廷决策。二是派出巡省大使。开皇元年，文帝即发遣八使巡省。甚至像虞庆则、苏威这样一些有宰相身份的也出任巡省大使，足见巡省大使的权势和隋文帝的重视。三是允许百官对御史进行监察，用于限制监察官滥用权力。四是通过创建公文档案制度，对各级官府的行政过程进行全面监察。严密的监察制度至少在开皇时期是有效的。这一时期，官员贪污犯法的现象，相对而言确实较少。

隋文帝还对地方官员实行“回避法”。按照这一制度，州县官员不得在其原籍任职。公元 594 年出台规定，强调被委任的地方官员不得带父母或十五岁以上的儿子赴任，以免在他行使职权时受到他们的不正当影响。隋文帝在

1 《隋书》卷七十三，列传第三十八，《循吏・房懿恭传》，中华书局 1973 年，第 1679 页。

2 ［宋］司马光编著、［元］胡三省音注《资治通鉴》卷一百七十五，中华书局 1956 年，第 5448 页。

3 同上书，第 5448 页。

另外颁布的两个法令中对回避制度作了进一步的补充。其主要内容，一是禁止下级官员在地方政府中再度担任已经担任过的职务，二是对地方官任期进行限制，规定主要的地方政府官员任期为三年（后改为四年），属员的任期为四年。

《开皇律》与法律制度建设

将朝政纳入他设想的轨道之后，隋文帝接下来的一个重要举措，就是制定新的王朝律法。隋文帝重视法律有两个主要原因：第一，重新统一后的国家需要用法律来巩固和强化中央集权制；第二，接受北周的教训，革除苛刑峻法，“大崇惠政”，实现自己的治国理想。于是有了《开皇律》的诞生。

正是由于隋文帝的重视，《开皇律》才得以调集能吏，集魏晋南北朝法律之大成，成为我国法制史上的一大里程碑。专家根据记载确认，尚书左仆射、渤海公高颎，太子少保、纳言苏威，上柱国、沛公郑译，内史令李德林，率更令裴政等一众朝廷要员，都受皇命参与《开皇律》的制定，并成为《开皇律》的主要编撰者。其中裴政在南梁、西魏、北周都曾为官，且有民望。他精通各朝律法，是参与制定《开皇律》的头号功臣。据记载，编撰《开皇律》时，“凡疑滞不通，皆取决于政”[1]。明代王夫之对裴政及其参与制定的法律评价甚高：“今之律，其大略皆隋裴政之所定也，政之泽远矣，千余年间，非无暴君酷吏，而不能逞其淫虐，法定故也。”[2]这个评价，是王夫之研读《资治通鉴》之后的心得，为研究者所普遍认可。

《开皇律》确实继承了魏晋南北朝以来法律建设的一切积极成果，取精用

1 《隋书》卷六十六，列传第三十一，《裴政传》，中华书局 1973 年，第 1549 页。

2 ［清］王夫之：《读通鉴论·卷十九：隋文帝》，世界书局 1936 年，第 372 页。

宏，择善而从，成为唐代及以后各朝代法典的基础。它以北齐《河清律》为底本，参考北周和南朝梁的律典，尽量吸收和体现了南北朝法律的优点。有学者认为，《开皇律》在历史上虽比东罗马帝国的《查士丁尼法典》晚半个世纪，但它奠定了东方法系的基础，因而两部法律在人类法制史上各有其重要地位。[1]

修改完毕的《开皇律》共十二卷，分别为《名例》《卫禁》《职制》《户婚》《厩库》《擅兴》《贼盗》《斗讼》《诈伪》《杂律》《捕亡》《断狱》，下列五百条法律条文。从《开皇律》的框架结构看，它主要继承了北齐律，连卷的名称都大体相同。但是，《开皇律》简化了律文，理顺了相互之间的关系和逻辑，先总则、然后实体法、再后程序法的排列，井然有序，体现出当时立法理念非常清晰，立法技术已相当成熟。

《开皇律》遵照"以轻代重，化死为生"的原则，废除了鞭刑、枭首、裂刑等酷刑，把刑罚分为死刑、流刑、徒刑、杖刑、笞刑五种二十等。还规定五刑各自独立使用，用单一刑罚取代了以往的复合（附加）刑罚。这是一种进步。如黄中业所评述的："无论隋文帝与高颎、苏威的主观愿望和所追求的目的如何，单一刑罚取代复合刑罚，无疑是社会文明程度提高的反映，它标志着封建刑罚制度已日趋成熟。《开皇律》的死、流、徒、杖、笞的单一刑罚体制，奠定了封建时代五刑制度的基础，基本上为后来的唐律所沿用。"[2]

《开皇律》专门把危及皇权和王朝秩序的犯法行为明确为重罪，列出十条，即谋反、谋大逆、谋叛、恶逆、不道、大不敬、不孝、不睦、不义、内乱，并正式定名"十恶"[3]。十恶者严惩不贷，不得赦免。"十恶"制度直接服务于加强集权专制的目标，是中央集权制的一个重要标识。所以，隋以后的历代王朝无一例外地继承了"十恶"制度，直到王朝被共和国所替。

隋文帝不但在制定《开皇律》的时候召集了当时的顶级人物，而且在制

1　黄中业：《隋文帝杨坚传》，吉林人民出版社 2005 年，第 66 页。

2　同上书，第 64 页。

3　《隋书》卷二十五，志第二十，《刑法》，中华书局 1973 年，第 67 页。

定后实施过程中出现问题时又立即进行修订，可见其重视程度。初定颁布的《开皇律》不算简明，条文也有一千几百条，接近于北周的一千五百三十七条，比北齐的九百多条要多得多。尤其是看到刑部报上来的断狱数目仍有万件之多，隋文帝认识到新律仍过于严密，不符合他主张的“除苛惨之法，务在宽平”的指导思想。于是隋文帝又召集纳言苏威等一众高级官员进行修订。最后，三分之二的条文被删去，保留下来的仅有五百条，真正做到了他想要的“大崇惠政，法令清简”[1]。《隋书·刑法志》把《开皇律》的主要特征加以概括，给予“刑网简要，疏而不失”[2]的高度评价，其言不虚。

在法律执行方面，隋文帝也不遗余力。他要求秉公执法，对不能秉公执法的官员明确有“反坐”的规定。对死刑案件，要求必须上报中央，再三复审。“决死罪者，三奏而后行刑”[3]。为减少冤狱，隋文帝甚至亲自审理案件，体现了他一贯的勤政风格。

当然，皇权制下的法律，不可能遵循法律面前人人平等的原则。它必须保护以皇亲国戚为代表的特殊利益集团，而且似乎天经地义。不过《开皇律》把这种保护作为法律的内容规定下来，则反映出很大的进步。《开皇律》继承魏晋的“八议之科”，并融合南北朝的“官当”“听赎”制度，创立了“例减”之制。所谓“八议之科”是指，对于亲、故、贤、能、功、贵、勤、宾等八种有功于皇室或国家以及亲、故、宾等八种人的犯罪，经特别审议程序认定，减免刑罚。七品以上官员犯罪，皆例减一等；九品以上，则可“听赎”，即交钱赎罪。这些规定都凸显出，比之庶民，贵族、官员、士人都享有很大的特权。

此外，和所有封建王朝的法律一样，《开皇律》是君权之下的法律，无法摆脱人治、君权至上思想的影响。很多情况下，其有效性是依君主的性情和状况而定的。当代学者韩昇指出，隋文帝后期，隋朝“处于高度集权下的激

1 《隋书》卷一，《帝纪》第一，中华书局 1973 年，第 3 页。

2 《隋书》卷二十五，志第二十，《刑法》。中华书局 1973 年，第 712 页。

3 《隋书》卷二，《帝纪》第二，中华书局 1973 年，第 41 页。

进状态中”。国家政权日益被视为个人私有物，垄断在少数宗室亲属手中，监察机关日渐沦为独裁的工具，“顺风承旨，侦伺密告，‘怨言’、‘谤讪’皆成罪名”[1]。

隋代的成文法典，除了律之外，还有令、格、式，共四种类型，“律、令、格、式并行”[2]。按照后来唐人的解读，它们之间的区分是：“律以正刑定罪，令以设范立制，格以禁违正邪，式以轨物程事。”[3]隋文帝在制定《开皇律》的同时，在法制建设方面做的另一项重要的工作，就是按照律、令、格、式这四大类，对前朝法典进行了全面系统的界定和整理，从而使隋朝法典成为名副其实的魏晋南北朝法典的集大成者。

土地制度与经济发展

隋文帝时期社会稳定，经济逐步恢复，国库充实，人民安居乐业，史称“开皇之治”，与汉代的“文景之治”及后来盛唐的“贞观之治”齐名。隋文帝的理想是建立一个由国家严格管理的稳定的农业社会。在当时中国作为一个典型农耕社会的背景下，开皇之治的成就，是建立在鼓励农耕的土地制度之上的。

隋朝继续推行的均田制，是北魏孝文帝改革的产物。众所周知，导致汉朝灭亡的一个重要原因是土地兼并愈演愈烈，激化了社会矛盾。进入分裂和战乱时期后，土地占有不均的情况依然严重。北魏孝文帝推行改革，土地制度改革即是重点之一。公元485年，孝文帝发布“均田令”，宣布实行均田制

1　韩昇:《隋文帝传》，人民出版社1998年，第308、309页。

2　《隋书》卷三十三，《经籍二》，中华书局1973年，第974页。

3　陈仲夫点校:《唐六典》卷第六《刑部尚书·刑部郎中》，中华书局1992年，第180页。

度。所谓均田制，就是按农户人口“计口授田”，把国有土地（官田）分给农户，使他们变成自耕农。均田制使农民有地可种，对稳定社会秩序，鼓励农民发展农业生产，限制豪门世族侵占土地和荫户，增加国家财政收入，都起了积极的作用。

隋文帝即位后，继续推行均田制度，“计丁授田”。其主要内容是：把农户人口按年龄分为四类：男女三岁以下为黄，十岁以下为小，十七岁以下为中，十八岁以上为丁，六十岁为老。丁有受田权利，同时履行纳课、服役义务。六十岁以上免役。普通农民一夫受露田八十亩，一妇受田四十亩，奴婢受田与良人同。随丁的牛也受田，每头受田六十亩，以四牛为限。同时每丁给桑田二十亩，种桑五十棵，榆三棵，枣五棵。土不宜桑者，给麻田种麻。桑麻田为“永业田”。按规定，所受露田在年老死后要交还国家，永业田则实行世袭，不需交还。其田宅，率三口给一亩，奴婢则五口给一亩。官员皆给“永业田”，多者至一百顷，少者三十顷。任职官员在所在地还给“职分田”，一品者给田五顷，以下每降一品减五十亩，至九品为一顷。此外，官员还有“公廨田”，以充办公费用。

不过，均田制的落实，实际上是打了折扣的。老百姓的受田标准，只有在偏僻、人口稀疏的“宽乡”才能得到执行，在人口密集的“狭乡”并不能得到保证。大大小小的实官虚官占去了大量土地，普通老百姓的受田严重不足。所以，均田本身并不彻底，对隋经济发展的推动作用并不如想象得那么大。隋文帝时期经济的恢复、发展，主要依靠两个办法，一是租税减免，二是“大索貌阅”。

隋文帝以富国为首要目标，在确保国家赋税收入的同时，尽量减轻税负，稳定民生。颁布的均田新令，在租税收取方面沿用了北魏的“租庸调制”：缴纳谷物谓“租”，缴纳绢或布谓“调”，以绢或布替代劳役谓“庸”。对租调的规定是：丁男一床，租粟三石，桑土调以绢絁，麻土以布，绢絁以匹，加绵三两，布以端，加麻三斤。单丁及仆隶各半之。未受地者不课税，有品爵及孝子、顺孙、义夫、节妇，并免课役。[1]有研究者考证，这个标准，比北周、北齐都没有减轻许多。但隋文帝对社会长期经历动乱，需要休养生息才能恢复经济是有深刻认识的。他继承了古代贤君"轻徭薄赋"的赋税思想，会经常采取一些减免赋役的临时措施。例如开皇九年平定江南后，为使江南恢复生产、休养生息，隋文帝下令免除江南十年徭役，其他诸州也免除当年租赋。开皇十年五月，隋文帝认为国内没有大事发生，应当"宽徭赋"，于是下令，百姓年五十者"输庸停防"[2]。开皇十二年，因储粮的府库皆满，诏令"河北、河东今年田租，三分减一，兵减半，功调全免"[3]。开皇十七年又因同样的原因，下诏停赋一年。隋文帝时期还将每年一个月的力役减为二十天。

隋文帝接受了以前历朝重农抑商、歧视民间工商业政策的传统，依然把农业看做"首业"，把商业看做"末业"，甚至开皇六年诏令"制工商不得进仕"。他没有改变长期形成的那种鼓励农本便不应鼓励经商求利的观念，认为北齐之所以腐败衰亡，根本原因在末业发达，百姓脱离乡村，到城市逐利，埋下动乱的种子。所以，在注重农业的同时，隋文帝对手工业和贸易市场都实行严格的管制。太子少保苏威认为从商者都是求利之徒，应遣散归农。他们的临街店舍不符合鼓励农本的原则，应当予以拆除。若仍要经营，应令他们迁往远离道路的偏僻之处。隋文帝认同和接受这些主张，并对执行这些主张的官员大加勉励。有一名为令狐熙的官员到汴州任刺史，到任就整顿商户，令大门朝街道的民居一律改向，外地人遣归务农。隋文帝把他的政绩列为全国第一，并向其他地区推广其经验。不过，正因为隋文帝的财政主要依靠农业税收的政策和对税赋的减免，恰恰给工商业提供了发展的空间。隋文帝一登基，就废除了北周实行的"入市之税"，开皇三年又宣布取消酒和盐的专卖。这些举措，客观上促进了手工业和商业的发展。在丝织、造船、造纸、瓷器制造、印刷、雕刻、制茶业、制盐业以及漆器业

1 《隋书》卷二十四，志第十九，《食货》。中华书局 1973 年版，第 680–682 页。

2 同上书，第 682 页。

3 同上书，第 682 页。

等方面，隋朝时期都达到了很高水平，取得了很大成就。一大批商业繁荣的城市发展起来。

“大索貌阅”是隋文帝加强国家管理、促进经济社会发展的一项重大举措。

所谓“大索”，就是清点户口，并对姓名、出生年月和相貌等基本信息进行登记；所谓“貌阅”，就是将百姓与户籍上描述的外貌一一核对。“大索貌阅”即大规模地检查户口的诏令。强力推出这项举措是因为，在长期战乱的情况下，大量百姓为了生存和安全，投奔豪强世族以求庇荫，不得不接受他们的盘剥。隋立国之初，这些受庇荫的农民并不在国家编制的户籍之内，官府也无法向这些荫庇户征调赋役，客观上造成了税收的大量流失。因此，无论是国家统一后要求加强中央集权、限制地方豪强势力，还是推行均田制、调动百姓农业生产的积极性，都要求改变这种局面。“大索貌阅”目的在于搜括隐匿人口。隋文帝把这一举措看做治理国家的基础，极其重视，落实的态度坚决、严厉。他责令官员须亲自出面检查年貌形状，以便查出那些已达成丁之岁而用诈老、诈小的办法逃避承担赋役的人。凡出现户口不实的情况，负有责任的地方官吏将被处以流刑。隋文帝还设立了负责受理揭发检举隐瞒户口的专门机构，以惩处隐瞒户口的行为。

紧随“大索貌阅”的是“输籍定样”，即确定户口数，编制“定簿”，以此为依据来收取赋税。其中也包括了貌定百姓的疾病状况，据此作为确定是否具备受田或免赋役资格的依据。尔后在制定的《输籍法》中，对农民的赋税、徭役负担从法律上逐一做出详细规定，还特别强调地方官吏不得再在法规之外征调任何其他赋役。这样一来，实际上大大限制了农户受贪官污吏和豪强势力盘剥的现象，农民所承担的赋税和徭役的数额比过去大为减轻。农户也乐意从豪强的庇护下摆脱出来。因此，“大索貌阅”之后，隋朝人口迅速增长，税收也随之增长。

如果把前面的举措统统看做“开源”，那么，隋文帝在“节流”方面也显得比较突出。在历朝历代皇帝中，隋文帝以“躬履俭约”而著名。他严于律己，严格控制财政开支，对于官员中铺张浪费、追求浮华的行为，每每痛加斥责，甚至严加惩处。隋文帝的崇尚节俭、厌恶奢靡，对推进开皇年间经济恢复和发展、社会形成朴实风气起到积极作用。

军事制度改革

西魏、北周两个朝代采用府兵制对军队进行管理。这是宇文氏政权把魏晋汉族政权长期以来所实行的军民分籍制度与北魏早期实行的八部大人制度相结合的产物。部落是北方游牧民族集聚生活的基本方式，而在农耕地区，为在长期战乱中自保，则形成了无数独立的坞壁，各坞壁都有地方豪强建立的私人武装，称为“乡兵”。府兵制其实就是把游牧民族的部落兵和地方豪族的乡兵都纳入军队，成为国家武装力量的组成部分。府兵由军府进行管理。关于府兵的编制，以北周为例，由宇文泰任总揆，督中外诸军，下属六个柱国大将军，每个柱国大将军下属二大将军，共十二大将军，每个大将军又各统领开府将军二人，共有二十四个开府，每开府各领一军。据《北史》所载：“每大将督二府，凡二十四员，分团统领，是为二十四军，每一团仪同二人。”[1]据《周书》记载，府兵中领兵军官有大都督、帅都督和都督等，府兵的基本组织有军团、旅、队等。大都督为一团的长官，帅都督为一旅的长官，都督为一队的长官。当时的府兵以每府两千人计，共为四万八千人。其数量由军府而不由地方官府掌握。

早期的府兵，对资质有严格的要求。在汉族受到百般歧视的背景下，长期实行的是“鲜卑人当兵、汉人务农”的政策。当府兵是鲜卑统治民族的专

1 ［唐］李延寿编：《北史》卷六十，列传第四十八，《王雄传》，中华书局1974年，第2155页。

利，且有一定的身份，“籍民有才力者为府兵”[1]。文献记载：“初置府兵皆于六户中等以上，家有三丁者，选材力一人，免其身租庸调，郡守农隙教试阅。兵仗衣驮牛驴及糗粮旨蓄，六家共蓄，抚养训导，有如子弟。”[2]只是后来为战争需要扩大兵源，才开始在汉人中招募府兵。这种情况下的府兵制也依然试图用虚构的血统关系提高官兵的归属感和战斗力。官兵一律改为鲜卑姓，部属和将领同姓，对于部属而言，主将既是血缘上的宗长，又是部落意义上的酋长。府兵可免除赋役，一人充当府兵，全家即编入军籍，不属州县。[3]没有农耕习惯的北方府兵不参加农业生产劳动，“兵”和“农”是分离的。但随着农耕地区扩大府兵招募，兵士虽免徭役，但家庭依然务农。于是，府兵制逐渐演变，军士战时进入编制执行军务，平时则组成乡团，归当地军府管理。在这种类似汉代屯田制的做法推动下，出现了军队结合农业生产自给自足、兵农合一的趋势。[4]

府兵制度使得隋朝获得足够的军力实现统一、抗御外敌，但也使军队拥有特权，其弊端日益显露。首先，军界有可能拥兵自重。如陈寅恪指出的，由于兵士分属于军将而不直属于君主，掌军权者具有相当的独立能力。[5]杨坚辅政后反对势力能够起兵对抗，便和这一制度有关。其次，不利于经济发展。改革前的府兵制，府兵由军府管理，军府单独垦田籍帐，不与民同。由于兵士可免徭役，故百姓多挂名兵籍，数量庞大。北周末年，户数与口数比为1∶2.5。大量庇荫人口实际上处于国家管理之外，造成国家财政的巨大损失。

---

1 《后魏书》，《玉海》引。所述内容见陈寅恪：《隋唐制度渊源略论稿》之六“兵制”一节，生活·读书·新知三联书店1954年，第124–140页。

2 《邺侯家传》，《玉海》引。所述内容见陈寅恪《隋唐制度渊源略论稿》之六“兵制”一节，生活·读书·新知三联书店1954年，第124–140页。

3 所述内容见陈寅恪《隋唐制度渊源略论稿》之六“兵制”一节，生活·读书·新知三联书店1954年，第124–140页。

4 关于北周的府兵制度的起源和发展，参见雄伟：《府兵制与北朝隋唐国家政治生态研究》，人民出版社2015年。该书对此作了比较全面的梳理。

5 陈寅恪：《隋唐制度渊源略论稿》之六《兵制》一节，生活·读书·新知三联书店1954年，第124–140页。

针对存在的问题，隋文帝以诏令的形式对府兵制进行改革。其中具有根本性意义的举措包括：首先，军府掌握的人口户籍一律交给地方政府管理，军人就地入籍，令府兵军士的“垦田籍帐，一与民同”[1]。其次，军队的土地交给地方，使府兵与农民同属于州县，纳入均田制。军人依然享有毕世免徭役的待遇，但不再存在军府的经济特权。从法律上变兵民分治为兵民结合，使府兵制与均田制紧密地结合起来，最终完成了兵农合一、寓兵于民，变身为均田制度下的军事制度。

在府兵的统率方面，隋文帝仍然沿用西魏、北周时期的十二大将军制度，设立左、右卫，左、右武卫，左、右武侯，左、右领左右，左、右监门，左、右领军等十二卫为中央的军事管理机关。每卫统领一军，设大将军一人、将军二人，下辖骠骑府、车骑府，分设骠骑将军、车骑将军；再下为大都督、帅都督、都督，构成统一的指挥管理系统。[2]同时，隋文帝赋予了这一系统新的特点。除了把各种类型的禁兵作为“禁卫兵”纳入十二卫系统外，还体现在：第一，十二卫大将军为府兵的最高将领，皆直接隶属于皇帝。它把北周时掌握军队实权的上柱国、柱国等职务变为荣誉称号，取消他们对军队的统率权力，由皇帝直接掌控十二卫的统御权。第二，增加十二卫大将军、将军以及骠骑、车骑将军的编制，同时降低他们的级别，以达到削弱和分散将军权力的目的。府兵平时仍由军府统领，战时则由皇帝临时任命行军元帅或行军总管担任最高指挥官，并组成相应的机构，实行统一指挥。战事结束，职务自动罢除。

隋文帝对府兵制度的改革，使隋王朝的武装力量得以加强，并且实现了军事统率权集中于皇帝一人，中央集权因此而得到进一步加强。隋文帝对府兵制的改革，是西魏、北周时期府兵制度的延续和发展，并为唐代所继承。唐朝的中央官署南衙，便是基本上沿袭隋朝的府兵管理体制而使之更趋于完善。承前启后的隋朝府兵制度，在中国军事史占有重要地位，对后世有着深远影响。

1　开皇十年诏。《隋书》卷二，《帝纪》第二，中华书局 1973 年，第 35 页。

2　《隋书》卷二十七，志第二十三，《百官下》，中华书局 1973 年，第 777–778 页。

隋朝的文化教育制度

中国古代教育的一项最主要的功能，是为国家提供管理人才，即所谓“学而优则仕”。周朝便设有太学。汉武帝时更进一步，采纳董仲舒的建议，罢黜百家，独尊儒术，兴学校，行选士，将“学而优则仕”制度化。魏晋以后的分裂和长期战乱时期，社会动荡，官学时兴时废，教育衰落，儒学不振。在北方游牧民族入主中原的背景下，隋朝立国之初，承接的是北周轻文尚武的传统。掌握文化知识，只被看作用来处理政府公文所需的从属性行政技能。但随着国家统一后发展的需要，汉化政策的进一步推行，隋文帝认识到，需要把儒家学说提升到治国不可或缺的地位。立学设教，制礼作乐，鼓励劝学行礼，随即成为隋文帝立国后的重要政策之一。

隋文帝发展教育的第一步是设立专门部门，负责官办教育的管理。他把文教从原来主管礼乐仪制、天文术数的太常寺中分离出来，设立国子寺专管，作为国家教育部门的最高行政机构，不再和宗教混在一起。国子寺设祭酒一人，是为负责全国学校教育的最高长官。属官设主簿、录事各一人。这是有文献记载的中国历史上首次出现的专管教育的行政部门和官员，表明学校教育在国家政权中有了独立的地位。设立独立的教育管理部门，表明隋文帝对教育的重视程度，被看作是中国古代教育史上的一个巨大进步。《隋书》记载，国子寺开学之际，隋文帝亲临主持释奠仪式，听国子祭酒的演讲，并当场予以褒奖和赏赐。[1] 开皇十三年 (公元 593)，国子寺改名国子学。隋炀帝大业三年（公元 607）后改名国子监，并一直为后世所沿用。

学术获得了相对的独立性，教育内容也随之得到充实和拓展。汉代之前的太学，以先秦时期各类学说的要义为内容。汉武帝罢黜百家、独尊儒术之后，太学的主要教学内容限定在儒家经典，被称为“经学”。直到公元 178 年，才有

1 《隋书》卷七十五，列传第四十，《元善传》，中华书局 1973 年，第 1708 页。

东汉在洛阳鸿都门开设的学习、研究文学艺术的高等专科学校，史称“鸿都门学”，标志着教育内容开始向经学以外发展。隋文帝鼓励了这一发展趋势。中央官学除设有国子学、太学、四门学，还初创了书学、算学和律学，应用学科与经学并立。书学专门研学书法，算学即后来的数学和算术，律学在当时则指法律注解及相关理论研究，相当于今天的法学，异于后来的音律学。官办教育是把教育、研究和行政机构三者合为一体的。国子学、太学、四门学、书学、算学这五学归国子寺领导，律学由大理寺直接领导，成为部门办学的先导，学校体制逐步形成。相应地，在科举考试中设立了明算科。此外，在太医署中，也招纳生徒，传授医术，培养医学人才。地方则设有州郡县学。把三学发展成为“六学”，并根据社会发展创设专科性学校，是隋文帝对中国教育事业发展的一大贡献。

《隋书·百官志》载，隋代各学不仅设有专职教官和脱产学习的学生如博士、助教、生员等，而且实行计划管理，名额也有规定。如：博士，国子学、太学、四门学各五人，书学、算学各二人；助教，国子学、太学、四门学各五人，书学、算学各二人；学生，国子学一百四十人，太学、四门学各三百六十人，书学四十人，算学八十人。[1]可见，当时的中央官学已具备了较大规模。对各个州县学校教师和学生的人数，也根据州县面积大小和人口多少作了规定。当然，发展官办教育，隋文帝不是第一人。他的功劳是把这一政策拓展到整个中华民族的范围。这在当时具有重大的意义，也对后世有深远的影响。隋朝的教育制度为唐王朝所继承和发展。

隋以前的教育，历来就有官学、私学之分。分裂和战乱时期，官学难以发展，私学同样受影响。隋朝立国后，在官方鼓励教育的政策推动下，私人讲学日益兴盛。各地纷纷广建学校，中原地区学者众多，儒学一时兴盛，如唐代魏征所形容的，出现了“京邑达乎四方，皆启黉校”，“讲诵之声，道路不绝”，“中州儒雅之盛，自汉魏以来，一时而已”的盛况。[2]私学也包括两方面的内容：一是秉承西汉以来的经师传统，传经授业，二是以识字读书为主的普及性教育。官学、私学

1 《隋书》卷二十八，志第二十三，《百官下》，中华书局 1973 年，第 777 页。

2 《隋书》卷七十五，列传第四十，《儒林·传序论》，中华书局 1973 年，第 1706 页。

的共同发展，改变了六朝时期门阀制度下的贵族教育制度，教育对象迅速扩大、下移，庶族获得了更多的受教育的机会，适应了统一后经济文化建设的需要。

除了把发展教育作为逐步改变官员文化成分的长久之策，隋文帝也试图改变现任官员尚武轻文的旧习惯、旧传统。开皇三年（公元583），隋文帝采纳主张文治的奏折，下诏在全国劝学行礼，并提出了具体措施。诏书发布之后，“自是天下州县皆置博士习礼焉”[1]。相比北方游牧民族的尚武，曾经处于梁、陈治下的南方地区，更有崇文的传统。于是，隋文帝平陈后，大量启用江南文士。他把“江南士人，悉播迁入京师”[2]，把他们安排进中央学术机构中。未迁入京城的学者也多安排任地方教官。

与发展教育相关，隋文帝对文化遗产的抢救和保护也值得称赞。整个分裂和战乱时期，文献书籍毁损严重。隋朝建立时，只存图书一万五千余卷，且残缺不全。隋文帝下诏派使者到各地收集书籍文献，并广开献书之路。《隋书·牛弘传》记载，负责文献图籍整理的秘书监牛弘上书建议隋文帝广泛收集书籍，隋文帝采纳，并令“献书一卷，赏缣一匹”[3]。隋灭陈，攻下陈国首都后，立即封存陈朝图籍，全部运回长安，并投入大量人力物力对这些文献图籍进行编辑、修缮、补缺，使大量濒于灭绝的珍贵藏书得以存世。

研究状况

关于隋文帝的文治武功，隋朝留下的文献材料不多。据唐人记载，在隋文帝的亲自过问下，隋朝曾大规模修史。隋文帝提拔王劭为著作郎，“将二十

1 《隋书》卷四十七，列传第十二，《柳昂传》，中华书局1973年，第1278页。

2 《隋书》卷二十一，志第十六，《天文下》，中华书局1973年，第612页。

3 《隋书》卷四十九，列传第十四，《牛弘传》，中华书局1973年，第1300页。

年，专典国史，撰《隋书》八十卷”。但这一耗时费力的工程，其价值未得后世认可。唐人评价，这些著作“多录口敕，又采迂怪不经之语及委巷之言，以类相从，为其题目，辞义繁杂，无足称者，遂使隋代文武名臣列将善恶之迹，湮没无闻”。因此该书未得流传。

对隋文帝比较系统、全面的记载，见于唐人所修《隋书》。这部《隋书》是现存最早的隋史专著，也是后人研究隋朝、隋文帝的基本文献。由于唐初修史强调“以古为镜”“以隋为鉴”的宗旨，强调总结隋王朝兴亡的经验教训，因而相对比较客观、尊重历史。宫廷任命当时宰相魏征为《隋书》的主编、监修，其他参与者也都是当时的饱学之士。《隋书》被认为是《二十五史》中一部修史水平较高的史籍，颇受后代史家好评。作为隋王朝开国皇帝的杨坚，自然是《隋书》要评论的核心人物，占有重要篇幅。

《隋书·帝纪》专用两篇记叙隋文帝的事迹。其中对隋文帝杨坚的全面评述是：“上性严重，有威容，外质木而内明敏，有大略。”“自强不息，朝夕孜孜，人庶殷繁，近代之良主。”寥寥数语，刻画了他的一生，也给予了相当高的评价。对于他统一国家的过程，传记提炼得非常简洁、明快：“得政之始，群情不附，诸子幼弱，内有六王之谋，外致三方之乱。握强兵、居重镇者，皆周之旧臣。上推以赤心，各展其用，不逾期月，克定三边。未及十年，平一四海。”他的治理功绩，则只用了十四个字便概括无余：“薄赋敛，轻刑罚，内修制度，外抚戎夷。”大概是主要为了讲给后世的帝王听，对隋文帝的优秀品质和勤政亲民的所作所为，文中倒是作了细致的描述：“每旦听朝，日昃忘倦，居处服玩，务存节俭，令行禁止，上下化之。开皇、仁寿之间，丈夫不衣绫绮，而无金玉之饰，常服率多布帛，装束不过以铜、铁、骨、角而已。虽啬于财，至于赏赐有功，亦无所爱吝。乘舆四出，路逢上表者，则驻马亲自临问。或潜遣行人采听风俗，吏治得失，人间疾苦，无不留意。尝遇关中饥，遣左右视百姓所食。有得豆屑杂糠而奏之者，上流涕以示群臣，深自咎责，为之彻膳不御酒肉者殆将一期。及东拜泰山，关中户口就食洛阳者，道路相属。上敕斥候，不得辄有驱逼，男女参厕于仗卫之间。逢扶老携幼者，辄引马避之，慰勉而去。至艰险之处，见负担者，遽令左右扶助之。其有将士战没，必加优赏，仍令使者就家劳问。”[1]

传记也历数隋文帝的缺陷和不足，以为后世之鉴：“然天性沉猜，素学无术，好为小术，不达大体，故忠臣义士莫得尽心竭辞。其草创元勋及有功诸将，诛夷罪退，罕有存者。又不悦诗书，废除学校，惟妇言是用，废黜诸子。逮于暮年，持法尤严，喜怒不常，过于杀戮。尝令左右送西域朝贡使出玉门关，其人所经之处，或受牧宰小物，馈遗鹦鹉，麖皮，马鞭之属，上闻而大怒。又诣武库，见署中芜秽不治，于是执武库令及诸受遗者，出开远门外，亲自临决，死者数十人，又往往潜令人赂遣令史府史，有受者必死，无所宽贷，议者以此少之。”在传记最后附上的编者自己的评论“史臣曰”，也在称赞“高祖龙德在田，奇表见异”，称赞他“躬节俭，平徭赋，仓廪实，法令行”，在他的治下“君子咸乐其生，小人各安其业，强无陵弱，众不暴寡，人物殷阜，朝野欢娱”的同时，批评隋文帝晚年的诸多失误，表达了叹惜之情。魏征在高祖本纪末尾给隋文帝下了一个结论：“虽未能臻于至治，亦足称近代之良主。”[2]这个评价，后来史家公认比较中肯、贴切。

《隋书》作于唐刚刚代隋，有比较翔实的资料，隋亡带来的影响依然处处可以体会得到，所以成为后世研究和评价隋朝及隋文帝的重要材料和依据。其中的基本观点和看法，也成为经典，为后来的研究者所普遍接受。宋代司马光编纂的《资治通鉴》对隋文帝的评价，接受的大体上也是《隋书》的观点：“高祖性严重，令行禁止，勤于政事。每旦听朝，日昃忘倦。虽啬于财，至于赏赐有功，即无所爱；将士战没，必加优赏，仍遣使者劳问其家。爱养百姓，劝课农桑，轻徭薄赋。其自奉养，务为俭素，乘舆御物，故弊者随令补用；自非享宴，所食不过一肉；后宫皆服浣濯之衣。天下化之，开皇、仁寿之间，丈夫率衣绢布，不服绫绮，装带不过铜铁骨角，无金玉之饰。故衣食滋殖，仓库盈溢。受禅之初，民户不满四百万，末年，逾八百九十万，独

1 《隋书》卷二，《帝纪》第二，中华书局 1973 年，第 54 页。

2 均见《隋书》卷二《帝纪》第二，中华书局 1973 年，第 55 页。

冀州已一百万户。然猜忌苛察，信受谗言，功臣故旧，无始终保全者；乃至子弟，皆如仇敌，此其所短也。”[1]

受资料的限制，相比对秦始皇、汉武帝、唐太宗等帝王，后来历代政治家、学者关于隋文帝的评述要少得多。唐太宗、朱元璋等从借鉴治国理政经验教训的角度对隋文帝做过深刻的评价。著名思想家如明末清初王夫之，清代学者赵翼等，也在研究历史时对隋文帝治政有系统的评说。

今人在中国古代史研究过程中，有关隋文帝的研究成果数量逐渐积累，内容逐渐丰满。这些成果大体可分为三种类型。第一类为隋史研究，其中包含了大量有关隋文帝治国理政的内容；第二类为专题文论，从不同侧面对隋文帝思想及其作为展开探讨；第三类为隋文帝的传记。此外，海外对隋文帝的研究也是一支重要力量。

（一）隋史研究，以陈寅恪的《隋唐制度渊源略论稿》、岑仲勉的《隋唐史》、吕思勉的《隋唐五代史》及王仲荦的同名著作为代表，是得到普遍认可的史学经典。

陈寅恪是现代隋唐史研究的开创者和奠基者。他在1940年出版的专著《隋唐制度渊源略论稿》对隋唐制度的渊源流变进行了考察，被公认是研究隋唐制度起源的扛鼎之作，在国内外有广泛的影响。该书在对丰富史料进行严谨考辨和深入分析的基础上，论证了河西文化是在长期战乱中西北地区保存下来的汉、魏、西晋华夏文化之继续，是中国历史上意义重大的隋唐制度的渊源之一。“秦凉诸州西北一隅之地，其文化上续汉、魏、西晋之学风，下开（北）魏、（北）齐、隋、唐之制度，承前启后，继绝扶衰，五百年间延绵一脉，然后始知北朝文化系统之中，其由江左发展变迁输入者之外，尚别有汉、魏、西晋之河西遗传。”[2]其中涉及杨坚身世的考证，意在说明，为什么隋文帝能以一内官而轻易得天下。这就是著名的“关陇集团说”。“关陇集团说”对

1 ［宋］司马光编著、［元］胡三省音注：《资治通鉴》卷一百八十，中华书局1956年，第5601–5602页。

2 陈寅恪：《隋唐制度渊源略论稿》，生活·读书·新知三联书店1954年，第41页。

隋唐史研究具有重大影响。后来的学者都立足陈寅恪的研究，或继承，或质疑，或反诘，从而把研究逐步引向深化。

研究者都对隋文帝时期给予较高评价。吕思勉评论道："隋文帝何如主也？贤主也。综帝生平，惟用刑失之严酷；其勤政爱民，则实出天性，俭德尤古今所无，故其时国计之富亦冠绝古今焉。其于四夷，则志在攘斥之以安民，而不欲致其朝贡以自夸功德。既非如汉文、景之苟安诒患，亦非如汉武帝、唐太宗之劳民逞欲。虽无赫赫之功，求其志，实交邻待敌之正道也。"[1]著名历史学家范文澜把隋和秦加以比较，高度肯定隋文帝的成就："秦始皇创秦制，为汉以后各朝所沿袭；隋文帝创隋制，为唐以后各朝所遵循。秦、隋两朝都有巨大的贡献，不能因为历年短促，忽视它们在历史上的作用。隋文帝在力求巩固国家统一的方针下，行政、定制度，对待敌国等方面，都取得了成就，西晋以来将近三百年的动乱，到隋文帝时，确实稳定下来了。他是较好的政治家，因为他多少能够留意到劳动民众的愿望。"[2]

在隋史研究中，史家对隋文帝的评价基本一贯，没有大的出入。他们都充分肯定隋文帝是一个伟大的帝王，在再度统一国家和创立、确定延绵后世一千多年的政治制度方面功不可没。同时他们也强调隋文帝施政有不少缺陷，对隋朝短命有一定的责任。不同的只是，史家的研究在注重实证的基础上各有自己的角度，各有自己不同的关注点。有的注重打通历史脉络，探索不同事件、现象之间的联系，寻找贯通其中的规律，有的则强调考证，对历史具体问题的细节进行深入分析。在某些观点上，也存在一定的差异。如岑仲勉对陈寅恪"关陇集团说"的适用时段存疑，认为关陇集团垄断政治的局面早至隋文帝时就已开始动摇。

（二）有关隋文帝及其政策的专题文论，改革开放前后有比较明显的反差。新中国成立后至改革开放前的近三十年，除了前面所说隋史著作，专评隋文帝的作品比较罕见。受政治因素的强烈影响，史家对未得到党的领导人

1　吕思勉：《隋唐五代史》（上册），上海古籍出版社 1984 年，第 1 页。

2　范文澜：《中国通史》（第三册），人民出版社 2015 年，第 4 页。

充分肯定的帝王，大都采取回避态度。故在这一时期未查阅到以隋文帝为题的论文。

改革开放以后，随着学术研究的恢复和繁荣，专论隋文帝的文章逐渐增加，研究内容也日渐丰富。通过对更多文献资料和史实的挖掘，以及在此基础上不同观点的攻防论争，推动了隋文帝研究的开展。这一时期的研究显示出多领域、多层面、多学科的特点。

所谓多领域，就是研究内容不断延展，从过去局限在少数几个领域，拓展到政治、经济、社会、文化等各个方面，有的还以较强的隋唐史研究团队分工合作为基础。同时从研究成果看，又有比较明显的重点，以探讨隋文帝的民族外交思想、文化贡献、齐家治国理念三个方面的文论居多，其他方面如对经济、军事等思想的研究则相对较弱。

所谓多层面，就是研究视野不断拓宽，既有宏观、全面、整体性的评价，也有中观和微观层面的探索。既有纯史学的考证，又有复合的比较研究。特别是微观层面的研究深入到了某些细节，显示出专业性水平和学术含量的不断提高。

所谓多学科，就是研究方法多样化，除了传统的历史学角度，运用其他学科方法进行研究的日渐增多，如政治学方法、经济学方法、社会学方法等，还有进一步细化的其他各种方法，都在隋文帝研究中时有体现。

（三）关于隋文帝的传记，主要出现在二十世纪九十年代以后，可以看作是隋文帝研究的成果不断积累的自然体现。施建中的《隋文帝评传》，韩昇的《隋文帝传》，黄中业的《隋文帝杨坚传》，梁满仓的《隋文帝大传》等，都属此列。

和所有其他传记一样，隋文帝传记不可能是纯粹的学术专著。一方面，它需要对隋文帝的生平主要事迹进行全面、系统的研究，集中展示作者自己甚至其他人的研究成果；另一方面，传记又必须有很强的可读性，往往需要把故事性和学术性结合在一起，既要体现作者的个人观点和见识，又要尽可能通过故事叙述，乃至用文学方式来加以表达。因此，传记是学术含量很高的通俗读物，是对研究成果的普及和提升。

上述作品大多能二者兼顾，把隋文帝研究的学术成果嵌入历史叙事中。它们的共同特点，一是把过程叙述和专题研究相结合，在按历史过程纵向梳理人物活动轨迹的基础上，又按问题横向地对人物和作为进行考察，纵横交错，使隋文帝其人其事得到了立体的、多维度的体现。二是对时代背景加以展开，进行更加全面、细致的描述，对所发生事件的前因后果进行更加深刻的分析。例如，韩昇用专门一章，以“艰难时世”为题，对“五胡乱华”带来的社会动荡、人民的悲惨境遇和道德沦落全方位地加以展现，为认识隋文帝应运而生、应时而立及他的统一的深刻意义作了非常厚实的铺垫。三是内容更加丰富。比较大的写作空间使作者可以详细介绍其他学者的研究成果和不同观点、认识，提出自己的看法和见解。据此得出的结论具有更大的说服力：“隋文帝无疑是中国自五胡十六国南北大分裂走向统一富强的唐朝盛世过程中，最为重要的领袖人物。他的一番大刀阔斧的创规建制，奠定了隋唐帝国的制度与规模，规定了那个时代的政治运作模式，不少方面还对后世造成持久深远的影响。”[1]黄中业还把“毛泽东对历代帝王的评说”作为引子提供给读者，以期体现更加广阔的视角。四是对人物进行更加全景式的刻画和描写，使人物形象丰满，真实可信。黄中业专辟一章（第十章），对隋文帝进行全面评价，一方面充分肯定，“隋文帝在中央官制、地方官制、科举选官制度、学校制度、史馆制度、法律制度、土地制度、赋税制以及府兵制度等诸多方面所进行的改革，以其大量的事实表明，从社会制度的变革和建设方面考察，隋王朝在中国历史上确实是起到了承上启下的重大作用”[2]，另一方面，又对隋文帝的脾气、性格、道德偏向等一一解剖，使人物的悲剧色彩跃然纸上，也令人信服地解释了隋朝结局令人惋惜的深层原因。这些特点，都是一般的历史教科书和专题论文难以做到的。

（四）海外对隋朝和隋文帝专题的研究独具特色，学术成果引人注目。

1　韩昇：《隋文帝传》，人民出版社 1998 年，第 534 页。

2　黄中业：《隋文帝杨坚传》，吉林人民出版社 2005 年，第 261–262 页。

海外学者对隋文帝的研究，与大陆学者相比有两个明显的不同点。一是他们基本不受现实政治气候的影响，研究扎实、稳步地进行；二是能及时吸收新的政治学历史学研究方法，在这一点上有独特的优势。

国际上对中国历史、文化的研究，通常被称为“汉学”。严格意义上的汉学，研究领域只限于古代中国，不包括当代中国研究。国际汉学主要分为三部分：欧洲汉学、日本汉学和美国汉学。欧洲汉学的保守传统方法，主要依据历史典籍，对历史进行严格考证。美国汉学的兴起要晚一些，和欧洲汉学相承，以政治、经济、文化为主要研究领域。日本汉学借助中日文化比较接近的便利，比之欧美，显得更加丰富、更加深入。隋朝和隋文帝也往往是海外汉学很重要的研究对象，他们的研究，显著提升了隋文帝在人们心目中的地位。

在欧洲汉学界，崔瑞德（Denis Twitchett，1925—2006）是二战以来最重要的汉学家之一。他长期在英国剑桥大学、后来到美国普林斯顿大学从事研究。他是《剑桥中国史》的主编，也是西方隋唐史研究的奠基人。他主编的《剑桥中国隋唐史》全面评述了隋文帝发起改革的意义，在这一领域的著述具有开创性，填补了西方汉学研究的一大空白。崔瑞德研究的一个突出特点是把人物与制度变化结合在一起，看重人物在制度创建和制度变革中的作用。

美国汉学因起步较晚，在这方面的研究要相对薄弱。1978 年，美国威瑞特博士（Arthur A. Wright）出版《隋代》一书。由于研究者通常把隋唐放在一起来研究，这部把隋朝单独拿出来进行研究的著作颇受关注。

在日本，研究中国历史主要有两个学派：东京学派和京都学派。东京学派推崇实证主义研究方式，主要精神来自德国兰克学派，他们强调客观主义，强调历史学家保持一种超然物外、不偏不倚的客观态度，把过去发生的事情如其本来的样子再现、叙述出来。京都学派则推崇中国传统的清代乾嘉考证学方式，强调“二重证据法”。

日本学者对隋唐历史有非常浓厚的兴趣，二十世纪五十年代山崎宏的《隋代的性质与远东的形势》、谷川道雄的《怎样研究隋唐帝国》、宫崎市定的《隋的灭亡》《隋史杂考》等论文的出现，开始显示出日本学者在有关专题研究方面的相当深度。此后，日本学者每年都有专门的报告，评述当年这项研究的进展情况。日本汉学的隋唐研究，大多以陈寅恪的《隋唐制度渊源略论稿》和《唐代政治史述论稿》为蓝本，陈寅恪的种族文化论、隋唐政治制度渊源论等，被视为隋唐研究的基本共识。

日本有关隋朝的专著也为数不少。二十世纪三十年代，就有大矢透的《隋唐帝国》、松井的《隋朝三十年》、铃木俊的《隋唐时代》等著述问世。1971年出版的《隋唐帝国形成史论》，是京都学派的代表作之一。作者谷川道雄（1925—2013）是京都大学名誉教授，京都学派的代表人物。这部研究隋唐建国史历史因素的专著，以北魏末年内乱为起点，着力考证了隋唐王朝形成的社会因素和历史原因。1982年，布目潮沨和中川努合作的《隋代史》由日本法律文化社出版。2005年广西师范大学出版社翻译出版了日本讲谈社组织编写的《中国的历史》丛书，其中第六册为《隋唐时代》。作为作者的日本明治大学教授气贺泽保规认为，一般教科书对隋代的历史总是匆匆带过，这是不对的。隋初短短几年时间大刀阔斧地进行了一系列制度变革，从而奠定了隋朝开皇之治的基础。作者还特别强调佛教对于巩固隋朝统治的意义。

港台也有一批在隋唐史领域默默耕耘的学者，成果颇丰。汤承业所著、1967年出版的《隋文帝政治事功之研究》，是一部对隋文帝的政治作为进行研究的专门著作。作者对杨坚的事迹、功业进行了详细、具体的探究，对其缘何能以内臣得天下进行了深入剖析，对其晚年残酷行径进行了深刻反思，完整阐述了其政治措施的独到之处（如科举、律法、六部三省等），影响之深远（隋唐以降至于明清）、传布之广泛（东亚多国），同时是一部研究这一时期中国政治的史学专著。论文方面，港台学者经常性地有关于隋代和隋文帝的成果见之于世。1990年，黄约瑟编写了名为《港台学者隋唐史论文精选》的书，由三秦出版社出版。此后仍不断有新的文章发表。这些论文多数着眼于人文领域，少有立足经济史的研究，更少有专门的关于隋文帝政治的论著。其研究方法，仍然主要是传统的，得二十世纪三十年代历史研究高潮的风气。当然，也如黄约瑟所说，“硬要把他们定名为史料学派，恐怕亦未必适当”[1]。港台学者在评价隋文帝的观点，和目前的主流看法大体一致。此外，2012年，林静薇的硕士论文《杨坚代周建隋之侧面研究》由花木兰文化出版社出版，着重对唐以来直至现代史家研究隋文帝以隋代周的各种观点和见解进行梳理、概括，考察其中的变化并作出分析，是较近期的关于隋文帝研究之研究的著作。

人物述评

无论在东方人还是西方人眼里，隋文帝都可以当之无愧地进入伟大帝王的行列。但是，仔细观察，也不难看出其中的差别。在中国，人们在列举伟大帝王时，隋文帝往往不在其列。而在西方人眼里，隋文帝似乎有更高的位置。美国学者哈特《影响人类历史进程的100名人排行榜》只列了三位中国皇帝，其中却有隋文帝而没有其他名气似乎远在其上的帝王。这至少说明，在如何看待历史人物的作用这一点上，中、西方学者的关注点有所不同。具体到对隋文帝的评价，甚至还可以说，他是由于受到西方学者的重视而得到国人重视，难怪有人把隋文帝叫做“被忽视了的伟大帝王”。其实，正是这种认识的差异，可以帮助我们把隋文帝的历史功过放到当时时代背景中去考察，进行更加全面的评价。

（一）隋文帝的所作所为，因应了当时时代发展的要求。

评价一个帝王，国人讲究“文治武功”。“文治”讲治天下的方略和技巧，“武功”则主要讲“打天下”。恰恰是在这一点上，和秦始皇、汉武帝、唐太宗、朱元璋（康熙可能是一个例外）等杰出帝王相比，隋文帝要显得逊色许

1　黄约瑟编：《港台学者隋唐史论文精选》，三秦出版社1990年，“序”第3页。

多。隋文帝的天下不是打下来的，而是通过“篡位”获得的。在中国古代皇权制度下，篡权而上位者，历来合法性不高，杨坚亦是如此。甚至比较历史上的篡位者，杨坚也并无特殊优势。清代学者赵翼早就把这种观点表达得很清楚：“古来得天下之易，未有如隋文帝者，以妇翁之亲，值周宣帝早殂，结郑译等，矫诏入辅政，遂安坐而攘帝位。”[1]这其实也是从隋唐人就开始的普遍看法。不少研究者都是认同这个观点的。如吕思勉指出：“自来篡夺之业，必资深望重，大权久在掌握而后克成，而高祖（杨坚）独以资浅望轻获济，此又得国者之一变局矣。”[2]岑仲勉也说：“（杨）坚承袭家荫，无赫赫勋绩，其得篡周立隋，实以受遗辅政为一大枢纽。自其受遗诏起计，不出一年，便移周祚，得国之易，无有如杨坚者。”[3]

为了揭开隋文帝成功之谜，史学家花了不少力气对他获得政权的原因进行探讨。最早的观点认为，是杨坚的豪门出身成全了他。杨坚的父亲杨忠自称家族为弘农杨氏，这是当时关中非常著名的门第。据记载，该家族的先祖为楚汉时代把项羽追到乌江边的五员汉将之一，名杨喜，后因功被封赤泉侯，家族自此开始发达。到了东汉时期，杨家出了个名扬天下的大儒杨震，官至太尉，家族名声更加显赫。但是，著名历史学家陈寅恪却考证，杨坚并非杨震之后，相反可能是山东寒族，其弘农杨氏的身份应出于伪托。他的考证，学界大多数人认为成立。日本学者布目潮渢还进一步考证杨坚家族并非汉族。

实际上，杨坚篡位开国，固然有许多偶然因素，但深层次的原因，则是他顺应了当时时代发展的要求和趋势。如前面所述，由于长期分裂和战乱，百姓横遭生灵涂炭之苦，出现了用普遍认可的文化统一国家的强烈渴望。为此，北魏孝文帝已经为推进汉化作了很大的努力。但是，北魏是一个胡人政权，人们很难相信它能够担起国家统一的大任。北周宇文氏同样如此。杨坚则与他们不同，有各方之利。首先，杨坚家族是汉族。尽管杨家攀附弘农杨

1 ［清］赵翼撰、王树民校证：《廿二史札记校证》，中华书局 1984 年，第 332 页。

2 吕思勉：《两晋南北朝史》，台湾开明书店 1977 年，第 772 页。

3 岑仲勉：《隋唐史》上册，高等教育出版社 1957 年，第 2 页。

氏血缘本身有疑，但有这一条，就很容易和当时的汉人豪族军团拉近距离。其次，杨家虽为汉族，但杨家五代居于北边胡化之地的武川镇，历史上和胡人有密切联系，其家族具有相当的胡族文化色彩，这又使他容易为胡人所接受。再次，杨家本身就是西魏以来的武人门阀，在北魏孝武帝军系中广有人脉。这个军系的成员，多为北魏汉人官僚或胡族中的洛阳集团。可以说，杨坚恰恰是比较合适的能够把各种不同势力聚集在一起的人选。

陈寅恪正是从这个角度出发进行研究，首创“关陇集团说”，得到史家的普遍认可。他实际上是从文化上说明了，杨坚能够最后为各种势力所接受，是因为他依托的是一股既继承华夏血脉、又在长期和北方少数民族打交道的过程中发展并被接受的势力。它是一个集团，但又是一种融合，而不只是和过去一样的乱世蜂起的若干草头王之一。后来的学者进一步阐发了这个观点：“经过长期的少数民族统治之后，新一代统治者不可能由没有民族融合的经历与胸怀的汉族世家来担任，同样，纯粹少数族人也不能被广大汉族所接受，因此，只有像杨坚这种起自社会基层，深受少数民族习俗熏陶、既混血又能够冒充中原世族的汉人才能为胡汉双方所接受，脱颖而出。”[1]

总之，回归汉化越来越被认为是摆脱国家混乱状态的出路所在。隋文帝宣称要“依汉魏之旧”，明确依靠以洛阳为基地的胡汉统治集团，回到北魏孝文帝汉化改革时的发展路子，这是他很快能获得拥戴的最为重要的原因。杨坚作为汉族和已经被北方少数民族逐步接受的汉文化的代表，成功登上历史舞台。

后世也有一些学者对陈寅恪的“关陇集团说”提出质疑，认为关陇集团只存在到隋初，隋文帝时就已经开始发生变化。隋文帝时期对关陇集团的依赖是越来越趋淡化的趋势。这种状况确实存在，它从另一个侧面佐证了隋文帝是顺应时代大势而获得成功的。关陇集团在隋文帝夺天下时帮他获得了最大限度的支持，但在治国需要更加广泛基础的背景下，关陇本位的用人政策

1　韩昇：《隋文帝传》，人民出版社1998年，第108页。

的狭隘性就开始显露出来。隋文帝应势而变，通过起用文臣和江南世族，淡化“关陇集团”的作用，逐步改变“关陇集团”的排他性和封闭性（例如改变府兵制的胡化性质，恢复府兵汉姓，募百姓入伍等，都是当时非常成功的举措）。这些都加速了“关陇集团”的瓦解和分化，使隋文帝政权获得了更加广泛的社会基础。

所以，和那些因“打天下”而扬名立世的帝王相比，隋文帝同样是一个成功获得天下的有为皇帝。

（二）与秦始皇相比较，隋文帝的国家统一有独具特色的丰富内涵。

隋朝的统一，是继秦、汉统一中国后的又一次统一。秦始皇建立的秦朝之所以被称为中国第一次真正统一，原因盖在于，夏商周时期实行土地分封制，周天子名为国家的最高统治者，实际上众多诸侯国各自为政。秦始皇结束了这种国中有国的分封制，也结束了自春秋起五百多年愈演愈烈的分裂割据局面，建立了中国历史上第一个以汉族为主体的多民族统一的中央集权国家。这是真正统一管理意义上的完整国家。皇帝掌管整个国家的土地，采用郡县制，派出的官员执行皇帝的号令，向皇帝负责。文字货币车轨度量衡也都统一起来。所以，中国作为一个中央集权制的帝国，自当从秦算起。由此而论，隋朝只是魏晋以来经历三百多年再度分裂后的又一次统一。

但隋朝的统一也绝非秦统一的简单复制，其内涵比之秦统一要丰富得多。秦的统一在吞并燕赵韩魏齐楚六国的基础上形成，这六国都是在诸侯纷争过程中做大的汉族政权。因此，秦的统一主要是汉民族政权的统一。隋则完全不同。西晋八王之乱以后，匈奴、鲜卑、羯、氐、羌等少数民族入侵中原，先后建立自己的政权。这些政权在四百多年里彼此争斗又互相融合，特别是在汉族较高文明的影响下被逐步同化。隋文帝的功绩就在于顺应这一历史潮流，促进各民族之间的融合和同化，在此基础上建立了统一的多民族国家。与此相应，隋朝统一后的地理疆域也扩大了许多。

多民族并存共同生活的状况，对如何实现和保持国家统一、民族和谐、经济发展、社会稳定有更高的要求。隋文帝仔细平衡各民族和区域集团之间的利益，强力推行怀柔政策。隋文帝倡导民族平等：与华人错居的南蛮杂类，“曰蜒，曰獽，曰俚，曰獠，曰㐌，……稍属于中国，皆列为郡县，同之齐人”[1]。其中有些与汉族通婚的獠户，“居住言语，殆与华不别”[2]。对少数民族，不强行纳入隋朝的统辖之内，强调“以德服之”。坚持以诚相待，树立威信，促使人心归向。隋文帝注意尊重其他民族的文化和生活习惯。例如，对有些从事畜牧业的少数民族，专设牧场，配置官员进行管理，对管理中的贪污行为予以严厉制裁。他注重教化，以儒家思想影响少数民族进入封建思想规范。对胡人中有才能者，隋文帝一视同仁，和汉人一样重用。隋文帝顺应汉化大趋势，择取了四百多年演变过程中胡汉政权里较为先进的制度，加以融合，进行制度创新。虽说也是经多年演化，属水到渠成，其意义却不容小觑。隋文帝处理民族问题的成功举措，有许多都成为唐及以后朝代遵行的规范。

隋文帝的怀柔政策，在平陈后的善后安排上体现最为突出。陈降隋后，隋文帝宣布，原陈国境内免去十年徭役。对陈朝的降臣，隋文帝亲自甄别，除其中奸佞严加惩处外，大量人员被赦免，有的还被重新录用。隋文帝给予陈废主陈叔宝位同三品公卿的待遇，准其祭祀祖先，所需器物一应由国库供给，还经常带亡国旧君出游。《隋书》和《资治通鉴》中都讲过一些生动有趣的细节：在有陈后主出席的场合，隋文帝不准奏吴地音乐，以免陈后主触景生情，引起伤感。虽然这些做法都带有浓厚的隋文帝个人色彩，但显然反映出他在国家统一问题上有着非常深刻，甚至可以说高人一筹的理念。

隋文帝的怀柔政策是有效的，赢得了各民族的民心，大大纾解了统一过程中各民族间的矛盾和冲突。同时也有相当强的示范效应，引得周边一些少数民族和部族纷纷附隋。据记载，从开皇四年到开皇十年短短六年时间里，就有党项、拓跋、吐谷浑、契丹等族前来归附。特别是岭南越族领袖冼夫人率岭南各族归隋，为国家统一作出了杰出贡献，为后人所景仰。

隋文帝还把怀柔政策运用到国家关系的层面，指导与周边各国的交往，

1 《隋书》卷八十二，列传第四十七，《南蛮传》，中华书局 1973 年，第 176 页。

2 《隋书》卷二十九，志第二十四，《地理志上》，中华书局 1973 年，第 79 页。

使隋能较快地摆脱战乱带来的破坏和影响，走上发展轨道。这也是隋朝很快迎来“开皇之治”的一个重要原因。

（三）隋文帝的制度创新对后世有着极其深刻的影响。

隋文帝最突出的政绩，是他为帝国运行创建和确立了一套完整的政治制度，解决了政府的基本结构、行政的细节、政府干预的限度等重大问题。这套制度在中国政治史上占有重要地位，对后世和中国政治发展产生了深远影响。崔瑞德高度评价这一影响：“隋朝消灭了其前人过时的和无效率的制度，创造了一个中央集权帝国的结构，在长期政治分裂的各地区发展了共同的文化意识。人们在研究其后的伟大的中华帝国的结构和生活的任何方面时，不能不在各个方面看到隋朝的影子。”[1]

需要指出，虽然针对的是帝国运行的可持续性问题，但隋政治制度的确立不是重建，不是推倒重来，而是通过改造现行制度，改变其运行方式来提高其效率，具有明显的渐进改革的特点。在这一点上，崔瑞德的评论是中肯的：“隋代和初唐不是制度剧变或创新的时期。其真正的成就是修改现行的行政方法，以适应大大扩大的帝国的需要以及变化和变化中的社会秩序。这是一个使行政程序合理化、简化和效益化的时期；是消灭冗员（例如在地方政府）和多余法律的时期。”[2]不过，正是由于隋文帝一系列使行政活动法典化和正规化的努力，帝国制度运行的规范得以形成，效率显著改观。尽管隋朝本身是一个短命的王朝，这并不降低它对于中央集权制帝国所具有的重要意义。

隋文帝改革的成效有目共睹：建立了内部权力有分工和制衡的国家管理机构，起用专门人才管理国家政务，基本完成了从皇权贵族体制向皇权官僚体制的过渡；地方官改由吏部任命，结束了若干世纪以来任命权分散在州府地方政府手中的状态，从此真正实现了中央集权；恢复了两级地方政府制以代替三级制，并规定标准以使中央政府能决定地方行政单位的规模和性质，及时结束大分裂时期的混乱和弊病；中央政府任命官员，沉重打击了贵族门

1 崔瑞德编：《剑桥中国隋唐史 589—906》，中国社会科学出版社 1990 年，第 92 页。

2 同上书，第 12-13 页。

阀集团在自己地盘上对官员的控制和特权的维护，使家族世系标准失效，改变了官场的政治生态；等等。

这里面，特别值得一提的是科举制的初创。科举制对大一统之后中国古代中央集权制国家的发展起着极其重要的作用。它把选用人才的大权集中到中央政府手里，为士人特别是出身寒庶的士人提供了参政的机会，为统一后维持强大的管理国家官僚机器的运转源源不断地输送了人才。在评价科举制的作用时，人们往往比较强调科举制的选官标准化和对限制地方势力的作用，而忽略中央一层理念的变化。其实，科举制至少还有两方面的深刻意义：其一，它使统治集团超越在“打天下”者内部选人的习惯和思维定式，开始在全国范围搜罗治国人才。“科举制被用来抵消隋中央政府的‘圈内集团’性质，开始在这一巨大帝国的各地任用精英人物。”[1]其二，它把一直实行的自上而下的人才选拔逐步改变为自上而下与自下而上相结合，打开了人才流动和社会流动的通道，使非贵族阶层也有上升的机会，一定程度上打破了贵族集团对权力的垄断。正因为科举制的这些作用，这种官吏选用制度一直延续了下来，不断完善，到唐代形成完备的制度，并成为定制，为后面历代王朝所承袭，在中国历史上推行达一千三百年之久。不能否认，科举制也有其消极的一面。它使教育偏离方向，完全成了科举的附庸。先生为科举而教，学生为科举而学，教育的内容方法与科举考试的内容方法完全一致，变成了典型的“应试教育”。特别是越到后来，华而不实、死记硬背、僵化固化等弊端越不可遏制地滋生、泛滥起来，进步色彩逐渐褪去，阻碍进步的一面日益显露。根深蒂固的“官本位”与此也有脱离不了的干系。但无论如何，科举制仍然是一套对古代中国国家发展意义重大、影响深远的制度，而隋文帝就是这套制度的初创者。

（四）恰当评价帝王的个人品行与行为风格在政治运行中的作用。

中国古代自秦以来的中央集权，本质是皇权专制。皇权至上、皇帝专权，

1 ［英］崔瑞德编:《剑桥中国隋唐史 589—906》，中国社会科学出版社 1990 年，第 92 页。

意味着它只能是一种人治社会。在皇帝专权和人治状态下，帝王本人的品行和行为方式，成为影响整个国家运行质量的重要因素。隋朝也不例外。

隋文帝作为一个成功的、有作为的帝王，个人有不少理念和品行值得称道。他坚守与独孤氏的一夫一妻爱情，在动辄“后宫三千佳丽”的帝王生活模式下极其罕见，格外突出，为后世所称颂。隋文帝的勤政，在帝王中是少见的。历史上隋朝留下的文献资料并不算多，但关于隋文帝勤政的描述，却非常细致，栩栩如生，像上朝上到错过午饭时间，奏折批不完带回寝宫批到深夜，经常出巡并亲理百姓的上诉，等等。隋文帝躬行节俭。他的节俭，更是在整个皇权时代都榜上有名。无论衣食住行，隋文帝都力求简朴。平时用餐，只一道荤菜。六宫的衣着，都是经常换洗的旧衣裳。出巡看到百姓吃的是豆屑杂糠，他会泪流满面，带回朝廷，传示百官，此后近一年不食酒肉。一个高官进香时用毡袋盛香，显得很奢侈，被隋文帝笞打一顿。

然而，把整个国家的命运系于帝王一身，注定国家难以跳出始盛终衰、兴亡更替的历史循环。看中国历史上的王朝，长则几百年，短则几十年，都体现了这个规律的存在。隋朝二世而亡，历时三十八年，是仅次于秦的短命王朝。这三十八年中，隋文帝就占去了二十三年。这肯定会影响到人们对隋文帝的评价。当然，如何看待隋文帝与隋亡的关系，大体存在两种观点。一种观点认为，隋文帝和隋朝灭亡存在因果关系。隋亡的种子，在隋文帝的时候就已经埋下了。另一种观点则认为，隋文帝和隋朝灭亡并无关系，导致隋亡的是他的儿子隋炀帝。隋炀帝倒行逆施，把好端端一个朝代葬送了。不过无论如何，隋朝在这么短的时间就被唐取代，即使只讲后来的隋炀帝杨广是他换定的太子这一点，隋文帝也难辞其咎，更何况还有其他的问题。

修《隋书》的魏征，特别关注隋文帝个人性格和行为的不足和缺陷，认为这些不足和缺陷在隋文帝施政过程中暴露出来，与后来隋的衰落和灭亡有脱不开的干系。如前所述，魏征对隋文帝总的评价很高。但这并不妨碍他对隋文帝的缺失提出严厉、尖刻的批评。他指出，隋文帝“素无学术，不能尽下，无宽仁之度，有刻薄之资，暨乎暮年，此风逾扇。又雅好符瑞，暗于大道，建彼维城，权侔京室，皆同帝制，靡所适从。听哲妇之言，惑邪臣之说，溺宠废嫡，托付失所。灭父子之道，昆弟之隙，纵其寻斧，翦伐本枝。坟土未干，子孙继踵屠杀；松木贾才列，天下已非隋有。惜哉！迹其衰怠之源，稽其亡乱之兆，起自高祖，成于炀帝，所由来远矣，非一朝一夕。其不祀忽诸，未为不幸也”[1]。魏征非常鲜明地表达了隋的“亡乱之兆，起自高祖，成于炀帝”的观点。

从政治学的角度看，在皇帝专权状态下，最大的问题和难题是帝王对权力用度的把握。人治社会的本质，给这种把握添加了太多的不确定因素。高度专断的皇权本身是缺乏约束的，特权和滥用也几乎是不可避免的事情。而权力会不会滥用到危及统治，很大程度上要靠皇帝本人的素质。我们知道，个人品行与施政主张是两回事。把两者混淆起来，难免用权失度，带来严重的后果。隋文帝是勤政的，值得充分肯定。但把握不好，它的另一面往往是事无巨细，权力无限扩张，用权过滥。

例如，隋文帝不懂得用权的边界。他无限延伸惩罚权，颁布了诸如“盗一钱以上皆弃市”“三人共盗一瓜，事发即死”之类的苛刻刑法，弄得百姓人心惶惶。他曾在朝堂上亲手打死过大臣，这在整个皇权时代都是极其罕见的个例。隋文帝在朝堂之上设廷杖制度，动辄用刑，有时一日竟有数次，甚至还会亲自动手。曾有一段时间，由于包括宰相高颎在内的若干高官进谏，廷杖被废除，但不久又被隋文帝恢复，还进而推广到各级官府。

又如，隋文帝节俭。在私生活领域，尤其对一个帝王而言，这是很好的品质。但把它扩大到公权领域，就出现了问题。节俭被升到国家政策层面，变成了禁欲主义。他对于工商业的抑制，就出于他的节俭理念。在他看来，工商业引导农民离开农本，引导人们追求更高质量的生活，这是不应当鼓励的。这样一来，经济文化的繁荣和技术的进步客观上受到阻碍，成了国家专制的牺牲品。我们甚至可以看到，隋文帝后期出现的疏远能臣、皇后干政、

1 《隋书》卷二，《帝纪》第二，中华书局 1973 年，第 55-56 页。

改立太子等等招致隋发生变故的事件，竟无一不和他缺乏宽容、把节俭理念滥用到政治中有着千丝万缕的联系。

再如，隋文帝像推崇佛教一样推崇儒教。“孝”是儒学的核心思想之一。在隋文帝看来，家庭、家族的孝和对国家的忠是相通的。大力倡导孝，必然有利于加强皇权。于是，他极力主张“孝治天下”。乍看上去，这一主张非常符合回归汉化的趋势。但实际上，纯属家庭伦理范畴的“孝”一旦有权力染指，立即变形。“孝”从家族伦理演变为国家伦理，忠于皇权统治变成了绝对义务。在隋文帝的指令下，苏威把儒家“父义、母慈、兄友、弟恭、子孝”的五教进一步具体化，强制灌输，违者处罚。而相应的要求掌握在官员手里，就变成了他们审查各种社会活动的标准。这样，“孝”变成了专制主义的工具，取得的实际效果是“百姓嗟怨”[1]。

专制权力过度延伸到其他领域，侵入微观经济乃至家庭、个人道德的范畴，要求它们全部服从于国家意志，导致乱象渐生。权力无所不在、无所不管，使得整个国家和社会处在一种高度紧张的状态。这反过来又加剧了它的脆弱性。一旦在某个方面出现异常（例如隋炀帝的苛捐杂役），就会把这个系统带入危机状态。这也正是隋末发生的情况。诚如韩昇所言，“隋朝因集权而强大，也因集权过度而灭亡”[2]。

需要强调的是，很难把所有的问题都归咎于隋文帝个人，变成对个人的苛责。不受约束的权力肆意扩张，最后变成压垮自身的不可承受之重，本来就是专制主义制度的通病。隋朝总体上看处于中央集权制国家建构的前期阶段。前面有足够的教训，才会给后来者提供积累。可以说，后来有远见的帝王多主张“无为之治”，很大程度上是吸取了秦、汉、隋在这方面教训的缘故，是帝王中的佼佼者们集体经验的成果。十分显然，从一千多年的王朝更替看，这一点从来都没有从制度上建立根本保障。既然如此，兴亡更替的循环继续不断出现，也就在所难免了。

1 《北史》卷六十三，列传第五十一，《苏绰附苏威传》，中华书局 1974 年，第 2245 页。

2 韩昇：《隋文帝传》，人民出版社 1998 年，第 218 页。

参考文献

著作

陈寅恪:《隋唐制度渊源略论稿》，生活·读书·新知三联书店 2001 年版。

汤承业:《隋文帝政治事功之研究》，台北，中国学术著作奖委员会 1967 年版。

韩国磐:《隋唐五代史论集》，生活·读书·新知三联书店 1979 年版。

岑仲勉:《隋唐史》，中华书局 1982 年版。

吕思勉:《隋唐五代史》(上、下)，上海古籍出版社 1984 年版。

王寿南:《隋唐史》，台北，三民书局，1986 年印行。

王仲:《隋唐五代史》，上海人民出版社上册 1988 年版，下册 1990 年版。

金宝祥等:《隋史新探》，兰州大学出版社 1989 年版。

施建中:《隋文帝评传》，广西教育出版社 1996 年版。

梁满仓:《隋文帝杨坚》，学苑出版社 1997 年版。

韩昇:《隋文帝传》，人民出版社 1998 年版。

黄中业:《隋文帝杨坚传》，吉林人民出版社 2005 年版。

林静薇:《杨坚代周建隋之侧面研究》，新北，花木兰文化出版社 2012 年版。

梁满仓:《隋文帝大传》，中华书局 2016 年版。

[日] 山崎宏:《隋唐佛教史研究》，法藏馆 1967 年版。

[日] 布目潮沨、中川努《隋代史》，日本，法律文化社 1982 年版。

[日] 气贺泽保规:《绚烂的世界帝国：隋唐时代》，广西师范大学出版社 2005 年版。

[英] 崔瑞德编:《剑桥中国隋唐史 589—906》，中国社会科学出版社 1990 年版。

论文

[日] 山崎宏:《隋朝官员的性格》,《东京教育大学文学部纪要 史学研究》六，1956 年。

胡如雷:《隋文帝评价》,《社会科学战线》1979 年第 2 期。

齐陈骏:《关于评价隋文帝和“开皇之治”的几个问题》,《兰州大学学报》1980 年第 4 期。

杨希义:《隋文帝评价中的若干问题刍议》,《西北大学学报(哲学社会科学版)》1983 年第 4 期。

沙宪如:《隋文帝吏治述评》,《辽宁师范大学学报(社会科学版)》1984 年第 4 期。

赵云旗:《隋文帝民族政策研究》,《中央民族学院学报》1986 年第 1 期。

汤勤福:《隋文帝废立太子刍议》,《上饶师范学院学报》1987 年第 1 期。

施建中:《隋统一原因再探——兼论隋文帝平陈方略》,《北京师范大学学报》1988 年第 2 期。

赵云旗《论隋文帝与隋代的儒学》,《孔子研究》1988 年第 3 期。

高明士:《隋文帝“不悦学”、“不知乐”质疑——有关隋代立国政策的辨正》,《台大历史学报》第 14 期,1988 年 7 月。

赵云旗:《简评隋文帝》,《历史教学问题》1991 年第 3 期。

乔延寿,赵云旗:《论隋文帝时期的吏治与廉政》,《山西大学学报(哲学社会科学版)》1991 年第 4 期。

张文才:《略论隋文帝的军事思想》,《军事历史》1992 年第 4 期。

王永平:《隋文帝从政弊失论》,《历史教学问题》1995 年第 3 期。

张深秋:《后世多行文帝法——记隋文帝杨坚及其吏治》,《中国公务员杂志》1995 年第 8 期。

曹治怀:《隋文帝不悦儒学专尚刑名辨析》,《安庆师范学院学报(社会科学版)》,1996 年第 2 期。

朱柏成:《论隋文帝的节俭政治》,《井冈山师范学院学报》1996 年第 2 期。

王心喜:《隋文帝“不悦儒术”辨正》,《杭州教育学院学报》1996 年第 3 期。

万昌华:《重评隋文帝其人》,《泰山师专学报》1999 年第 1 期。

吕春盛:《关于杨坚兴起背景的考察》,台湾《汉学研究》第 18 卷第 2 期(2000 年 12 月号)。

张先昌,许瑛:《试论隋代前期的文化教育政策——兼评隋文帝“不悦儒术”说》,《贵州社会科学》2009 年第 9 期。

王士立:《隋文帝杨坚的节俭政治》,《唐山师范学院学报》2015 年第 4 期。

华盛顿

/郑 寰*/

乔治·华盛顿（George Washington，1732—1799），美国杰出的政治家、革命家和军事家，被尊称为"美国国父"。在美国独立战争时期，他担任大陆军总司令，率领军队经历了八年残酷战争，摆脱了英帝国的殖民统治。战争结束后，德高望重的华盛顿重新出山，主持了决定美国命运的费城制宪会议，为美国宪法的制定做出了特殊贡献。他担任了美利坚合众国的第一任和第二任总统，开创了国家在政治、经济、外交领域的全新局面。在任期结束后，华盛顿主动隐退，为美国留下了一笔"巨大的遗产"和"无形的精神财富"。

华盛顿与乾隆皇帝同属一个时代。但与旧式君主不同，华盛顿标志着人类政治文明史上一个全新时代的来临。革命胜利后，他没有像凯撒、克伦威尔或拿破仑那样实行独裁或建立帝制，而是坚定地捍卫了民主共和的精神。华盛顿创造了伟大的历史功绩，一生

* 郑寰：中共中央党校（国家行政学院）党建部副教授。

享有盛誉，被称为“战时第一人，和平中第一人，国人心中的第一人”[1]。华盛顿已经成为一个符号，深深嵌入美国政治文化之中。美国的首都、许多中小学和大学都以他命名。他出现在美元纸币和硬币上，拉什莫尔山雕刻着他的头像，各种纪念活动、纪念日铭记这位杰出而伟大的领袖。人们将他和亚伯拉罕·林肯、富兰克林·罗斯福并列为美国历史上最伟大的总统之一。在世界范围内，华盛顿也有巨大的影响。英王乔治三世称他为“最伟大的时代人物”。他的仁慈、宽厚和谦逊的政治品格，为一代又一代政治家树立了榜样。

生　平

乔治·华盛顿于1732年2月22日出生在弗吉尼亚州。他的祖先约翰·华盛顿1657年从英国来到北美，到他已经是第四代。华盛顿的早年生活鲜为人知。他未受过正式的大学教育，与有着良好教育背景的政治家相比，华盛顿在教育方面相形见绌。幼年的华盛顿，在数学和测量方面有天赋，养成了做事一丝不苟的性格。更多的时候，他在河流、原野和森林游玩，群众、耕作生活成为他最重要的老师。11岁时，他的父亲奥古斯丁·华盛顿突然去世；而他的母亲玛丽由于性情执拗、过于严厉粗暴，华盛顿和她的关系并不和睦。幼年丧父和母爱的缺失，让华盛顿过早成熟。在青少年时期，华盛顿同母异父的哥哥劳伦斯和费尔法克斯家族对他生命至关重要。在他们的影响下，华盛顿正式加入弗吉尼亚民兵，成为一名少校。他参加了深入俄亥俄州领地的远征，获得了基本的军事训练。华盛顿早年的经历，塑造了他的性格。他十分渴望财富和名誉，但注定必须依靠自己的努力获取。他学会了在荒野中生

1 ［美］约瑟夫·埃利斯:《华盛顿传》，陈继静译，中信出版集团2017年，第318页。

活的方式，养成了奋力拼搏的性格。强壮的身体和充沛的精力使他充满魅力，他善于从错误中吸取教训，而且能审慎地思考问题。

1754 年，英法两国为争夺殖民地的土地控制权，爆发了著名的“法印战争”。为抵抗法军的威胁，弗吉尼亚州筹建了一支三百人的军队。华盛顿被任命为这支队伍的副指挥，并被授予中校军衔，凭着自己的军事才能、诚实和英勇赢得了很高的赞誉。1755 年，年仅二十三岁的华盛顿成为弗吉尼亚团的指挥官。他把这支军队训练成人数过千的精英队伍，既有英国正规军那样整洁而光鲜的仪容，又具备印第安战士特有的灵活和老练。在这支队伍中，华盛顿第一次实践了领导权，逐步确立了成为一名军官和有志之士的信念。但由于英军拒绝授予他正规的职衔，华盛顿在 1758 年递交了辞呈。

从军队辞职后，华盛顿安享田园生活。1759 年，华盛顿与弗吉尼亚最富有的寡妇玛·丹德里奇·柯蒂斯成婚。这次婚姻使华盛顿立刻跻身于弗吉尼亚种植园主阶级的上层。华盛顿离开了军队，在此后的十六年里，他把全部精力都放在了经营农庄上，过着贵族式的优雅生活。华盛顿在此期间担任了弗吉尼亚的议员。英国对殖民地的压迫，使华盛顿的反抗精神逐步加强。

1775 年，美国独立战争爆发。华盛顿身着军服出席了第二届大陆会议，被大陆会议任命为大陆军总司令。经过八年浴血奋战，他成功带领十三个殖民地脱离了大英帝国的统治，打败了当时世界上最强大的英军，赢得了北美独立。整个战争期间，他牢牢地控制着军队的指挥权。为了表彰华盛顿的卓著战功，美国国会甚至在 1776 年通过了一项法案，提升华盛顿为美军六星上将，这样他的级别就高于所有其他的美国将领。

独立战争之后，邦联面临重重困境。由于缺乏强大的中央政府，既不能征税，又不能提供统一、稳定和充足的货币等，出现了全面的危机。1787 年，美国制宪会议在费城举行。有识之士开始寻求华盛顿的领导。华盛顿作为会议主席和弗吉尼亚代表团成员，在会议中扮演了关键角色，最终促成了美国宪法的诞生。大会通过的美国宪法具体化了华盛顿的基本思想，建立了一个混合的、平衡的联邦政府，确立了全新的政治体制。

1789年，经过全体选举人团的选举，华盛顿全票当选为美国首任总统。在任期内，他积极推动共和民主制度的发展，塑造了美国政治机构，确立了总统有权挑选和提名行政官员，有权撤换不称职的行政官员等基本制度，为美国总统制奠定了基石。他一方面审慎对待国家权力机构之间的分权争端，另一方面也不惜违背民意果断应对事关联邦独立、发展和稳定的重大外交、财政事务。在第二任期结束后，华盛顿更是决然放弃总统职位，不再谋求连任，几乎永久地塑造了美国总统制。1799年12月14日，华盛顿病逝于弗农山庄（Mount Vernon）。

综观华盛顿的整个政治生涯，他在商业、政治、军事方面取得了许多的杰出成就。《大美百科全书》在评价华盛顿时写道："在长达二十年的时间里，华盛顿在三个历史性的重大事件中发挥最重要的作用。"对统一的美利坚国家的追求和热爱，对共和传统的尊重成为贯穿华盛顿政治观念始终的思想线索，为建立一个统一的联邦并树立以民主参与的共和制度，始终是华盛顿思想的聚焦点。

领导独立战争

事实上，在早年担任土地测量员的西部之行中，华盛顿就已经开始认识到美国内陆腹地的特性与可开发性，偏向了"主张向内地开垦，完全拥有整个国家，逐步放松、忽视甚至放弃与欧洲的脐带关系，从而建立一个自足、独立、自成一格的全新社会"[1]的观点。

1 ［英］保罗·约翰逊:《乔治·华盛顿传》，李蔚超译，译林出版社2016年，第20页。

1765 年，英国政府开始计划在弗吉尼亚推行《印花税法》。这一临时性法令是英帝国对所辖殖民地征收直接税的首次尝试，目的是改善帝国日益不堪重负的财政环境。然而，这项法案却在所有的北美殖民地都引起了广泛的抗议。华盛顿并未直接卷入这场盛大的争论，但他无疑是法案反对方的坚定支持者。1774 年，当英国议会再次通过了殖民地人民口中的“不可容忍法案”时，华盛顿“更是找到了威胁北美人自由的真正阴谋”[1]。其后的情势急转直下，列克星敦武装冲突之后召开的第二届大陆会议旋即通过了组织大陆军和任命华盛顿为大陆军总司令的决议。“在大陆会议那争论不断的环境中，激动不已的代表们——他们在各自的殖民地中都是最为杰出的人物——往往说得太多，而华盛顿身材高大，却又寡言少语、习惯沉默，于是就变成了力量和智慧的象征。”[2]

1776 年，随着《独立宣言》（*The Declaration of Independence*）发表，一个新世界在炮火中逐渐显山露水。《独立宣言》由三部分组成，分别阐述了关于美国政体的思想——自然权利与主权在民的社会契约学说、英国压迫北美殖民地的种种罪行以及宣告殖民地的独立。华盛顿虽然因为离开费城前去纽约军营指挥对英军的作战而未能在现场签署《独立宣言》，却在接下来的战争中做出了更为重大的贡献。

历时八年的独立战争源起于北美殖民地早期政治和宗教领袖约翰·温思罗普创立的政治原则“无代表不纳税”。英国对北美殖民地的剥削行为使得北美人民渐渐意识到，在英国人的心目中，殖民地人民并非和他们一样是享有自由权利的平等人，而是被奴役者。由于英国议会中没有可以真正代表北美殖民地和殖民地利益的议员，这意味着英国不仅可以随意专断地向北美殖民地征税，也可以不受限制地干出任何暴行。1770 年，英国殖民当局屠杀波士顿人民的惨案发生。1773 年，英国议会通过《茶税法》操纵北美茶叶价格，殖民地示威者“自由之子”将东印度公司运来的整船茶叶倾入波士顿

1　［美］约瑟夫·埃利斯：《华盛顿传》，陈继静译，中信出版集团 2017 年，第 72 页。

2　同上书，第 80–81 页。

湾。1774年，随着五项不可容忍法令的颁布，殖民地与英国当局矛盾白热化。1775年4月，马萨诸塞总督盖奇得到消息，波士顿附近的康科德镇有殖民地民兵的军需仓库，立即下令军队前往搜查并没收军火。英军在通往康科德的必经之路——列克星敦遭遇了殖民地民兵的阻击。“列克星敦枪声”标志着北美十三州殖民地与英国的战争正式爆发。

整个战争可以分为三个阶段。1775年到1778年为第一阶段。战场在北方，英军掌握主动权。1776年8月底，英军三万两千人在海军舰队配合下进攻纽约。华盛顿指挥大陆军一万九千人与英军进行了长岛战役，但损失惨重，于11月率余部向新泽西退却，英军追击至特拉华河入营过冬。华盛顿并未因长岛和华盛顿堡惨败气馁，而是趁英军疏于戒备，在圣诞之夜渡特拉华河奇袭特伦顿，并于次年1月在普林斯顿再胜英军。两场胜利使不敌英军强大武装能力而接连受挫的大陆军士气一振。1777年9月英军攻占费城，但统帅伯戈因孤军冒进，被一万两千名大陆军和游击队围困在萨拉托加。10月，伯戈向大陆军投降。萨拉托加战役成为独立战争的转折点，促使法国对英宣战。1779年到1781年，战争进入第二阶段。第二阶段的主要战场在南方，大陆军开始以弱胜强。1781年到1783年为第三阶段，是大陆军的战略反攻阶段。

在战争的后两个阶段，美国独立战争最终发展成一场国际性战争，法国、荷兰和西班牙相继卷入并同新生的美国一起抗击英国。随着美国与法国同盟条约的订立，独立战争的胜利就只是一个时间问题了。1781年8月，英军指挥官康沃利斯将南方英军主力集中于弗吉尼亚半岛的约克镇。华盛顿率美法联军一万六千余人，在格拉斯伯爵率领的法国舰队配合下围困约克敦，迫使英军于10月投降。约克镇大捷直接导致了英国内阁倒台，英美开始和谈。

独立战争的艰辛不只磨砺了华盛顿的意志力，也开始促使华盛顿思考国家的权力结构与政府体制的问题。在战争之初，华盛顿已经在坎布里奇战役的胜利中看到，无论致力的目标多么崇高，一支短期服役的临时性志愿部队都难以取得战争的最终胜利。

华盛顿自青年时代培养的独到的军事指挥和领导才能对战争的胜利起到

了至关重要的作用。他的军事领导才能体现在以下方面。

首先是全局眼光与战略能力。新生的美国面对的是当时世界上军事力量与军事投放能力最强大的英国军队。华盛顿既没有因为早年的军事历练而自负冒进，也没有因为综合国力的巨大悬殊而自卑怯战。他综合考虑美英对抗的战争局势，制定了积极防守的军事战略，实际上是以游击战争的形式，通过规避主力决战保存大陆军实力，寻找有利时机突袭重创敌军。

其次是对战争进行系统性的思考，尤其注重正规军的建设。在 1776 年 9 月 24 日致大陆会议议长的信中，华盛顿写道："事情已很明显，这场斗争决非一日之功，战争必须有系统地进行。"[1] 与之对应，华盛顿提出了建立常备军并招募优秀军官、按永久建制发放较高的士兵津贴、健全管理军队的各项规章制度等建议。事实上，华盛顿此时想做的正是以独立战争为契机，在实战基础上建立一支系统性的国防力量，以克服他在早年指挥民兵对法军和印第安人作战中体会到的民兵纪律松散、兵役期短、战斗力差的缺点。

再次，华盛顿拥有坚定的意志和必胜的信念。持久战最考验的就是指挥官和参战官兵的意志力，面对一场局部战役的胜败，气馁与骄躁是同样危险的。特伦顿和普林斯顿的胜利以及长岛和华盛顿堡的惨败都未能扰乱或动摇华盛顿的战心，他始终坚信自己和整个大陆军在为殖民地人民的自由权利和荣誉、为摆脱英国对殖民地的奴役而战。在 1776 年 2 月 10 日致约瑟夫·里德的信中，华盛顿写道："我要告诉他们，我们已经忍无可忍，……我们的自由精神已在沸腾，不能再屈服于奴役……我们已决心与如此不公正、不人道的国家一刀两断。"[2]

最后，华盛顿提倡广泛的团结和争取国际支持。大陆军除了需要面对几乎具备绝对优势的英军，还需要在没有硝烟的战场上对抗英国分化大陆军的花招和国内亲英分子的攻击。华盛顿在 1776 年 3 月给他的兄弟约翰·奥古斯丁·华盛顿的信中写道："有些人无所作为，有些人居心叵测，更多的人胆小

1　［美］乔治·华盛顿：《华盛顿选集》，聂崇信等译，商务印书馆 2015 年，第 80 页。

2　同上书，第 65 页。

怕事，这都可能有损于我们的事业。除了团结取胜，别无他策。只要我们团结一致，不可动摇，就不怕大不列颠的任何伎俩。”[1]同时，华盛顿清醒地认识到国际局势中英法之间的微妙关系，认为仅靠美国自身的力量不足以取胜，尤其与法国建立国际性的反英军事同盟才可能获得战争的胜利。正是通过建立一条团结一致的抗英“统一战线”，美国最终取得了独立战争的胜利。

对于历史进程的通览式审查往往使我们将重大事件的发展理解成一种向着其最终结果平稳发展的必然趋势，但经历其中的历史人物却往往面临着艰难坎坷的现实条件和模棱两可的选择。对置身其中的人来说，这种未来的不确定性往往促使他们进行更加深入的思考。当华盛顿带领他的军队进入位于福吉谷的冬季营地之时，“大陆会议依然既不能向他提供金钱，也无法提供兵源，人民支持战争的热情也开始消退，没有几个州政府决定向他们的居民征税或者募集足够的新兵。”[2]艰难的形势让华盛顿对这支军队面临的结局做出了最为悲观的判断：饿死，解散或者逃亡。大陆军走出这样的绝境依靠的并非人数众多的普通公民，“而是一小撮处在社会边缘的、令人同情的人，即大陆军的普通士兵[3]”。整个独立战争进程中，付出最大牺牲的人来自美国社会的最底层。通过军队中的等级制和近乎严苛的军纪（有许多是公然违背了美国革命所宣扬的平等价值观），这支军队才在独立战争中最终走向了胜利。比起米夫林阴谋这种对华盛顿的努力不成气候的挑战，为了胜利而对革命价值观的违背让华盛顿更加珍重战争胜利以后美国人民的自由和平等权利，让他本能地拒斥等级与专制制度而去拥抱共和，而战争中各州政府的消极迟疑和大陆会议的难有作为也让华盛顿不得不思考如何组织一个权力能在限定范围内高效运转的政府。

1 乔治·华盛顿：《华盛顿选集》，聂崇信等译，商务印书馆 2015 年，第 67 页。
2 ［美］约瑟夫·埃利斯：《华盛顿传》，陈继静译，中信出版集团 2017 年，第 128 页。
3 同上书，第 130 页。

共和精神的捍卫者

约克镇大捷成为华盛顿人生中的又一个转折点，他战前地域性的名望现在成为全国性的。不过同时，不安和担忧的声音也开始浮现，华盛顿的军功和完整地将大陆军保留下来的主张遭到了严厉的质疑，而殖民地的共和主义信念还没有得到根本确立，君主制的思想仍占有很大的空间。人们开始担心他成为美国的克伦威尔，会进军费城并解散议会，用军事独裁将新生美国的共和事业毁于一旦。面对汹汹的质疑声浪，华盛顿选择用实际行动来捍卫共和并昭示自己的共和之心，他相信美国人民会在“试错”的过程中逐渐形成对于国家的正确认知。换句话说，他相信共和是人民可以体会并信仰的事业，而不应该由革命者用强力加诸人民大众。1783 年，华盛顿以坚定的姿态拒绝了陆军上校刘易斯·尼古拉让华盛顿自任“国王”的建议，[1]并于 11 月解散了自己的部队；12 月即辞去总司令职务，返回弗农山庄。

对华盛顿来说，他领导的这场独立战争毋宁说是一场资产阶级革命，而推开王冠、放弃权力或许是这场革命中最为关键的一环。在那个时代，君主制的思想仍牢牢盘踞在许多人的心头。像他一样的风云人物，前有英国的“护国公”克伦威尔，后有法国的军事大才拿破仑，都用军权和独裁葬送了他们的革命事业。而现在，华盛顿用实际行动来回应八年独立战争期间他所受到的种种钳制和质疑。他向议会交回军权，拒绝成为美国国王的举动，不仅保护了革命果实免受独裁和军事政变的戕害，同时也向世界宣示了美国人民自我统治的能力，证明了美国人民不需要英国国王的统治也能够凭借自身的努力获得自由、光荣和幸福。

华盛顿清楚地区分了君主的专制权力和统一国家的权威。前者纵有美德之名望也依然可能成为禁锢人民自由权利的枷锁，后者纵有作恶之趋向也基

1　[美]约瑟夫·埃利斯:《华盛顿传》，陈继静译，中信出版集团 2017 年，第 82-83 页。

本能够在共和政制中受到恰当约束而在限定区域内集中高效运行。对权力的限制和对权威的强调在华盛顿的政治思想中并不矛盾，正如对激进民主的限制和对人民自由权利的追求并不矛盾一样。事实上，任何事物的发展都存在“度”的限制，不受限制的专制权力看似强大，却在妄想粗暴地干预和控制政治与社会生活的全部细节中走向败亡——权力任意的、无序的运行也就是不能运行。而权力限制的目标，除了防止权力走向专制，还要界定权力可以干涉的领域并实现权力在其中的高效配置和运行：一方面，权力运行的方式和范围是明确的；另一方面，权力运行中的越位和缺位是一目了然的。华盛顿通过自己的亲身经历，已经在彼时深刻认识到，洛克以降的分权理论家所关注的并不仅仅是限制权力，更不是单纯为了通过分权来削弱权力；他们真正关注的是如何恰当划分权力在政治和社会生活中发生作用的范围和界限，使之得到更优化的配置并拥有更强的解决政治与社会问题的能力。最直接地反映在独立战争期间，各州关注的问题并不应该是通过相互钳制避免走向邦联议会的专制，而是应该在清晰界定邦联权力范围的基础上赋予邦联更多的权威，能够快速、圆满地解决大陆军在艰苦卓绝的奋战中遇到的诸多问题。华盛顿明白无误地意识到，现在这个问题已经严重到危及美国生存的境地，如果不尽快得到解决，邦联实则有被分化瓦解而重新返回殖民地状态的巨大隐患。

对新生的美国而言，独立战争的胜利带来了一个反思宣布独立以来的政治理论与实践的绝好时机。1783 年 3 月，华盛顿在写给亚历山大·汉密尔顿的一封信中，已经表现出他对于各州之间猜忌的担忧和对加强团结的提倡，而在当时的美国，恐怕也没有人能比华盛顿更加痛彻地体会到邦联制度的弊端以及对其进行改革的必要性——战争长期无法结束和随之而来的战费开支以及他在指挥作战中遇到的几乎一切棘手问题都根源于邦联的权力缺位。现在，随着独立战争的结束，一个让美利坚成为伟大、受人尊敬而且幸福之民族的机会已经摆在全体美国人面前。“但是，为使我国前进，必须抛弃一州之见和毫无根据的妒忌与偏见。否则，我们即会变为我们的敌人和欧洲列强手中的工具。他们出于对我国伟大团结的妒忌，将利用我们自己拆散邦联。”[1]

同时，华盛顿也意识到美国人可以通过对人类历史上各种政制的考察和反思，尤其是对古代共和国的追溯和现代城市共和国的比较，把握人类和政府思想的本质、特性，构建适用于美国现实的政府理论。君主制是对美国革命事业和“1776年精神”的根本背叛，而邦联制也会继续带给美国巨大的安全隐患。华盛顿指出了现行《邦联条例》的一些不足并倡议“各州能根据相互忍让和永久性的原则团结起来”[2]。他认为，比妥善解决军队问题更事关长远的是修改《邦联条例》并使邦联议会拥有更多权力的问题。6月份，他也开始给邦联各州州长写信，阐述关于创设和改革美国政府机构的许多想法。华盛顿总结国家想要实现幸福不可缺少的四要素：“在联邦政府的领导下，各州结成牢不可破的联盟；把公道和正义视为神圣不可侵犯；作出适当的和平安排；在人民中倡导温和而亲切的气氛，忘记地方偏见。”[3]华盛顿坚决反对君主专制，力主建立联邦政府并加强其权力；反对美国在某个国王的独裁中成为一个绝对主义国家，力主殖民地十三州作为一个国家的完整与统一；反对激进民主主义，认为过度的自由与专制一样危害自由的事业，相信并倡导公民美德，并致力于通过推动公共生活的发展完善来维护共和。

1783年11月，在《向美国军队告别的命令》中，华盛顿不仅仅追溯了独立战争的艰难，更从一个真正共和主义者的角度出发，向他的士兵提出解甲归田以后的诸多道德要求，为大陆军退役官兵适应非战时的和平社会环境与参与，更为全体美国公民维护共和社会的理念奠定了思想道德基调。华盛顿认为“为使士兵们变军为民，并无困难，只须将他们刻板的、拘泥礼仪的作风改变即可”[4]。同时，美国自由公民的公正舆论已经允诺给予士兵们应得的酬报，邦联军队应将此铭记在心，并在社会生活中继续发扬部队的成就和佳

1 ［美］乔治·华盛顿：《华盛顿选集》，聂崇信等译，商务印书馆2015年，第197页。

2 同上书，第198页。

3 余志森著：《美国开国三元勋：华盛顿》，中国社会科学出版社1996年，第198页。

4 ［美］乔治·华盛顿：《华盛顿选集》，聂崇信等译，商务印书馆2015年，第207页。

誉所激发的光荣传统。

华盛顿在上述命令中更进一步提出了共和主义对当时社会与时代背景下每一个普通人的道德要求。首先，热爱邦联和高度的和解精神构成了共和的思想基础。国家主义是贯穿华盛顿一生的思想线索，在战争中他已经亲身体会到对邦联的热爱所激发的士气与力量，为国家献身的精神激励着大陆军一直在极其恶劣的环境中与英军作战并取得胜利。而和解精神几乎同等重要，邦联与州、州与州、人民与政府、人民之间都应该达成和解。不同的经济基础、自然环境和宗教文化传统等在殖民地各州之间造成了广泛的差异，只有在各自的利益取向发生分歧时进行商谈与妥协，国家才能避免内战与分裂。

其次，消除忌妒心理，承担国家债务，避免采取过激行动。在一个和谐社会中，忌妒心理的消除对于社会成员的和平相处具有重要的意义。在独立战争刚刚结束的特殊时代背景下，美国背负了大量的战争外债；而战争造成的物价飞涨和资本主义发展带来的剥削问题也日趋严重，社会不公的程度渐渐加深。华盛顿在这种趋势下当然嗅到了社会分裂的危险。为了避免社会分裂导致国家分裂，华盛顿倡导不要采取过激行动，使自己和同胞陷入更加深重的灾难。

再次，提倡俭朴勤劳、不屈进取等个人美德。除了避免消极行动，公民还应树立积极的价值观念。勤劳俭朴的社会风气有助于社会财富的积累和社会风气的清明，不屈进取的精神不仅带给公民参与国家生活所需要的血气，也为国家的开拓进取奠定了基调。骄奢淫逸的社会风气和故步自封的国家精神在历史上起到的消极作用，正是华盛顿想要美国社会竭力规避的。

最后，幸福有赖于个人融入大众，严肃看待邦联。我们不妨把华盛顿在此所认为的“官兵未来的幸福”推及为国民的幸福，他认为这种幸福在极大程度上有赖于人们在成为广大民众中的一员之后，为人处世的明智与磊落。另一方面，大众也应当支持邦联政府的原则并使它的权力得到加强，如若不然，美国现有的荣誉、尊严以及公正都将随着国家的败亡而丧失。华盛顿此时对他的士兵们所说的也正是他想对美国民众说的："希望你们尽力支持尊敬的同胞们为实现这一伟大而崇高的目标所作的一切努力，因为这些目标与我国作为一个国家生存下去息息相关。"[1]

领导制宪

1783年，美国推翻了英国的殖民统治，赢得了珍贵的独立和自由。不过，此时的美利坚要想成为一个名副其实的国家，依然面临重重困难。前殖民地并非一个整体，而是作为"自由和独立的各邦"脱离了大英帝国。独立之后，在旧的《邦联条例》框架下，国内邦与邦之间的深刻分歧随之显现，地方行政权力各自为政，美国很快走向了分裂的边缘。在绝望的境地下，美国能建立坚定的国基，几乎可以说是政治奇迹。

从1783年到1789年，美国革命修改了以各邦为基础的共和主义框架，创立了一个全国性的共和政体。在这关键的七年，华盛顿再度出山，主持制宪会议，与会者起草了一部全新的宪法，奠定了史无前例的美国政府的基石。

实际上，华盛顿虽然从大陆军总司令的职位隐退，但他的居家生活其实过得并不轻松。他一直关注着邦联的运转，并对其低下的效率表示不满——仅就独立战争期间美国的外债偿还问题，邦联国会提出的一系列信贷措施就遇到了重大的挫折。华盛顿十分清楚，《邦联条例》必须被完全取代，而不只是被修改，新政府必须拥有足以为整个国家制定法律的权力。要想取得胜利，就需要一个有能力管理各邦的团结的全国性政府。[2]

1786年9月，麦迪逊响应华盛顿的要求，邀请各州派出代表在马里兰州

1 ［美］乔治·华盛顿：《华盛顿选集》，聂崇信等译，商务印书馆2015年，第206–207页。

2 ［美］约瑟夫·埃利斯：《华盛顿传》，陈继静译，中信出版集团2017年，第201页。

的安纳波利斯集会，商议和敦促弗吉尼亚的立法机构扩展及其水运航道的范围问题。借此良机，邦联国会以修改《邦联条例》，以使其能更妥善地应对合众国当前的紧急需要为目的，召集十三个州的代表秘密与会，开始制定联邦宪法。在此次会议上，弗吉尼亚州长埃德蒙·伦道夫提出了令与会代表瞠目结舌的"弗吉尼亚方案"——"它敦促废止《邦联条例》，并以新的宪法取而代之。建立在新宪法之上的联邦政府拟由三个'最高'机构构成：立法、行政和司法机构。"[1]华盛顿被选为制宪会议主席，他是会议中最少参与争论的人，但无疑也是最重要的那个人。他的重要性首先体现在作为会议主席出席，"否则人们即使不称之为政变，也可能会指责它未经法律授权"[2]；而在整个会议期间，华盛顿都慎重地履行主席职责，不轻易发言和参与辩论却为代表们的沟通创造气氛、积极调停争论激化的矛盾，作为弗吉尼亚代表团的一员对会议的每一个重要问题进行投票，并"在会后活跃于多种社交场合。……周旋于各州要人之间，在代表中间起到了平衡和协调的作用"[3]。最终战胜了与会代表们的分歧和君主制的幽灵，暂时击退了奴隶、种族问题对国家构建的撕裂，竭力促成了《美利坚合众国宪法》的诞生。

《美利坚合众国宪法》是资产阶级国家的第一部成文宪法，它表明美国拥有了一个全国统一的中央政权，以国家根本大法的形式规定了不同于君主立宪制的民主共和政制、不同于议会内阁制的总统制和不同于传统政府理论的三权分立体制，为一个全新的世界奠基了一门新的政治科学。十八世纪是君主制影响日渐消退、共和制精神缓慢抬头的转型时代，美国宪法无疑是一份里程碑式的文件。在这之前甚至就在这种转型过程中，仍然不乏认为君主制和共和制可以相互混合强化、可以并存的人。但在这之后，美国为反驳共和适用于小型国家而君主制适于广袤大国的观点提供了一个坚实的反例。

1 ［美］哈洛·昂格尔：《华盛顿传》，王金鹤译，中国人民大学出版社 2017 年，第 35 页。

2 ［美］约瑟夫·埃利斯：《华盛顿传》，陈继静译，中信出版集团 2017 年，第 203 页。

3 杨澜主编：《乔治·华盛顿》，辽宁人民出版社 2002 年版，第 132 页。

对华盛顿而言，制宪会议不仅是实现他长久以来对国家的地位和作用之思考的契机，也是一场意义和困难程度都不亚于独立战争的战役。上一次，他带领大陆军在严酷的环境中绝地反击，战胜英军并结束了英国对殖民地的压迫，建立了一个独立的美国；这一次，他要带领一群同样伟大的爱国者，在没有硝烟的战场上抵御旧世界思想的残余和无政府状态在美国的蔓延，确立世界历史上第一个真正的民主共和制政府。华盛顿认为，一个国家的有效运转必须依据两点："一，职能授予中央政府行使其职能所必需的权力，对于政府所拥有的权力，我们不应反对。二，所有国家的管理者都应该永远由人民定期选举产生。"[1]

建立初期的美国信奉共和政体，华盛顿本人也并不支持激进民主主义，但他无疑已经同时看到了代表制在共和政体中的局限和人民美德与理性的发展能够产生的对国家独裁倾向的矫正作用。这样，共和与民主精神通过国家的制度安排统一在政治实践中：一方面，美国革命所创造的这种新政治科学把代议制串联到古典民主之上，它虽然没有创造共和主义，但却开创了一种新的共和政体。另一方面，美国革命不单注意权力结构和政体形式的变革，同时也对社会风气和人民的美德与理性、美国社会的观念意识给予了许多关注。共和主义所要求的人对公共性的归属和对公共参与的积极性都要求培育一种社会性的公民美德——这同样也是华盛顿在《向美国军队告别的命令》中就已经关注到的。可以说，美国革命者在政治文化上最大的创造性，就在于超越了历史悠久的混合政府观念，形成了以代议制为基础、以民主选举为扩展的新政体。虽然这种新型政体的根本特征仍然是共和主义，但在政治观念的层面，它的合法性来自人民主权、来自契约形式的人民对政治权力的委托和授予，并以自由权利、人格平等和公共福祉为最高价值追求。它把立法机构和执行机构建立在选举性的代表制之上，相信人民的公心与美德、相信美国社会的契约与法治精神，把遏制暴政的底线性手段交给人民自己，不仅

1　[美]华盛顿·欧文：《华盛顿全传》，李瑞林等译，中国发展出版社2004年，第1259页。

推进了美德和社会参与的进步，也对国家的宪法及法律规定起到了极为重要的补充和维护作用。

1787 年宪法将美国界定为一个联邦制国家，实行权力分立与制衡体制。在这种体制中，国家权力的配置有两个重要特征。一是，纵向来看，中央政府与各州政府实现纵向分权，由宪法划定归属中央政府和各州政府的不同权力，各州同时拥有自己的宪法系统。二是，横向来看，同级政府按照“三权分立”的原则进行组织和权力分配，立法权、行政权、司法权相互制衡。在此之前，虽然洛克和孟德斯鸠都对分权理论做出了意义重大的阐发，但在十八世纪以前的人类社会中，还从来没有一种明确的三权分立体制，更没有出现过一个复合共和制政府。这样的政治安排源于古代混合政体的观点，即认为对于一个国家来说，最好的政体形式就是君主制、贵族制和民主制的均衡与混合。美国的革命者将国家主权、议会主权和人民主权在此意义上设计为彼此独立又相互关联、相互制衡的，这样实质上就形成了纵向分权、横向分权和抽象政治主体分权的三重复合。戈登·伍德对这套分权体系给予高度评价：“这是一个令人印象深刻的观念体系——一种关于政治的动态理论——政治和社会利益如此分散，权威如此原子化，权力如此分门别类，这些不仅发生在政府部门，也同样广泛地发生在社会各个层面，从而形成纷繁复杂而又零星分散的意图及激情，形成诸多制约，以至于任何部分的联合都不可能持久，任何邪恶的利益团体都不可能有长时间的凝聚力。”[1]

美国政治文化另一个重要的贡献在于，在以权力制约权力的理论基石上，又提出了以社会制约权力的制衡方案。华盛顿一再强调“只要民众仍起作用，绝无蜕化为君主制度、寡头政治、贵族统治或任何其他专制或压迫制度的危险”[2]，确实有其极为深入的考虑。单纯从纵横双向分权的角度看，美国政治有着各权力主体推诿扯皮、效率低下、政府停摆等诸多危险；而单纯从把民主

1　［美］戈登·S. 伍德：《美利坚共和国的缔造：1776—1787》，朱妍兰译，译林出版社 2016 年，第 556 页。

2　［美］乔治·华盛顿：《华盛顿选集》，聂崇信等译，商务印书馆 2015 年，第 227 页。

作为一种广泛的社会安排来看，美国政治赫然存在着托克维尔所担忧的“多数人的暴政”之危险。然而，华盛顿所看到的也正是三重复合的分权体制内在的调和与纠正作用。不同于绝对主义传统的政治眼光，共和主义从来都把国家作为一个需要谨慎对待和限制权力范围的对象。共和主义不反感国家，但尤其强调国家在适当范围领域内的行之有效。当纵横双向的权力分立与制约出现失灵，人民主权一方面可以作为社会主权对抗集中化的国家权力，另一方面也可以通过广泛的社会组织弥补政治权力失灵带来的混乱与失序。当作为一种社会结构的民主被误导或者形成“多数人的暴政”时，政治权力的精英化倾向可以及时调整国家的政策方向，使民意向政治系统的输入需要经历一个筛选过程。同时，多元化的社会组织巩固了多元化的社会利益，使得无论怎样的社会思潮都难以走向统一和集中，从而提出了一种防止多数人暴政的根源性手段。

当然，多元主义必定会产生一种社会性的冷漠。由于社会利益的多元分化，不同社会群体割裂成互不关心的小圈子的可能性越来越大。同时也有许多观点从分权制衡体制导致的权力运行低效和低能对三权分立制度提出了多种批评。这两类问题确实存在于政治实践当中。对于社会冷漠，共和主义早已提出了补偿方案——公共性的公民美德和参与精神；而对于权力的低效和低能而言，权力分立实则基于这样一种考虑——人类永远无法通过理性的制度建构设计出完美的乌托邦，所以权力的每一次运作都可能对我们尚不了解的某一社会方面造成伤害，于是就应当经过广泛的讨论和衡量后再做出审慎的行动。

总统制的确立使美国社会获得了一个在限定的权力范围内可以有效实施领导的政治领袖。强有力的行政权力需要一个强有力的政治领袖，总统这一职位的设立与华盛顿一贯的国家主义和加强中央权力的思想一脉相承。事实上，在制宪会议当中，在华盛顿为数不多的投票记录里面，就有四次是他关于行政官的设置和行政权力问题的投票，从中不难看出“华盛顿支持设立强大的行政部门，属于支持'强行政官'之列"[1]。

总体来说，美国制宪并非一次会议或一个时间节点，而应该是一段历史过程。上述民主共和制的确立、权力分立与制衡的体制和对总统制的塑造，成了美国立宪精神的主要体现。制宪从大陆会议召开埋下伏笔，经过独立战争时期的实践和理论准备，经过制宪会议的激烈争辩，并最终通过华盛顿首任总统经历对美国政治体制的塑造，才算总体上完成。从这个意义而言，美国制宪并非一次简单的社会契约建构、法律条文斟酌或是对过往政治体制的复制，而是一个融合理论建构、契约签订、思想论战和政治实践的动态过程。

作为总司令、总统、战时与和平时期的"第一人"，华盛顿在美国宪制中起到了至关重要的作用。如果没有华盛顿，1787 年美国宪法最终能否在各州获得批准通过，仍是一个疑问。对于各州存在的针对宪法授予联邦政府的权力以及这种授权是否会导致共和制转向君主制或寡头制的疑虑，华盛顿认为，联邦得到的授权"并未超出一个健全的政府为行使其职能所不可或缺的范围"[2]。而根据对宪法已经审议成熟的结果，如果不通过新宪法，那就要再一次回到绝对的无政府状态并承受其可悲的恶果，除此之外美国人再无其他选择：既没有希望对当下的情况加以改变，也不可能存在秩序社会与自然状态中间的过渡形式。华盛顿对宪法通过后的作用抱有极高的期待，在他眼中，松散的邦联实则与混乱的自然状态无异。贯穿工业资产阶级和世界性殖民国家的兴起过程，霍布斯以降的几位重要政治哲学家对"自然状态"这一概念做出了不同的阐释：有霍布斯式的"一切人对一切人的战争状态"；有洛克的资源充分、能够实现极大自由的那种平等的状态——在这种状态中，没有一个人享有多于别人的权利；当然也有康德构建的"人人相亲相爱、互帮互助"的完全友善的自然状态。然而不论是哪一种自然状态，其共同点是：由于不存在统一协调者、裁判者与一种保障安全的公共力量，人的生命权、自

1　李秀红著：《论乔治·华盛顿在〈1787 年宪法〉制定过程中的作用》，《燕山大学学报（哲学社会科学版）》2012 年第 13 卷第 2 期，第 75 页。

2　［美］乔治·华盛顿：《华盛顿选集》，聂崇信等译，商务印书馆 2015 年，第 226 页。

由权与财产权实质上一直暴露在受到侵害甚至丧失的危险之下，只是面临的危险程度不同罢了。这种基于对政治和社会失序状态的深刻恐惧与警惕，锻造了联邦党人政治理论的主要基石。事实上，新建成的美利坚共和国国家形象，正符合一个有限的"秩序监护者"形象——它有管理整个政治社会的能力和责任，要维持日常生活的安全和有序；它也是秩序监护的诸种制度安排中的一环，要与公民美德、民主的开放式社会结构一同构成秩序监护的有机系统，不可一家独大。

当然，华盛顿也很清楚，新宪法本身还存在着这样或那样的不足，它并非完美的，却是符合当时政治形势的最佳选择——考虑到制宪会议中需要照顾到形形色色的利益，这部宪法的根本性缺点确实不多。在建国的政治实践中，华盛顿逐渐看清，"我们的制度在理论上比在实践上更完善；尽管把美国的优点吹嘘得天花乱坠，我们将很可能提供最新的但可悲的证明：人类的统治者不使用强制手段是没有本领管理自己的"。[1]后来在给詹姆斯·麦迪逊的信件中，华盛顿又一次谈到强制力量的问题，他最终的关切点在于，仅有公众美德是否就可以保证不使用政权的强制力量而让中央政府的法令得以推行？华盛顿的答案是否定的。他进而强调，"法律和法令无人遵守，或者不能完全贯彻，反而不如根本没有，因为零不过是等于零，有法令而不能贯彻则会产生忌妒和不满"[2]，因此新宪法必须在最短的时间内得到批准和执行。

1788 年 4 月，华盛顿在致拉法叶特侯爵的一封书信中谈到新宪法制定过程中的几个重要分歧："人权法案""由陪审团进行审判"和总统连续任职问题。华盛顿认为对社会各界的沟通和解释必不可少，"虽然现在尚不能期望社会上每个人都赞成同一种最好的政府形式，但宪法中有许多问题，只需加以解释，各党派即可同感满意"[3]。华盛顿积极发挥自己的政治影响力，通过给亲友、重要政治人物等的书信畅谈新宪法的优缺点和立即实施的必要性，并

1　[美]乔治·华盛顿:《华盛顿选集》，聂崇信等译，商务印书馆 2015 年，第 223 页。

2　同上书，第 223 页。

3　同上书，第 231 页。

帮助传播和扩散《联邦党人文集》，来力促新宪法在各州的通过。在与詹姆斯·麦迪逊和拉法叶特侯爵谈论新宪法时，华盛顿既阐述了他对公民美德问题看法的一些转变，又把抵抗总统无限连任的政治重任交给公民美德。事实上，华盛顿对公民和公民美德的这种看法转变代表着美国立宪精神的一种微妙变化，共和与民主的深度交融将就此展开。1789 年 3 月 4 日，经过九个州批准的联邦宪法最终生效，一个新时代渐渐浮出水面。

塑造总统制

1789 年，华盛顿以 69 张选举人票全票当选为美国首任总统。实际上，如果不是大家都知道第一个任职的将是深受信赖的乔治·华盛顿，费城会议最终可能不会批准设立总统职位。“第一次总统选举实际上是一次全民投票，最为明显地体现了美国革命的价值观。虽然制宪会议中的争论以及以后各州批准大会上的争论都表明，这些价值观是受到激烈辩驳的，但最后代表们一致投票选举华盛顿却说明，使各方面都能接受的象征性解决方案正是华盛顿本人，而非其他……华盛顿并不是因为他的立场而被选为总统的，而是因为他自己的身份。”[1]经历了制宪会议的分歧，几乎所有领导人都认为，只有华盛顿有望赢得民心，只有华盛顿能够凝聚举国之力率领政府度过组建期，他是全国民众心悦诚服的唯一人选。

华盛顿自己当然也十分清楚这一点。总统的权力定义还不明朗，他的每一个行为都可能成为后世行政权力的行使先例。通过就职典礼时对军装的弃用，他力图遏制日后军人独裁政变的可能；而通过审慎使用和授予行政权力，

1 ［美］约瑟夫·埃利斯：《华盛顿传》，陈继静译，中信出版集团 2017 年，第 210 页。

他也尽力调和了总统权威与美国革命"1776年精神"的背反。但是，就像当时的人们往往不愿意公开谈论奴隶制，对总统权力讨论的失语也反映了一种实际的忧虑，宪法是否有使行政权力滑向君主制的倾向？对这个问题的任何回答都会直接触及美国共和体制的最核心政治安排。尤其在华盛顿的第二个总统任期，"反对君主制的闲言碎语甚至发展为对华盛顿的政策和人格的公开攻击"。[1]对此，在1793年7月给弗吉尼亚州长亨利·李的私函信件中，华盛顿写道："就我本人而言，其结果如何，我将毫不介意，因我内心自有世上任何力量所不能剥夺的慰藉，就是我的一切行为均无个人野心及谋求私利的动机。因而，尽管支支毒箭，刺多镞锐，但永远不能伤及我的要害。"[2]

然而，对此问题的担忧也并非全然没有道理。此时的美国宪法也仍然确实缺少一套较为完整的"权利法案"和对总统的任期限制。在十八世纪以前，人类建立共和政体的过往历史中，几乎所有共和国的实践都失败了，而罗马人最后更是拱手把自己的权力交给了皇帝。再回溯北美殖民地的政治传统，由于法人殖民地早在英国统治时期就已经实现了官员的选举任命，所以革命后的新政府不仅继承并发扬了民选官员的传统，也继承了与之相伴而来的对英国统治时期殖民地官员权力的恐惧。共和国的官员究竟在何种程度上代表着自己？美国人民心中并没有确定的答案，相反他们却有着亲身经历带来的，对统治权力的扩张和腐败倾向的警觉。"单单用民众选举来代替王室任命或世袭，无法实质上确保不出现暴政，因为历史已经清晰不过地表明，相当多的人'可能很容易崇拜自己的创造物'。"[3]这种辉格式的对权力的恐惧向上延伸到对总统行政权力的疑惧，向下蔓延到对各州行政长官之权力的限制。考虑到"尽管英国国王也许已经被严格地限定在十八世纪的宪法框架内，但是几

1 ［美］约瑟夫·埃利斯：《华盛顿传》，陈继静译，中信出版集团2017年，第217页。

2 ［美］乔治·华盛顿：《华盛顿选集》，聂崇信等译，商务印书馆2015年，第270页。

3 ［美］戈登·S.伍德：《美利坚共和国的缔造：1776—1787》，朱妍兰译，译林出版社2016年，第133页。

乎没有英国人会否认政府的主要责任仍然属于王室”[1]。传统的混合政体理论将君主制、贵族制和民主制的优势调和起来，虽然具有权力制衡的思想基础，但对政治领导体制并无着意安排。相比之下，美国人确实走得更远。他们不仅建立了一种区别于君主政体的全新政体，还与之相适应地建立了一种新的政治领导体制。

尽管美国总统制此时尚不成熟，地方的领导体制也在追求不同于传统英国辉格主义地方政治安排的探索之中，但宪法已经对政治领导体制做出了一定程度的限定和安排。一方面，总统的权力受到国会和联邦最高法院的制度性制约，职权的基本范围已经有由宪法明定，国会保留了弹劾总统的底线性力量；另一方面，各州州长在被剥离了许多社会管理职能的同时，又被置于经常性的选举之中，几乎被切除了垄断政治权力的可能性。另外一个重要问题是党派斗争的出现。一方面，华盛顿还未“做好足够的准备来理解 18 世纪 90 年代政治文化的核心因素，即喧嚣的党派斗争，更没有能力使自己超脱于这些斗争之外”[2]；另一方面，这种喧嚣的斗争使得华盛顿不得不成为站在这个国家中间的调停和象征角色，否则整个新生美国的政治实践即有宣告破产的危险。但这并不意味着华盛顿将自己的角色定位成一个所谓的“老好人”，他本人不仅明确地倾向于联邦党人的观点，而且也是把这种党派斗争的调停当作维护联邦的手段进行使用的。华盛顿认为政党可以分为两类：“争取胜利的党和争取真理的党，并表示坚决反对争取胜利的党，对于争取真理的党派他却加以默认和赞同。”但从另一个角度来说，美国人对于华盛顿担任总统的迫切要求实则反映了他们的某种政治符号需求；在一个追求自由的体制中，特定的而非多元的选择往往是最具威胁的选项，这也一定是华盛顿在总统生涯内苦苦思虑解决之道的重要问题。

华盛顿在他的总统任期内的一系列作为集中体现了作为一个政治领袖的

1 ［美］戈登·S. 伍德：《美利坚共和国的缔造：1776—1787》，朱妍兰译，译林出版社 2016 年，第 136 页。

2 ［美］约瑟夫·埃利斯：《华盛顿传》，陈继静译，中信出版集团 2017 年，第 218 页。

领导艺术与魄力。事实上，不妨说华盛顿是一个伟大的中立者——这种伟大尤其体现在不同于简单的中道与庸碌的、具有政治原则倾向性的公正之上。在涉及国家最根本的政治原则时，他有自己鲜明的联邦主义倾向。自独立战争以来华盛顿就一直深深关注的首要问题是如何建立一个统一的美国，并在这个统一国家的基础上牢固树立共和的观念。而在对待党派斗争和国际战争时，他又是一个从大局出发进行战略考量的中立者。手握权力却不追求"圣心独裁"，身负巨大的政治影响却拒绝横加干预。在他身上，"无为之治"和担当并存。

华盛顿选择了"无为而治"。在关于联邦法院的构成和权限问题以及奴隶制话题上的故意沉默，实则反映了华盛顿在政治判断上的谨慎。他审慎地应对可能危及三权分立体制的最高法院问题，意图通过时间的流变和美国政治实践的发展磨合出最高法院最合适的职能和权力范围。对奴隶制的问题，华盛顿的沉默实则反映他不满足于仅仅以总统的行政命令将之废除，而把奴隶制本身置于随时可能复辟、把国家南北方置于随时可能爆发战争的危险境地，而意图追求这一问题在宪法框架之下得到国家法律的根本性解决。

另一方面，华盛顿体现了作为一个伟大的权力"受托人"的担当。在处理《杰伊条约》和汉密尔顿的财政政策问题上，这一点表现得尤为突出。美国人民由于政治热情而卷入英法战争之中，从而使得刚刚走出战争阴霾的美国有了重新面临一场无妄之灾的可能性，这正是华盛顿最大的忧虑所在。从美国的长远发展和最大多数人民的利益出发，华盛顿违背民意签署了饱受攻讦的《杰伊条约》。虽然杰伊被攻击为叛国者，华盛顿本人也因此饱受非议，但它却为美国带来了二十余年的和平局面。

对于汉密尔顿要求建立国家银行的支持则反映了华盛顿基于战争时代邦联财权不统一而对独立战争带来的负面影响的忧虑，美国建国之父们在这一点上同样分裂了，对于财政能力的分散对国家主权带来危害的忧虑，和对伴随纸币发行而来的通货膨胀和投机问题危害国民经济的忧虑交织在一起。面对建国初期严酷的政治现实和经济形势，华盛顿选择了支持汉密尔顿的提议，认可了汉密尔顿从财政政策上确立联邦控制权的意图。虽然在今天看来，纸币的发行和国家银行的设立本身产生了诸多问题，尤其是纸币的发行和国家信用难以长期保持稳定，客观上伤害了整体经济的稳定性；但是在当时的美国，纸币随着银行的建立开始在美国社会大面积发行流通，不仅提升了商品市场的活力，还使得银行贷款逐步成为工业资本积累的重要途径，国家财政能力显著增长。离开时代背景和经济社会环境对美国建国初期针对特殊国情采取的措施进行过分批判，不仅无益于我们撇清建国初期许多政策的利弊得失，反而会对今天的社会实践产生僵化的误导。

事实上，华盛顿正是基于对权力的理解和尊重，在美国建国初期采取不同的政治态度进行了一系列意义重大的政治行动，为美国日后的繁荣和发展奠定了坚实的基础。今天，我们认为，“如果说自由平等的理想是现代文明的共识，那么要在具体细微的政府管理中实现这一理想，则需要理性的民众和谦恭的权力共同努力，控制权欲这匹野马，使之成为带动人类前进的良驹”。[1]

华盛顿或“无为”、或“有为”的两种政治态度也引发了一个重大政治哲学问题的疑窦。当政治家认为人民作出了不符合共同体利益的决定时，他是否能够违背民意？对这一问题的直接回答应该是，当人民作出了不符合共同利益的决定时，政治家出于长远和全局性的考虑，可以违背民意。实际上，当革命者承担人民所赋予的责任去领导革命，并取得革命的胜利时，这些率先觉醒者与行动者也负有帮助人民鉴别何者为利、何者为害的责任。由于对文化知识、人类历史的掌握不同，天资和理解力不同以及了解社会问题时的信息不对称，人民很有可能根据一时的偏见做出损害自身的选择，政治领袖有责任去纠正它。问题的核心不在于政治家的这种矫正行为是否合法，而在于人民是否有能力抵制非法的矫正。殖民地的经验和君主制的历史使得美国人民始终对政治领袖的美德存在怀疑——人都负有原罪和劣根性，人都可能犯错，权力和地位尤其易使人堕落。在那时的美国，我们就已经看到自由畅

1　魏燕著:《今天为什么还要缅怀乔治·华盛顿？》，载 2017 年 2 月 18 日《澎湃新闻·上海书评》。

通的舆论和民意表达途径以及立法机构弹劾最高政治领导人的底线性手段。华盛顿第二任期结束后的去职诚然有着尊重共和制度、自身健康问题等等多方面的原因，但人民对其政府许多政策的批评也是其中一个较为重要的方面。伟大如华盛顿者，同时也是政府中的一个职能部分，关于其能力、品德等都可以如同一个普通公民那般受到质疑和进行辩白，这正是美国革命成功的一个表现：每个人的天赋、思维或许存在差异，也或许会由此造成社会地位的差异，但却都要面对法律和公断面前的平等。也正因为此，美国的社会结构是多元分化和制衡的，没有统一的大社会，却有多元的强社会，由此避免了卢梭的“迫使他自由”——当自由成为一种不得不达到的状态，也就为权力垄断和戕害自由打开了方便之门。

华盛顿与立宪精神

包括华盛顿在内的美国革命者们在制宪中所尊奉的精神，是美利坚共和国立宪精神的重要基础，在美国政治实践中积累了丰富的内涵。

首先，美国立宪精神是共和与民主的妥协精神。民主是一种政治参与的机制和保障，它绕过了权力的代理人而通过催促公民的自主性为公民提供直接行使权力的机会。无论是直接民主制抑或间接民主制，都是公民参与政治生活的保障，同时也是政体平稳运行的保险。共和主义作为一种政治思想，强调政治权威最终来源于人民同意，注重国家的宪法传统和公共精神，关心公民美德和通过代表制实现有效的公共参与。美国立宪时代的民主与共和传统共同缔造了不同于英国宪政模式的美国宪政。宪政即为宪法体系约束国家权力，由宪法规定公民权利和公民实现权利的额度。宪法的基本作用就在于防止公权力的误用和滥用，维护公民的普遍自由。按照托马斯·潘恩的观点来看，“宪法高于政府”，即宪法是“人民使政府合法化”的法令。辉格党人甚至走得更远，他们首创了民主的政党体系制度化，进而引导公众参与政治选举。

公共事务管理者的民选传统形成了一种宪法框架内的社会结构，而国家政体的共和倾向则在从权力分配和权利代表领域维护民主制度的同时，防止“多数人的暴政”。如果说民主起到了一种社会结构的作用，那么共和则起着美国政权结构的作用。同时，美国革命初期作为整体之“殖民地人民”和英国政府的对立已经发生嬗变，获得独立的美国人民消除了政治上的外部威胁，正处在分化成为多元的利益共同体的过程中，古代共和所具有的共同体的利益一致性和行动一致性也正逐渐消失。与之相对应，革命时期作为抽象概念的“人民”与“政府”之斗争正在向人民内部发生偏移，公民美德已经不完全是防止共和政体变质的根本手段。“这时，关键的问题不再是保护人民不受政府的压迫，而是防范人民中的多数人对少数人加以侵害，因之必须对人民的权力以及人民授予代表的权力加以提防和限制。”[1]作为宪法的社会契约并非是作为整体的人民和一个先在的政府所签订的，相反，政府是人民内部相互订立契约之后，为了监护契约而得到授权产生的机构。在这个意义上，统治者和被统治者的界限范围已经变成开放的，统治者因而具有了变成被统治者的可能性。美国社会中将没有“贵族”和“平民”的对立，存在的只有权力的委托人和受托人群体，人民由此被剥离了阶级性的含义，因为整个美国社会只有一个阶层——全体人民，不同群体的差异是分工的功能性差异，而非属性的本质差异。同时，政府也不再是某一个社会阶层专属的权力象征，而成为超越多元利益冲突之上的社会的监护人和守夜人。所以我们可以看到，美国的权力分立与制衡体制并未把美国人区分为不同的等级并建立等级制的议会、政府和法院，而是聚焦于立法、行政和司法部门的不同职能进行权限的划定和界分——它是功能性的，而非阶级性的。这种政治思维方式的根本

1 ［美］戈登·S. 伍德：《美利坚共和国的缔造：1776—1787》，朱妍兰译，译林出版社2016年，第4页。

性转变更加体现了美国政治思想与英国政治传统的区别，根源在于这种转变的来源既非对政治哲学的纯粹理论性探索，也与英国《大宪章》制定及光荣革命时期的政治实践具有根本性的不同。

其次，美国立宪精神是自由与平等的协调精神。在经典政治哲学作家眼中的生命、财产和自由这些自然权利如想要得到充分保障，实质上必须由自然状态下的人们通过权力的委托和授予订立一份契约，而不再是坐等人类自发地形成部落、村庄、城市等社会结构进而结合成自然国家。这份契约的核心内容即是授权建立的公共机构——政府的职权和能力范围，衡量其合法性的一个重要标准就在于其是否实现了订约者的自由、平等等一系列政治愿望与追求。自由的实现要依靠对自由的限制，实际上限制某些社会垄断力量的自由是对总体自由的扩展和保护。从霍布斯的视角去看，“因为我们如果可以假定大群体无需有共同的权力使大家畏服就能同意遵守信义和其他自然法，那么我们便大可以假定在全体人类中也能出现同样的情形；这时就根本既不会有、也无需有任何世俗政府或国家了，因为这时会无需服从就能取得和平”。[1] 而在美国的政治现实中，在建国过程中树立统一权威必要性的假设看似限制，实则扩充了自由。今天我们认为，不加限制的自由是战争状态的重要原因，而依据霍布斯的思想逻辑所建立的统一权威，其目的恰恰在于通过限制自由以保障和实现自由。在退出自然状态的实践中，实现自由与平等不仅作为一项建立公共权威的指导原则，同时也作为一种反抗威权压迫的理论武器发挥其作用——正如密尔所言“自由与权威之间的斗争……乃是臣民或者某些阶级的臣民与政府之间的斗争”[2]。因而自由与平等，很难说是退出自然状态的政治运行到特定阶段才会产生的诉求，而最应该被认为是自人类社会的“政治”产生起，就蕴含在订约愿望中的终极关怀。从洛克的视角去看，就连在自然状态中的人，都没有绝对的自由去为了维护自己而实施惩戒，原因恰恰在于人与人拥有生而平等的权利主张。在美国社会中，这种平等特性

1　［英］霍布斯：《利维坦》，黎思复、黎廷弼译，商务印书馆 2010 年，第 130 页。

2　［英］约翰·密尔：《论自由》，许宝骙译，商务印书馆 2015 年，第 1 页。

又通过后续订立契约的制宪过程走进国家的法律体系，进而成为一种约束自由主义极端化发展的重要思想渊薮。最终，自由与平等成为整个新兴社会的共同愿望与诉求——此时的自由已经是将公共事务委托政府处置之后对于私人领域之自由的渴望，而此时的平等更多是对社会地位、社会际遇和致富机会的平等要求。问题就在于鱼和熊掌是无法兼得的。1789 年爆发于法国的大革命也终于让美国建国之父们看到，在封建体制的自我革新和资产阶级的政治改良或革命都无法彻底解决旧体制与新兴时代之要求的矛盾时，被建国契约剥夺了亲自建构政治之自由能力的普罗大众，最终会使用暴力呼喊出自由、平等的革命口号。

审视自由与平等发展的这一历程，实际上同样发端于那一时代，对于古代自由和现代自由的区分偷天换日般掩盖了自由理念中的一个重要问题：人是否拥有选择不自由的自由？无疑不平等对现实政治产生了种种冲击并可能解构我们现时紧握手中的政治文化——至少我们还在努力追求宽容、和睦等等价值；但人类是否或能否拥有不自由的自由之疑问则从根本上消解了自由的政治性，它才是古代自由到现代自由的演进中真正改变的内核。对于这一问题，古代自由明确给出否定回答而现代自由却往往模棱两可。试想如果自由和人类政治可以剥离，那么人类为什么不能为了世俗利益而放弃自由呢？正像甘于在拿破仑专制之下享受平等的那一代法国人所做的事——讽刺的是激励他们通过大革命毁掉旧体制的动因之一，也恰恰是对自由和平等的向往。自由与平等究竟在多大程度上互斥或共生，怎样保住它们以及是否为了其一就要放弃另一，是美国革命者们在处理社会平等的制度安排与自由权利之终极追究的过程中不得不面对的问题。自由作为一种人类所共同追求的价值，代表着公民拥有自我实现、自我存续和自我发展以创造属于自己的美好未来的向往。这是美国制宪为自由与平等精神之协调交出的答卷。

再次，美国立宪精神是激进与保守相结合的文明精神。美国人长期以来不愿意将美国革命看作是激进的，而实际上，美国革命确实不同于人类历史上的大多数革命——尤其是与它同时代的法国大革命，它有着许多体现保守性的维度。“美国的革命者们似乎总是出入于客厅或立法大厅，而不是活动在地下室里或大街上。他们作演讲，却不做炸弹；撰写博学的文章，而不是各种宣言。他们既不是抽象的理论家，也不是社会平等主义者。他们不消灭他人，也不毁灭自己。”[1]因此，如果我们根据革命时期所发生的暗杀、屠杀或政变的数目来判断美国革命的性质，则决然无法得出它是一场广泛而深刻的政治革命和社会革命的结论。美国革命的保守性不仅源自革命领导者的知识阅历和社会中的多元包容传统，更来源于一种对自由传统的保守精神。长期以来，保守主义被当作腐朽、没落的反动思潮，但事实上，保守主义的捍卫君主专制与保守自由传统是两种根本不同的政治理念。一方面，如果没有保守精神来保护和坚守革命成果，那么一切革命或改革取得的进步果实都是不堪一击的；另一方面，美国制宪时期通过宪法将民主革命的成果做出制度性的落实和安排，防止汹汹民意侵犯革命果实的可能性也正是革命保守性的一种体现。立足于保守自由传统和革命果实的传统之上，美国革命同时也是一场激进的政治和社会革命，它彻底摧毁了英国政治传统在美国社会的遗留，确立了与君主立宪制根本不同的民主共和制度，从权力结构和社会结构两方面理顺了人民与政府之间在公共生活中的各种关系。

美国革命不仅重塑了美国的政治、经济体制，也在一定程度上改造了社会文化，男女平等、种族问题、公民身份和美国的国际角色等问题都由它引发，并逐步综合成为美国今天政治文化的重要源流。十八世纪与今天并不相同，大多数人在那个时代仍然无法撇开政府的影响而去思考政治问题，今天我们认为是由资本异化、民粹主义、阶级对立等造成的治理问题在那个时代往往被归咎于政府的种种积弊。“然而，在摧毁君主制建立共和制的过程中，他们（美国革命者们）不但要改造政府也在改变社会形态，他们深知这一点。”[2]这场革命使两千余年来西方的贵族政治传统在美国社会被摧毁殆尽，它消灭了社会阶级的划分而代之以统一的人民整体，它建立了一套行之有效的

1　[美]戈登·S. 伍德:《美国革命的激进主义》，傅国英译，商务印书馆 2011 年，第 3 页。

2　同上书，第 5 页。

中央权力结构并配给以民主选举的官员——从这个层面上讲，这场美国革命不仅在十八世纪是激进的，也更是人类历史上少有的最为激进、影响最为深远的大革命。对权力的审慎和敬畏，以及对革命成果较为完整的保守和存续，使得这场革命在后世看来已不再那么振聋发聩。然而，当年华盛顿所领导的这个革命和制宪过程却不是谁异想天开或一蹴而就的，它是站在根本性变革的关口，通过长时间的政治实践逐步形成的对一个国家政制最为合适的宪制安排。

华盛顿与政党政治

立国以来，政党政治在美国的政治生活中扮演了非常重要的角色，是美国政治体制的重要组成部分。早在美国立国之初，就形成了联邦党（Federalist Party）与民主—共和党（Democratic-Republican Party）并立的第一政党体制。两大政党在经济计划、治国理念和外交政策上有较大分歧：联邦党主张以工商业立国，强调精英政治，要求加强联邦权力，在外交上倾向英国，支持者为大商人、农场主、律师等阶层；共和党主张以农业立国，对社会和经济等级制度持批判态度，更倾向于接受广泛的民主参与，要求限制联邦权力，在外交上倾向法国，支持者为南部种植园主、普通农场主、都市工匠等阶层。

美国革命时期的政治精英们对宗主国英国的政治状况持非常负面的态度，认为英国政治腐败、堕落，政府权力过度扩张，对民众的自由构成威胁。作为当时英国政治制度组成部分的政党制自然也为他们所摈弃，因而更容易去接受对政党持批判态度的政治观念。其次，在立国之初，美国的联邦政府权力非常有限，再加上英法两大欧洲强国又经常干预美国的外交政策，所以建国精英们认为政党极容易受到外部势力的利用，成为分裂国家的工具。也就是说，美国现有的国家实力无法承受政党制可能带来的弊端。[1] 另外，美国这一代政治精英们思考的一个核心问题就是自由与权力的关系。在他们看来，保持自由与稳定的有效办法是政府权力的制衡，即立法、行政和司法等部门的权力制衡，而非政党之间的制衡。因此，美国早期政治精英们总体上对政党较为警惕。

在这样的政治文化氛围下，华盛顿一直把自己视为一个超越政党纷争的领袖。在那篇著名的《告别演说》（*Farewell Address*）中，他明确告诫美国人要警惕政党的危害，反政党的态度十分鲜明。华盛顿提到了美国存在北方与南方、大西洋沿岸与西部的地域差异，这使一些人会过度强调不同地区之间利益和观点上的差异，并以此为依据来建立政党，把政党利益等同于地区利益，从而造成国家的分裂。接着，华盛顿从更全面的角度论述了政党的恶劣影响。他认为，政党思想与人的本性不可分割，以不同的形式存在于所有政府机构里，是政府最危险的敌人。他随后列举了"政党精神"的危害，包括"干扰公共会议的举行"，"削弱公共行政的管理"，"在社区居民中制造无根据的猜忌和错误的惊恐"，"挑拨派别之间的对立"，"有时引起骚乱和叛乱"以及"为外国的影响和腐蚀打开方便之门"等。华盛顿并不同意那种认为政党能够对政府施政进行制衡并有助于发扬自由精神的观点，而是认为在"民主性质的纯粹选举出来的政府"中，"政党精神"是不应当得到鼓励的，因为"这种精神常有趋于过度的危险"，"应当用公共舆论的力量使之得到减轻和缓和"[2]。在华盛顿担任总统期间，他是以超越党派的方式执政。在他退休后，美国的政党政治变得更加党派化。然而，总统的超党派性仍然是一笔重要的遗产，华盛顿的"反政党"思想对后来的美国政治产生了深远影响。尽管政党

1　参见 Jeffrey Selinger, "Rethinking the Development of Legitimate Party Opposition in the United States, 1793—1828" , *Political Science Quarterly*, Vol.27 (July, 2012), pp266–272。

2　George Washington, "Farewell Address" ,in George Washington, *The Writings of George Washington from the Original Manuscript Sources, 1745—1799*, Volume 35, Washington: United States Government Printing Office, 1940, p.227, 228.

政治在美国逐渐得到正名，并成为美国民主政治的重要维度，但是“反政党”的观念一直作为美国政治思想中的潜流长期存在。

华盛顿与奴隶制

奴隶制问题一直是美国历史上的一个重大主题，种族维度也成为透视美国历史的重要视角。作为美国的建国之父，华盛顿对待奴隶制的态度成为世人极感兴趣的话题。总体而言，华盛顿对奴隶制的看法在他一生中经历了多次变化，从简单接受，到后来内心产生抵触、但仍然与之和解，再到最后个人反对。在华盛顿生活的时代，奴隶制在北美各殖民地中都是合法的制度，它利润丰厚，得到了当时大多数白人的认可。只有放在这个大的历史语境之下，才能更加客观地看待华盛顿对待奴隶制的态度。华盛顿本人长期拥有奴隶，直到去世前才决定释放他们。他本人在私人场合多次体现了反对奴隶制的立场，但是在公开场合他都尽量回避这个问题。华盛顿在这一问题上的复杂立场受到了一系列因素的影响，包括“他本人的国家领导人身份；他家庭的经济状况；革命期间军队的需要；他通过婚姻而控制的奴隶的法律地位”。[1]

华盛顿出生于南部弗吉尼亚州的一个农场主家庭，在十一岁的时候就继承了他父亲的十名奴隶，成为一位奴隶主。他结婚后，又通过妻子控制了更多的奴隶。在弗吉尼亚州，大种植园主控制着那里的政治与社会，拥有奴隶的数量成为衡量一个人社会地位的重要指标。华盛顿最初也从事该州的主要产业——烟草种植业，但是由于利润不高，他转向了谷物种植，所以不再需要那么多的奴隶充当劳动力。在弗农山庄里，华盛顿对奴隶整体上还算仁慈，

1 Edward G.Lengel ed, *A companion to George Washington,* Vol. 90, John Wiley & Sons, 2012, p.105.

但是无法容忍奴隶们的逃跑行为，并采取严厉措施杜绝其发生。在美国革命时期，随着战争形势的变化，华盛顿的军队急需补充兵员，于是他开始允许黑人奴隶参加军队，成为士兵、海员和间谍，但仍然反对给予他们完全的自由。美国革命逐渐改变了华盛顿对奴隶制的态度，他认识到奴隶制在经济上是低效的，在道德上是错误的。这一时期的大部分南方种植园主则由于棉花种植的巨大利润，反而更加坚定地支持奴隶制。华盛顿在自己的遗嘱中专门要求释放自己的奴隶，这在美国南部当时的氛围中非常罕见。当然，华盛顿在释放奴隶的时候还是有所保留，一方面是顾及自己的奴隶和自己妻子的奴隶很多是夫妻关系，如果立即释放会破坏他们的家庭，另一方面也考虑到一些奴隶由于年龄和身体问题在获得自由后无法谋生。因此，华盛顿要等妻子去世后才释放自己的奴隶。

总之，尽管华盛顿并没有公开表明自己对奴隶制的反对态度，但是他的所作所为已经超越了美国南部和建国一代的大部分人。华盛顿并不是一个毫无瑕疵的圣人，他对奴隶制的态度必须要放到美国当时的时代氛围中去理解，不能用今人的眼光对之过度苛责。而且，华盛顿对奴隶制的态度经历了很大的变化，他的伟大之处恰恰在于他在这一问题上的成长能力。

再次告别权力

1796 年，华盛顿做出了人生中又一次伟大的隐退决定。对党派斗争深深感到厌恶的华盛顿发表了他的《告别演说》，下定决心退出总统竞选。演说向美国公民们表达了他对大众维护国家统一与团结，积极反对党派斗争的殷切期望，重提对法律、美德的尊重。华盛顿不仅倡导了国际事务上的完全自由，为门罗主义的产生奠定了思想基础，还制定了一个美国日后扩张与现代化发展的宏大计划。更为重要的是，华盛顿用自己的退职为美国总统这一职位确立了“连任不超过两届”的默示限制，几乎永久地塑造了美国总统制。终其一生，华盛顿致力于在建设国家能力和实现人民主权之间寻找对美国最为有利的平衡。

正像他年轻时代在对法战争和独立战争中屡战屡败、屡败屡战一样，他没有也不可能一直做出正确的决策，但却可以在失策中不断汲取教训。华盛顿的乐观主义不是盲目的，他相信现时代无法得到圆满解决的重大政治问题可以留待后世着手处理；相信美国人民的品格和法律对社会的塑造作用之相辅相成；提倡通过政治观念的进步有次序有步骤地将重大政治和社会问题的解决纳入宪法和法律的规范性框架之中，而非以激烈的政治手段取得可能快速但更可能不长久的政治后果。现在，华盛顿决定再次隐退，像他离任大陆军总司令时那样，对权力没有丝毫的贪恋，他后退的一小步就此成为人类政治文明前进的一大步。这种隐退并非是说华盛顿从政治生活和对国家问题的思考中退出，而是从生活的旋涡中急流勇退——这种退出在于把自己从纷繁复杂的政治斗争中解放出来，在经历了长时间置身于这个体系的核心之后，后退一步以求得对整个政治大厦做出更加细致的全局性的审视和重新思考。一方面，“当局者迷，旁观者清”；另一方面，长时间的权力浸淫必定会侵蚀清醒的政治头脑，使得政治家对关乎国家生死存亡的重大战略问题产生判断偏差。华盛顿正是通过对权力体系的退出来重新发现自己和发现美国的未来可能性，他很清楚地知道，要想击退外在的君主制，就要先击退“内心的君主制”——他不仅自己是这样做的，也为后世留下了这样的政治文化传统。

这位终于得以返回弗农山庄的英雄，生命中所剩余的光阴已经不多。三年退休时光怡然自得。直到逝世之前，他都过着极有规律的生活。1799 年 12 月 14 日，乔治·华盛顿因病与世长辞。国会将 12 月 26 日定为哀悼日，并为华盛顿举行了隆重葬礼。他的名字同争取民族独立和建立民主共和政体的事业密不可分，他的丰功伟绩牢牢伫立在美国人民的心中。

研究状况

由于华盛顿在世界历史中的特殊地位，自他辞世以来，有关的研究论文和著作就不断问世。华盛顿本人撰写了大量的日记、书信，还有大量手稿，为后世研究者提供了丰富的材料。来自文学、政治、历史、军事等不同学科的学者，对这个伟大的人物投注了浓厚的兴趣。据不完全统计，目前以华盛顿为主题的各种类型的著作超过了九百本。围绕华盛顿一生的不同时期、不同的主题，都被给予关注，相关文献更是不胜枚举。

华盛顿逝世后的半个世纪，他在美国一直处于被人崇拜、敬仰的热浪之中。美国的华盛顿研究和评价出现了“圣人化”的倾向。他被人奉若神灵，“祖国的救星”，常常与“人类的救星”耶稣相提并论。1832 年是华盛顿诞生一百周年，一名国会议员在演说中把华盛顿生日同圣诞节并列为创世纪以来人类仅有的两个值得庆祝的诞辰。美国人普遍认为在家里挂一幅华盛顿的画像是神圣的义务，好像家里必须有圣人像一样。在 1845 年出版的一本华盛顿画传中，作者竟认为，婴孩出世第一句应学的话是妈妈，第二句是爸爸，第三句应是华盛顿。

第一部传记是 1800 年出版的《华盛顿的一生》，该书由帕尔森·威姆斯（Parson Weems）撰写。为了美化华盛顿，他还撰写著名的“少年华盛顿砍倒樱桃树”的故事，把小华盛顿描写成从不撒谎、圣洁高尚的男孩，构造出一个勇于承认错误的道德模范。这些小故事甚至进入小学教材中，家长用这些小故事教育小孩，流传甚广。但是，也有一些故事被认为出自虚构，存在较大的争议。随着时光的流逝，华盛顿的形象越来越神秘莫测，甚至成为了神话。“美国文学之父”欧文·华盛顿六岁时候曾经见过华盛顿，一生对这位国父崇敬备至。他在晚年把撰写国父传记作为绝笔之作。在 1855 年到 1859 年期间出版了五卷本的《华盛顿传》，在美国社会引起了轰动。这本书从青年时代开始写起，讲述他如何从一位平凡的年轻人，一步步晋升为种植园主、大陆军总司令、美国总统的故事。该书奠定了欧文在美国文学史上的重要声誉，成为公众追捧的对象。

当然，在狂热崇拜中，也有越来越多的学者，主张更加公正客观地评价华盛顿，强调要写“真实的华盛顿”。1804年到1807年，经华盛顿家庭同意，华盛顿的老友约翰·马歇尔（John Marshall）获得了阅读手稿和通信集的机会，他相继出版了五卷本的《华盛顿传》，两卷本的《华盛顿的一生》。他的著作，被认为是准确严谨，评价公允的著作，对后世产生了重要的影响。1833年，华盛顿家庭允许哈佛大学学者杰拉德·斯帕克（Jared Sparks）阅读通信，他编纂了华盛顿和美国革命的通信集，在1833年到1837年间出版了十二卷本的《乔治·华盛顿文集》。美国历史学家沃世顿福特（Worthington Ford）在1889—1893年间编纂了十四卷的《乔治·华盛顿文集》，为华盛顿的学术研究提供了扎实的学术资料。

在二十世纪的华盛顿研究中，道格拉斯·弗里曼（Douglas Freeman）和詹姆斯·弗莱克斯纳（James Flexner）是重要的开拓者，他们史诗般地刻画了这位伟大人物。1948年到1957年，弗里曼出版了七卷本的华盛顿传，对华盛顿的一生提供了全景式的详细描写。1972年，弗莱克斯纳出版了四卷本传记，全书共有1800页，采用了大量的史料，对华盛顿在革命时期、建国和总统任期进行了研究。1974年改编出版了单卷本的《华盛顿：不可缺少的人》。这部著作是迄今为止最全面的华盛顿著作。

现代版《华盛顿文集》的出版，使严谨的学术研究成为可能。从1931年到1944年，美国历史学家、档案学家约翰·菲茨帕切克（John Clement Fitzpatrick）相继整理出版了39卷本的《华盛顿文集》，该文集包含了大量日记、通信，为研究者提供了宝贵资料，具有里程碑意义。美国弗吉尼亚大学在1968年设立了华盛顿文集编纂项目。在唐纳德·杰克逊（Donald Jackson）教授的主持下，前后花费五十年编纂、校订，收集了将近十四万份文件，其中包括私人书信等新的材料。现代版本的《华盛顿文集》开始陆续出版，其中包括《日记》（共六卷）、总统公告（1793—1797）、殖民时期（共四卷）、革命战争时期（共两卷）、制宪时期（1784—1788）、总统时期（共两卷，1788—1797）、退休时期（1797—1799）。现代版《华盛顿文集》的系统编纂，为历史研究提供了十分扎实的材料。到2012年底，该项目已经出版了64种著作，预计最终出完华盛顿的通信集共有87卷。这项巨大的工程收集的材料非常完整。目前可以提供使用的历史证据，数量之多已经超过了任何传记作家或历史学家曾经有过的期望。研究者可以阅读他发出和收到的每一封信，看到编者对所有主要人物、历史事件和争论的大量注释。爱德华·伦格尔（Edward Lengel）在2012年出版了《乔治·华盛顿指南》，系统地梳理了华盛顿研究的现状。

基于历史材料的新发现，华盛顿研究步入一个新阶段。美国历史学家约瑟夫·埃利斯（Joseph J. Ellis）的《阁下：乔治·华盛顿》，是一部短而精的传记，言简意赅，评论严谨。作者对华盛顿盛赞有加，认为"华盛顿如同上帝本人，高高在上，俯视人间。他游离于尘世之外，缄口不语，宛如来自遥远朦胧的月亮"，"与华盛顿相比，本杰明·富兰克林更聪明，亚历山大·汉密尔顿更有才华，托马斯·杰斐逊的学识更为精深，詹姆斯·麦迪逊在政治上更为精明，但这些杰出人物却一致肯定华盛顿是他们中最为杰出的。"2010年，著名的传记作家荣·切尔诺（Ron Chernow）出版了《华盛顿的一生》，这部著作史笔精良，引人入胜，被普遍认为是单卷本中的最佳著作，荣获普利策奖。

总体来看，美国对这位国父的研究是非常深入的。大多数评论都对华盛顿表示了赞许和崇敬的态度。但随着研究的深入，华盛顿也渐从神坛走向人间，过度神化的作品已不多见。尤其是随着美国革命史研究的发展，对殖民地革命思想的政治文化、情感因素等有了更深切的认识，对独立战争中双方的战略选择有了更为复杂的评价，对美国革命中的政治派别也有了更加辩证的认识。此外，随着对奴隶制和印第安人的学术研究日益繁荣，贯穿华盛顿一生的历史线索更加详细，对他的评价也变得更加公允。

当然，随着政治观念的变化，尤其是美国平等主义的发展，也有人对华盛顿提出了批评。有人认为，由于时代条件和阶级意识的限制，华盛顿及其他国父们在废奴、民主选举权等问题上的表现令人失望。例如，有部分学者认为，对美国的帝国主义、种族主义、精英主义和父权主义国家色彩，华盛顿有不可推卸的责任。有学者从自己所处时代的更高的标准和种族标准去看待他，甚至把许多失败都集中在华盛顿一人身上，把华盛顿看成是许多观念的祸首。也有学者认为，华盛顿本人就是拥有上百个黑奴的农场主，在废除奴隶制上态度不坚定，未能使奴隶获得自由。还有人批评，华盛顿不公正地对待印第安人，把他们等于野蛮人。诚然，以今天的标准去看待华盛顿，他不可避免地受制于十八世纪特定的历史情境的制约。需要注意的是，华盛顿本人也认为奴隶制本身与共和革命的精神是相悖的，他表示希望整个美国的奴隶制度可以“缓慢而不被察觉地被废除”。

中国人对华盛顿并不陌生。对华盛顿的评价与中国对民主政治的认识有密切的关联。华盛顿形象的变迁伴随着自晚清以来中国政治观念的巨变。最早介绍华盛顿的书籍来自传教士。1837 年，传教士所编《东西洋考每月统记传》杂志，第一次明确述及华盛顿其人。文中称赞“华盛屯”(华盛顿)有尧舜之德，能解救人民，不贪恋权位。鸦片战争以后，华盛顿的事迹为更多的中国人所知晓。徐继畲、梁廷枏、魏源、蒋敦复等都对华盛顿事迹有所介绍与评论。魏源在《海国图志》中提到了美国立国的历史；徐继畲在所著《瀛环志略》中，则对乔治·华盛顿和美国建国史做了一些介绍。1886 年，黎汝谦、蔡国昭合译出版了美国人欧文·华盛顿所著《华盛顿全传》，全书凡八卷。此书对于传播华盛顿生平事迹影响很大。戊戌维新期间，时务报馆曾将其排印重版，名《华盛顿传》。[1]

1896 年，《时务报》《清议报》等刊载了华盛顿的小传。到二十世纪初年，

1　近代以来中国对华盛顿的影响和介绍，可参见艾周昌的《华盛顿与中国》，《历史教学问题》1984 年第 3 期；俞旦初的《美国独立史在近代中国的介绍与影响》，《世界历史》1987 年第 2 期；邹振环的《“革命表木”与晚清英雄谱系的重建：华盛顿与拿破仑传记文献的译刊及其影响》、熊月之的《华盛顿形象的中国解读及其对辛亥革命的影响》，《史林》2012 年第 1 期；潘光哲的《华盛顿在中国——制作“国父”》，台北三民书局 2006 年，第 27–47 页。

美国革命、华盛顿和美国宪法等词汇及相关史事，不时出现在中国改革派和革命家的政论时评中。中国的学者将华盛顿事功与普鲁士的布伦士维廉相比，认为华盛顿的成功条件尤为困难，“华盛顿者资兼文武，发于畎亩之中，初举度地官，终为大统领，与英血战八年，备尝艰苦，终致美为自主之国”。华盛顿面临的形势是强英日侵，将帅多叛，但最后立伟勋、开大业，全国富强，四邻震羡，“华盛顿不诚旷世之伟人哉”！1904年出版的《地球英雄论》中的《华盛顿论》，将近代中国对华盛顿的颂扬推到顶峰，将华盛顿与近代诸多英雄豪杰相比，并将其美德与中国古代名人相比，认为华盛顿不但在海外是第一流人物，远远超过拿破仑、彼得大帝、格兰特、俾斯麦。中国知识界以华盛顿抵抗英军的事迹为激励，说明革命一定成功，激励革命党人。

在清末民初人的眼中，华盛顿与民主共和紧密关联。孙中山、梁启超等人不仅关注他的丰功伟绩，更关注美国民主的运作。而在普通人的心中，华盛顿被塑造为传贤不传子的尧舜形象，深入人心。在小学课本中如是介绍：“华盛顿既为美君，不传位于己子，而使国人公举才能之士，三年任满，则复举而代之，名曰总统，又曰民主。”[1]甚至袁世凯在就任中华民国大总统之后，也以华盛顿自况，遗憾后来竟跌入复辟帝制的闹剧。总体来看，中国人通过认识华盛顿，初步了解了美国民主共和制度。在走向共和、民族解放的革命中，华盛顿一直被列为榜样和英雄。

毛泽东在青年时代曾经阅读过关于美国革命的文章，第一次听到美国这个国家，对华盛顿经过八年苦战获得胜利、建立国家表达了由衷钦佩。美国记者白修德回忆，毛泽东曾经拿延安和华盛顿在美国革命时候的境遇相比。他说：“在外国人看来，也许延安各方面的情况都很落后，就像他们当年也许只看到了华盛顿简陋的司令部而没有认识到华盛顿的主张能使他取得胜利一样。他问道：乔治·华盛顿有机器吗？乔治·华盛顿有电力吗？没有。英国人虽然拥有这些东西，可是华盛顿胜利了，因为人们拥护他。”[2]在毛泽东看

---

1 熊月之：《华盛顿形象的中国解读及其对辛亥革命的影响》，《史林》2012年第1期。

2 陈晋：《毛泽东与西学》，《党的文献》2014年第12期。

来，西方近代的资产阶级革命和中国新民主主义革命，在一些内容和过程上有相近的地方，前者的经验可作参考。

新中国成立之后，对华盛顿的评价有一定变化。华盛顿被定性为“资产阶级革命家”。改革开放以来，学界专门涉及华盛顿的学术研究逐渐丰富。据统计，在1979年到2007年的中文期刊中，标题中含有华盛顿之名的文章有77篇。老一代的学者，如黄绍湘在1957年出版的《美国早期发展史》是这个领域的奠基性著作，对华盛顿等美国建国一代领导人给予了积极评价。改革开放以来，华东师范大学余志森教授出版了华盛顿评传，是国内专题性研究华盛顿的一本重要著作，反映了中国学者对美国早期史的一些独到认识。[1]二十世纪九十年代以后，研究华盛顿的论文逐渐增多，不少内容聚焦美国建国领袖们的政治思想和观念，研究的问题更加具体化和学术化。例如，东北师范大学的李秀红的博士论文，专门研究了乔治·华盛顿与美国总统制的初步实践。还有的硕士论文从印第安人政策，克伦威尔与华盛顿的比较，华盛顿与美国宪政发展等角度进行了深入研究。

在对美国制宪问题的认识上，突出反映了中国政治观念的变化。在过去阶级斗争观念影响下，华盛顿被看作资产阶级的代表，美国宪法则是“资产阶级专政的工具”，“所谓分权和制衡只是虚伪的装饰，是左手与右手之间的分工与牵制”。改革开放以来，随着形势变化、学术性研究的加强，研究者一改过去简单化分析和议论，充分肯定了美国宪法的制定及其意义，更加关注讨论华盛顿等人在制宪中的作用和对宪法的态度，革命时期“联邦党人”和“反联邦党人”的立场分歧和争执交锋，进一步讨论制宪时期复杂的政治思想和利益诉求的分歧。不过，从学术上讲，华盛顿研究仍然存在较大的空白。特别是在历史材料使用等方面仍然有很大的不足。国内很多研究都使用的《华盛顿文集》中译本，是基于1909年版约纳斯·维勒斯编的《华盛顿书信与演说集》，无论从文献的全面性，还是严谨性等方面完全无法和现代版《华

1　余志森：《美国开国三元勋：华盛顿》，中国社会科学出版社1996年。

盛顿文集》相比。在方法论上，也特别需要树立强烈的实证研究意识，更深入地钻研史料和探究史实，避免用后设的理论概念来评价过去的事件和人物。

华盛顿研究的逐步深入，对我们理解政治基本理论也有重要的影响。它改变了一些习惯性的政治观念。不少研究都认识到，美国早期的民主问题可能要复杂得多。如果脱离具体的历史语境来理解史料，就会失之简单化。例如，华盛顿通常被认为是一个民主主义者，但是他本人也是出身于精英阶层，推崇的是一种“贵族的观念”。他直接管理着数百奴隶，对待废奴也并未那么激进。又如，美国宪法中的人民主权、有限政府、分权与制衡等原则，过去被笼统地称为“资产阶级民主制的基本原则”，但这些原则的起源和形成，非但与民主无关，而且大多是“非民主”，甚至是和民主的原意相冲突的。通过相关的研究，可以深化我们对美国历史上政治观念演变的认识。

人物述评

华盛顿是美国历史上十分关键的政治人物。通过对这位国父的研究，可以窥见整个美国政治制度的建构及其发展脉络。研究者们通常把关注点集中在三个方面：其一，华盛顿为什么如此伟大？他作为大陆军总司令的成就是什么？其二，华盛顿对美国总统制和民主共和制的贡献，应该如何评价？其三，华盛顿怎样对待权力？他为何能抗拒权力的诱惑，在关键时刻退隐？我们从这三个方面对华盛顿作一简要述评。

华盛顿为何如此伟大，他如何获得这么多的成就？这是后世对他讨论得最多的一个课题。与同时代的人相比，他没有像杰斐逊、麦迪逊等人那样接受正规教育，也没有玄奥的理论。在军事上，他也不像凯撒、拿破仑那样战功彪炳，甚至屡屡遭遇败战。但是，他却赢得了超乎常人的声誉。在美国人心目中，华盛顿在过去与现在都扮演着独一无二的角色，他不仅是美国的国父，也是谦逊与智慧的典范。

华盛顿被认为是具有超凡魅力领袖的经典楷模，一个被认为具有超自然的、超人的或至少不寻常权力或品质的领袖。约翰·亚当斯曾总结了华盛顿的十项“天分”：“第一，相貌英俊；第二，高挑身材；第三，高贵的外貌；第四，得体的举止；第五，大量的从父辈和婚姻继承的财产；第六，华盛顿是弗吉尼亚人；第七，他有很多名人轶事；第八，保持沉默的才能；第九，很强的自制力；第十，无论何时他情绪失控，他都会把弱点隐藏起来。”[1]值得注意的是，这十点都和阅读、思考与写作的能力没有关系。尤其是，亚当斯对沉默的天赋羡慕不已，认为这是华盛顿最大的政治资本。确实，华盛顿在担任总统期间，对政治保持了一种超然的态度，避免卷入党派斗争。他有意避免引发一些公开讨论。在时机不成熟的时候，华盛顿选择故意沉默。华盛顿的令人敬畏的人格和声望使他成为新政府团结和合法性不可或缺的基础。

华盛顿不是理想主义者而是务实的资产阶级政治家；他没有博大的政治理论体系，但有坚定稳固而切实可行的政治主张；他提不出细密周详、包罗万象的治国方案，但却能为治理国家提出击中时弊、行之有效的治国方针。他的政治主张和治国方针，实践性多于理论性，可行性大于探索性，它虽然没有炫耀迷人的理论色彩，也缺乏动人的辞藻，但确实应用性强的治国良方。[2]

华盛顿在塑造美国政制传统上起到了重要作用。美国政治思想家拉塞尔·柯克评价道：“不管美国新宪法如何精妙，如果合众国早期的政治家不是非同寻常地能干和富有活力之人，那么，被批准的宪法也不可能发挥作用。如果在政治品性上不如乔治·华盛顿的人成为第一任总统，那么，美国宪法就可能像松散的《邦联条例》一样失败。”华盛顿为代表的美国建国之父们，创立了法治和分权制衡、文官控制、理性政治、三权分立、总统制等制度，开创了现代政治文明的新传统。

1　［美］约瑟夫·埃利斯：《华盛顿传》，陈继静译，中信出版集团 2017 年，第 217 页。

2　余志森著：《美国开国三元勋：华盛顿》，中国社会科学出版社 1996 年。

华盛顿对美国总统制作出了特殊贡献。华盛顿为这种新体制的运行开创了诸多先例，他通过言行举止塑造了总统制。华盛顿很清楚自己的使命，他说："我走在一片没人走过的土地上，我现在的一切行为都将成为日后的先例。"作为美国的第一个共和君主，华盛顿承担着极其艰难的角色：他不得不以某种方式体现新政府的尊严和权威而又不能超越到君主的角色。当时的美国人，对待行政权有一种矛盾的心理。他们一方面不愿让行政权过于强大而成为专制，另一方面又希望一个强有力的行政机构来制约失控的立法机构。他们仇视君主制，但处理国家危机又需要一个强有力的权威和领袖。在华盛顿的两届任期内，许多有关总统职权性质和范围的最重要的问题都得到了解决。为杜绝无政府主义、分裂的出现及美国式自由的终结，他行事果断，确立了不可撼动的国家最高权力象征，使得总统一职避免形同虚设。在暗流汹涌的八年中，他步步为营，为今天的美国总统之尊奠定了七根基柱——行政任免权、外交决策权、军事权、政府财政权、行政执法权、宣言立法权，以及签署秘密总统令的行政特权。

华盛顿把捍卫宪法和法律作为自己的天职，为评判好总统确立了标准。弗莱克斯纳指出："在他的第一任期，他从不试图通过行政命令来获得那些按照宪法的严格解释应该被认为是属于立法机构权限范围的东西。"在担任总统期间，他把许多重要的政策事务留给国会做决定。他一生只行使了两次否决权，尽量避免与立法机构发生冲突。他担心总统咄咄逼人地主导立法，会使总统制向君主制方向发展。华盛顿对国会的尊重赢得了大多数议员的信任。在立法和行政关系上，他表现得体，建立了有效的沟通渠道。

华盛顿特别注意言行举止，悉心维护着共和国的形象。他的自控力非常强，十分擅长塑造良好的公众形象。亚当斯建议用华丽的头衔，以"总统陛下：合众国总统与自由的保护者"称呼他，结果引发了争议。华盛顿坚持用"美利坚合众国总统"的称呼，甚至对亚当斯的提议感到恼怒。他广受尊重，亲近民众，被学者们认为是"人民的总统"。在危及共和国的关键时刻，他独具威严，只要有任何分裂国家的叛乱，都会迅速平叛。约翰逊注意到："华盛顿最伟大的贡献之一，就是为美国开创了一个在危机时刻有能力做出果断决定的政府，总统的权力很好地展示了这一点。”

华盛顿创建了内阁制度，将内阁成员视为总统的助手或代表。米尔奇斯认为：“华盛顿的联邦政府理论战胜了那些认为参议院或内阁官员在指挥各行政部门上充分分享权力的各种理论。”他经常集思广益，善于纳谏，听取不同意见，最后以冷静和深思熟虑的方式解决问题。埃利斯认为，华盛顿把自己当成“车轮的车轴”，日常事务都交给身边的部门首脑去做，这样就摆脱了管理的细节，扩大了行政的职权。这种制度的成功运作有赖于华盛顿长期以来形成的两种技能：首先，甄选和提拔有才华、有抱负的年轻人，对他们委以重任，在行政大家庭中，把他们当成儿子一样对待；其次，知道什么时候像刺猬一样，保持一定的距离，什么时候又必须像狐狸一样，深入到细节中去。在他的任期，华盛顿选择官员的尺度闪烁着政治家的光辉，其主要标准就是合适原则。华盛顿知人善任，把权力分配给一批能力非凡、精力超群的助手，聚集了美国历史上最睿智的政治家。

华盛顿对待权力的超然态度更对后世产生了深刻影响，华盛顿从不随意使用权力，既有所为，又有所不为。尤其是，他在适当时刻的退隐为他赢得了超过其他政治家的荣誉。华盛顿极强的自制能力，对待权力的超然和淡泊，具有重要的意义。如加利·威尔斯所说，“华盛顿因为放弃权力而获得了权力”。他开创的最重要的先例，就是他在两届任满后放弃总统职位。难能可贵之处在于，宪法对于总统连任没有设定任何限制，只要他愿意，仍然可以很轻易地留在职位上。然而，华盛顿却发表了“告别演说”，回到他的弗农山庄。此后，除了罗斯福在二战期间紧急状态下连任四届以外，他的继任者都遵循了这个做法。美国国会后来通过了宪法第二十二修正案，把每位总统的任期都限制在两届之内。

作为国家的最高行政长官，华盛顿没有沉迷于权力，而是审慎地对待重大决策问题。华盛顿本可轻而易举地领导一场军事政变，然后自命为新美利坚国家的国王和统治者。像他这样风度卓然、品格高尚却放弃自己当权的机会，这样的例子举世罕见，更不用说是心甘情愿和轻易的放弃。他的多次解甲归田，在现代世界绝无仅有。美国人民对他报之以崇敬、赞美甚至敬畏。很少有学者质疑华盛顿的真诚，从各种档案材料和信件来看，华盛顿希望自己在“自由、宁静和幸福的国家怀抱中回到自己的私人世界”。

历史学家戈登·S. 伍德指出，华盛顿追求的是“罗马传说中的辛辛纳图斯神话”。辛辛纳图斯是伟大的罗马政治家。他在公元前458年离开他的农场，响应罗马共和国元老院的号召，前去救援受困的部队。元老院授予他绝对的独裁权力，他只用一天就击退了入侵者。在完成使命后，辛辛纳图斯辞去职务并返回了农场。在研究者看来，华盛顿的这种辞职和退休有着重要的价值。这种谦逊，对待权力的小心谨慎，表现出对行政权力的深刻认识。在独立战争期间大陆军和国会关系还没有明确的时刻，是华盛顿建立起了一个至关重要的先例，巩固了军队从属于文职权力的脆弱传统。对于一个新生的国家，只有节制和美德才能真正使得共和精神存活下来。

正如埃利斯指出：“在美国总统历史上，再没有任何一个人比华盛顿更避免担任这个职位。”华盛顿的灵魂，个性深处的最后一个角落，从未真正踏入过纽约，而是一直留在了弗农山庄。在整个总统任职期间，华盛顿都感到自己的时间像沙漏一样一天天流逝，他对自己的妻子说，“感觉完全像一个囚徒”。他是真的厌恶眼前的公职，因为它像一个越拖越长的阴影，渐渐吞噬着自己无多的时日。华盛顿的所作所为，恰恰符合了新共和政体下美国人对待暴政的恐惧。

参考文献

文集、史料

[美]乔治·华盛顿著：《华盛顿选集》，聂崇信等译，商务印书馆2015年。

Washington, George, et al. *The Papers of George Washington*. University Press of Virginia, 1983.

Washington, George, Donald Dean Jackson, and Dorothy Twohig. *The Diaries of George*

Washington. University Press of Virginia, 1979.

著作

Chernow, Ron. *Washington: A life*. Penguin, 2010.

Lengel, Edward G., ed. *A companion to George Washington*. Vol. 90. John Wiley & Sons, 2012.

Wood, Gordon S. *Revolutionary characters: What made the founders different*. Penguin Books, 2007.

［美］戈登·S. 伍德:《美国革命的激进主义》，傅国英译，商务印书馆 2011 年。

［美］戈登·S. 伍德:《美利坚共和国的缔造：1776—1787》，朱妍兰译，译林出版社 2016 年。

［美］哈洛·昂格尔:《华盛顿传》，王金鹤译，中国人民大学出版社 2017 年。

［美］华盛顿·欧文:《华盛顿全传》，李瑞林等译，中国发展出版社 2004 年。

［美］罗恩·切尔诺:《国家的选择：华盛顿与他的时代》，钱峰译，北京联合出版公司 2014 年版。

［美］约瑟夫·埃利斯:《华盛顿传》，陈继静译，中信出版集团 2017 年。

［美］詹姆斯·麦迪逊:《辩论：美国制宪会议记录》，尹宣译，译林出版社 2014 年。

［英］保罗·约翰逊:《乔治·华盛顿传》，李蔚超译，译林出版社 2016 年。

余志森:《美国开国三元勋：华盛顿》，中国社会科学出版社 1996 年。

论文

李景治:《评乔治·华盛顿政治生涯中的两次引退》，载《史学月刊》1984 年第 1 期。

李秀红:《乔治·华盛顿与美国总统制的初步实践》，东北师范大学博士论文，2010 年。

熊月之:《华盛顿形象的中国解读及其对辛亥革命的影响》,《史林》2012 年第 1 期。

杨玉圣:《乔治·华盛顿：一个中国学者的解释》，载《史学月刊》1993 年第 2 期。

第四部分

政治思潮

世界主义

/刘彬*/

全球化时代使世界成为真正的“地球村”，人类的全球性交往不断深化：不同文化、民族、种族、宗教深入交流碰撞。战争、征服、屠杀这些残酷而非正义的交往方式逐渐为人类文明所抛弃，转而寻求更为普遍和广泛接受的交往方式，那么，面对不同的人群，需要用怎样的具有一般性的伦理和交往方式去处理陌生人和陌生世界关系，使人类获得一个基本的自我身份的认同，这是不同文化背景下的人类共同面临的课题；另一方面，全球化过程带来了诸多全球问题，这些问题的凸显让人们重新审视世界：国家间存在复杂相互依存的关系，全球问题已经超越了国家地域的边界，危及人类生存和发展，“人类命运共同体”的事实在全球问题上凸显出来，依靠个别国家已无法解决这些问题，人们转而寻求超越国家边界解决全球问题的思路。基于这样的背景，世界主义的思想和实践重新走进人们的视

* 刘彬：广东外语外贸大学讲师。

野，并得到越来越多的关注。

一、世界主义的基本内涵

世界主义（cosmopolitanism）一词源于希腊语，其中“cosmos”是指“世界，宇宙”；“polis”则是城邦、人民、市民的意思，所以，“cosmopolitanism”原意是指世界公民、世界城邦，后扩展为（引申为）一种哲学理念，政治与社会学说，代表一个内涵极为丰富的概念。

世界主义有时又以Cosmopolitan表示，主要是为了强调“世界公民”的原意，表示来自世界各地的人。《不列颠百科全书》（国际中文版）把世界主义（Cosmopolitanism）定义为：“一种一切人都共享一个共同的理性，并服从于一种理念。这是斯多葛学派在其哲学中，为抵制希腊人和野蛮人之间的传统上的区分所采取的一种主张。”[1]这种定义更接近于“世界主义”的起源，即斯多葛哲学对世界主义的理解，强调人具有普遍的理性，理性是“世界公民”的共同特征。晚近的英文百科全书，更体现了当代对世界主义的理解。“世界主义是一种哲学观点，认为人类对待他人拥有同等的道德和政治义务，这种义务仅仅建立在他们的人性基础上，而非国籍、民族认同、宗教信仰、种族或他们的出生地等方面。”[2]这一概念更侧重于对世界主义中人的内在无差别性质的政治和伦理层面的理解，强调人类具有共同普遍的人性基础，故而个体间具有平等性。

在对世界主义的学术研究中，不同的学者基于其不同的学术背景和研

1 《不列颠百科全书》（国际中文版），中国大百科全书出版社2007年，第531页。

2 Iain Mclean and Alistair McMillan (ed.), *The Concise Oxford Dictionary of Politics,* Oxford University Press, 2009, pp.123–124.

究需要，对世界主义进行了更具体的定义，其中美国学者托马斯·博格（Thomas Pogge）和费因(Robert Fine)对世界主义的定义影响最大，得到学术界较为普遍的接受。博格在1992年发表的《世界主义与主权》一文中指出，世界主义有三个元素：一是个人主义(individualism)，指所有世界主义理论的终极关怀单位是个人，而非家庭、部落、族群、文化或宗教共同体、国家等；二是普世性(universality)，指作为终极关怀单位的每个人的地位都是平等的，个体人的本体地位平等地联结着每个人；三是普遍性(generality)，指个人作为终极关怀单位的这种地位是普遍的，世界上每个人都是所有其他每个人的终极关怀单元，有着全球范围的效力。[1] 费因则认为，各种世界主义类型都拥有三重承诺。一是对盛行于社会科学各个学科中的方法论国家主义有着共同的批评；二是将当前时代视为一个在某种意义上已与过去存有实质不同的世界主义时代；三是对世界公民的首要性有一种规范哲学上的承诺，认为世界公民身份的属性超越同族、宗教、文化、人种及其他地方性属性。[2] 面对世界主义定义的复杂性，甚至是相互之间呈现的内在矛盾，美国斯坦福哲学百科回归"世界主义"的最初的核心要旨："Cosmopolitan 一词源于 Kosmopolites(世界公民)，用来概括在道德和社会政治哲学中一系列广泛的重要概念。世界主义者共同的核心关注是全人类，不考虑其政治归属（Political affiliation），他们都应属于同一共同体的公民。"[3]

对世界主义的理解基本可以归纳为几点：世界主义是一种道德和伦理原则，关注的终极价值单位是个体，每个个体具有平等性，每个个体作为人的基本权利、自由和意志应当得到尊重和保护，这是个体作为"世界公民"的无差别待遇；承认并包容差异性，平等地对待所有个体权益，强调价值标准存在普遍性；世界主义是一种政治构想，重视构建理想的世界秩序模式，主

1　Thomas Pogge, *Cosmopolitanism and Sovereignty, Ethics*, Vol.103, No.1 (1992), pp.48–49.

2　Robert Fine. Cosmopolitanism: A Social Science Research Agenda [A] . Gerard Delanty. *Handbook of Contemporary European Social Theory* [C] . New York: Routledge, 2006.

3　See: Stanford Encyclopedia of Philosophy. https://plato.stanford.edu/entries/cosmopolitanism/#2

张普世性原则，追求公平正义；世界主义同时也是一种批判理论，通过对全球正义的追求，而对当前国际政治的不公正进行批判。世界主义既是对现实问题的解决思路，也是对现代国家伦理的一种反思。

基于世界主义思想在历史演变中呈现的丰富性和复杂性，我们将从思想史演变角度对其加以考察，将有助于我们更深入和全面把握世界主义的内涵。

二、世界主义的发展历程

世界主义（Cosmopolitanism）源远流长，思想丰富庞杂，形成了复杂多元甚至是相互矛盾思想谱系。杰弗里·迪尔认为，在过去的两千多年中，共有三个世界主义的“时刻”。第一次是在古希腊犬儒和斯多葛哲学传统中诞生了世界主义。第二个时刻是在民族国家出现的时候，康德将其作为一种启蒙的理想，对这一概念进行了更新。第三个时刻则是当下，在过去二十年间，世界主义受到了包括政治哲学、国际关系、法学理论、社会学等各门学科的广泛关注。[1]这一分法基本上为学界所认可，尤其是当代世界主义研究，基本也是以康德为起点，对康德思想的不同层面加以阐发。但是，世界主义思想并不仅仅局限于这三个高潮“时刻”，而是一个演进的过程，而且在这两千多年的演进中，由于时代和社会面对的具体问题不同，世界主义对不同的时代问题进行解答，并发生了重要的蜕变，使其内涵不断翻新、扩展、扬弃。

1　Jeffrey Dill, “Cosmopolitanism: A Bibliographic Review”, *Hedgehog Review*, Fall,2009.

（一）古典世界主义的嬗变（从古希腊到中世纪）

世界主义思想最早可以追溯到古希腊的犬儒学派，第欧根尼提出了“世界公民”的说法。斯多葛学派（Stoic）将“世界公民”的说法发扬光大，提出了较为完整的“世界公民”、“世界城邦”和早期自然法理论，经历罗马帝国时期的繁荣，并在中世纪基督教理念中嬗变，形成基督教的世界主义。这一进程可以称之为古典世界主义，其主要回答的问题是个体面对巨大的政治变迁之时，如何寻找内心归属的问题，是以“世界公民”理论为基本内容的伦理世界主义。

斯多葛学派[1]产生在城邦崩溃时期，其所要回答的问题是城邦衰落，个人失去城邦公民身份后，人如何找回自己的归属感。在城邦时代，亚里士多德说“人是政治的动物”，其实质是指人是城邦的动物，个体通过城邦政治获得自己的身份，个体身心得以安顿，获得幸福。当城邦走向崩溃，渺小的个体该归属何方，获得幸福？

面对城邦的腐败和堕落，犬儒学派表达对城邦政治的不满，他们拒绝承认自己的城邦公民身份。第欧根尼以“世界公民”自居，认为在城邦政治堕落，丧失了通过政治实现正义和美德教化的功能，个人美德已经无法在城邦中得到实现，进而对城邦政治加以批判，认为世界存在最高的自然原则，只要按照自然生活，整个大地都是自己的家园。早期斯多葛学派的思想直接承袭自犬儒学派，对犬儒学派否定城邦政治的观点加以延续，认为人们只要按照自然生活，就获得了“世界公民”的资格，赋予个体伦理生活上的积极的意义。也就是说，个体“公民”资格脱离了城邦的束缚，“世界公民”就是超出城邦的有美德的存在者。通过对世界整体性的构建，斯多葛学派将个人幸

1　斯多葛学派诞生于公元前300年，因其创始人芝诺（Zeno）在廊柱（Stoa）之下讲学而被称为斯多葛学派（Stoic），或译为斯多亚学派，亦有学者将其直译为廊下学派，是古希腊哲学在希腊化时代的发展。斯多葛学派哲学继承了古希腊哲学中对世界本原进行认识的方式，并将这一方式运用于对人类社会的理解，认为“理性”是人和社会内在统一属性，通过理性掌握和服从“自然”，从而达到按自然生活的世界公民要求。

福与对城邦公共生活的依附剥离开来，转向关注个体的理性生活，突破了古希腊公民的地方性概念；按自然生活的世界公民共同构成了“世界城邦”，以无外的人类共同体“世界城邦”表达人的最终归宿，同时，理性作为“公民”一种美德和标准，是人类存在内在一致性的基础，只有按照理性行事的居民才能真正成为“世界公民”，也只有在此基础上的“世界城邦”才是真正的“城邦”。换句话说，世界城邦并不是一种政治理想模式的构建，而是理念中构想的人类伦理共同体：政治上个体与城邦的剥离，理性的“公民”必然是属于世界的，具有普遍性意义的；而非地方的，狭隘的，而这种世界公民所共同组成的，也必然是世界城邦，而个人通过世界公民的形式获得了平等的价值。在世界城邦中，“公民”间的关系是理性的友好关系，不因为距离的远近而不同，要实现以理性和公正为基础的人类共同体秩序，公民需要放弃情绪化的友好关系，以理性友好的态度对待地理上相隔甚远的其他公民，这也是按自然生活的要求。

随着罗马帝国的征服，中期斯多葛学派实现了“自然”和罗马法的结合，形成了早期的“自然法”学说，罗马帝国成为“世界城邦”的现实表现，“自然法”和“世界城邦”的罗马化使早期斯多葛学派的政治构想从抽象概念转换为政治实践，为罗马帝国合法性提供了思想来源，尽管在事实上已经偏离了早期斯多葛学派思想的初衷，但是随着罗马帝国的征服，这种观念占据主流，罗马帝国在一定程度上成为“世界城邦”的现实实践，斯多葛学派也成为罗马帝国思想的主流，形成了罗马斯多葛学派（即后期斯多葛学派，以塞涅卡、埃比克泰德和马可·奥勒留为主要代表人物）。罗马斯多葛学派发展了斯多葛世界主义中个体伦理的部分，强调个体在帝国之中与其他公民的友谊与爱，人与人之间的平等，同时需要宽恕、仁慈和自我内省，通过强烈的个体伦理要求，实现与他人建立和谐友好的关系，个体与整体的关系也在个体对自我的约束和要求中实现和谐，短暂的个体生命通过整体的永恒性获得了延续，正如马可·奥勒留所说：个人只是整体中的一部分，他所得到的一切只是“普遍灵魂”的极小的部分。“就我安东尼努斯来说，我的城邦与国土就是罗马，但就我是一个人来说，我的城邦与国土就是这个世界。”“一个人要履行他作为世界公民的责任，同样他有参与社会和政治生活的义务，为自己的国家和人民谋福利。”[1]由此可见，罗马帝国时期，斯多葛世界主义作为帝国的主流社会理论，个人属于城邦，并在城邦政治中获得归属感的理论逐渐演变成个体通过帝国公民身份而获得荣光。其中隐含了一个转换：“世界公民”理论是个体对城邦反叛而将自身归属于整个世界，而罗马帝国则将“世界”重新定义为帝国，并通过帝国的形式将个体的身份认同重新附着于帝国之中。个体在罗马帝国时期通过世界主义伦理与整体（帝国、人类）相接，获得了个体的完整性和永恒性。罗马斯多葛学派强调个体自省和沉思的方式影响了基督教的产生，为古典世界主义走向基督教世界主义奠定了思想基础。

公元476年，西罗马帝国灭亡。罗马帝国的衰亡让人们惶恐与迷失，辉煌的帝国尚且可以倾颓，更何况渺小的个体？面对帝国末日，基督教承接了斯多葛学派的使命，在人的归宿问题上找到宗教这一终极永恒的皈依。基督教父奥古斯丁通过对基督教义的完善，重新书写了基督教对人类社会历史的理解。奥古斯丁否定了现实生活的意义，将现世视为“客旅”，将人们的幸福生活和心灵归宿从现实拉到彼岸的“上帝之城”，通过对上帝的终极信仰，在对上帝之爱中寻找人类共同的皈依，构建具有超越性的精神共同体，实现在宗教伦理关怀下重新找到个体内心秩序，完成人类个体的自我救赎的过程。这事实上是对帝国衰朽后现实政治生活的放弃与绝望，将幸福诉诸末世，在乱世中为人们提供了心理上的安慰。同时也意味着现实政治已经无法为人的幸福生活提供来源，奥古斯丁只有将现世无所安放的生命寄托于未来彼岸的“上帝之城”，提供在现实生活之外更完善的共同精神生活。

随着封建制度巩固和社会发展，只依靠精神生活已不足以解释现实生活所承载的价值，需要现实生活为个体价值得以确证。阿奎那肯定世俗秩序的价值，肯定人的政治性和社会性，肯定人在现实生活中对良好政治制度追求

1 ［英］罗素：《西方哲学史》（上），何兆武、李约瑟译，商务印书馆1963年，第336页。

的价值。然而罗马教廷希望借此在现实世界中建立“基督教普世帝国”，基督教世界主义精神上的统一性狂热带来未来几个世纪西方对整个世界的征服与扩张，成为欧洲霸权和欧洲中心的重要思想根源。不过这种以宗教秩序统摄现实政治秩序的努力并没有得到实现，地方性认同的强化促进了欧洲民族国家的生成和欧洲民族国家秩序的建立，标志着中世纪宗教秩序的崩溃和基督教世界主义在政治层面的终结，但是通过基督教的普世主义情怀得到了一定的保存，成为西方人在宗教上的情怀，希望向更广泛的地区传播基督教信仰和价值。

综上所述，古典世界主义更多是世界公民理论，解决的问题是人的归宿问题。其中城邦的崩溃和西罗马帝国的衰微是这一时期最为重要的现实政治事件，两种政治秩序（城邦、帝国）的崩溃使人们需要在政治之外寻找自我身份认同。斯多葛世界主义使个体从城邦中走出，回归人内在的普遍性（情感，理性原则等）而自然地获得了世界公民的身份，赋予了个体作为人本身的平等与理性价值，在观念上建立起“世界城邦”这一共同体，是对城邦公民的局限性的反叛；基督教在面对罗马帝国崩溃之际，将个体的现实政治的身份转移到上帝之城这一精神性共同体中来，彻底抛弃了现实政治的意义而寻求永恒的精神家园，通过这种转移，基督教也就摆脱了个体在身份认同层面上对政治的依赖，在对上帝的信仰中获得共同的心灵家园。可以说，古典世界主义最终通过宗教的方式解决了个体的最终归宿问题，寻找到心灵幸福之路。

（二）近现代世界主义的发展

近代以来，西方世界主义思想得到发展，但并不是以“世界主义”的名义出现，古典世界主义中的重要元素被近代政治实践和思想所吸收、改造，成为近代政治学中的普遍价值，如人权、平等。这主要基于以下几个原因：第一，文艺复兴与启蒙运动推动了思想解放。在这一过程中，自然法得以复兴，人的普遍自然权利得到承认。中世纪神权至上观念逐渐让位于人的普遍权利至上；第二，近代世界主义的基础是以西欧为中心的商品经济逐渐拓展打破了欧洲地方经济的封闭性，王权在和封建贵族、基督教权斗争中占据优势，民族国家得以建立并强化，使国家为主体的近代国际体系建立。而国家建立过程中持续、频繁的战争推动欧洲人不断思考如何构建理想政治秩序，以保障个人自由与实现和平，构成世界主义发展的现实基础；第三，商业发展提出了个体平等和契约公平原则，成为近代政治制度构建的重要基础。

需要强调的是，商业发展带来的经济持续性扩张，进入全球化新阶段，带来了一系列重大问题，源于西方的世界主义理念与其实践之间产生巨大的张力。对贸易自由的推崇产生了经济世界主义思想，但是帝国主义通过野蛮的殖民不断向外扩张，在世界范围内寻求商品市场和原料产地，建立起资本主义全球体系。殖民扩张实现了人类真正全球范围的交往，但是面对陌生人，异质文明交往是一种“遭遇”，这种交往是不平等的，是西方国家对世界其他地区的侵略式、压迫式的交往，进而建立以欧洲为中心的全球殖民体系。也就是说，当世界在更广阔的范围内展开的时候，欧洲内部的世界主义原则遭到了现实的挑战，扩张、征服的野蛮压倒了普遍的、良善的价值，直到两次世界大战之后，通过联合国以及相关国际组织的实践，世界主义思想中一些普遍的价值重新得到重视，并且得到一定程度的实现。

1. 早期自然法学家的世界主义思想

自然法的复兴是欧洲社会逐渐摆脱宗教神学的束缚，传播了人类普遍平等理念的重要因素。而在早期自然法理念中，有两个重要因素，是世界主义导向的：一是自然本性植根于人类的思想。自然法学家认为除了自我保存的倾向，还包括同情（fellow-feeling），这种普遍的情感将全人类在根本层面上团结为一种世界共同体的社会性；二是早期现代自然法理论常与社会契约理论相连，而对于大多数社会契约理论而言，虽然都是建基于一国范围之内，但是在国际关系层面上，格劳秀斯、普芬道夫等人将其延伸，并将其视为国际法的基础。[1]

1 See: Stanford Encyclopedia of Philosophy. https://plato.stanford.edu/entries/cosmopolitanism/#2.

为了解决欧洲民族国家间的战争问题，以格劳秀斯为代表的国际法思想家等人结合了自然法和国际交往原则，提出国际社会思想，认为国家同样受国际法和自然法约束，国家应该保障个体生存权利；同时，在继承阿奎那的正义战争理论基础上，格劳秀斯提出正义战争不仅在主体、意图和目标需要具有正义性，战争过程也必须遵守自然法的原则，也就是说，即使战争开始，“只能在法律和诚实信用原则的范围内进行……战争必须谨慎地进行，就像司法程序中通常做的那样”[1]，进一步深化了正义战争理论；格劳秀斯还认为国家主权应该是有限的，国家主权之上始终存在自然法，“对人类的暴行开始之处即为国内管辖权之排他性终止之处”[2]，这就为人道主义干涉提供了正当性和合法性依据。他认为，个人作为道德关怀的最终单元，自然法不仅赋予了每一个人自我保存的权利，而且赋予人类保护他人生存的权利，大规模侵犯人权的行为违背了国际社会的基本伦理道德观念，甚至危及人类安全，因而有必要限制和干预人道主义危机。正如赫德利·布尔所说，格劳秀斯的国际社会不仅仅是国家的社会，而是包括个人和非国家群体的全人类大社会，这些原则被视为“作为探讨国际关系中的正当行为的起点”[3]；此外，格劳秀斯还在国际法层面上提到了海洋航行自由和贸易自由的思想。这些思想和原则在实践中逐渐形成民族国家间交往的一系列规则，并逐渐以国际法的形式固定下来，成为国际社会交往的基础。

2. 启蒙运动时期的世界主义思想

为了走出中世纪神学思想的统治，启蒙思想家们反思宗教对社会的作用，反对宗教生活中非理性因素及其对人性的禁锢。伏尔泰是启蒙运动的先锋，

---

1 ［荷］格劳秀斯：《战争与和平法》（第一卷），［美］弗朗西斯·W. 凯尔西等英译，马呈元、谭睿译，中国政法大学出版社 2015 年，第 1 版，第 12 页。

2 H. Lauterpacht: “The Grotian tradition in international law”, *British Year Book of International Law*, Vol.23, 1946, pp.46.

3 ［英］赫德利·布尔：《格劳秀斯在国际关系研究中的重要性》，见［英］赫德利·布尔、［新西兰］贝内迪克特·金斯伯里、［英］亚当·罗伯茨等著：《格劳秀斯与国际关系》，石斌等译，中国社会科学出版社 2014 年，第 72 页。

他尊崇理性，反对宗教神学和专制制度，认为宗教阻碍了人和社会的发展，教派间的分立和对抗严重影响了社会安全与稳定，腐败的僧侣阶层和残酷的宗教裁判所也不断引起民众的反抗，宗教神学成为引起人类社会动乱和阻碍人类理性传播的根源；洛克和孟德斯鸠等人都倡导宗教宽容，反对教会对人思想的束缚，指出宗教热情带来的极端性并反对宗教狂热，不过孟德斯鸠也承认宗教多样性的价值，承认宗教对社会和政府具有一定的价值。

启蒙运动对宗教思想的反对依托于对古希腊哲学重新研究，对古希腊哲学重新挖掘，重新认识“理性”和人的普遍权利，斯多葛学派的“世界公民”成为启蒙运动的重要理念。狄德罗和达朗伯编辑《百科全书》指出，“世界公民”是指“一个没有固定住所的人”或“一个在任何地方都不是陌生人的人”。随着跨国交往的增加，学者们将“世界公民”视为开明的知识分子及其特殊的生活方式。这个时期的许多学者更重视他们作为跨国“学术共和国”的一员，强调学术的无国界性，认为哲学和科学应该超越所有政治边界，要求学术自由和言论自由。这使得世界主义者与政府的关系因为审查制度而变得紧张。“世界公民”理论强调“人”的平等价值，个体拥有平等的权利和义务，维护个体的基本尊严，反对明显的压迫和不平等形式，包括反对诸如酷刑和频繁使用死刑等，个体的平等像自由一样属于天赋权利，人人都应该享有人身平等和政治权利平等；这种对个人权利的承诺在十八世纪末美国和法国革命中达到了高潮。不过，在面对人的普遍权利的具体问题上，不同的思想家有不同的观点。如在对外扩张和殖民观点上就存在分歧。在废除奴隶制的问题上，他们都否定奴隶制及农奴制，富兰克林甚至主持宾夕法尼亚州促进废除奴隶制的运动，托马斯·潘恩因谴责奴隶贸易而为人所知；但是从奴隶制扩展到对外扩张，启蒙思想家们的观点并不太一致。孟德斯鸠肯定欧洲国家在征服遥远土地中的作用，从而面临启蒙信仰和尊重其他文化自治之间内在的张力。康德则认为世界公民有到各地善意旅居的权利，但是对于欧洲国家以“无主地”的名义对其他土地的占领，他认为除非通过特定合同授予这种权利，否则没有“在另一个国家领土上定居的权利”，离居民区足够远以排除对其入侵可能，则有定居权。总的来说，尽管欧洲启蒙思想家们承认人的普遍权利，但是总体上承认欧洲国家扩张的合理性，这与他们内在的欧洲中心观念，认为欧洲价值具有优越性和普遍性的观念直接相关。

在这一时期，学者们也意识到世界主义的普遍主义思想与爱国主义之间存在张力。尽管他们的观点有所不同，但是自然而然地谴责了仇外、侵略性和非理性的爱国主义表达，如莱辛或休谟等就认为没有受过教育的人民容易将爱国主义推向极端，带有破坏性。伏尔泰也注意到了爱国主义的消极方面，他认为，应该将爱国主义加以区分，克制、理性的爱国主义是可取的，而不惜任何代价寻求自己国家伟大，并通过助长对邻国的仇恨强化这种自然冲动则是危险的。爱国主义与世界主义的争论随着国际关系的发展逐渐成为重要的理论纷争，是当代世界主义研究中的主要议题之一。

3. 康德的“永久和平计划”及其实践

面对近代以来民族国家的诞生，以及这一过程中无休止的战争，康德试图寻找实现永久和平的实现路径，在吸收前人思想的基础上，康德的永久和平计划也成为近代世界主义的高峰。康德重新接续了斯多葛学派的世界主义思想，延续了斯多葛学派对人类“理性”认识，强调理性是实现个体自由的途径，实现了对个体理性和价值的启蒙。康德认为人类历史是普遍向前发展的，历史具有进步性，虽然中间可能会有曲折。但是只有相信理性的实现，才有了我们理性思考历史，展望未来的可能性。只要道德意愿与历史目的相一致，人总会向着合乎道德法则的彼岸走去，自然最终会达到其目的。

康德认为，康德将永久和平的实现载体置于个体理性之中，只有在个体充分实现其自由发展的目的的情况下，才能更加审慎地判断战争与和平问题，才能结成普遍的公民契约，超越国家的认同，在更大的范围内实现对普遍人性的认识。

人类和平的实现需要人类运用理性的潜能得到全面发展，并且把人类社会转变成为一个“道德整体”（moral whole），也就是说，人类理性潜能充分发展的终结，意味着人类整体中每个个体都普遍意识到，存在人类交往普遍的世界公民法，这是永久和平的开始。

在国家层面上，康德认为在个体理性高度发展的情况下，人们会选择构建完整的法权社会，使得人们都处在法治状态之下，这是永久和平的国内制度前提，这就意味着国家必须是共和政体（republic）。共和制以国家权力分立、主权在民、法治、代议制为特征，而且共和制以个体的自由为基础，是与权利的原则要求相一致的唯一国家类型，把它作为国际联盟成员国的理想内部结构。

在国际层面，康德是在承认国家的合法性，在民族国家体系下思考和平问题，首先国家之间应该和平相处，减少军队，以禁令性的法律消除两国之间的战争可能性，保持至少是消极的和平。在此基础上，国家要实现永久和平，就必须要走出自然状态，放弃原始的自由，进入国家联盟当中。对于国际联盟的形式，康德从早期主张由强制性国家联盟向非强制性国家联盟转变。康德在《论永久和平》中引入了自主国家联盟（a voluntary association of states）的设想，这种自主国家联盟的目标是保障和维持国家本身的自由，以及联盟国家的自由，使作为自然状态中的人类服从公共法律。其积极意义在于通过国际仲裁和谈判，帮助减少全球冲突，增强国家安全。需要指出的是，康德思想的转变并非意味着康德要放弃自己原先的观点（即建立一种强大国家联盟的观点），而是非强制性的形式，能够使个体意识到国际联盟对国家和个体生存的重要性，能更加主动和自觉地参与到国家联盟中来，使国家联盟更具有凝聚力，可以把人类带入一种更接近世界主义的状态。

随着康德政治学理论的完善，他认识到一个真正的全球法律秩序要求更多的满足条件。康德认为，不管个体属于哪个种族，都在法权上具有平等地位。在康德的政治理论中，世界公民权（cosmopolitan right）是宪法权利和国际法权利之外的公共权利，是基于个体作为人类共同体一分子的平等法权，他认为，国家和个人都有权利尝试与其他国家和公民建立联系，但是没有权利侵入外国的领土。只要不导致杀戮，国家和非国家群体都有权利以非暴力的方式拒绝访问者。因此，康德明确禁止殖民战争，也强烈谴责对居民的压迫。

综上所述，康德“永久和平”计划实现的途径是通过从个体到国家到国际三重法权的共同保障而达至国家间的和平与世界的和平，使康德超越了当时民族国家时代的局限，将国家理性转向公共理性，通过个体启蒙而达到个体有勇气运用自己的理性而走向成熟，从而实现全人类的和平。康德这一路径也是当代西方世界主义思考世界秩序与和平的基本方式，在康德之后，政治家们开始更加自觉地对世界秩序进行思考，对国际政治理论中早期理想主义学派的形成具有奠基性意义。其中的一些政治构想通过国际联盟和联合国得到一定程度的实现。尤其在冷战结束之后，关于推动世界和平的最好的世界秩序的讨论方兴未艾。值得一提的是，国际刑事法庭承认个人作为国际法的重要主体，去除了个人对国家绝对服从的原则，强化了对人的基本权利的保护，明确了人作为国际法主体的权利和义务，规定了个体对国际法下的一些罪行负责，不能得到国家主权的庇护。国际刑事法庭作为世界主义的一种创新形式，超越了康德“世界主义法”的概念，代表了国际法上不断扩展的趋势。总而言之，以康德为代表的近代世界主义思想促成了人类普遍权利和价值的认识，使人类开始形成一定的共同体意识，确定了一些人类共识的底线道德和伦理原则，并付诸实践。

不过，康德关于世界主义的思想也存在一些局限性。一是康德过于乐观地相信人类的理性能力能够不断进步，实现国家的合作。当提到国家联盟的时候，康德并没有敏锐意识到在这样一个强大国家联盟中可能存在的非正义问题。他只是讨论了人性的扭曲会阻止国家达到完美，但是并没有意识到国家联盟的正义性，内部成员的权利分配是否公正，联盟内部可能并不平等，是否会存在对非联盟国家的压迫，等等。二是康德关于国家的联盟的成员资格虽没有明说，但是却有明显的欧洲中心色彩。在康德看来，能够满足其共和国家要求的可能仅仅是欧洲国家，而非所有的国家，康德忽略了不同国家存在的文明多样性的问题。三是近代民族国家的兴起也开启了个体与国家、与世界之间关系的冲突的序幕。个体该如何、国家和世界如何选择，爱国主义和世界主义之间的张力如何协调的问题也是当前国际政治理论中的重要规范性问题。

4. 马克思主义的世界主义

在这一历史时期，随着资本主义的全球扩张，经济学家们意识到贸易的重要性，所以除了道德和政治形式的世界主义之外，还产生了世界主义的经济形式，世界经济一体化的过程是资本主义发展的客观过程，而不是道德标准或政治构想。而经济全球化的过程促使马克思对全球经济和市场力量进行批判性认识，推动了马克思主义的发展。马克思主义的世界主义将资本主义经济世界主义的外壳同其政治实质区别开来，认为“在近代，自由竞争和世界贸易产生了伪善的资产阶级的世界主义和人的概念”[1]，资本主义的世界主义掩盖了其剥削的本质，造成巨大灾难，在这一过程中形成了资产阶级和无产阶级的对立。通过对资本主义的经济世界主义批判，在揭露资本主义经济的剥削本质的同时，构建了历史唯物主义的世界历史理论，并在全世界无产阶级的普遍性中强调普遍彻底的人类解放思想，进而形成了马克思主义特有的涵盖经济、政治、社会等各个层面的世界主义观念。

马克思和恩格斯从资本主义经济的全球扩张出发，将世界主义视为资本主义意识形态的反映。资本主义市场具有扩张的本性，打破国家体系的障碍，使资源在全世界范围得以配置。在资源配置效率提高的同时，资本主义全球体系造成了全球发展的不平衡，而资本主义自身无法化解其内在固有的矛盾。资本主义生产方式在世界范围内的扩散，由于存在共同利益，塑造了一个新的，跨越民族国家边界的无产阶级，资本家剥削造成的工人阶级的普遍贫困将社会矛盾激化，全世界将形成无产阶级与资产阶级的对立。各国无产阶级因为共同的利益而团结起来，共同实现共产主义运动的目标，实现共产主义社会。而在这过程中形成了世界为一体的世界历史，这是生产力与生产关系运动发展的结果，生产力和生产关系的发展消除了民族之间的区隔和对立。

1 《马克思恩格斯全集》第 3 卷，人民出版社 1960 年，第 169 页。

无产阶级作为大工业生产的结果，作为虚伪的世界主义的资本主义的掘墓人，成为真正具有普遍性质的，超越民族界限的阶级。这是马克思对个体自由与解放路径，以及“对无阶级差别社会的理想和革命之后国家作用消逝的期待，反映了他们观念中的世界主义形式”[1]。然而二十世纪以来，随着资本主义内部的自我调适以及民族主义的高涨，工人的地位得到改善，无产阶级并没有像马克思所说那样出现联合；反而民族主义却激发出前所未有的动员力，在全球市场的条件下的劳资矛盾往往转换成为不同国家间的矛盾，意味着马克思主义思想家必须得重新思考和修正其观点。不过，马克思主义理论并没有因为时代而丧失其理论活力。当代全球化和全球问题的产生为马克思思想中的世界主义内容提供了新的时代背景和现实基础。左翼思想家在全球时代让马克思的世界主义思想获得了新的发展，并与现实实践相结合，构成全球化理论和各种全球社会运动的重要组成部分，如法兰克福学派的批判理论、沃勒斯坦的“世界体系”理论、哈特和奈格里等人的“帝国”理论等。

（三）当代世界主义的分流

经济全球化的深入发展使全世界都主动或被动地卷入其中，也加速了政治、文化等全面全球化的进程。在全球化过程中，不断涌现的全球问题，如现存国际政治经济秩序导致全球发展不平衡与分配不公、全球气候与环境的恶化、全球公域的治理等全球性问题，仅仅依靠民族国家体系无力解决，全球治理的合法性和有效性遭到严峻挑战。可以说，全球问题的凸显为世界主义复兴提供了土壤，从全球分配正义、全球民主、交往伦理等方面近代世界主义思想得到发展，不仅在哲学、政治学形成了世界主义的思潮，在文学、社会学角度同样也获得了广泛的关注，形成了当代世界主义在近代世界主义思想上不断分流，百花齐放的局面。同时，世界主义内部也存在巨大的分歧和争论。不过，世界主义的基本内涵还是存在最基本的共识，如个体是价值

1 《马克思恩格斯全集》第3卷，人民出版社1960年，第169页。

关怀的基本主体，每个个体具有平等性，应该受到平等的尊重，人类共同生活在一个共同体之中，追求实现更加美好的政治形式等。总体上说，当代世界主义大致可以分为几种类型：道德世界主义、政治世界主义、社会世界主义、经济世界主义、文化世界主义。

1. 道德世界主义

道德世界主义是世界主义的基本形态，其核心主张人的普遍性，个体是道德关怀的终极对象，在道德上具有平等价值。从斯多葛学派的世界主义就强调个体的美德，他们认为只有遵守美德（理性）的人才能成为真正的世界公民，具有强烈的伦理色彩；康德同样强调个体的理性与道德，这是实现自由的必由之路，构成了康德世界主义的基石。可见，世界主义对个体道德的要求贯穿世界主义发展始终，“道德世界主义是世界主义的主导形态，也是最经典的一般意义上的世界主义，因为它体现了世界主义的最基本理念和最核心的价值指向”[1]。而其他形式的世界主义，如伦理世界主义，政治世界主义，文化世界主义，往往都是道德世界主义原则的拓展和延伸。

道德世界主义着重关注人们在全球交往中该如何面对不同文化、亲疏远近的人，又应该遵循怎样的普遍道德原则，进而探讨何种道德原则更具有普世性。面对这些问题，彼得·辛格在全球正义问题上提出了一条原则：如果我们的能力可以防止一些事情发生，也不需要牺牲其他相对在道德上重要的东西，那么从道德上说，我们应该去做。比如，我们应该到池塘救溺水的孩童，即使会弄脏我们的衣服。在这件事上，我们并没有牺牲道德上相对重要的东西，却阻止了坏事的发生。重要的是，遭遇的事和助人之人的距离对于这一道德争论而言并不是重要因素。[2] 奎迈·安东尼·阿皮亚 (Kwame Anthony Appiah) 认为在全球化进程中，世界公民的观念和世界主义道德原则变得越来越具有现实性和紧迫性，他提出重新思考世界主义的道德原则，主张人类更

1　蔡拓:《世界主义的类型分析》，载《国际观察》2018 年第 1 期。

2　Peter Singer, “Famine, Affluence, and Morality”, *Philosophy and Public Affairs,* Vol.I, 1972.

大范围内的融合，既要保护地方性价值的存在，也要寻求普世性的标准。人们应该对异己的人和文化保持开放态度，不该将其抽象化、敌对化，而要通过交流的方式去互相理解，即使不能化解分歧，也能让异己之人具体化，通过共同的情感共鸣理解彼此人之为人的普遍性。通过不同文明间的对话和发现，人们既可以保持多种身份认同和忠诚，同时建构起开明的全球公共空间。[1]

那么，面对不同文化、远近、亲疏的人们，需要做出道德选择的时候，我们又该坚持怎样的原则？针对这个问题，世界主义者之间存在一些分歧，塞缪尔·谢夫勒将这种分歧分为严格的世界主义者和温和的世界主义者两类。"极端世界主义是将世界主义道德原则视作唯一和一元的价值来源，所以道德承诺都必须通过借鉴、参考世界主义原则和目标才具有正当性。温和世界主义不坚持认为世界性价值是肯定其它价值合理性的唯一根本性标准，承认某些特殊义务在规范意义上的独立性。"[2]严格的世界主义者包括彼得·辛格、努斯鲍姆（Nussbaum）等人，他们的理论出发点不同，如辛格是从功利主义假设出发，努斯鲍姆则是从古代哲学的假设出发，但是他们都认为在需要提供援助的时候，不应该区分陌生人和同胞，这种援助的责任是出于人的本性，是具有人类基本的共同责任。所以，这种责任并不能用来论证我们对自己的同胞负有特别的或额外的责任。简而言之，严格责任是基于人类的普遍责任，关系人类自身的保存，我们并不能因为亲疏远近不同而对不同的人区别对待。当然，在一些具体措施上，由于他们的理论基点不同，所采用的方式也可能有所不同。比如说，功利主义为基点的学者往往会认为在一定条件下，我们可以将援助集中给予同胞，因为这样能够达到援助的最大成效。温和的世界主义者包括塞缪尔·谢夫勒等人，他们认同世界主义对人类的普遍责任，但是他们认为援助责任的范围有许多更深层的区别，即不同亲疏、远近的人们

1 ［美］奎迈·安东尼·阿皮亚：《世界主义——陌生人世界里的道德规范》，苗华健译，中央编译出版社 2012 年。

2 Samuel Scheffler, *Justification and Legitimacy: Essays on Rights and Obligations*, Cambridge University Press, 2001, pp.115-119.

之间存在责任及其强度的区别，比如承认相对于他国人民，对本国同胞负有更多的特殊责任。

世界主义最大的对立面就是社群主义，社群主义强调以共同体为出发点，认为共同体构成了个体的自我理解模式，通过共同体获得身份感和自我认同，从而对世界主义将个体视为道德关怀的基本单位的观念造成冲击。而国家作为最大的社群，如何协调国家和世界的关系就成为社群主义与世界主义的重大争议：对本国同胞的特殊责任和对人类的总体责任之间经常出现冲突，进而发展到对全球利益与国家利益的实现，普遍价值与特殊价值如何平衡的讨论。不少学者也对此做出更详细的区分和阐释，弥合二者之间存在的矛盾，他们试图将世界主义理想和民族主义、爱国主义关切调和起来，认为民族主义和爱国主义的某些目标是合理的，在道德上和世界主义的原则也是相容的，但这并不意味着对民族主义和爱国主义的辩护需要诉诸世界主义；如科克—肖·谭认为世界主义应该是温和的，世界主义的普遍性和具体的特殊责任是可以协调一致的，但并不意味着世界主义就是所有一切道德的源泉，世界主义正义的优先性蕴含的仅仅是确立了道德行为主体在实践中追求目标的约束边界，只要这些追求没有超出世界主义正义划定的边界，其行为就是可接受的。[1]所以，尽管我们同样对全体人类负有道德责任，但是我们对本国公民负有特别的义务，我们具体的社会联系具有道德的重要性，我们的成员资格赋予我们对该团体其他成员的特别义务，这种义务是相互的，这种义务可能是基于契约的，也可能是基于互惠的责任，甚至是心理上联系的紧密性。基于此，戴维·米勒就认为，国籍是我们认同的重要来源，我们彼此忠诚，这种义务是公共的而非私人的，通过种种在国家政治生活中体现出来。但是，全球正义的实现不能仅靠个体伦理的思考方式，更多需要制度层面的解决。不同国家存在不同的传统习惯、政治文化，由此而造成的制度不公是一种社会集体责任，我们不应该将个体道德和集体责任相混淆。同时，他还主张将社

1 ［美］科克—肖·谭著，《没有国界的正义：世界主义、民族主义与爱国主义》，杨通进译，重庆出版社 2014 年，中文版前言。

会正义和全球正义区分开来，探讨何种正义原则适用于全球制度。[1]

2. 政治世界主义

政治世界主义将道德世界主义的普遍性原则运用于政治领域之中，并对理想的政治模式加以构建，对现实政治问题提出解决的方案，并一定程度上付诸实践。政治世界主义表现为多种形式。

一是对世界政府或是世界帝国的构想。这一构想最早可以追溯到罗马帝国时期对斯多葛世界主义的改造为帝国所用，后来但丁将罗马式的“世界帝国”视为最好的政治形式，但丁最早提出了“世界帝国”的说法，近代以来的世界主义复兴了罗马斯多葛学派的世界主义思想，对世界主义的现实政治形式加以构建。其中最为激进的是克鲁特（Cloot），他推崇废弃现有国家，建立单一世界国家，并将全人类归入其中。他的论述可以归为总体结构的社会契约理论。对每个人而言，承认一个执行保护安全的法律的国家权威是普遍的共同利益。那么这个论述提供了世界范围，判断建立世界范围内“联合个体的共和国”，而不是多元国家，在自然条件下相互对立的情况。此外，他认为主权在民，同时主权概念本身不可分割，意味着有且只有一个主权，即人类整体的存在。[2] 可以看出，对世界政府或帝国的构想更多存在于早期的世界主义思想，在民族国家体系建立以来，尤其在当代民族国家主导的政治秩序下，这一构想式微可以预见。

二是在国家体系基础上，对世界秩序进行制度重新安排或修正。世界主义并不是就要求建立世界政府，也体现为对一种内在规范的认同，“政治世界主义的规范本质是对一种状态的内在追求，在这种状态中，世界各个国家之间的关系是通过规范而不是通过武力或威胁来调整的”[3]。近代以来，康德希望构建国家联盟达到永久和平的目标，开启了对世界秩序的制度构建。当代政

1 ［英］戴维・米勒：《民族责任与全球正义》，杨通进等译，重庆出版社 2014 年。

2 See:Stanford Encyclopedia of Philosophy. https://plato.stanford.edu/entries/cosmopolitanism/#2.

3 陈秀娟：《多维视野下的世界主义》，山东大学博士论文，2008 年。

治世界主义从二十世纪八十年代之后兴起，学者们从政治哲学、国际政治理论和社会学理论等不同角度出发，对全球化时代的世界政治和世界秩序进行反思，其核心也在于对国际制度的批判和重构。

当代政治世界主义以全球正义理论兴起为代表，探讨了包括全球民主，全球分配正义以及全球法治等思想及制度设想，在对世界政治现实的批判同时，倡导促进全球分配正义，促进多中心形成有效的全球治理，超越国家边界，发挥多种国际行为体的作用，改善国际政治的道德和伦理等。罗尔斯通过思想实验的方式，将其正义思想运用到国际政治与国际法中，他试图从更广泛的原则出发，在不同的“人民”之间寻求政治合法性的共识，从而把更多的政治体纳入“万民法”的范围里来，形成更广泛的世界正义社会。[1]尽管其《万民法》的思想备受争议，但是他在坚持对个体价值的基础性地位的同时，将万民社会的界定超越自由民主国家局限，这既是对康德世界主义思想的继承和改造，也是一次对国际正义具有现实性的思考和构建。戴维·赫尔德则通过对康德世界主义公民法权的超越，从自主性原则出发，建构世界主义民主法。赫尔德认为，“如果不把世界主义法设想为世界主义民主法，也就不能令人满意地设想对个人和全体的自由和自主性予以充分保护的条件”。[2]所以，在国家体系和世界秩序存在法律的、政体的、安全的、民族认同的和经济的五大断裂的时候，需要通过在全球范围内重建民主，寻找重叠性共识，修复这种断裂。他用思想实验的方式构建了世界主义民主，并提出世界主义民主法的思想，主张人们在不同的权力位域重构世界秩序。[3]同时，他还提出世界主义道德八原则，包括平等的价值和尊严；主观能动性；个体责任和义务；同意；公共事务须通过投票程序集体决策；包容性和从属性；避免严重伤害；可持续性。其核心在于每个人的权利和意愿都得到尊重和平等对待的

1 ［美］约翰·罗尔斯：《万民法》，陈肖生译，吉林出版集团有限责任公司 2013 年。

2 ［英］戴维·赫尔德：《民主与全球秩序：从现代国家到世界主义治理》，胡伟等译，上海人民出版社 2003 年，第 242 页。

3 ［英］戴维·赫尔德：《民主与全球秩序：从现代国家到世界主义治理》，胡伟等译，上海人民出版社 2003 年。

同时，每个人也都为自己的行为后果负责，这应该成为构成全球民主的道德基础。[1]

在国际政治领域，查尔斯·贝茨重新梳理了国际政治的规范理论，并在当前国际关系现实基础上挑战国际政治理论中的道德怀疑主义，认为霍布斯式的自然状态并不适合当前国际关系现实，同时考察了国家道德观念，批评了国家自主观念的不充分性，得出国家自主须建立在社会正义原则基础上。最后，贝茨依据罗尔斯的正义原则，通过国内社会和国际社会的类比，推导出适合国际政治领域的正义原则。[2] 面对全球发展与贫困问题，博格捍卫了道德普遍主义，认为全球贫困是由于西方国家利用不公的全球秩序，通过对贫困国家的持续剥夺而保证自身繁荣造成的，西方国家对全球贫困负有责任，并提出通过对资源使用国征收资源税的方式援助贫困国家。不过，要真正解决贫困问题，则需要改变全球秩序，实现全球秩序的正义。[3]

3. 社会世界主义

全球化时代的到来使国家与社会的边界越来越模糊，社会学家从全球越来越紧密地联结成一个整体社会的现实出发，探讨未来社会发展的可能性。哈贝马斯认为在全球化具有超越民族国家认同的可能，全球交往日益超越国家界限而更加紧密，“更重要的是……一个不断不对称地陷入由世界经济和世界社会组成的相互依存关系中的国家会在主权、行动能力和民主实质方面遭到损害”[4]。国家在全球化时代面对全球问题的无力将无可避免地遭遇合法性危机。他以欧洲为蓝本，试图将民族认同转向基于宪法认同原则的法律共同体，通过对宪政民主理念将认同扩大到国际范围，通过主体间的沟通与商谈构建

1 David Held, “Principles of Cosmopolitan Order” , In *The Cosmopolitanism Reader*, edited by Garrett Wallace Brown and David Held, published by Polity Press, 2010,P230–247;

2 ［美］查尔斯·贝兹:《政治理论与国际关系》，丛占修译，上海译文出版社 2012 年。

3 Thomas Pogge, *Cosmopolitanism and Sovereignty*.Ethics, 1992(1). pp.48–49; Thomas W. Pogge. *World Poverty and Human Rights*. Cambridge: Polity Press, 2002. pp.169–171; *The Global Justice Reader*, Edited by Thom Brooks, Blackwell Publishing, 2008.

4 ［德］哈贝马斯 :《全球化压力下的欧洲民族国家》，见《哈贝马斯在华讲演集》，人民出版社 2002 年，第 108–109 页。

一个世界性的政治公共领域，形成全球性的认同意识。世界将进入“后民族国家时代”，而这最终将演变为“世界公民社会”，这是建立在世界公民权利基础之上，社会平等、自由、公正、民主，所有人自觉联合起来，所有民族和种族和谐共处的世界。为了实现这一转变，各文化群体应该学会平等相处，修订国际法，改革联合国，建构全球公共领域。[1]

乌尔里希·贝克从社会学视角出发，面对全球化时代人类整体性加强的现实，认为世界主义是现代社会发展的趋势，人类社会存在“世界主义化”的过程，这是高度个体化的个人和全球问题遭遇的过程。现代性的展开既是个体化的实现过程，同时也伴随全球化的拓展。全球化在实践层面促进了政治、经济和文化的跨边界联系，在精神层面上，个体化意识发展成为一种社会性精神力量，抵御着传统意识和权威的边界性认同，促进了个体身份及生活方式的多元混合；同时，全球性公共问题（恐怖主义、大规模杀伤性武器、全球贫困、跨国犯罪等）需要全球性回应，整个世界构成了“世界风险社会”，迫使个体进入世界主义化过程，参与全球合作，共同应对，从而引导出一种共同体或共同命运的世界性意识，并提出世界主义作为超越现代民族国家体系的替代性方案，致力于确立与他性交往的公正规则，以使所有国家和民族获得形式上的实质上的平等，对世界的认识和行为方式上超越对立和分裂的方法，以方法论世界主义代替方法论民族主义。[2]

乌尔里希·贝克认为，世界主义包含着四条基本原则，包括克服民族主义的思维和行为方式；抵制霸权主义行径，承认并平等地对待差异；“民族国家”的自律；加强国际合作，实现“世界治理”。他认为全球化世界秩序应该是一种基于“理性共识”的秩序，其政治一体制核心是一个非中心的、民主的、平等的跨民族协商系统。不过，贝克对现实的判断和未来的前景设想显

1 ［德］哈贝马斯著：《后民族结构》，曹卫东译，上海人民出版社 2002 年。

2 ［德］乌尔里希·贝克：《什么是世界主义》，章国锋译，见《马克思主义与现实》（双月刊）2008 年第 2 期；Ulrich Beck “The Cosmopolitan Manifesto”，In: *The Cosmopolitanism Reader*，edited by Garrett Wallace Brown and David Held, published by Polity Press, 2010, pp.217–228。

然过于美好。民族国家的功能并没有因为全球问题而稀释，国家身份仍然是人们对自我的基本认同，全球化带来一体化的同时也带来利益的分化与重组，正如卢克·马特尔所说，贝克“对经济全球化的分析没有贯彻到全球政治中去，结果经济利益、权力、不平等诸问题被忽略了”[1]，全球化时代的利益之争不仅在国家间制造和强化了对立，而且使国内不同阶层之间的矛盾也加剧深化，利益的分化并没有强化全球公民的意识，高度个体化的社会以更加灵活的形式重新组合成多重的利益团体，反而强化了国家、种族、民族、阶层之间的冲突，身份政治成为现实政治中重要的议题。

4. 经济世界主义

经济世界主义主要是资本主义的全球扩张导致的全球经济一体化的过程。很少为哲学家们所关注，而更多受到经济学家的青睐。经济世界主义的主张往往得到开放市场的拥护，这一传统从亚当·斯密到哈耶克和弗里德曼都得到体现。近代以来，亚当·斯密提出要求更自由的贸易，迪特里希·赫尔曼·赫格维希（Dietrich Hermann Hegewisch）甚至要求发展理想的全球自由市场进行自由贸易，对外贸易关税和其他限制可以全部取消，他认为由市场，而非由政府主导的世界，更能满足人们的需要。他认为，如果进口那些国内生产成本较高的产品对每个人而言都是有好处的，放弃贸易保护主义能让每个人受惠。如果一国能从出口获利，他们能达到更好的生活水平而变得比他们的商业伙伴更好，因为他们也能进口更多的商品。同时，在他看来，贸易能促进世界的自由化，国家政府的重要性因此会削弱。因为国家政府更多关注于国内经济和国防，因此他认为国家未来的角色将变得更为次要，成为辅助性机构。全球市场越自由，国家作用就会变得越微弱。[2]康德也认为，贸易第一次把相距甚远的人们带入彼此之间的平和共处的关系之中，也把人们带

1 Luke Martell, “Beck’s Cosmopolitan Politics”, *Contemporary Politics*, Vol.14, No.2, 2008, pp.129–143.

2 See:Stanford Encyclopedia of Philosophy. https://plato.stanford.edu/entries/cosmopolitanism/#2.

入相互理解、共同体共存与和平的关系之中，贸易精神可以导向一种功能上类似于国家联盟的状态。全球经济的发展通过市场的力量从而弱化国家的权力。对近代经济世界主义的延续，即推崇自由市场经济和世界经济的一体化。经济世界主义者如哈耶克、弗里德曼，也包括一些政治家，尤其是一些发达国家的政治家，他们奉行全球市场的决定作用，认为应该建立一个单一全球经济市场，进行自由贸易，这是资源优化配置的最佳方式，而应该尽可能减少政治干预，国家的角色应该只是“守夜人”。不过这种观点常常受到政治世界主义者的批评，因为他们认为国际经济不平等的很大部分原因是市场的扩张，发达国家利用了自身在市场中的优势而对发展中国家进行掠夺，造成了全球分配不公。在“冷战”结束和市场经济不断扩展的背景下，完全以市场调节的经济并没有实现自由市场理论所期待的美好结果，造成了全球经济危机、全球分配问题与消费主义、环境污染、人权保障等问题，足以说明全球市场和自由贸易并不能解决现实社会、政治生活中的问题，经济全球化促进了人类的整体性和相互依赖，但是全球经济问题也在这一过程中凸显，不断产生了对经济全球化的质疑和反动。

所以说，以全球自由市场为基础的经济世界主义前景并不可行，全球化的过程已经证明市场并不是万能的，不能解决人类社会发展中的所有问题，经济全球化过程中所带来的全球问题（如全球环境灾难、全球经济失衡、社会危机和对自然的掠夺以及过度消费）恰恰证明了经济世界主义的局限性，也成为当代道德世界主义和政治世界主义复兴的主要背景；同时，在全球化过程中国家作用并没有弱化，反而更加凸显在保护个体权利中国家能力的重要性，这也促使世界主义者（无论是经济世界主义还是政治世界主义）重新思考国家的作用及其历史地位。

5. 文化世界主义

文化世界主义包括对陌生文化和异质文化的态度，即是否承认不同文化的合法性以及与异质文化的交往方式，如何寻找与他者交往的普遍性原则等。塞缪尔·谢夫勒在《世界主义的概念》一文中对世界主义的探讨划分为两个方面，“一是把世界主义首先看作是关于正义的学说；二是把世界主义首先看作是关于文化和自我的学说”。[1]所以，与政治世界主义强调正义、平等这些人类普遍价值不同，文化世界主义强调的是多元化的文化呈现、个体身份认同，以及二者如何协调及其影响等。

文化世界主义可以追溯到中世纪末期到文艺复兴时期。在欧洲民族国家形成过程中，各国地方性认同逐渐兴起之后引起对其他文化的敌视情绪，既包括对欧洲内部各个国家间因宗教、地域、民族利益造成的战争，也包括欧洲对外扩张，面对欧洲之外更多的异质文明之间的认识。其中较为典型的有伊拉斯谟的精英世界主义，他认为不应该把文化间的差异和分歧看做文化敌对，而应该把似乎不可能解决的各种分歧在更高层次——在善良人性的基础上达成统一。伊拉斯谟认为自己是“世界公民”，将精英视为一个统一共同体，拒绝狭隘的地域性忠诚，故而伊拉斯谟重视世界公民教育，试图通过古典教育提高人的道德素质，达到减少战争的目的；蒙田则认为人类是普遍平等的，人类社会存在不同文化、不同文明的习俗，人类社会的多样性不能用上帝的统一性原则去进行规制和统一，不同的习俗有不同的价值，加深了世界主义中关于文化的普遍原则和文化多元表现之间关系的认识。启蒙运动进一步肯定了人的平等价值，并通过卢梭、歌德等文学家、哲学家得以发展，并形成了文学上的世界主义。

随着全球文化交往的深化，当代文化世界主义主要体现为：（一）保护文化多样性，欣赏多元文化混合，强调个体身份的多元与多维，促进个体吸收不同文化的养分，加强文化交流与共享；（二）文化变迁的普遍性。文化变迁是流动过程，在倡导文化的交流过程中，文化也必然会随时代而变迁，不断地补充、修正和重塑；（三）文化世界主义同时还体现为他们反对强烈的民族主义，提出要警惕强烈的“文化权力”现象，尊重少数民族文化的权力，反对无条件的民族自决。但是世界主义对文化强权和对民族自决的警惕性并不

1 Samuel Scheffler, “Conceptions of Cosmopolitanism”, *Utilitas*,11(3),1999, pp.255–276.

是否定文化具有强烈的地域依附，世界主义可以承认至少某些文化依附性至少在一定的范围内对人的幸福生活具有重要性，但同时也否认一个人的文化身份只由某一具体的地方性文化所决定。人的文化身份可以是多样的、流动的，可以由全世界共享的文化资源的任何子集来界定。

世界主义思想并不是西方独有，相反，在每一个古老文明中都有类似的世界主义因素。随着全球化的深入和全球问题的涌现，也促使不同国家不同文明的更多学者关注新世界主义。以下两节主要介绍世界主义在中国的源头及发展，以及世界主义在当代印度文明和伊斯兰文明中的表达。

三、中国的世界主义

（一）中国的世界主义渊源

尽管在中国没有“世界主义”这一说法，但是从古代中国思想中同样可以挖掘出很多世界主义的元素，其中最为典型的是天下主义和大同理想，希望在世界、国家到家庭的不同政治层级间寻找有效协调、消除冲突的治理制度，可以为当代世界和平与发展提供中国独特的思想资源。[1]

在传统中国的天下观看来，“天下”由中央之国和四夷组成，中国在文化上占有优越地位，是礼乐之邦；“四夷”包括蛮夷戎狄，在文化上属于从属地位。在这一体系中并不是固定由某一国家来主导，而是由优越的文化及文明来主导。[2]“天下”秩序是以文明为标准划定边界的。在“天下”秩序中，以主

1　李存山：《孔子的世界主义与民族文化认同》，《中华文化论坛》2001 年第 3 期；干春松：《王道理想的世界主义回归》，《学术前沿》2013 年 6 月上；马克峰：《大同理想与世界主义》，《社会科学》2013 年第 3 期；王明进：《东方智慧中的世界主义》，《学术前沿》2013 年 6 月下。

2　林碧炤：《国际政治与外交政策》，台北：五南图书出版公司 2013 年，第 197 页。

导型文明为中心，以“家”的形式构建不同国家与中国的关系，形成了同心圆结构，也就是说，以中国为中心，以文化亲疏关系、向心程度不同划分不同国家的亲疏层次，包括内臣、外臣、暂不臣等不同的等级。不过，这国家间的关系既非竞争性，非奴役的，也非契约平等的，而是一种角色伦理关系，[1]其关键在于各自找到在这种有差等的关系结构中的适当角色。在这种结构中，不同的亲疏和向心程度通过礼制的不同加以表达，通过礼制确定名分，表现不同的亲疏关系，而这种亲疏关系确定的原则就是文化的亲近程度，通过对华夏文化的向心态度区分文明与野蛮，不过对于较为疏远的蛮夷，中国主要通过文化吸引力，将蛮夷吸引归化，转化路径是文化而非武力的，转变方式是感召式的、自愿的，天下可以和为一家，[2]可见，“和”是维护“家”天下秩序稳定的基础性原则。所以，天下无外，只是有亲疏之别，以和为一家，尽管不同国家存在差异，但是通过和原则维护秩序的稳定，在这一基础上，天下秩序的终极理想状态就是“大同”，这就意味着对蛮夷教化之后实现普遍文明的目标。

总体而言，古代中国构建了完整的“家—天下体系”，成为中国人审视世界，构筑自己世界观的重要思想资源。“天下主义”的理想形式是以中国为中心，这一中心以文化的先进性为标准，通过华夏文化和平扩展，实现对蛮夷的教化，最后达到“王者无外，和天下为一家，进世界于大同”[3]的境界，呈现的是从中央到四周拓展的同心圆结构。“天下主义”的终极理想形式是大同社会，是超越国家和国界的体系，是“指向一种世界一家的理想或乌托邦（所谓四海一家）”[4]。可以说，天下主义既是对中国为中心的东亚历史秩序的总结，也是古代中国对世界秩序的理解。

1 尚会鹏：《“伦人”与“天下”——解读以朝贡体系为核心的古代东亚国际秩序》，《国际政治研究》2009年第2期，第33页。

2 任晓：《论中国的世界主义》，《世界经济与政治》2014年第8期。

3 邢义田：《天下一家——中国人的天下观》，刘岱主编：《永恒的巨流》，生活·读书·新知三联书店1991年，第455页。

4 赵汀阳：《天下主义：世界哲学制度导论》，中国人民大学出版社2011年。

（二）近代以来中国的世界主义发展

面对西方的侵略和国家的衰败，近代中国世界主义思想更多以民族富强，争得民族平等为出发点，通过对世界主义思想的吸收和改造，提供反强权，特别是反抗种族和国家压迫的思想武器。这一时期，学者们主要将西方的政治理念与中国的传统观念相结合，既承接了古代中华文明世界主义的“大同”“天下为公”“仁者爱人”思想，又吸收了西方“自由”“平等”理念，为民族平等和世界和平呐喊。康有为的“大同社会”思想是具有中国元素的“乌托邦”政治思想。康有为认为，国家是一切战争和人民疾苦的根源。故而他要求取消国家，整个世界连为一体，全地球将按经纬各分为百度，东西南北相交织，构成一万个“度”，每一可住人之度就是一个行政单位。在这些行政管理单位之上，可以建立一个统管的“全地大同公政府”。康有为明确指出，“全地大同公政府”是一种社会的经济文化管理机构，不是一个具有国家特性的世界政府。“于是时，无邦国，无帝王，人人相亲，人人平等，天下为公，是谓大同。此联合之太平世之制也。”[1]梁启超则主张在国家自强的基础上建立一个世界政府，使人人均得为“世界公民”，他的世界主义在于构建一种“世界的国家”，一种具有“天下”与“国家”相融合的世界化的国家。新文化运动以来，李大钊、陈独秀等人接受了马克思主义，将马克思主义的“共产主义理想”和现实政治结合，提出了“新亚细亚主义”等构想，对理想政治模式进行了一定思考。

在当代中国，尽管从马克思主义理论中继承了部分国际主义思想，以及传统文化中“和合”等外交思想，但是由于“冷战”、“文化大革命”等意识形态因素，国家主义、民族主义居于主导地位，对世界主义思想的误解颇深。如《中国百科大辞典》中，世界主义被界定为：“宣扬漠视民族传统，民族文化，以至于放弃民族主权的政治思想。在阶级社会的不同历史阶段上被不同的剥削阶级利用为其进行侵略扩张的思想工具。”[2]直到2009年出版的《政治

1 康有为：《大同书》，张岱年主编，辽宁人民出版社1994年，第89页。

2 《中国百科大辞典》，中国大百科全书出版社1999年，第4896页。

学辞典》中，世界主义仍被解释为："一种鼓吹否定民族传统、民族文化特点，甚至放弃民族主权的西方社会思潮，宣扬民族文化传统和民族国家已经过时，鼓吹消灭民族边界，取消民族国家，建立民族政府，反对民族独立和爱国主义的民族虚无主义。"[1]这些显然是和真正的"世界主义"背道而驰的。不过，近年来，国内对世界主义的研究逐渐展开，开始客观地介绍世界主义并开展严肃的学术研究，逐渐消除对世界主义的误解和偏见。当前我国对世界主义的研究尚处于起步阶段，一方面译介了部分世界主义知名学者的著作[2]，并对世界主义基本理论和历史进行梳理、引进和研究，同时也对世界主义研究在当前的争论做了一定的回应，集中讨论了人类普遍价值与国家利益之间的内在张力，全球正义和国家道德的实践和理论困境，丰富了世界政治和全球治理研究的维度[3]，促进了中国学术界对世界主义的关注度的不断提升。

更重要的是，全球化时代，在日益复杂的世界政治形势和世界秩序变迁的背景下，随着中国的世界影响力不断扩大，中国需要在与世界互动的过程中重新审视并建构中国在世界秩序中的角色。在理论上，学者们结合中国自身历史和社会的发展以及参与国际政治的实践，阐述中国对和世界秩序的理解，尝试将西方世界主义思想与中国传统政治思想结合，厘清西方理论的现实局限，通过对中国传统思想的超越和西方理论的结合，形成具有特色的当

1 王邦佐等编：《政治学辞典》，上海辞书出版社 2009 年，第 273 页。

2 对世界主义著作的引介包括：薛晓源主编《贝克文集》，其中包括：《世界主义的观点：战争即和平》《世界主义的欧洲：第二次现代性的社会与政治》等，华东师范大学出版社 2008 年；［英］戴维·赫尔德：《民主与全球秩序：从现代国家到世界主义治理》，上海人民出版社 2003 年；托马斯·博格：《康德、罗尔斯与全球正义》，上海译文出版社 2010 年；［美］查尔斯·贝兹：《政治理论与国际关系》，上海译文出版社 2012 年；［美］阿皮亚：《世界主义——陌生人世界里的道德规范》，中央编译出版社 2012 年。此外，还有全球正义研究系列丛书（重庆出版社 2014 年），包括：［英］戴维·米勒：《民族责任与全球正义》；［美］柯克·肖·谭：《没有国界的正义：世界主义，民族主义与爱国主义》；［加］查尔斯·琼斯：《全球正义：捍卫世界主义》；［新］吉莉安·布洛克：《全球正义：世界主义的视角》等。

3 国内世界主义研究近年来也有不少成果，如陈秀娟：《多维视野中的当代西方世界主义研究》，山东大学博士论文，2008 年；张永义：《国际政治视域中的世界主义伦理观研究》，中南大学博士学位论文，2010 年；阎静：《全球化时代的世界主义规范诉求——林克莱特国际关系批判理论研究》，南京大学出版社 2012 年。

代中国的世界主义。

许纪霖提出了“新天下主义”，认为新天下主义是对民族主义与传统天下主义的双重超越，既要继承天下主义的普世性，包含人类主义的普遍价值的一面，也要克服传统的天下主义以华夏中心和等级化的弊端，在民族国家主权平等的基础上，形成继承天下主义的普世主义。[1]以刘擎为代表的“大观”学术团队试图在当下中国崛起的语境下构建“新世界主义”的理论框架。新世界主义从世界史的视角出发，在古代中国天下观衰微以及现代民族国家观念不足以解释中国文明及未来世界秩序发展的可能性的基础上，探讨在飞速发展的当代中国应该如何重建民族与世界的关系：既要在全球化时代构想中国作为“民族国家”的具体形态，适应时代需要；同时探索中国的迅速崛起所导致的世界秩序变化，更全面地认识世界历史。“新世界主义”继承了“世界主义”思想中对更为自由、公正、繁荣的世界社会的理想，同时将中国—世界相互关系置入其中，既是将中国的民族元素融入其中，同时也是通过世界主义的思想重塑中国的民族精神，形成对中国和世界的重新理解。在他们看来，中国应当为人类和平与共同繁荣做出新的贡献，其理想目标不是重建往昔的“中华帝国”，也不是在霸权轮替的角逐中跻身新的“霸主”之列，而是在根本上改变霸权结构本身，最终促进人类走向公正与和平的“后霸权世界秩序”（post-hegemonic world order），这也是新世界主义的核心议题之一，体现了中国学者为后霸权世界秩序构建理论基础的努力。[2]

蔡拓的世界主义研究团队则从世界主义思想史的角度，挖掘和比较不同历史时期、不同文明体系中的世界主义，概括提炼不同文明中世界主义思想的具体表现及核心内涵，打破世界主义研究的“西方中心论”，寻找不同文明体系中的普遍性因素，并阐释世界主义对当代世界的价值，寻找更广泛意义

1 许纪霖：《新天下主义：对民族主义与传统天下主义的双重超越》，《探索与争鸣》2016年第5期。

2 刘擎：《重建全球想象：从“天下”理想走向新世界主义》，载《学术月刊》2015年第8期；李永晶：《新世界主义——破解民族精神的时代困境》，《探索与争鸣》2016年第2期。

上的世界主义。蔡拓认为，世界主义不仅是将个体视为道德的终极关怀，承认和保障个体的平等权利和尊严的“个体主义的世界主义”，同时也应该是认识到人类作为一个独立主体的整体性和利益的共同性的“全球主义的世界主义”，我们应该真正关注个体与人类的关系，它坚持人类本位，倡导全球主义，主张人类成为独立的主体，从而克服个体主义的世界主义中个体与人类关系的理论缺失。[1]

综上所述，中国的天下观念作为一种朴素的世界观，一直影响着近代和当代中国人对世界秩序的理解，在中国崛起的背景下，基于中国与世界关系秩序重建等问题，中国学者在继承和发展天下主义思想的同时，吸收西方世界主义的思想观念试图提出克服民族国家体系的局限，建立以人类整体为旨归的新世界秩序观，重新认识、摆正中国在世界中的位置，实现多国家、多文明平等，和谐共处，人类共同发展的目标。

四、其他文明的世界主义

除了西方和中国的世界主义思想之外，在全球化的冲击下，其他文明也通过发掘自身传统文化中的世界主义元素，同时结合当代世界政治的现实及其自身所处的历史方位，形成了不同文明视角下多维度的世界主义。

（一）印度世界主义

印度世界主义思想在“梵”（终极道德秩序）和“法”（秩序指引下的行事法则）框架下塑造了一种截然不同于西方哲学的、突出自我修炼的“梵我”

1　蔡拓：《世界主义的新视角：从个体主义走向全球主义》，《世界经济与政治》2017 年第 9 期。

个体意识观和遵循“三德”的崇尚平等博爱的普遍道德观。自我和平等是印度世界主义思想集中表现：“自我”为对个体价值的强调，在“梵我同一”的思想基础上，探讨“梵我”关系中如何彰显个人的意义；“平等”是对人与人、人与社会关系的应有认知，继而突出一种在梵天框架下普遍的博爱精神。印度学者倡导世界主义的开放性、本土性与多元性，对西方世界主义的同心圆范式做出了有力的回应，突出了世界主义多中心色彩。[1]他们认为，世界主义的概念应该是开放的，而不应该标准化，它是一个具体化的概念，而不应是为任何社会或学说预先假定；[2]同时，霍米·巴巴等人通过对本土化和少数者视角切入，用多元视角和少数派的眼光来衡量全球发展，重思国家与个人的关系，重视对自由平等的追求，强调多元统一性，认为人人有权保持“平等的个性”[3]。此外，当代印度世界主义也注重以本土化和少数人的视角来观察西方语境之外的世界主义，继而寻求一种在全球视野观照下的新世界主义思想观。

（二）伊斯兰世界主义

由于近年伊斯兰文明经常与恐怖主义相连，导致一些人从伊斯兰极端主义出发，误认为伊斯兰文明都是排外的、原教旨的，不存在世界主义思想。事实上，绝大多数的伊斯兰教派是温和派，主张宗教、教派宽容，其中具有世界主义倾向的伊斯兰教派学派也不在少数。伊斯兰文明的世界主义具有较强的宗教色彩，可以称作“伊斯兰宗教世界主义”，其宗教经典《古兰经》中有很多世界主义色彩的阐述。作为一种朴素和实用的宗教，绝大多数伊斯兰教派认为全世界穆斯林皆为兄弟，以共同的宗教信仰为纽带，彼此视同手足，

1　杨天宇：《当代世界主义价值的印度话语辨析》，《国外理论动态》2019 年第 2 期，第 107 页。

2　“Cosmopolitanisms”, in *Public Culture* 12・3, eds, Sheldon I. Pollock, Homi K. Bhabha, Carol Breckenridge, Arjun Appadurai, and Dipesh Chakrabarty, 2000, pp.1–3.

3　张颂仁、陈光兴、高世明主编：《全球化与纠结：霍米・巴巴读本》，上海人民出版社 2013 年，第 10–12 页。

不分贵贱，地位平等，并将这种关系拓展为广泛的人类兄弟平等关系，同时，探讨个人尊严及人类最终命运，实现个体宗教意义上的自由，倡导和平观念和正义、公正与宽恕的宗教伦理。[1]尤其是当代伊斯兰“中间主义”思潮[2]的倡导者，他们倡导中正理念，维护世界和平，关注全球进程，主张文明对话，倡导普世伦理和全球大家庭，是阿拉伯伊斯兰世界对“文明冲突论”等霸权话语的有力回应。

五、世界主义的未来趋势与挑战

世界政治新现象、新情势突显，美国霸权的衰退，新兴国家的崛起，不同文明和国家发挥着越来越重要的作用，带来了价值和实践的冲击，世界秩序面临转型，全球治理的失治困境引发对世界、国家、个体作用及其关系的重新思考。全球大变局、新问题既是对世界主义的挑战，也为其发展提供了新契机、新视角。

第一，正确处理个体、国家与世界之间的关系。世界主义的个体主义和人类整体主义两条发展路径并行不悖，以个体为本位的西方世界主义既需要社群主义视角的争论，同时也需要人类整体视角的补充。当代西方世界主义以个体主义为基础，只是将个体权利的保护在空间上从国家扩展到世界，但是并没有从人类整体视角中挖掘世界政治中固有的道德和实践意义。人类整体视角强调人类的整体性，全球化时代，人类在生存空间、利益和价值上都

1　王云芳：《伊斯兰文明的世界主义：概念、谱系与反思》，《国际观察》2018 年第 1 期，第 40-52 页。

2　丁俊著：《伊斯兰文明的反思与重构——当代伊斯兰中间主义思潮研究》，中国社会科学出版社 2016 年。

有整体性，“关键在于要把人类从抽象的整体转换成实在的整体，承认人类的主体地位”。[1] 人类整体意识在环境保护、极地开发、外空探索等人类共有领域上的合作显得尤其重要；同时，对人类整体利益的关注同样也要落实到具体个体，要对个体和群体的利益充分考虑，避免以整体之名损害个体的正当权益，而往往实践过程中又离不开国家。这就意味着注重个体权利保护的世界主义和重视国家的社群主义、人类整体的整体主义思维和行为方式之间需要互补和协调，中国提出的“人类命运共同体”观念，既是强调人类利益的共同性，人类休戚与共的整体性思维产物，同时也重视国家在保护个体利益的重要作用。所以，我们不仅要关注个体主义的世界主义，同时倡导以人类整体为本位，基于人类整体利益考量的“全球主义的世界主义”[2]，协调个体、国家与世界之间的关系。

第二，政治去中心化视角。政治世界主义源出于西方主导的国际政治实践，西方政治世界主义具有的普遍主义倾向，历史与现实中的帝国主义和殖民主义都是将特殊经验普遍化的后果，所以我们需要警惕“单一中心论”的倾向。尽管如此，无论在思维还是实践上，强大的思维惯性使人们并不容易走出西方中心，这也是西方以自我中心的优越感而忽略世界政治多样性的结果。随着不同文明国家的崛起，世界发展存在更多不同的政治模式和文明形态，从文化世界主义来看，去中心化是文化世界主义的特点之一，注重多元文化的共存与共荣。政治世界主义应该吸收不同文明的因素，思考和推动治理的良善，这意味着需要突破既有的模式，从文化多中心视角出发理解世界，从而避免西方政治普遍主义的专断，也是正确认识和避免文明冲突的内在要求。正如罗伯特·考克斯所说：“绝不可能有唯一正确的理论或世界权力观。……要取得世界的持久和平，这将在很大程度上要求我们对推动世界变化的动力进行多元化的理论视角分析，也必须共同努力在一个协商的世界秩

1　蔡拓：《世界主义新视角：从个体主义走向全球主义》，载《世界经济与政治》2017 年第 9 期。

2　同上。

序中对这些观念加以调和，这种协商的世界秩序要容纳不同立场的人民所怀有的不同目标与不同愿望。”[1]在世界秩序的转型时期，多元平等交流和对话显得更加重要和迫切，关系世界和平与可持续发展。

第三，问题解决的在地化视角。世界主义强调普遍主义的价值和原则，在解决问题时却容易流于空疏与抽象。虽然全球问题具有共同性，但是面对不同国家和地区的不同政治、社会、经济环境和全球问题的不同表现形式，在实践中途径则应该是多样化的，世界主义价值的“落地”必然要求在地化。所谓在地化，就是面对全球问题在地方的实际情况，意识到问题的全局性同时，结合本地实际，充分发挥地方的自主性，并积极寻求外部援助，形成综合性解决方案，防止问题进一步外溢。中国的发展方式给世界最大的启示应该就是结合自身实际，对问题采取因地制宜的在地解决方式，外部性支持与内在自主性相结合，从而实现发展。同样，在推动世界其他国家和地区发展过程中，不能在解决问题之前，事先用某种抽象的价值束缚问题的解决思路，而是需要发挥当地的自主性，实现问题的在地性解决。总体而言，全球问题普遍存在，在不同地区会有特殊性表现；全球需要共同面对，但是最终依赖于在地解决；需要承认问题表现的差别性，制定出差别性措施，区别应对。当然，问题的在地化解决并不意味着能够违背人类整体利益而实现。

第四，在全球时代，世界主义在政治学、社会学、经济学等多层面发展也给我们重要的启示，那就是要将传统政治研究中国家、社会、市场三分的思维整合起来，在认识上实现方法论的整体主义视角。全球社会是一个复合性多层次又互相联动的整体社会，全球社会的构想需要对国家和社会、国内政治与国际政治二分的思维加以超越，打破国家社会间的藩篱，在国家、社会、市场的互动关系中，以方法论世界主义的视角审视人类生活，使我们在全球化时代对世界秩序有更加全面的认识。

1 ［加］罗伯特·考克斯:《思考世界秩序的不同方式》,《世界经济与政治》2010 年第 3 期。

六、小　结

（一）世界主义内核的延续性。从古典到当代，从西方到东方，人们对人类对世界普遍性原则和人的普遍权利的认识和追求，构成了世界主义的基本内核。随着人类交往的深入和对文明、文化多样性的认识，世界主义又生长出对多样性的肯定和对地域性特色的包容。尤其是在当代，全球化与全球问题的凸显，使得世界主义思想成为理解世界、与世界和谐相处的重要观念，世界主义承认世界普遍性和人类普遍平等的原则，在此基础上肯定人类发展所呈现的多元共存，面对战争和全球问题，试图在多元化的世界中寻求更多的人类共识和包容性原则，实现人类和平共处和共同发展。世界主义理念的根本目标是要超越当前国际关系中霸权更迭与战争的发展逻辑，从更高层面寻求不同的人、国家与文明间的和谐相处。

（二）世界主义具有时代性。世界主义在不同历史时期所关注的问题不尽相同，展现了世界主义对人类在不同时代面临重大问题的关注。古典世界主义的兴起是古典希腊哲学所面对的伦理和哲学危机，斯多葛学派试图通过个体美德的普遍性而将人归属于整个世界，或是通过宗教精神共同体的方式找到个体幸福的路径；近代世界主义诞生于民族国家时代，国家分立造成战争与屠杀，世界主义通过对个体普遍平等和权利的肯定，成为设想永久和平的政治计划的哲学基础，其目标是保全个体的生命和安全；当代世界主义则是在全球时代对世界政治和全球问题做出的反思性回应，集中于对人类平等与发展权利的关注。尽管经历千年所面对的问题都是不同的，但是世界主义始终保持相同的基点，就是肯定个体的平等价值，尊重和保护个体权利，维护人类整体的、普遍道德原则。

（三）世界主义具有实践性。尽管世界主义更多是道德倡议或是伦理原则，但是世界主义并不仅仅停留于对现实的批判或是构建理想的政治制度，同时也通过各种形式走向实践。从罗马帝国的实践，到国联、联合国及其系统的建立，带有超国家特征，人类逐渐建立起全球问题公共治理的制度。世界主义成为世界政治和全球治理实践的重要思想基础，公平和正义等价值成为全球治理实现的理念共识。当代世界主义的复兴，并寻求“落地”，走向实践，需要进一步切合问题，并在多样化的地方寻求更加合理的方式，需要进一步挖掘世界主义对世界政治与全球治理中具体问题的意义，统筹普遍性与地方性关系，寻求更加有效的实践。

（四）世界主义应具有人类整体和世界历史的时空观。世界主义以个体为道德关注的出发点，同时在时空观上关注人类整体的发展，二者是协同发展的。当代世界主义研究者往往只强调个体作为世界主义的道德终极关怀主体，强化其个体主义色彩，而忽视了世界主义对人类整体性关怀的一面，但是从世界主义的历史发展来看，它始终是存在对人类整体的深刻认识和把握的，在人类整体层面建立普遍性纽带的同时强化个体的道德关怀基点作用。随着全球化发展和全球治理需要，世界主义更多是在全球政治学层面加以发展，世界主义的普遍主义视角是承认多样性的同时，在现实政治上打破了国家间的分割，人类社会作为一个整体的视角得到进一步强化，是在世界历史的整体视角下的研究。所以，世界主义既需要关怀个体、以个体为出发点，也要在研究视角和具体实践中坚持人类整体和世界历史的时空观念。

（五）世界主义承认多样性和地方性。如果简单地认为世界主义是以对人的普遍性的强调为基础的理念，所带来的政治模式更多是帝国式一统天下，或者至少是康德式的民主共和国家的联盟，这事实上也是一种误解，是对世界主义伦理中多样性的违背，其根源在于对人的普遍性认识的偏差，人在理性和情感共通的同时，地方的历史、习俗的不同，同样也会体现在文化、政治上有所不同，所有人的权利都应得到平等的尊重，这里面恰恰包含的是对人存在多样性的承认和肯定，从人的普遍性角度说，彼此一致的权利是容易受到保护的，更容易受到侵害的是个体多样性的部分，只有承认地方作为特殊多样的存在，才会避免某些少数人的权利受到侵犯和不尊重的可能和危机，所以，这种对人的普遍性基础和特殊性存在的认识是不可偏废的，而多样性是普遍性存在的基础。真正的世界主义者恰恰应该是承认多元并存且宽容的，这是一种伦理关怀，尤其是当世界主义落实到实践中时，对地方性的认识恰恰是获得良好实践结果的重要因素。

（六）世界主义的多种形态，需要突破西方中心。不同的文明都有世界主义思想的元素。西方文明以个体本位，强调个人自由和平等的普遍权利，印度文明强调个体与自然万物的统一以及自我体验的重要性，中华文明更注重人我和谐关系中的责任、义务，强调关系本位。多元文明交融的全球化时代，世界主义也需要打破西方中心的色彩，尤其是在世界政治秩序变迁的过程中，发展中国家的群体性崛起意味着有更多元文化、思想进入世界政治舞台，不同文明的世界主义思想的价值侧重点存在差异，但是并无优劣之分，如何在多元文明并存的全球时代，在个体、国家与世界的关系中形成普遍价值的共识，在实践中不同文明之间走向相互尊重和理解则至为关键；在此基础上，如何实现人类整体和谐共存发展，仍然需要进一步在理论与实践中加以探索，这既是世界主义研究的突破口，同时也将对未来世界秩序产生重要影响。当然，我们需要汲取多元文化的有益因素丰富世界主义的内涵，但是仍然要坚持文明的标准，强调对每个个体权利保护和人类整体关怀并重，既不搞文化霸权主义，也要避免文化相对主义的误区。

民粹主义

费海汀*

一、民粹主义概述

民粹主义并不是一种社会革命纲领，也不具有明确、清晰、恒定的社会改造计划。它更多是一种对人类社会中特定活动和行为的经验性总结。因此民粹主义作为一种社会现象的存在时间要远早于民粹主义概念或民粹主义理论体系的提出。这也在某种程度上造成了民粹主义这一词汇在使用上的模糊性与宽泛性。即，民粹主义始终是对历史事实的总结，但对经验事实的总结就不得不面对其外部千差万别的历史语境及其内涵与过程中明显差异的挑战。因此尽管发生在不同时间、不同地区的民粹主义现象存在不小的区别，我们依然可以通过描述的方式展现一个民粹主义现象的大致轮廓。

* 费海汀：北京大学中国政治学研究中心助理教授。

1. 民粹主义的研究视角

从历史的角度可以认为，在人类的历史上，明显的大规模民粹主义浪潮出现过三次。第一次民粹主义浪潮发生在十九世纪中期至十九世纪末的沙皇俄国与美国，以俄国民粹派运动和美国人民党运动为代表。第二次民粹主义浪潮发生在二十世纪中期至二十世纪70—80年代，主要代表为拉丁美洲众多民粹主义领导人的出现及民粹主义政权的建立。第三次民粹主义浪潮发生在二十世纪末至今，主要代表是欧洲的反全球化、反一体化运动及大量欧洲民粹主义政党的崛起。同时美国的茶党、占领华尔街、拉丁美洲结合新自由主义的民粹主义领导人、东南亚的民粹主义领袖、非洲的民粹主义政权也被认为是此次民粹主义浪潮的重要组成部分。

值得注意的是，三次民粹主义浪潮的划分仅仅只能从世界政治的尺度标示民粹主义在人类社会发生的共时性以提示其共同的环境和时代特征。但并不能断言，每次民粹主义浪潮的总体特征就适用于这一时期每个地区的民粹主义运动。在同一次民粹主义浪潮中不同国家的民粹主义现象之间实际上存在巨大区别。例如，在第三次民粹主义浪潮中东南亚与非洲的民粹主义现象，其特征与规律实际上更接近第二次民粹主义浪潮中的拉美地区，而非同属第三次民粹主义浪潮中的欧洲与美国。

从社会经济的角度可以发现，在民粹主义的内部始终存在左右之分。这里的左右，既是指民粹主义运动参与者本身的社会地位与社会属性，也是指民粹主义领导者所秉持和采取的政治理念与具体政策。左翼民粹主义的参与者通常是农民、产业工人、城市居民中的低收入群体或失业群体。右翼民粹主义的参与者则通常是受过良好教育的中产阶级、知识分子群体。因此左翼民粹主义更加关注涉及国内的事务，如社会、经济、阶级等议题；右翼民粹主义则更加关注涉及全球的事务，如种族、民族、全球化等议题。相对而言，左翼民粹主义运动常以精英—大众矛盾为理论基础，采取激进的经济政策与社会发展计划，以财富的再分配为目标，支持发挥国家的调控作用；右翼民粹主义则更常以国内—国外矛盾为理论基础，采取自由竞争的理念，排斥移民、难民、外来宗教与外来文化，反对全球化与一体化，反对国家干预经济与社会发展。

同样值得注意的是，左、右的划分只是用于区分民粹主义现象所关注的不同议题。它与政治价值上的左右之分和政党上的左右之分都存在很大区别。这一传统划分方法也存在明显的局限性。其一，当前左、右翼民粹主义领袖所采取的政策边界日益模糊，且存在一定趋同的倾向；其二，当前左、右翼民粹主义参与者的社会属性正在模糊和转变，传统左翼政党和价值的社会基础正在成为右翼民粹主义的支持者。例如欧洲与美国的产业工人，其关注的重点不仅从社会经济议题转向民族文化议题，更是对商业精英和保守政客表现出高度的支持。

从政治的角度，民粹主义被认为与民主政治之间存在密切的关系。民主与民粹的共同之处在于，二者的直接目标都是某个或某些社会群体要求将自己的诉求体现在决策过程和决策结果之中，二者的根本目标都是将更多的社会群体纳入共同体的政治生活之中。但民主与民粹的关键区别在于对代表和建制的认识方面。民主政治追求民意的间接表达，而民粹主义追求民意的直接表达；民主政治追求民众有效的代表，民粹主义则反对“被代表”，追求民众直接参与政治或授权领袖个体集中代表民众掌控政治；民主政治强调政治参与的制度、程序与秩序，民粹主义则强调政治参与的范围、频率与结果。

需要指出的是，关于民主与民粹间关系的争论始终存在，这也在一定意义上造成了民粹主义概念的泛化以及确定民粹主义现象的困难。因此解决方案之一即是使用“广义”民粹主义概念。这大多是因为某些现象或运动具有鲜明的民粹主义特征或理念，却在某几个方面并不完全符合民粹主义的一般定义。从广义上说，民粹主义与民主政治面对的是相同的问题，追求的是相似的目标，因此民粹主义常被认为是一种激进民主。同样，许多民主政治中的现象、事件与人物也被认为具有民粹主义的特征。从严格意义上说，民粹主义和民主政治虽然有着同样的出发点，但选择了不同的方向，民粹主义有其区别于民主政治的鲜明特征，同时也会带来与民主政治完全不同的后果。

同时，由于民粹主义与民主政治的紧密关系，民粹主义也常被认为是一种民主政治的变种或过渡阶段。甚至由于民粹主义的激进特征和强烈的改革诉求，它有时也被认为是民主政治运转不畅时呼唤变革的前兆。

总而言之，民粹主义浪潮、左右翼民粹主义、广义和狭义的民粹主义三种角度都具有一定的局限性，且在分析当代民粹主义现象时呈现出理论效力不断减弱的趋势，但这三种角度对于观察民粹主义的整体发展史来说仍然是不可或缺的重要工具。因此本文也将以三次民粹主义浪潮为基本框架，分别分析三次浪潮中广义与狭义的左右翼民粹主义现象。

2. 第一次民粹主义浪潮：俄国与美国的案例

大多数当代民粹主义理论都将最早的民粹主义现象追溯到十九世纪的俄国与美国。从广义来说，右翼民粹主义现象在俄国的典型代表是教育部长乌瓦洛夫的“官方的人民性”理论、“斯拉夫派”知识分子活动、十九世纪末二十世纪初的反犹运动等；在美国的典型代表则包括十九世纪四五十年代排斥爱尔兰天主教移民，十九世纪末排华的本土主义反移民运动等。左翼民粹主义现象在俄国主要体现为民粹派活动家与“到民间去”运动；在美国的典型代表则包括杰克逊总统的执政以及之后的人民党运动。狭义上的民粹主义现象则只包括俄国民粹派运动与美国人民党运动。

十九世纪的总体背景是现代化进程的不断推进。经济上，工业开始加速发展，在国民经济体系中所占比例日益增大。统一的国内市场开始形成，商业活动的规模开始增加。相应的，交通条件得到改善，城市开始吸引越来越多的自由农民聚居，城市的规模也开始逐渐扩大。此时传统封闭且自给自足的社会结构（村社、农场）开始被打破，农民一方面进入城市、工厂，另一方面不得不通过铁路、市场与金融系统参与到全国范围的社会经济生活当中。国家的共同体意识开始增强，民众开始逐渐具备权利意识和参与意识，也开始尝试主动利用自己的权利表达自己的诉求，争取自己的利益。

从背景上看，十九世纪初的俄国刚刚经历了俄法战争的冲击。作为战胜国的俄国与西欧的联系日益紧密，并始终以欧洲大国自居。但此时俄国的国民经济中农业依然占主要地位，对外贸易中也大多以农产品为主。此时农奴制与村社制是俄国社会制度中的主要支柱。大量农业人口没有人身自由。因此俄国的工业也主要以手工业及农奴主开办工场为主。实际上，在十九世纪初远征法国之后，封闭的俄国就不得不直面一个事实：俄国与欧洲大陆的发展水平无论在政治、经济或社会方面都差距悬殊。大国自尊与落后现实之间的鸿沟对俄国的军官、贵族、知识分子形成了重大冲击，迫使他们思考在俄国发动变革的必要性和可能途径。1856 年俄国在争夺巴尔干半岛的克里米亚战争中大败，这使得俄国各界进一步认识到自己与欧洲之间的巨大差距。社会各界对改革的呼声越来越高。沙皇亚历山大二世被迫于 1861 年废除农奴制，设立地方自治议会以缓解危机。俄国民粹派运动就是伴随着这一过程诞生并发展的。

从过程与规律上看，俄国民粹派运动的典型代表是民粹派思想诞生、两次“到民间去”运动及民粹主义政党的组建。三次典型事件的发起者都是知识分子。最初，运动的发起者是贵族知识分子，后来随着工业的发展与城市规模的扩大，受教育的人群也开始增加，运动的发起者开始在大学中出现，之后运动逐渐由平民知识分子主导。俄国民粹派运动的主要动员对象是俄国农民，主要反对对象最初是农奴制及相应的土地制度。运动的主要目标是追求农民的自由解放，废除农奴制并为农民争取更大的政治权利。运动后期，追求政治权利的目标进一步发展为对经济、社会权利的追求以及改善农民生活，同时反对的对象也发展为以沙皇为代表的封建专制制度及俄国的官僚体系。

从发展与影响上看，俄国的民粹派运动经历了从思想观念到政治实践的完整过程。运动最开始发端于对俄罗斯发展道路的讨论及追求自由、平等、正义的思潮，之后逐渐演变为知识分子与留学生自发走入农村宣传动员农民的社会运动，最后发展为积极组建政党、联合国际革命力量以推翻沙皇政府的政治运动。二十世纪初，俄国爆发二月革命，沙皇政府被推翻。深受民粹主义影响的社会革命党人参与组建了临时政府。由于继续参加一战，彼得格勒工人士兵不断爆发示威游行，临时政府最终调动军队进行武力镇压。之后，军区司令科尔尼洛夫试图发动政变推翻临时政府。1917 年 11 月 7 日，爆发十月革命，由列宁领导的苏维埃接管了政权，退出战争。最终俄国在经历了数年的内战之后才重新建立政治秩序。

从背景上看，十九世纪末的美国刚刚经历了南北战争。南北战争的爆发一方面证明美国北方的工商业发展正在不断加速，另一方面则证明，美国南北之间、工商业与传统农业之间的一系列矛盾已经到了难以调和的程度。工商业迅速发展，势必需要与农业争夺土地、劳动力、资本以及对市场、贸易和关税的控制权。而农业方面，由于市场和贸易的发展，许多农场主开始从事商业劳作，而不是传统自给自足的农业活动。商业劳作就需要各种上、下游产业的联动，也就需求更大量的货币。于是，农场主就日益依赖银行、铁路等商业集团。同时，由于对货币的需求大幅增加，但美国政府在战争之后却开始一方面回收绿币，一方面推行金本位制，导致货币总量减少，对银的需求也进一步降低。此时在美国又发现了大量的银矿，这就造成银币一方面大量贬值，且由于政府不再铸造银币，造成了银矿主的大规模亏损。因此农场主联合银矿主要求废除金本位，恢复银本位，自由铸银、增发货币以对抗金融和交通的资本集团。

从过程与特征中可见，美国人民党运动的主要发起者是农场主与银矿主，领导者是律师为代表的城市中产阶级（实际上布莱恩、华莱士与休伊·朗都是律师），主要形式是通过组建政党以挑战他们认为已经失效的美国政党体制。事实上，人民党并不是第一个民粹主义政党，在其之前就有围绕货币议题组建的绿币党（Greenback Party），并在 1878 年的大选中赢得了 13.8% 的选票。人民党本身发端于 1877 年的得克萨斯联盟（Texas Alliance）。美国人民党运动的主要动员对象是西部和南部的农民，主要反对对象则是东部的金融系统与铁路当局，也就是被认为“精英”的资本集团。他们认为农民代表了美国的民主与传统价值，但商业资本控制舆论、资本家控制土地，导致国家的劳动力枯竭。人民党提出了全民公决、参议员直选等一系列政治诉求。

从发展与影响上看，美国的人民党运动基本是在民主政治的框架中进行，但民粹主义运动的兴起及民粹主义政党的组建依然对美国传统政治体制产生了不小的冲击。虽然人民党的候选人本身没有竞选成功，但它成功迫使国会通过了白兰德·艾莉森法案，让财政部每月购买银锭以铸造银币。其自由铸银的主张也被民主党所吸收。一个明显的表现是，主张金本位改革的克利夫兰总统虽然在1892年击败了人民党的候选人韦佛（J.B. Weaver），却在1896年大选的党内投票环节被迫让位于另一位主张自由铸银的民主党候选人布莱恩（William Jennings Bryan）。甚至之后进步党的拉·法叶（Robert M. La Follette Sr.）和共和党的康明斯（Albert B. Cummins）等人也被认为继承了一部分人民党的理念。布莱恩的败选暂时终结了人民党及其民粹主义理念的延续，也使得美国确立了有利于工商业发展的政策。不过，布莱恩等人的影响并未终结于此，其后路易斯安那州州长休伊·朗，亚拉巴马州州长乔治·华莱士等人都被认为延续了民粹主义的理念与政策，但最终或被暗杀或败选，没有产生重大的影响。

3. 第二次民粹主义浪潮：拉丁美洲的案例

二十世纪民粹主义现象主要出现在拉丁美洲和美国。从广义上来说，右翼民粹主义包括美国二十世纪一二十年代的3K党运动，以及亚拉巴马州州长华莱士的执政。以及二十世纪中期意大利与德国的法西斯主义。左翼民粹主义则包括二十世纪末美国的休伊·朗，罗斯福总统，罗斯·佩罗等，加拿大的社会信用党，以及拉美的一系列民粹主义政权，如墨西哥的卡德纳斯主义、巴西的瓦加斯主义、阿根廷的庇隆主义等。

二十世纪，一些世界大国已经基本完成了自己的现代化进程。现代化的潮流开始逐渐向一些毗邻地区和较远地区的地区大国蔓延。由于世界大国已经确立了自己在技术方面的绝对领先甚至主导地位，许多中小国家或邻近大国的地区，现代化进程就不得不受到大国的影响，甚至于依赖国际市场。这些国家和地区大多初步建立了自己的工业体系，但由于国内市场的狭窄，大多需要借助对外贸易或原料输出以促进经济的高速发展。由于工商业的发达，城市规模也开始扩大，大量农民迁入城市成为产业工人，他们借助媒体和交通的发展获得了更开阔的眼界。传统的社会结构被进一步打破，传统的以血缘、地域为联结的社会结构已经逐渐被经济、行业联系的阶层所取代，同时贫富差距也随之增大。迁入城市的农民开始以工厂、工会等形式展开活动，也越来越积极地利用自己的权利为所在社会群体的利益诉求辩护。

从背景的角度看，拉丁美洲在第一次工业革命后半期获得独立，并在十九世纪末启动了自己的第一次现代化进程。此时由于拉丁美洲的开放政策，大量西欧、北美的资本流入拉美国家，拉美则将原材料与农产品作为主要外贸产品。这一时期拉美确立了寡头与考迪罗个人独裁两种威权主义体制以维持稳定的政治秩序，促进经济发展。二十世纪初，美国经历严重经济危机，依赖国际市场的拉美经济也遭到沉重打击。出口初级产品的经济发展模式无以为继，经济衰落带来政治与社会动荡，寡头政府纷纷倒台。此时由于十九世纪末二十世纪初的发展，拉美各国的传统社会结构已经开始动摇，大量农民进入城市成为产业工人。但工人的政治权利相当有限，且参与政治的渠道与机会都严重缺乏。此时的工业仍然掌握在传统土地贵族和出口商人组建的寡头联盟手中。

从过程与规律的角度看，拉丁美洲民粹主义政权的典型政权包括墨西哥的卡德纳斯主义、巴西的瓦加斯主义和阿根廷的庇隆主义。拉美民粹主义运动的发起者中，卡德纳斯与庇隆都是高级军官，瓦加斯是律师，但瓦加斯与庇隆的支持者则主要是工会与基层军官。他们的主要动员对象都是农民、产业工人和中产阶级，主要反对的对象一方面包括国外干涉势力，一方面则包括代表土地贵族和贸易商人维持秩序与垄断的军政府。拉美民粹主义政权的主要任务是追求国家的政治和经济独立，打破土地贵族和贸易商人寡头的垄断及相应的传统经济结构，同时重塑政治体制，促进社会公正，将工商业发展后不断壮大的产业工人纳入政治体系当中。而工人参与政治的具体表现就是领袖本人的执政。这就使得民粹主义领袖的具体政策大多采取了进口替代化工业战略，限制外国进口以保护本土工业的发展。同时，这也意味着他们将大力推动国有化，支持国家干预经济，并且对社会财富进行再分配。

从发展与影响的角度看，卡德纳斯、瓦加斯与庇隆实际上代表了两种不同的民粹主义路线。卡德纳斯是从军界高层过渡到政界高层。他的执政实际上意味着军人对政府的间接控制，因此卡德纳斯采取了威权主义路线，组建了一个全国性的政党，并将工农民众都整合进了政党之中。瓦加斯与庇隆虽然出身不同，但面对的都是军政府，且都是在基层军官团体的支持下成功获取政权。因此瓦加斯与庇隆推翻军政府后都建立了以自己为中心的强大政权，使权力集中化、个人化，尽量忽视、回避正常制度和程序，并采取了修改宪法、罢免法官的措施以确保自己的权力。其结果是卡德纳斯在六年后成功卸职，瓦加斯政权于 1954 年被军事政变推翻，庇隆政权于 1955 年被军事政变推翻。墨西哥的革命制度党执政直到 2000 年。巴西与阿根廷先后在 1964 年与 1966 年在中上层阶级与国外政府的联盟干涉下爆发军事政变，民粹主义政权与军政府反复拉锯，并将军政府执政的情形维持到了二十世纪八十年代。

4. 第三次民粹主义浪潮：欧洲与亚非拉美的案例

二十一世纪民粹主义现象则遍及全球。从广义上来说，右翼民粹主义出现在拉丁美洲、欧洲、美国、澳大利亚、非洲、东南亚。在拉丁美洲包括阿根廷的梅内姆、巴西的德梅洛、秘鲁的藤森等。在美国则包括茶党运动，特朗普总统执政。在欧洲表现为右翼和极右翼政党的崛起，如英国的独立党、法国国民阵线、丹麦的人民党、比利时的新弗莱芒联盟、德国另类选择党、挪威进步党、希腊金色黎明、意大利五星运动、奥地利自由党等。澳大利亚则主要是波琳·汉森，非洲是南非的排外运动，东南亚菲律宾是杜特尔特等。

左翼民粹主义同样出现在拉丁美洲、欧洲、美国、非洲、东南亚等地。拉美的经典民粹主义者如，巴西的布里佐拉、夸德罗斯、阿拉伊斯，秘鲁的阿兰·加西亚，墨西哥的卡德纳斯，委内瑞拉的查韦斯、厄瓜多尔的科雷亚、玻利维亚的莫拉莱斯等。在美国则表现为占领华尔街运动。欧洲主要表现为出现在一系列深陷欧债危机国家的左翼民粹主义政党，包括希腊的左翼激进联盟党、西班牙“我们能”政党，意大利伦齐政府等。非洲主要是突尼斯、埃及、利比亚的“阿拉伯之春”，布隆迪、卢旺达、刚果（布）的民粹主义政权，津巴布韦的土地改革。东南亚民粹主义包括泰国、韩国、中国台湾的政治动员，包括泰国的“红衫军”与“黄衫军”，韩国光州事件与中国台湾的民进党等。

二十一世纪，各个世界大国及地区性大国已经先后完成了自己的现代化进程，或者正在推动国内现代化进程高速发展，同时也有更多的中小国家开始了自己的现代化进程。但与二十世纪相比，二十一世纪的现代化已经完全并入了全球化的大背景中，任何国家都已经很难靠封闭的方式完成现代化。此时世界政治呈现出更加明显的分化和差异：世界大国的现代化程度已经相当高，一些毗邻地区、地区性大国和地理位置优越的国家正在进行高速现代化，一些远离世界大国的国家和地区刚刚开始现代化，而一些特定的大洲和地区则尚未开始自己的现代化进程。但无论处于哪个阶段，任何一个国家的发展都要受到全球化的影响。即使在世界大国，工商业已经非常发达，城市规模巨大，但贫富差距也进一步增加，并且不得不面对移民、难民等新的社会经济问题。

从背景方面看，二十世纪末欧洲各国启动了欧洲一体化进程，并且基于地缘战略和防范苏联的考虑，这一进程也开始超越最初西南欧的范围，开始向北、中、东欧扩张。实际上，战后欧洲经济迅速复苏，这给欧洲带来了长达数十年的繁荣期。繁荣意味着工商业进一步发达，城市化程度进一步加深，国家也可以凭借科技与经济的发达维持高程度的福利体系。经济的高速发展也能允许经济发展迅速的国家对经济发展缓慢的国家施以援手，同时也能在欧盟范围内实现资本、商品、服务、劳动力的自由流动和优化配置，全欧基本能实现均衡、良性的共同发展。但随着2000年以后数次到来的经济危机，欧洲各国经济发展不平衡的问题并没有得到解决，在经济放缓时期显得日益严峻。原本发达的国家由于经济放缓无力也不愿再承担东南欧国家的债务。在经济增速放缓的情况下，欧洲国家也无法再依靠强大的科技地位和贸易能力维持黄金时期全国范围的高福利状态，于是有社会群体不断“掉队”，社会底层与中下层规模不断扩大。加之难民、移民的涌入带来的经济、社会和安全问题，社会底层的不满情绪日益增加，同时中产阶级由于感到威胁不断增大，政府没有能力扭转局势，因此全社会对政府的信任程度不断降低。

在这样的背景下，2000 年以后，欧洲的民粹主义情绪日益高涨，民粹主义者与民粹主义运动不断出现。其中具有典型意义的就是一系列西欧右翼和极右翼政党的崛起，以及西南欧、部分中东欧国家新兴左翼政党的出现。欧洲的新右翼与新左翼无论在社会基础、政党纲领、活动方式、选举策略等方面都与传统意义上的左、右翼政党截然不同，甚至在某种程度上出现了相互转化的趋势。传统意义上的蓝领工人、城市平民是左翼政党的支持者，而受过高等教育的知识分子和中产阶级政治态度上则更倾向于传统的右翼。但在这一时期，新的右翼政党正是伴随着传统左翼的衰落而兴起，大量接管了传统左翼的社会基础，工人阶级、男性选民等“现代化的失败者”日益成为极右翼选民的支柱，其典型代表如法国国民阵线的兴起。而新的左翼政党中，受过高等教育的知识分子、中产阶级以及年轻人的比例日益增大，他们提出反紧缩、反腐败、反全球化的激进主张，其典型代表是西班牙的“我们能”党。

在民粹主义运动的过程中，左右翼民粹主义的同时高涨，意味着无论社会底层还是中层，其自身利益都受到了损害或威胁，对政府与政党的不满情绪都在不断上升。这使得民粹主义者能动员的范围大幅扩展，从原先单一的农民或城市工人、基层军官，逐步发展到整个社会的中下层群体。其主要反对的对象也十分明确，一方面反对无力维持高福利水平、应对经济危机的政府、政党及整个“传统政治体制”，一方面则反对他们认为直接带来危机的全球化、一体化、自由贸易、移民和难民。因此他们的诉求也并非革命性的，而是更趋于保守。其直接诉求包括脱离欧盟、反对税收、排斥移民等，其根本目标就是要消除全球化与一体化进程为欧洲带来的影响和改变。

欧洲民粹主义政党的特征是高度个人化的政党结构，其运作大多依赖于领袖的个人魅力和号召力；不稳定的组织形式，大多数并没有稳固的全国组织和高度组织化的政治运动；多变的政党纲领，常常没有系统的理论逻辑，只是追求单一问题；模糊且怀旧的政治价值，通常诉诸广泛意义上的传统价值或“自由民主”，却不对这一理念作深入解释。同时也包括对传统政治建制、政治价值的轻蔑，并以文化恐惧、民族主义、极端情绪的方式排斥外来因素。

实际上，从发展与影响的角度说，当前欧洲的民粹主义现象发生于成熟的民主政治框架之中。西欧极右翼政党的崛起只是民粹主义运动的一端，其本身并不足以撼动建立数百年的政治体制，其典型代表如法国国民阵线、德国“选择党”的受挫。更值得关注的是发生在南欧的现象，如意大利和希腊。在意大利，右翼的贝卢斯科尼下台之后不久就由左翼的伦齐接任，至今又出现五星运动这样更加极端的竞争者。而在希腊，领导左翼激进联盟党（Syriza）的齐普拉斯之后，在这个政治传统长期偏左的国家又同时出现了金色黎明这样的极右翼组织。如果西欧各国仍然不能摆脱经济危机和民粹主义而逐步陷入衰退，那么政治的极化就将会难以避免，未来的竞争就不再会是传统左右翼被迫联手阻击新崛起的极右翼民粹主义政党，而会逐渐步入左右民粹主义，甚至极左、极右民粹主义政党的相互竞争与轮替循环。

除欧洲之外，拉丁美洲、东南亚与非洲同样面临着民粹主义现象的困扰。但是从背景的角度看，这三个地区的国家虽然也受到全球化的影响，但其主要关注的政治议题依然是国内事务，且作为独立之后的前半殖民地与殖民地国家和欠发达地区，移民、难民的问题并不显著。

拉丁美洲经过数十年的发展，获得了很高的城市化水平，但其工业化程度相对滞后[1]，这样就造成大量迁入城市的农民虽然从事工业劳动，眼界更加开阔，更有意识和意愿参与政治，但经济上工人依然贫困，政治上没有足够的组织化程度来保障工人有秩序的参与。

东南亚的问题则在于城乡之间的发展水平存在巨大差异。东南亚的城市居民并不像拉美一样贫困，但由于农业在国民经济体系中所占比例很大，且农民生活水平低下，这就造成中产阶级有机会参与政治，但无论人口或是经济都占相当比例的农民并没有政治参与的渠道和机会。

1 赵聚军：《福利民粹主义的生成逻辑及其政策实践：基于拉美地区和泰国的经验》，《政治学研究》2015年第6期，第64页。

非洲总体而言经济发展程度较低，经济发展速度较慢，国内商品经济不发达，一方面经济发展要面对殖民地时期的大量遗留问题（如白人占有土地问题）[1]，另一方面经济和社会发展又严重依赖国际援助，特别是西方发达国家的资本和技术。在非洲，部族、军队、农民的问题和诉求都是诱发民粹主义现象的潜在动因。

从过程与规律的方面综合看来，拉美、东南亚与非洲的民粹主义现象与发生在欧洲的民粹主义现象存在显著差异，反而在发生环境、具体原因、运动诉求、后果影响等各方面都更加接近二十世纪中叶发生在拉美，甚至十九世纪发生在俄、美的民粹主义现象。同时，在这三个地区都能观察到典型的民粹主义者，其典型代表如阿根廷的梅内姆、巴西的德梅洛、秘鲁的藤森，委内瑞拉的查韦斯、厄瓜多尔的科雷亚、玻利维亚的莫拉莱斯，泰国的他信、菲律宾的埃斯特拉达和杜特尔特，布基纳法索的孔波雷、刚果（金）的卡比拉、刚果（布）的萨苏、布隆迪的库伦齐扎、卢旺达的卡加梅、津巴布韦的穆加贝等。这些民粹主义领袖出身各异，有学者（知识分子）、商人、律师、工会领袖、演员、基层军官、高层军官、社会运动家等。

这些地区的民粹主义现象大多发生于大选之前或任期届满两个时期。大选之前他们常凭借民粹主义口号吸引选民，届满时则会通过民粹主义手段来修改宪法以获得连任。他们的共同特征是蔑视或回避建制与宪法，在任期内主动发动政变（如藤森的自我政变、查韦斯解散国会和最高法院、他信解散下议院）以加强集权，高度个人化的政治宣传与政策风格，绕过体制推行政策或进行政治动员、理想化自己的支持群体。拉美、东南亚、非洲民粹主义者发动的对象主要包括两类，一类是城市底层贫困人口或边缘群体，一类是没有土地或生活贫困的农村人口。其反对对象也并不一致，既有反对腐败的，也有反对城市精英的，同时也有反对国外干涉和外来资本的。他们的诉求大致可以分为三类。第一类是追求激进的社会财富再分配计划（或至少号召进

1　沈晓雷：《非洲反建制主义的勃兴——对当前非洲政治变迁的另一种解读》，《国际政治科学》2017 年第 2 卷第 2 期，第 95–121 页。

行），扶助穷人，重新分配土地，实施大规模的国有化；第二类是积极实行新自由主义，推行财产私有化、取消贸易保护、鼓励自由竞争；第三类则是比较单纯和中立的政治操作。第一类包括查韦斯、莫拉莱斯、他信、穆加贝等人；第二类包括藤森、梅内姆、德梅洛等人；第三类则主要见于非洲。由于非洲的经济发展水平较低，其面临的主要任务仍是建立政治秩序，并没有明确的经济计划或发展倾向，因此尚不能直接归于前两类之中。

从发展与影响的方面分析可知，拉美、东南亚与非洲的民粹主义政权虽然采取相似的方式上台，且其执政时期所面临的环境与采取的社会经济政策各有差异，但根据其后续发展的不同，仍然可以大致分为四类。第一类是非洲高级军官出身的领导人，如卡比拉、萨苏、卡加梅等人，他们采取民粹主义的方式修改宪法延长任期。这些如二十世纪墨西哥一样形成了强大的单一政党，或强大政权和强人政府的国家，基本确保了政治秩序的稳定和经济的发展，就像墨西哥与巴西在二十世纪七十年代军政府执政时期创造经济奇迹一样，埃塞俄比亚、卢旺达都逐渐平息了国内的种族冲突，降低了腐败程度，实现了经济的连续增长。第二类是采取激进再分配计划以为自己执政赢取更广泛支持的领导人，如他信、穆加贝等人，他们采取民粹主义政策直接对土地进行重新分配、对农民进行补贴，并凭借民众的支持打压议会和反对派。这些近似于二十世纪巴西和阿根廷民粹主义风格的国家，由于一开始的再分配与再平衡政策，往往能赢得广泛的支持，但高度的福利补贴对国民经济造成损害，且造成国家赤字居高不下，对反对派的打压使得不满情绪越来越多地通过街头政治的方式进行表达，结果也如同二十世纪的拉美国家，大多陷入军事政变当中，重新由军政府来恢复政治秩序。第三类是律师、学者、商人、演员等城市中产阶级出身，很早就步入政坛，但选择了采取民粹主义政策以获取权力的领导人，如藤森、德梅洛、梅内姆、埃斯特拉达、杜特尔特等人，他们大多将民粹主义作为一种宣传手段或竞选策略，在执政后则采取各种方式加强自己的权力、打压反对派并追求连任，这些领导人由于蔑视制度与程序，常倾向于采取“非常手段”达到目标，结果虽然有着促进了经济发展社会稳定的政绩，仍然会在执政期间面临越来越大的危机，常在第二或第三任期由于各种原因遭到弹劾、罢免、起诉甚至通缉。同时，他们也常由于自己民粹主义策略的成功为大选塑造了一种民粹主义的参选风格，使得不断有参选者试图复制这一成功路线。

5. 关于民粹主义的基本判断

从宏观的尺度看，可以为民粹主义现象作出三个基本的判断。

其一，民粹主义是一个现代的现象。无论其具体表现如何，一种社会运动一旦被认为是具有民粹主义的色彩，那么它天然就包含了一种“朝向民众”的价值判断。通常，“朝向民众”的价值判断包含三个方面的内容：捍卫民众的权益、表达民众的诉求、借助民众获取权力。这种价值判断实际上隐含着一个默认的前提：政治权力应该由构成共同体的多数成员掌握，因此必须让多数成员直接参与权力的行使，或至少让多数成员的意愿反映在行使权力的过程当中，即权力必须为共同体的共同利益服务。民粹主义现象的出现，本身就意味着对权力服务于个人和权力服务于少数群体原则的否定。这就意味着民粹主义现象出现必须存在一个前提，即已经从传统根据血缘、地域、种族、种姓划分的等级替代为大众政治，必须以大众的同意与授权作为权力合法性的主要来源。换言之，只有在必须组织、依靠、服务于广大民众参与的现代政治的背景下，才可能催生民粹主义的现象。

其二，民粹主义是一个政治的现象。在使用民粹主义概念时，非常容易遭遇概念泛化的危险。民粹主义由于其鲜明的特征，常被用于指代各种政治、社会、经济、文化现象。但究其本质，民粹主义依然是一个政治现象。从起因方面看，民粹主义运动的发起虽然有着各种各样的原因，但其直接原因通常都是民粹主义领导人的宣传与动员，这才会将单纯的不满情绪和改革期望转化为具体的政治实践行为。从过程方面看，民粹主义领导人虽然会采取千差万别的社会、经济、文化政策，但他们获取和巩固权力的手法却惊人地相似。政治策略是他们所有行为活动中最典型、最具“民粹”色彩的部分。从结果方面看，往往很难对民粹主义领导人所采取的政策效果进行统一评估，它们有的因为符合客观规律与实际需求而取得了一定的效果，有的则因为过于激进或保守反而破坏了正常的发展进程。但在各种民粹主义现象之后，政治结构、政治过程都发生了一定程度的变化，民粹主义的政治影响往往要比其社会经济影响更加持久、更加深层。总结看来，应该认为，民粹主义是一个政治的现象，政治原因、政治策略和政治影响才是民粹主义现象之间的最大公约数。

其三，民粹主义是一个非理性的现象。政治是一种理性的言说，但民粹主义恰恰是一个非理性的现象。理性意味着通过运用自身的知识储备与逻辑思考，对未来作出判断以指导和规划自己的行为。但民粹主义所表现出来的则是借由各种直接的感知，进行直接的因果推断，从而直接得出结论。毫无疑问，这样的因果联系不仅是片面的、浅层的，甚至也是充满了歧异和危险的。仔细观察民粹主义可知，民粹主义是一种唤醒的政治。这意味着，从民粹主义参与者的角度看，他们的需求是被唤起、被总结、被表达的，他们本身并不具有理性、系统的诉求，而只是一种朴素的、碎片化的不满与期待。同时，他们在民粹主义运动中表达出来的也并非系统、理性的社会改革计划，而是由于过度简化而陷于模糊的口号，例如公平、正义、自由、传统等。从民粹主义领导者的角度看，他们本身具有政治的知识与思考判断的能力，但是在他们选择民粹主义策略时，实际上主动遮蔽了自己的理性，而选择采取情感宣泄的方式以赢得民众的共鸣。

二、民粹主义的研究史

民粹主义现象的存在实际上要远早于社会科学所通常使用的民粹主义概念及相关理论。关于民粹主义的思考与探讨早在十九世纪出现民粹主义现象时就已存在，但直到二十世纪初，学界才真正将其用于概括人类社会中一类普遍的现象。但在其中不难发现前后相继的内在逻辑。

首先，无论是俄国还是美国，民粹主义（populist/народник）一开始都是运动参与者的自称，或者是观察者对其的概括，但运动的参与者自己并不排斥，甚至欢迎这种称呼。这一称呼的最初含义仅仅是要表达对人民大众（主要是农民）的一种关注和态度。在俄国，民粹主义者（народник）一词在十九世纪六十年代中期出现时仅是指对农民习俗抱有兴趣，并希望减轻人民（农民）税负和贫困之苦的知识分子。但在之后的发展中，这种对人民（农民）的同情逐渐发展为要为人民（农民）争取利益，因此在美国，不满东部金融与铁路集团的农场主成立了人民党（People's party），而在俄国，同情农民的知识分子发起了为人民而斗争的“到民间去”（хождение в народ）社会运动。

其次，无论是俄国还是美国，无论是倾向于支持还是反对的研究，大多将民粹主义现象看作一种反抗运动。民粹主义和社会主义知识分子如普列汉诺夫和列宁[1]强调俄国民粹派运动的正义性，认为民粹派运动实际上是由于包括农奴制在内的沙皇专制使得占人口大多数的农民因缺乏政治、经济、社会等各方面的权利而长年生活在贫苦之中，因此只能通过暴力革命推翻沙皇政府并凭借农民及村社的道德特性建设一个新的制度。科尔尼洛夫 (А.А. Корнилов)[2]、博古恰尔斯基 (В.Я. Богучарский)[3]等自由主义历史学家同样认为民粹派运动本质上是知识分子代替农民表达不满进行抗议的活动，其激进措施大多是针对沙皇政府的恐怖统治。美国的研究者同样将人民党运动理解为农民在工业化进程中利益受到损害，因此民粹主义只是农民反抗运动的一种

1 Г. В. Плеханов, Избранные философские произведения в пяти томах, Том I, М.: Издательство социально-экономической литературы (Соцэкгиз), 1956, С.132.

2 А.А. Корнилов, Общественное движение при Александре II (1855–1881)., Paris: Societe Nouvelle de Librairie et Edition, 1909.

3 В.Я. Богучарский, Из истории политической борьбы в 70 и 80-х гг. 19 века. Партия “Народной воли”, ее происхождение, судьбы и гибель, СПб.: Книгоиздательство “Русская мысль”, 1912.

表现形式[1]，与社会主义等社会革命思想并无本质区别。他们认为，人民党的主要诉求一方面是要求政府打破压迫农民的财阀政治，一方面是要求政府控制工业化进程以保护农民的利益。[2]

1. 民粹主义的理论假设

到二十世纪五十年代时，经历了两次世界大战的人类社会深刻意识到极端主义的严重后果，因此学界也开始对一系列带有极端主义色彩的行为展开研究。其中典型代表是希尔斯 (Edward Shils) 对麦卡锡主义的研究、李普塞特 (Seymour M. Lipset) 和拉布 (Earl Raab) 对右翼极端主义的研究以及拉克劳 (Ernesto Laclau) 对法西斯主义的研究等。而希尔斯在研究麦卡锡主义时，发现在一些极端主义运动中具有一些共同的、普遍的特征，因此开始尝试使用“民粹主义”概念对其进行统一的概括。这一时期学者更加重视的是对民粹主义运动中的矛盾进行分析，并且逐渐转向分析反抗过程的共性。例如希尔斯所关注的就是引发农民不满的因素[3]，以及民粹主义者心中所追求“公平与道德”的具体来源和实践方式。李普塞特等学者则关注民粹主义运动中民粹主义者的心态及他们对待政治制度和程序的态度[4]。简而言之，他们不再以“乡村激进进步主义”的标签来定义民粹主义，而是指出，民粹主义已经为美国政治带来了一种新的反抗风格和心理状态。

第一种设想是因为随着拉丁美洲一系列政治事件的发生，学者们开始尝试探索民粹主义的发生机制。最初的假设即是：民粹主义是伴随现代化进程发生的现象。

首先，民粹主义参与者的身份发生了变化。如果说在十九世纪末二十世

1 Frederick Jackson Turner, *The Frontier in American History,* New York: H. Holt and Company, 1921, p. 281.

2 John D. Hicks, *The populist Revolt: a History of the Farmers' Alliance and the People's Party*, Minneapolis: University of Minnesote Press, 1931, pp.405–406.

3 Edward Shils, *The Torment of Secrecy: The Background and Consequences of American Security Policies*, Glencoe: Free Press. 1956, p. 98.

4 Seymour M. Lipset and Earl Raab, *The Politics of Unreason: Right-wing Extremism in America(1790—1970)*, London: H.E.B., 1971. p. 13.

纪初，仍可以将民粹主义看作农民在工业化进程当中利益受损从而发起的激进社会运动，那么二十世纪中期这一定义就已无法解释发生在拉丁美洲的一系列政治事件。支持拉美领导人上台的不再是没有土地或缺乏货币的农民，而是进入城市之后的城市平民或工人阶级。因此这一时期，学界对民粹主义的总体认识就从工业化进程扩展到整个现代化进程，认为民粹主义是一些社会群体在现代化过程中的某个阶段经历了迁徙、开放和教育，意识到自己的贫困与弱势，因而具有强烈的参与意识，但却并不知道应该如何参与或发动社会改革，因此只好寄望于一个强有力的、富有魅力的领导人。

其次，民粹主义不仅被看作一种由于精英与大众之间矛盾而产生的单纯的反抗运动，而是因为某些经历了现代化过程，却仍未能被整合进政治系统之中的社会群体在通过激进的方式表达不满与参与的诉求。例如尼耶克尔克(A.E. Van Niekerk)认为，民粹主义就是一种社会变革的表现形式。当社会变革缓慢，政治体制能够容纳变革时，它就会被消化于现有的制度和程序当中；而当社会变革迅速，政治体制难以容纳变革时，它就会以溢出的方式表现为非制度化的参与。简而言之，民粹主义就是现代化过程中社会结构变化带来社会群体间关系失衡而导致受损群体的抗议和不满。在他看来，民粹主义本身的目标只是要求变革，扩大现存政治体制的容纳能力，吸纳新生群体或受排挤群体进入政治系统，而不是要求彻底颠覆既有体制。

因此，学者们更加关注民粹主义运动和政党的社会基础、活动策略与领导风格。例如迪・特拉(Torcuato Di Tella)指出，民粹主义并不一定限于农民阶层或与“精英”对立的“大众”群体，它既然是一种不满情绪的累积，就既可能产生于精英，也可能产生于大众，甚至可能将二者带向联合。尼耶克尔克也指出，民粹主义的追随者已经扩大到所有对社会变革充满期待，但对具体变革方向一片迷茫的社会群体。至于民粹主义的领导者，则大多由于中产阶级的虚弱不得不交由无产阶级和知识分子来担任[1]。卡诺万（Margaret

1 A.E.Van Niekerk, *Populism and Political Development in Latin America*, Rotterdam: Universitaire Press Rotterdam, 1974, pp. 25–28.

Canovan）则认为应该对民粹主义运动中“人民”的概念进行拓展而非改变，既包括传统“被压迫的”人民，也包括民族主义的人民和作为全体国民的人民[1]。一方面由于人民范围的扩大与变化，一方面由于领导人角色与属性的变化，民粹主义的内涵就从一种反抗的社会革命扩大为广泛的社会改革，以便囊括大量在既有政治体制框架内进行的合法运动。民粹主义也被描述为一种参与者社会集团以外的领导人操纵民众，以反对政党、反对政府为目标的高度个人化的政治运动。

第二种设想主要是由于拉丁美洲的政治和经济发展独具特色，由于其严重依赖国际市场和进出口贸易的国情，使得学者们开始提出另一个假设：民粹主义是伴随全球化进程发生的现象。

首先，民粹主义的发生不再是由于单纯的国内因素，而是受到国际政治经济形势的影响。在拉丁美洲的案例中，正是由于二十世纪初发达国家的经济危机使得拉美出口原材料的经济模式受到沉重打击，继而才出现社会运动推翻寡头政权，建立民粹主义政权的系列事件。这一现象的发生一方面是由于拉美本身建立国民经济秩序时缺乏独立性，另一方面也是由于拉美地区全球化程度的加深。因此周边大国的经济发展状况才会引发拉美国家的政治事件。实际上，这里的全球化主要是指受到全球化进程影响的各个国家的现代化过程。具体而言，即使像拉丁美洲一样依赖进出口贸易的国家，也不得不跟随国际经济形势调整自己的经济政策，民粹主义政权的上台也就是在国际经济危机波及国内情况下的一种应激反应和自我保护。

其次，民粹主义被假定为一种在依赖国际市场而建立的不平衡的经济体系中，由于经济冲突带来的政治对抗。学界认为，民粹主义的领导者有着相似的经济计划与经济战略。推翻了寡头政权的民粹主义领导人要么在选前允诺提高工资、提高福利、控制物价、改善平民的生活条件，要么就在执政之后采取这样的政策。同时由于其支持者大多是城市平民和产业工人，这些

1 Margaret Canovan, “People, politicians and populism”, *Government and Opposition*, Vol. 19, No.3, 1984, pp. 312 - 327.

民粹主义领导人也大多选择了进口替代战略以扶持本国工业的发展。为了达到这个目标，尚处于发展状态的企业主不得不与劳工联合起来支持民粹主义领导人，以使得国家政策从农业等出口初级产品的行业向工业倾斜。因此民粹主义的本质就从国内的反抗运动或政治策略变成了一种争夺经济政策主导权的行为。德里克（Paul W. Drake）就提出，民粹主义社会基础的扩大不仅体现在“精英”与“大众”边界的模糊，更体现在不同阶级与社会群体的混合[1]。同时民粹主义的领导人都会积极发挥国家的作用，刺激经济发展，同时凭借个人魅力调和内部矛盾以保证经济政策不引发阶级冲突。

因此，民粹主义运动的经济政策和参与者的阶级社会背景最受关注。像加文·基钦（Garvin Kitching）就认为民粹主义仍然是对工业化的回应，不过它更保护落后的小规模工厂而致力于构造垄断企业[2]。一些学者甚至认为，民粹主义现象所发生的历史背景、政治诉求各有不同甚至差异巨大，反而最为接近的是民粹主义领导人通常采取的经济政策。因此应该将民粹主义作为一个经济问题来研究。多恩布茨和爱德华兹（Rudiger Dombusch & Sebastian Edwards）认为，民粹主义的核心问题在于过激且短视的经济政策，包括加强国家对市场的管控、增加税收、提高福利、提高工资、增加就业，等等。但是进口替代战略下的工业发展速度是相对滞后的，其出口产品的质量有限，数量难以得到大幅增加，因此依赖出口的经济增速并不能匹配国家的赤字增长[3]。但由于既定的高福利、高工资、高就业情况确保了劳工对领导人的支持，因此这种政策不得不一直维持下去，直到国内出现严重的通货膨胀和货币贬值。简而言之，民粹主义现象被认为是一种通过追求短期内刺激经济发展，扩大就业、改善生活水平而获取政权的策略，这种策略常常伴随着对经济秩

1 Paul. W. Drake, Conclusion: Requiem for populism?, Michael Conniff (ed.), *Latin American Populism in Comparative Perspectives*, University of New Mexico Press, pp.217–245.

2 Garvin Kitching, *Development and Underdevelopment in Historical Perspective: Populism, Nationalism and Industrialisation,* London: Rout ledge,1989.

3 Rudiger Dombusch & Sebastian Edwards, *The Macroeconomics of Populism in Latin American*, University of Chicago Press, 1991.

序的严重破坏。

第三种设想是出现在二十世纪末二十一世纪初。民粹主义现象不仅没有减弱消失，甚至蔓延到全球范围，甚至在欧美等发达国家和非洲等欠发达地区都开始出现。这就使得现代化与全球化假设的解释效力都受到了挑战。学者们不得不尽量将民粹主义限制在政治的范围内，思考民粹主义是否可能是民主政治的伴生物。学者们开始追问，民粹主义是民主之疾、民主运转不灵的征兆或本身就是民主政治的一部分。

首先，学者们发现，民粹主义与民主政治相伴相随。它不仅总是在民主国家或追求民主的运动中出现，而且贯穿于民主革命、民主建立、民主巩固的全过程，甚至成熟民主的地区也在发生。如果说关于是否应该将类似于占领华尔街这样的大规模抗议运动归类于民粹主义运动或正常民主政治下的抗议游行尚存争论，那么2000年以后在欧洲崛起的一系列具有鲜明民粹主义特征的政党及其在民主政治框架内的民粹主义活动就已经完全无法忽视了。通常，民粹主义被认为是民主政治的过渡阶段。但发生在欧洲的事实证明，这些有别于极端民族主义、种族主义等排外的情绪，也有别于社会主义、自由主义等社会改革计划，具有模糊意识形态、多变政治诉求的民粹主义政党已经成为欧洲民主政治的一部分。这些政党的崛起往往意味着一些传统政党的衰落。实际上，正是这些新兴的民粹主义政党接管了一部分传统政党的选票，从而建立了自己稳定的社会基础。

其次，民粹主义被假定为一种激进民主，是内生于民主政治，甚至旨在替代传统政党和政府的一种社会运动。对当代民粹主义，特别是欧洲民粹主义现象的讨论大多围绕欧洲新兴的一系列民粹主义政党而展开。这些民粹主义政党往往源自某次大规模的抗议活动或社会经济危机，在民众愤怒和不满的情绪尚未消退时，民粹主义者就迅速借势组建了政党。它们不仅挑战执政党，同样也像美国的人民党运动一样挑战传统轮流组阁或执政的两党或多党。它们自身虽然组建了政党，但始终严厉批评政党政治。这些政党往往专攻一些热点议题，成立之初就有一个明确的目标，如英国的独立党、德国“选择党”、意大利五星运动和希腊的金色黎明等。相对而言，这些政党的主张普遍偏右，因此许多学者也将当代欧洲的民粹主义定义为右翼民粹主义运动，包括沃斯（Hains Worth）和哈里斯（Harris）的极端右翼（extreme right）、切莱斯（Cheles）的新法西斯主义（Neo-Fascism）、基其切尔特（Kitschelt）和默克尔（Merkl）以及温伯格（Weinberg）的当代激进右翼（Contemporary radical right）、伊格纳茨（Ignazi）的新右翼政党（New right wing Parties）、贝茨的激进右翼民粹主义（radical right wing populism）、伊梅福尔的新民粹主义（Neo-populism）和新型民粹主义（New populism）等。

因此，民粹主义政党的活动以及民粹主义对传统政党的替代最能引发学者们的关注。贝茨（Hans-Georg Betz）认为当前西欧的民粹主义现象，其主流是激进右翼民粹主义。它是一种后现代背景下诞生的政治策略，目标则是应对全球化带来的挑战，方法则是抛弃了系统的理论逻辑和纲领建构，只是通过围绕议题的论争来维持政党的运作。贝茨认为，这种后现代的、碎片化的民粹主义话语将比传统政党更能适应当前的政治生态[1]。塔格特则认为，当代的民粹主义并不只是政治策略的更新，而且在目标上也出现了变化，这一变化更值得重视。它虽然在议题和政策上变化无常，但它在总体上仍然攻击政党政治与福利国家。简而言之，当代的民粹主义已经不仅仅是经济政策的争论或某个社会群体要求被纳入政治体制当中，它对既有政治体制的反感与批判更加强烈。虽然它也因既反对建制又要依赖建制来展开活动这种内部矛盾性而具有自我局限性，但它对民主政治带来的冲击可能是空前的。当代的民粹主义不再是策略、话语、组织方式上的推陈出新，而更可能像几十年前希尔斯所预示的那样，为民主政治带来一种全新的政治心理、政治风格和政治生态。

1　Hans-Georg Betz and Stefan Immerfall eds., *The New Politics of the Right: Neo-populist Parties and Movements in Established Democracies*, Basingstoke, Hampshire: Macmillan, 1998, p. 4.

2. 民粹主义的定义

在探索民粹主义发生原因的同时，学者们也在不断尝试给民粹主义一个规范化的定义。显然，定义的内容及参照系也是随着民粹主义整体理论的发展而不断变化的。

首先，在二十世纪五十年代，希尔斯、李普塞特等人也就从对极端主义的研究开始，描定了民粹主义的基本轮廓。就其本质来说，其一，民粹主义是一种反抗运动。其二，民粹主义发生时，通常存在一个垄断了权力、财富、文化教育的统治阶级，而被排除在统治阶级之外的社会群体则存在普遍的不满情绪。而就其特征和发展规律来说，首先，民粹主义将人民的意愿及作为其内涵的“公平和道德”作为凌驾于一切制度、秩序、阶层的标准和一切行动的辩护基础；其次，民粹主义蔑视一切制度和程序，蔑视一切“法律、法律机构、立法者、政府机关、政治家或一切阻挡人民直接表达意愿的事物”[1]。因此根据希尔斯的定义，民粹主义的本质就是垄断的统治阶级与被统治阶级之间的对立，这种对立在民粹主义者的口号中表达为“精英”与“大众”之间的矛盾。

其次，在1967年，约内斯库(Ghita Ionescu)和盖尔纳(Ernest Gellner)召集众多学者共同研讨[2]，试图为民粹主义给一个比较清晰的定义。但由于与会学者对民粹主义现象本身的理解都存在巨大分歧，因此准确定义民粹主义的努力也就收效甚微。由于这一时期的民粹主义研究主要基于拉丁美洲的案例，因此有学者从依附理论出发对民粹主义进行定义。沃斯利（Peter Worsley）将民粹主义的特点概括为四个方面。[3]其一，民粹主义的社会基础即“人民”是均质的，因此民粹主义一般发生在阶级差异和阶级冲突不大的地区。其二，

1 Seymour M. Lipset and Earl Raab, *The Politics of Unreason: Right-wing Extremism in America(1790—1970)*, London: H.E.B., 1971. p. 13.

2 Ghita Ionescu and Ernest Gellner eds., *Populism: Its Meaning and National Characteristics,* London: Weidenfeld & Nicolson, 1969.

3 Peter Worsley, *The Concept of Populism*, Ionescu & Gellner (eds), *Populism: Its Meaning and National Characteristics*, The Macmillan Company, 1969, pp. 212-250.

民粹主义的主要矛盾是国内与国外之间的冲突，常常表现为大国争夺世界霸权对小国产生影响或直接影响、干涉小国发展。其三，民粹主义需要一个占据绝对优势的政治组织来表达作为整体的“人民”的意愿，这种组织常表现为政党。其四，这种政党必须承担起推动社会进步与经济发展的重任。

之后，到二十世纪八九十年代，民粹主义研究所必须回答的一个问题是：应该如何理解和解释拉丁美洲新出现的一系列民粹主义政权？如梅内姆、德梅洛、藤森等人不仅没有延续五六十年代民粹主义领导者偏左的再分配和经济刺激计划，反而积极采用新自由主义政策，降低税收、降低补贴、促进竞争。这样一来民粹主义政权的支持者和经济政策都出现了骤然转向，从前无论根据参与者的分类方式，或是根据经济政策的定义方式都遇到困难。在这样的背景下，一些学者认为，民粹主义的经典理论依然有其意义和效力，因此不应完全放弃，应对其采取放宽标准的修改方式。例如肯尼斯·罗伯茨（Kenneth Roberts）就为民粹主义界定了五方面的特征：其一，民粹主义运动中具有一个高度个人化、家长作风的领导人；其二，民粹主义参与者的联盟是多阶级混合的；其三，民粹主义运动所采取的是绕过体制与程序进行自上而下的、直接的政治动员；其四，民粹主义运动并没有一个确定的、具有倾向性的意识形态；其五，民粹主义运动常追求广泛的再分配计划。但罗伯茨也指出，并非所有的民粹主义现象都能完全符合这五种特征。完全符合的就是完整的民粹主义，不完全符合的则可称之为民粹主义的亚类型（subtypes）[1]。

另外，从民粹主义基本定义的不断变迁中不难发现，之所以学者们始终难以就民粹主义得出一个具有高度共识的定义，很重要的一个原因就在于对民粹主义现象的理解不同。换言之，即哪些现象属于民粹主义，哪些现象不属于民粹主义，即民粹主义的标准问题。因此一些学者也尝试另辟蹊径，对民粹主义现象进行分类，以便通过积累和归纳的方式逐步总结民粹主义的基

1　Kenneth M. Roberts, *Neoliberalism and the Transformation of Populism in Latin America*, World Politics, 1995.

本特征和基本规律。就像卡诺万所总结的那样，应该尽量广泛地收集民粹主义案例，并按一定的标准进行分类。这一方法旨在首先对民粹主义进行描述，而不是在材料不足的情况下仓促做出定义[1]。于是，卡诺万将民粹主义分为七个类型：农场主激进主义、革命的知识分子民粹主义、农民民粹主义、民粹主义的独裁、民粹主义的民主、反抗的民粹主义和政治家的民粹主义[2]。不难发现，卡诺万的七型分类方法可以区分为至少两部分，一部分是按照民粹主义的参与者进行划分，另一部分是按照民粹主义的领导者予以区别。之所以划分标准不一，主要原因是卡诺万本身就认为民粹主义现象之间并不存在一定的共同点，它既可以是保守的、也可以是进步的，唯一的相似之处只在于他们诉诸民众的运动策略。因此她一方面用农场主、革命的知识分子、农民来描述民粹主义现象的主要社会基础以分析其发生的原因，另一方面用独裁、民主、反抗和政治来描述民粹主义运动的策略、政策和活动方式，以提示其可能产生的后果。

二十世纪末，大量出现的民粹主义纷繁复杂，民粹主义现象之间的差异已经远不是细节上的不同，而是在社会政策、经济理念、政治目标等方面都大相径庭甚至自相矛盾。这给民粹主义研究带来了巨大的困难。库尔特·韦兰德（Kurt Weyland）就认为，在对民粹主义进行定义时常常存在积累(cumulative concept)与辐射(radial concept)两种方式。[3]积累的方式倾向于将民粹主义现象放到当时的历史语境中，分析民粹主义的起因和背景；辐射的方式则倾向于用一种最基本的标准和框架去分析各种近似于民粹主义的现象。但世界各地不断出现的新兴的民粹主义现象一方面由于其全新的发生条件不断挑战研究者们通过积累经验材料总结的民粹主义现象的起因，一方面则由于其模糊且多变的特征不断削减研究者们为民粹主义确定的最低标准。因此

1 Margaret Canovan, "Two Strategies for the Study of Populism", *Political Studies,* Vol.30, No.4, 1982, pp. 544-552.

2 Margaret Canovan, *Populism*, London: Harcourt Brace Jovanovich, 1981.

3 Kurt Weyland, Clarifying a Contested Concept: Populism in the Study of Latin American Politics, *Comparative Politics,* Vol.34, No.1, 2001, pp. 1-22.

韦兰德认为应该将民粹主义限定为一种纯粹的政治策略。他采取理想模式的方法，将民粹主义定义为一种政治动员和政治控制的手法。它的特点在于，其一，民粹主义的领导人要依靠大量的支持者；其二，民粹主义领导人与其支持者之间要采取直接的联系方式；其三，由于支持者社会属性的复杂性，民粹主义领导人必须要依靠个人魅力来调和支持者内部的矛盾；其四，民粹主义领导人为巩固权力，常常会建立一个围绕自身的政治组织或政党，但这个政党的个人化色彩非常浓重，并不会也不能危及领导人自身的权威。

在二十一世纪初，民粹主义现象发生的范围从亚非拉美的发展中国家扩展到欧美的发达国家。从而使民粹主义的性质再度引起争议，经济与社会的因素都被剥离民粹主义，民粹主义再次被认定为一种政治策略。但它贯穿整个民主化过程的特征也不禁引发了学界的思考，因此学者们也开始尝试从民粹与民主的关系入手定义民粹主义。塔格特认为，民粹主义运动本身分散、飘忽、缺乏一致性，因此不同的民粹主义运动之间缺乏明确的共同特征。因此很难对民粹主义进行归纳性描述。如果过于严密地界定民粹主义，则很容易将许多并不严格属于民粹主义的现象纳入视野之中，从而造成研究的困难。其中一大难题就是，如何区别民粹主义与正常民主化过程中的民主运动？因此塔格特提出了民粹主义的六个核心主题：其一，民粹主义者敌视代议制政治；其二，民粹主义者把他们所偏爱的群体作为理想化的中心地区并以此作为辨识自身的依据；其三，民粹主义作为一种思想意识缺乏核心价值；其四，民粹主义是对严重危机的强烈反应；其五，民粹主义因自身的矛盾性而具有自我局限性；其六，民粹主义作为像变色龙一样的东西，能够随环境的变化而变化。[1]

另外，值得注意的是，在尝试对民粹主义进行定义时，一些学者特别重视民粹主义的主观方面。实际上，这种从思想和心理方面定义民粹主义的尝试同样源自将民粹主义视为一种政治策略的出发点。如伯林（Isaiah Berlin）

1 ［英］保罗・塔格特：《民粹主义》，袁明旭译，吉林人民出版社 2005 年，第 3 页。

则更加重视这些思想的具体内容。总结起来，伯林指出了民粹主义思想观念的三方面特征。[1] 其一，民粹主义的思想发源于自然形成的共同体，因此天然具有均质性和相似性；其二，民粹主义思想的首要目标是社会革命而非政治改革，因此对国家、政府、政党、法律、选举等政治制度、过程和行为都抱冷漠的态度；其三，民粹主义思想是人类社会的观念与思想遇到危机的产物，其直接目标是让社会回归到危机发生前的状态。也就是说，民粹主义思想常常试图通过复兴传统来重建曾经的秩序。简而言之，伯林认为民粹主义就是一种怀旧的心态，在面临变革的未知情境时，它呼吁人们回到从前的已知情境以消除心理的不安和动荡。按照这样的定义，民粹主义是难以推动任何进步的，实际上就是对任何变革的逆反。

同样，拉克劳（Ernesto Laclau）也拒绝接受民粹主义的阶级或经济解释，他认为虽然民粹主义现象各有其特定的阶级和社会基础，但民粹主义本身是没有阶级的。[2] 换言之，民粹主义可能在任何阶级发生。因此拉克劳也拒绝对民粹主义作出过于细致的定义。他将民粹主义的内容定义为统治阶级或精英阶层的价值、思想和理念，在无法从体制内获得足够的支持与合法性时求助于大众的一种实践行为。拉克劳的这种定义方式实际上建立在希尔斯时期精英—大众矛盾的基本分析框架基础之上，更加注重这些价值、思想和理念的实现机制。实际上，拉克劳的这种理解方法要比伯林更接近民粹主义的事实。伯林对民粹主义保守、逆反的定义很容易忽视借怀旧之名发动变革的民粹主义理念，也难以解释通过动员工人或边缘群体而非农民获取政权的民粹主义现象。毕竟相对于历史悠久的农民习俗，工人群体和城市平民群体的民粹主义很难称得上有什么传统价值，并且即使许多赢得农民支持的民粹主义现象（如人民党运动），所怀念的也并非全都是农民的田园生活，而是作为国家整体政治价值的自由与民主。

---

1 Isaiah Berlin, To define populism, *Government & Opposition,* 1968, 3(2): 137–180.

2 Ernesto Laclau, “Towards a Theory of Populism”, Politics and Ideology in *Marxist Theory: Capitalism, Fascism, Populism,* London: NLB, 1977, p. 145.

最后，在分析当代民粹主义现象时，也有学者更进一步提倡要重视民粹主义的道德含义。如墨菲（Chantal Mouffe）指出，在研究民粹主义时不应带有道德预设，将其视为恶意政客对政治秩序的破坏。墨菲指出，这种带有偏见的判断很可能会导致学界与舆论都忽略掉民粹主义运动中的合理诉求，并且这本身就佐证了“精英”对“大众”意见的粗暴排斥。将一切诉诸民众或表达民众意愿的行为都斥之为民粹主义将会使政治陷入一种恶性循环，不断强化精英—大众之间的矛盾及精英—大众二元对立的刻板印象。墨菲认为，民粹主义现象的出现本身就意味着民主政治出现危机。按照墨菲的观点，它的确就应该被视为自由主义民主的反面。在自由主义民主的框架中，政治权利正在变成一种悬置的概念。虽然选民有权选举领导人，但他们常常是被迫作出选择，且表达其意愿、行使其权利的频次已经远远落后于实际的需求。因此，解决自由民主弊病、对抗右翼民粹主义的唯一方法就是集结左翼民粹主义的力量。通过民粹主义“人民”和“寡头”的天然二分，能将原本冷漠且失去权利和声音的大多数民众聚集起来，改变当前的政治态势。墨菲认为，民粹主义意味着一种“政治的回归”（return of politics），以替代日渐衰落的后政治（postpolitics）秩序。未来的政治斗争会存在于左、右民粹主义之间。[1]实际上，墨菲的观点虽然依然源自“精英—大众”的分析框架，但她的出发点已经从现代化与全球化过程中的精英—大众矛盾演变到民主政治本身中如何处理权力中心和政治参与存在距离这一基本矛盾。简而言之，墨菲是在代议制的语境之下，就民主与民粹谁能代表更真实、更准确、更即时的民意进行思考。无论墨菲对于民主政治的判断应该如何评价，她的观点实际上提示了民粹主义研究在这个时代的一种全新背景：在现代化、全球化的时代之后，我们必须要认真而严肃地对待后真相时代的民粹主义。这就意味着，优先情感判断的激进表达不应再被简单视为野蛮、落后、未开化、低教育程度的代名词，非理性和主观因素完全可能成为未来民粹主义甚至政

1　Chantal Mouffe, *For a Left Populism*, Verso, 2018, p.112.

治的常态。

3. 中国的民粹主义研究

民粹主义与中国的渊源，应追溯到中国的马克思主义和历史学，特别是俄国史研究。由于苏联的建立，十九世纪俄国的革命学说在二十世纪初开始为世界各国的革命者起到示范效应。俄国民粹派理论自然而然也就逐渐被译介到中国。新中国建立之后，由于全面学习苏联，中国学界自然也就承接了苏联的民粹主义研究逻辑，主要致力于辨析马克思列宁主义和民粹主义之间的区别。由于俄国民粹派的关系，中国学界实际上很早就对民粹主义问题抱以关注，并在这一领域有着持续的思考、争论与探索。但直到改革开放以后，伴随着政治发展过程中出现的种种问题和在各发展中国家方兴未艾的第二波民粹主义浪潮，中国学界才逐渐开始将民粹主义视为一种普遍的、现代的政治现象。2000 年后，民粹主义兴起第三波浪潮，并逐渐蔓延到原以政治的稳定和秩序著称的西方发达国家。这再度引起了中国学界的广泛关注与热烈讨论。简言之，中国学界对民粹主义的研究，基本是与民粹主义现象本身的发展节奏相同步的。因此，虽然中国的民粹主义研究跨政治学、历史学、经济学、社会学、法学、文学、新闻学和传播学等各种学科，但依然可以大致将其主要内容分为三个方面：民粹主义理论、民粹主义与中国政治、民粹主义与世界政治。

改革开放，特别是二十世纪九十年代以后，中国的政治、社会、经济水平都得到迅速提高。但随着高速发展的进程，也出现了种种出乎意料的困难和问题。其中，如何对待越来越积极和活跃的人民大众，如何对待日益多样化和复杂化的群体意愿，如何对待日益高涨的要求扩大政治权利与政治参与的诉求等问题逐渐引起了中国学者的重视。中国学界，特别是政治学界开始将民粹主义作为一种普遍的政治现象和现代政治中的普遍问题来看待。关于民粹主义的理论，大致可以分为民粹主义的定义和民粹主义产生的社会根源两个部分。（1）在民粹主义的定义方面，时殷弘、张凤阳认为，民粹主义是一种尊崇并诉诸平民大众情感和政治—社会理想的理念、教义或行动准则，其通常的基本特征在于追念和怀恋幻化了的共同体生活。[1]俞可平指出，民粹主义既是一种社会思潮，也是一种社会运动，还可能是一种统治策略。他认为，民粹主义将平民大众的愿望、需要、情绪作为合法性的唯一来源和行动的唯一根据，其基本含义是它的极端平民化倾向。[2]林红则从群体心理学视角指出，民粹主义是转型社会中从个体到大众心理变迁的典型反映，其批判精神和非理性倾向实际上是各种群体心理倾向的集中表达[3]，它常常具有草根性、反主流、反建制，建立在传统文化或民族情感之上的保守主义情结，以及威权主义、"卡里斯玛"政治等特殊表征。[4]佟德志指出，对于人民的信仰是民粹主义的核心逻辑，但其"人民"定义并不与公民重合，而是具有高度的同质性、理想性，并强调对立性，因而具有反精英和反建制的特点，使民粹主义否定多元主义，在民族主义、全球化、多元文化等方面站在保守立场。[5]（2）在民粹主义产生的社会根源方面，俞可平认为，经济危机并不必然催生民粹主义。民粹主义兴起更深层的原因是社会危机，更直接的原因则是政治危机。[6]林红认为，民粹主义由三种因素共同促成：只有文化接触而缺乏文化认同的社会转型、民族主义在特定事件中的演变、精英主义的真实政治逻辑。[7]而在全球化和第三波民粹主义浪潮的背景下，梁雪村认为它并不只是欧洲社会的暂时问题，而是具有福利国家和新自由主义之间日益激烈矛盾冲突的深层根源。[8]吴晓明则认为，民粹主义作为一种现象，与"后真相"时代的来临一样，只是现代性发展到特定阶段的产物，是无限制的主观性的必然结

1　时殷弘、张凤阳：《论卢梭政治哲学中的民粹主义》，《战略与管理》1994年第6期。

2　俞可平：《现代化进程中的民粹主义》，《战略与管理》1997年第1期；俞可平：《全球化时代的民粹主义》，《国际政治研究》2017年第1期。

3　林红：《群体心理学视角下的民粹主义》，《河南师范大学学报（哲学社会科学版）》2007年1月；林红：《民粹主义：概念、理论与实证》，中央编译出版社2007年。

4　林红：《当代民粹主义的两极化趋势及其制度根源》，《国际政治研究》2017年第1期。

5　佟德志：《解读民粹主义》，《国际政治研究》2017年第2期。

6　俞可平：《现代化进程中的民粹主义》，《战略与管理》1997年第1期。

7　林红：《论民粹主义产生的社会根源》，《学术界》2006年第6期。

8　梁雪村：《民粹主义：一个"欧洲问题"》，《欧洲研究》2015年第6期。

果。[1]新一轮民粹主义浪潮的产生根源可以具体为现存民主体制的缺陷与失效、现代化和全球化程度的失衡与负面效应、民粹主义所能带来的短期的政治经济利益、网络和新媒体的助长以及外部压力导致的认同或信任危机。[2]

围绕“民粹主义与中国”的问题，在中国的人文社会科学界发展的不同阶段上分别出现了民粹主义与近代中国、现代中国、当代中国三种研究路径。[3]（1）在民粹主义与近代中国研究方面，中国学界主要侧重于对二十世纪初中国各个社会改革流派与民粹主义（无政府主义）的关系进行梳理和分类工作。路哲将刘师培与《天义报》《新世纪》、师复与晦明学社等视作中国无政府主义的先驱，并详细论述了无政府主义在中国的兴起和没落。[4]胡伟希则将近代中国的民粹主义分为国粹派民粹主义（章太炎）、无政府民粹主义（早期马克思主义者）、乡建派民粹主义（梁漱溟）三类。[5]顾昕则认为，1920年前后，中国的知识分子由于幻灭感和疏离感，以及从改造个人到改造社会的理念转变，民粹主义倾向民众意识的增长以及阶级斗争和“劳农专政”思想的胜利，开始从无政府主义向马克思主义转变，形成了早期的共产主义群体。[6]（2）在民粹主义与现代中国研究方面，中国学界主要的争论在于在中国的社会主义建设过程中，是否曾经染上过民粹主义色彩问题。二十世纪八九十年代，国外学者在研究毛泽东思想时曾提出，毛泽东思想具有一定的

1　吴晓明:《后真相与民粹主义:“坏的主观性”之必然结果》,《探索与争鸣》2017年第4期。

2　俞可平:《全球化时代的民粹主义》,《国际政治研究》2017年第1期; 林红:《当代民粹主义的两极化趋势及其制度根源》,《国际政治研究》2017年第1期; 吴宇、吴志成:《全球化的深化与民粹主义的复兴》,《国际政治研究》2017年第1期。

3　由于篇幅所限，本文不再对俄国民粹派研究和马克思主义与民粹主义比较研究作进一步的介绍。民粹派研究可见张建华《从民粹主义到列宁主义: 俄国知识分子思想的艰难跋涉》,《当代世界与社会主义》2001年第6期。比较研究主要是围绕关于跨越资本主义“卡夫丁峡谷”问题的讨论，具体可见张光明《关于所谓“跨越资本主义卡夫丁峡谷设想”的真相》,《当代世界与社会主义》2003年第1期。

4　路哲:《中国无政府主义史稿》，福建人民出版社1990年。

5　胡伟希:《中国近现代的社会转型与民粹主义》,《战略与管理》1994年第5期。

6　[新加坡]顾昕:《无政府主义与中国马克思主义的起源》,《开放时代》1999年第2期。

民粹主义倾向，这一观点在中国学界引起了争论。[1]一部分学者坚决反对，指出毛泽东不是民粹主义者，在许多根本问题上毛泽东与民粹派的观点针锋相对，甚至对后者持尖锐批评态度。[2]另一部分学者则认为，中国革命的先驱，从孙中山到毛泽东，都曾染上民粹主义的色彩。这在新中国成立之后的社会主义建设时期比较明显。我们正应该继承毛泽东1939—1949年新民主主义思想中对民粹主义思想的批判来加深对社会主义初级阶段理论的理解[3]。也有学者总结道，重提新民主主义论，并不会掩盖毛泽东对民粹主义错误观念的批判，而是意在强调应该正确处理与资本主义间的关系，这对我国的社会主义建设是有指导意义的。[4]也有学者强调，俄国民粹派是在特殊历史环境下产生的特殊现象，与特定的社会经济结构和政治环境密不可分，因此不应轻易推论到其他国家，自然也就不适合于分析中国。[5]（3）在民粹主义与当代中国研究方面，中国学界主要注重对网络民粹主义的特点、影响及控制策略进行研究。陶文昭认为，互联网与生俱来就因为其平等性、聚集性、偏激性具有民粹主义特征。它虽然一方面能关怀弱势群体，另一方面却也具有社会冲击性。[6]郭中军认为，网络民粹主义由于极端强调平民价值观，同时强烈批判主流政治话语，反对国家主义和精英主义，因此实际上已经形成了与主流政治话语权相抗衡的独立话语权。这样的现象会蚕食并解构传统的政治共识。[7]郭小安、雷闪闪借用新闻学与传播学的研究成果，将网络民粹主义的叙事方式

1 石仲泉：《关于国外毛泽东研究的民粹主义问题》，《中共党史研究》1992年第6期。

2 石仲泉：《关于国外毛泽东研究的民粹主义问题》，《中共党史研究》1992年第6期；沙健孙：《坚持科学地评价毛泽东和毛泽东思想》，《真理的追求》1999年第3期。

3 胡绳：《社会主义和资本主义的关系：世纪之交的回顾和前瞻——纪念党的十一届三中全会召开二十周年》，《中共党史研究》1998年第6期；胡绳：《毛泽东的新民主主义论再评价》，《中共党史研究》1999年第3期；何诚：《读〈毛泽东的新民主主义论再评价〉》，《中共党史研究》1999年第6期。

4 胡岩：《民粹主义和社会主义》，《当代世界与社会主义》1999年第2期；胡岩：《对当前民粹主义讨论中几个问题的看法》，《中共党史研究》2000年第2期。

5 李伟：《关于国内民粹主义研究的几点讨论》，《马克思主义研究》2003年第1期。

6 陶文昭：《互联网上的民粹主义思潮》，《探索与争鸣》2009年第5期。

7 郭中军：《网络民粹主义与传统政治共识的解构》，《学习与探索》2012年第9期。

划分为底层叙事、哄客叙事、对抗叙事三类。[1]丛日云则指出，中国的网络民粹主义中左右翼并存。左翼更加仇富，右翼则更加仇官。而在中国，之所以民粹主义现象主要表现为网络民粹主义，主要是普通民众参与公共事务的权利缺乏落实与新媒体和教育得到普及双重原因的叠加。这就使得中国民众政治参与的准备和训练不足，公民意识、态度、行为规范培养不足的缺陷暴露无遗。[2]

二十一世纪以后，随着人类社会全球化程度的加深，民粹主义现象在全球范围内广泛蔓延。民粹主义浪潮在一些曾经出现过的地区再度高涨，也在一些并未发生或者并不明显的地区悄然兴起。因此，中国学者也将研究逐渐扩展到全球范围。具体而言，大致包括美国、欧洲、拉美等地区。（1）美国民粹主义研究。周琪和付随鑫认为，美国当代的左右翼民粹主义现象具体表现为“特朗普现象”与“桑德斯现象”。左翼主要表达年轻人和中下层白人的意愿，右翼则主要表达了白人蓝领阶层的情绪。二者的共同之处在于都反映了美国中产阶级和蓝领阶层的衰落，经济不平等加剧，以及美国民主政治陷入困境。[3]刘瑜认为，在美国的历史上，左翼民粹的根源在于权利观念的不断泛化，不断上涨的权利预期与美国政治当中的精英主义的裂缝日益加深；右翼民粹主义则在相当程度上是对左翼的一种应对。她认为，当代美国左右翼民粹主义都得到了强化。但她同时也质疑，美国当前的“民粹主义”并不符合严格意义上的“民粹政治”，即使存在某种民粹倾向，也会由于复杂的政治制衡而受到限制。[4]肖河则指出，美国的民粹主义分为国内国外两个层面，国内由于以美国宪法为政治还原主义内核，民粹主义政策将受到严厉限制；但在国际舞台，由于缺乏这一约束条件，极有可能成为民粹主义情绪和措施的

1　郭小安、雷闪闪：《网络民粹主义三种叙事方式及其反思》，《理论探索》2015年第5期。

2　丛日云：《中国网络民粹主义的表现与出路》，《人民论坛》2014年第4期。

3　周琪、付随鑫：《深度解析美国大选中的“特朗普现象”与“桑德斯现象”》，《国际经济评论》2016年第3期。

4　刘瑜：《民粹与民主：论美国政治中的民粹主义》，《探索与争鸣》2016年第10期。

宣泄口。[1]（2）欧洲民粹主义研究。宋全成和刘益梅将欧洲民粹主义浪潮和极右翼政党的兴起归因于二战以来的四次移民大潮。[2]张莉则指出了当代西欧右翼民粹主义政党具有攻击穆斯林移民、主张“重新民族国家化”以对抗一体化和全球化以及使民粹力量欧洲化的三种倾向。在这样的背景下，文化价值认同开始逐渐成为政治分野的一个重要维度。[3]梁雪村认为，欧洲的民粹主义问题不止是一体化过程中的暂时困难，而是反映了作为传统政治单位的国家在全球资本主义的挑战下出现了功能混乱和身份困难。[4]史志钦与刘力达以供给—需求模型分析了2014年欧洲议会选举中极右翼政党大幅崛起的现象。他们认为，供给因素主要在于极右翼重建国家和反移民的主张被接受；而需求因素则是民族国家模式、代议制民主、福利国家制度和意识形态四方面的共同作用。[5]郑春荣则将欧洲的这类民粹主义现象归类为“逆全球化”，即重新为国家和地方赋权思潮的一部分。[6]（3）拉美民粹主义研究。赵聚军基于拉美和泰国的经验，将这两个地区的民粹主义现象描述为民粹式的福利超载，即政治人物为了获得支持，强制推行违背经济发展规律的高福利政策。产生这种现象的原因从客观方面来看是贫富分化导致的严重社会分裂，以及缺乏法治和社会基础的民主制度，从主观方面来看则是政治人物的故意推动，以此来获取更加稳定和持久的支持。[7]董经胜则认为，拉美的民粹主义起源于对十九世纪晚期大都市革命的威权本质的反抗。民粹主义在拉美反复发生是由于不发达的政党体系和公民社会、收入分配极度不均和频繁发生的经济危机。

1　肖河：《美国反建制主义和特朗普政策》，《国际政治科学》2017年第2期。

2　宋全成：《欧洲移民问题的形成与欧洲极右翼政党的崛起》，《山东大学学报》2005年第6期；刘益梅：《难民危机与欧洲民粹主义崛起探析》，《学海》2016年第4期。

3　张莉：《当前欧洲右翼民粹主义复兴运动的新趋向》，《欧洲研究》2011年第3期，第70–80页。

4　梁雪村：《民粹主义：一个“欧洲问题”》，《欧洲研究》2015年第6期。

5　史志钦、刘力达：《民族主义、政治危机与选民分野——2014年欧洲议会选举中极右翼政党的崛起》，《当代世界与社会主义》2015年第2期。

6　郑春荣：《欧盟逆全球化思潮涌动的原因与表现》，《国际展望》2017年第1期。

7　赵聚军：《福利民粹主义的生成逻辑及其政策实践——基于拉美地区和泰国的经验》，《政治学研究》2015年第6期。

他认为，民粹主义本身是区别于自由主义的一个民主传统支系，因此它既包含了有利于民主，也包含了不利于民主的因素。[1]郭洁将拉丁美洲民众主义的共同特点归纳为“我们—他们”的群体二分、魅力领袖和凌驾政治体制的“领袖—人民”关系等三点。[2]金晓文则认为，拉美的民粹主义和反建制主义是经济危机下政治领导人通过群众寻求权威重建的一种方式，由于拉美发展模式的高度依赖性和决策的激进性，使得民粹主义反复出现。[3]

三、民粹主义评述

1. 民粹主义的实质：基本矛盾与核心问题

从民粹主义数十年来理论假设与基本定义的发展可知，民粹主义现象中会出现人民—非人民、建制—反建制两对基本矛盾，这也是判断民粹主义现象的基本依据和理解民粹主义运动诉求的重要参照。

第一对矛盾是人民与非人民之间的矛盾。在民粹主义现象中，通常会存在一个理想化的“人民”群体。它常常由民粹主义者或民粹主义的领导人提出，随后在运动过程中获得大量的共鸣与同情，从而吸引一大批民粹主义运动的参与者。换言之，这是一个专门为了某种特定诉求而塑造出来的、想象的群体。这一群体的诉求具有凌驾于一切的重要性，因此也会成为判定一切行为合法性的最高依据。民粹主义现象中的“人民”观念通常具有三方面特征。其一，它是一个具有广泛性的观念。它不具有任何明确的边界，因此无

1　董经胜：《拉丁美洲现代化进程中的民众主义》，《世界历史》2004 年第 4 期；董经胜：《拉丁美洲的民粹主义：理论与实证探讨》，《拉丁美洲研究》2017 年第 4 期。

2　郭洁：《周而复始的政治“狂欢”？——拉丁美洲的民众主义探析》，《国际政治研究》2017 年第 2 期。

3　金晓文：《拉美反建制主义的周期性探析》，《国际政治科学》2018 年第 1 期。

法用民族、种族、职业、阶级、性别、宗教等任何标准加以区分。相对于范围，“人民”群体的特征更加明显。民粹主义者们常宣称“人民”具有某些特别的价值、传统、习俗或潜能，通过发挥这些特质则能建立或恢复一个比当前更加美好的生活与秩序。其二，它是一个具有统一性的观念。为了赢得更多的支持者，“人民”群体常常不具有清晰的边界，从而表现为多个阶级的政治联盟，这些阶级之间甚至本身就潜藏有尖锐的矛盾。因此为了保持诉求的一致性，“人民”观念通常是简化的、统一的，故意忽视不同群体之间的区别和矛盾，特别强调这些群体共同面对的问题或境况。其三，它是一个具有对立性的观念。“人民”通常会与“非人民”作为矛盾的双方同时出现。这类人群通常在某方面的利益遭到损害或始终无法得到满足，但由于他们被排除在政治体制之外或并不知道应该如何通过参与政治和社会变革争取自己的利益，因此他们常有一种“被压迫感”或“被侵犯感”，这种压迫和侵犯的来源往往就是与之相对的“非人民”群体。

第二对矛盾是建制与反建制之间的矛盾。根据民粹主义者的观念，“人民”在事关自身的重要决策过程中常常处于失语和缺位的状态。相对于“人民—非人民”矛盾的人造意味，“建制—反建制”矛盾具有更加现实的基础。许多后来的民粹主义参与者、支持者或同情者本身就具有极低的政治效能感和政治信任。他们对既有制度和程序的反感常被民粹主义者发掘、挑动并加以夸大。这一部分民粹主义者的想象和口号实际上才真正属于民粹主义现象的特点。它同样具有三方面的特征。其一，它通常呼吁民粹主义者和民粹主义参与者的直接联系。无论是民粹主义者主动走近“人民”，还是“人民”通过各种方式聚集在民粹主义者周围，由于长期对建制的不信任和反感，民粹主义者与“人民”之间的联系必须是直接的、没有任何阻碍与隔阂的。民粹主义者通常会用各种方式（热线、演讲、游行、政治形象塑造）来表达他们关系的密不可分。其二，民粹主义运动通常体现为某种大规模的政治动员。民粹主义现象通常最初表现为突然的、大规模的政治—社会运动，并没有严密的组织程序。但值得注意的是，民粹主义参与者期待的是社会改革，并不具有强烈的政治兴趣；但民粹主义领导人首先关心的是政治问题，其目标是赢得政治权力。其三，民粹主义运动追求领导人对“人民”意愿和诉求的集中代表。在“人民”的社会改革诉求与领导人的政治目标之间实际上存在相当的距离。对于这个问题通常会出现两种解决方案：一种是领导人直接宣称自己就是民意的代言人，自己最了解人民的诉求，因此领导人的行动就自然是为人民争取利益，领导人的成功则意味着人民的利益将会得到实现。另一种是引入某种政治组织，将碎片化的社会改革意愿提炼转化为领导人的政治纲领。后一种方案常见于民粹主义现象的中后期，具体体现为民粹主义政党的出现。但这种政党依然是高度个人化的，不可能阻挡领导人与人民的直接联系和对人民意愿的集中代表。同时，无论哪一种方案，这种代表性都是集中的、排他的。这意味着只有民粹主义领导人及其政党有资格代表民意，其他政党或领袖都将会扭曲民意。

实际上，人民与非人民之间的矛盾，建制与反建制之间的矛盾，通常可以归结于民粹主义现象中的三类核心问题，这些问题也对应着民粹主义研究的三种基本分析框架。

第一类是精英—大众问题。民粹主义运动中的“精英”并不是指某个具体的阶层和社会群体，而是掌握政治权力，维护既有社会结构特别是分配结构，给“大众”造成损害并且始终维持这种不公平发展模式的群体。可见，作为“大众”对立面的“精英”，除了政治、经济、社会精英、统治阶级、发展获利群体之外，也包括精英所构筑的政党、政府、议会、法律等政治制度、程序与秩序。“精英—大众”矛盾所体现的实际上是权力中心与参与群体之间的距离问题。在现代政治的背景下，人类社会始终无法解决的一个问题是如何有效地组织大众实现政治参与和民意表达。有效不仅是指单纯的范围扩大，更是指碎片化的、日常的、浅表的民意得以被归纳提炼为普遍性的、抽象的问题并加以协商，从而调整社会整体的发展模式与方向。代议制为这样的参与和表达提供了一种渠道，但同时也使得民意在表达的过程中出现折中与衰减，令参与群体感到自己与权力中心之间存在隔阂，甚至被排除在权力运作的全过程以外。当这样的感知日益强烈，感知的群体日益增多时，民粹主义发生的可能性就日益提高。

第二类是国内—国外问题。民粹主义运动中的“国外”并不仅限于严格意义上的民族国家。它可以泛指本国以外的一切外来的，对本国固有的生活方式和价值理念构成冲击的因素。它既可以是民族国家，也可以是外来移民、外来宗教，甚至外来资本和外来文化。“国外”因素被认为是造成当前社会地位下降、利益受损、秩序混乱的原因，因此排除“国外”因素就成为恢复原先安定生活的必要手段。“国内—国外”矛盾所体现的实际上是世界政治发展不均衡的问题。全球化使得世界各国的交流沟通更加深入，世界的资源配置更加优化。但是，一方面在国际社会中，不同国家的发展速度并不一致，因此严重依赖国际市场的许多发展中国家就会将发展的问题归咎于发达国家的资本和商品输出。更值得注意的是另一方面，这种不均衡还体现在次国家层面之上。同一个国家的不同阶层在全球化过程中获利并不一致，这就会造成即使国家作为一个共同体在发展中获益，但某些特定阶层则在发展过程中受损的情况。当政府长期无力解决或忽略这些群体的利益诉求时，民粹主义发生的可能性就日益增大。

第三类是正义—非正义问题。民粹主义运动中的“正义”并不只是客观意义上的经济分配或社会公平，甚至也不是政治哲学意义上的正义。它更多是指一种正义的感知。这种感知由两部分构成，一部分是指对现实生活中社会不公情况的感知；另一种则是对社会不公持续存在情况的感知。二者的叠加共同构成了民众的不公平感。换言之，如果民众存在强烈的不公平感，那么一方面可能是由于经济分配严重失衡、社会地位差别巨大，另一方面则可能是由于失衡和差异长期存在甚至有所扩大，或者两方面问题同时存在且不断扩大。“正义—非正义”矛盾所体现的实际上是投入感知与回报期望不相符的问题。社会的全面发展取决于各个社会群体的共同努力，但不同社会群体所付出的努力，付出努力所产生的效果，这一效果对社会发展真正起到的推动作用都是不同的。而在社会得到发展之后，按照何种比例让各个社会群体分享发展成果始终存在争论。除了按投入成本分配和按实际作用分配之外，实际上广泛存在的分配比例与投入成本之间并无明确联系，只是基于政治权力的自主决定。这就造成许多社会群体认为自身付出了大量投入，获得的回报却相当微薄，造成了投入感知与回报期望之间的巨大落差。当这种落差持续存在甚至日益严重时，民粹主义发生的可能性也就会不断增高。

2. 民粹主义的规律

这一结论实际上最终又回到了民粹主义的本质问题：民粹与民主之间是一种什么样的关系？阿伦特认为，暴民与人民之间的区别在于，“民众为寻找真正的代表而战斗，暴民却总是叫喊要寻找‘强人’、‘领袖’”，因为“暴民们被排除在社会之外，政治上没有自己的代表，就必然转向议会外的行动”[1]。寻求代表、协商、共识、重建政治文化与社会化机制的民粹主义运动可以趋于稳定，但追求领袖、独裁、垄断、继续任由政治文化分裂、政治社会化机制失效的民粹主义运动则会带来动荡。前一种民粹的确可以被视为民主政治的激进表现形式或过渡阶段，后一种民粹则完全走向了民主的反面。也可以说，民粹主义与民主政治的发展虽然指向了同样的问题，但民粹主义不是有效的解决之道，更不会是正确的、唯一的或最终的发展方向。

根据人类历史上三次大规模的民粹主义浪潮，可以总结出民粹主义本身的五个特点。

第一，民粹主义广泛存在。综合三次民粹主义浪潮的发生地看来，民粹主义现象已经广泛存在于亚、非、拉美、北美、欧洲、大洋洲等地区，同时也存在于内陆、临海、岛屿等各种国家。它发生在发达国家，也发生在发展中国家；既出现在高度现代化的国家，也出现在现代化过程之中的国家，甚至也可能出现在刚刚开始现代化的国家；它既可能出现在各种民族与种族之中，也可能出现在不同的文化、宗教背景之中。同时，它也包括各种职业、阶级不同、经济社会地位不同的人群。这也就是说，民粹主义现象是人类社

1 ［美］汉娜·阿伦特：《极权主义的起源》，林骧华译，北京：生活·读书·新知三联书店2008年，第163页。

会中的一个共同的、普遍的现象，它与人类各个群体任何包括地域、民族、种族、宗教、文化、国籍、性别、职业、阶级等先天或持久不变、长期稳定的特质无关。既没有任何人群能完全避免民粹主义现象，也没有任何人群就一定会发生民粹主义现象。

第二，民粹主义周期复发。无论从单一国家的尺度，或是人类社会的总体尺度都可以发现，民粹主义现象存在周期性复发的规律，它并不能因为领导人的败选、遭到暗杀、政府的主动镇压、军事政变而得到一劳永逸的解决。同时，它也并不会因为民粹主义领导人的胜选、暂时满足民粹主义参与者的诉求、实行民粹主义政策、组建民粹主义政党而永久消亡。它贯穿人类社会发展的各个阶段，即使在激烈爆发之后暂时消弭于无形，但隐患始终存在，只要具备一定的诱因就会复发。换言之，民粹主义现象的发生虽然总是具备各种各样的诱发因素，但整体看来，民粹主义现象的存在是源于人类社会内部某些结构性、深层次、难以解决的矛盾。这些矛盾比较缓和时，则民粹主义现象不明显；这些问题比较尖锐时，则很容易出现民粹主义的情绪和倾向。

第三，民粹主义的群体不断扩大。从十九世纪的俄美，到二十世纪的拉美，再到二十一世纪的广泛分布，不难发现，民粹主义者的参与群体在不断变化，也可以说在不断扩展。民粹主义参与者的主体从农民扩展到城市平民和产业工人，再进一步扩展到城市边缘人群，再蔓延到受过良好教育的中产阶级。具体而言是参与者的类型在不断发生变化，但总体而言，参与者的类型正在不断扩展，正在逐渐延伸到人类社会越来越多的群体。究其原因，可能存在三种解释。其一，民粹主义本身就伴随着人类社会发展的各个阶段，也正在因为人类社会的发展而呈现出不同的形态。其二，人类社会固有的一些矛盾不仅没有得到解决，反而在不断加深，并且威胁到越来越多的群体，也为越来越多的人所感知。其三，人类社会已经逐渐进入一个更加容易诱发民粹主义的时代，也就是说，民粹主义发生的标准降低了，更简单、更浅层的诱因都更可能诱发民粹主义。其四，民粹主义没有确定的价值与政策取向。从政策方面看，民粹主义现象中既包括激进再分配的经济计划，也包括减税促进竞争的经济政策，左右翼民粹主义之间的政策差异之大可以说覆盖了政治的整个光谱。同时，民粹主义运动不仅常常与自由主义、社会主义、保守主义等各种意识形态结合，甚至其自身也可能转化、并入这些意识形态的社会革命计划当中，成为一种单纯的策略或工具。这一特点证明，民粹主义本身通常并非是一个完整的政治过程，它的起点非常鲜明，终点却模糊不清。民粹主义现象更类似于一种矛盾的集中爆发，而并不非常关注矛盾应该得到怎样的解决。民粹主义运动在发生时通常都累积了参与者大量的不满与对改革的强烈期待，这将会使得改革的阻力大为减少。但在改革过程中，民粹主义运动既可能由于领导人明确的发展理念而塑造出一种清晰的发展模式；也可能被民粹主义者所利用以达到获取政权的目的，同时让社会改革的最初愿望落空；更有甚者，它还可能被导入一种短视、激进、极具破坏性的野蛮模式，对发展过程产生非常负面的影响。简而言之，民粹主义既会使得社会改革更加容易，也有极大可能让社会改革误入歧途。

其五，民粹主义现象的影响各不相同。不难发现，民粹主义运动随各种相关变量的影响，常会产生不同的后果，其影响的持续时间也会有很大的差异。如果说民粹主义运动的社会改革计划随领导人的理念各不相同、采取的政策导向存在巨大分歧而难以归纳一个普遍的规律，那么至少可以依据民粹主义运动影响的持续时间大致归纳为三类。一类是对政治局势的影响，一类是对政治制度和程序的影响，一类是对政治传统与政治风格的影响。对政治局势的影响通常源于带有民粹主义色彩的政策，常见于激进的再分配计划、经济刺激计划、贸易保护政策或移民政策。这类影响通常在短期内会获得明显的效果，缓和民众的情绪、满足其诉求，从而赢得民粹主义参与者更大的支持，进一步推动民粹主义运动加速发展，但长期来看这类政策多数具有透支性质，会给未来政治发展留下隐患。对政治制度和程序的影响通常源于民粹主义领导人的政治策略。他会需要通过一系列的制度与程序调整来保证自己对民意的绝对把控与集中代表，这常见于民粹主义政党的建立和各种对话、公决、直接立法机制的建立。如果从广义的民粹主义角度看，美国杰克逊总统当选后建立的胜者通吃的“分肥制度”（Spoils system）就是典型的代表。这类影响通常能在短期内保证民粹主义领导人的优势地位，但长期看来并没有给反对意见留出渠道与空间，从而会导致反对情绪的累积与矛盾的激化。对政治风格的影响通常源于民粹主义运动的发展过程和民粹主义领导人的竞选策略。这常见于选举或议会争论中民粹主义话语体系的建立和取得权力后民粹主义执政风格的建立，例如一种极端民粹主义的政党和领导人执政后，反对派也会同样采取民粹主义的策略。

3. 民粹主义与民主政治

民粹主义现象是当代政治研究中的一个重要问题。而民主政治与民粹主义之间的关系，不仅是政治学研究中的一大重点，同时也是学界争论不休的一大难点。西方学界许多学者认为，民粹主义是民主政治的衍生物，是民主政治的非理性、一元化表现形式。但许多发展中国家如拉美学者、俄罗斯东欧学者、中国学者也提出，民粹主义（或译为民众主义）在一定情况下能够促进甚至催生民主政治。不同观点的分歧之处在于：民粹主义出现于民主政治之后，民主政治之前，还是会与民主政治相伴相生？根据对民主与民粹先后关系的不同理解，大致可以将民粹主义研究者的观点分为四类：民主在民粹之前、民粹在民主之前、民主与民粹交替出现、民主与民粹同时存在。

第一种观点为民主在民粹之前，即只有在民主政治的环境下才会出现民粹主义现象。这一观点的基本逻辑是，无论是作为一种政治运动或是统治策略，民粹主义的领导人都必须首先借助基本的民主机制和民主程序，煽动民众参与公投或选举，才能顺利获得广泛的支持从而获取政权或推行政策。如果缺乏诸如选举、投票等基本民主机制，那么一则领导人不可能使民众对自己的支持覆盖到国家范围，最多只能限于一个地区甚至一个群体；二则领导人也不可能通过稳定且有保障的程序，让被煽动起来的民众的情绪和意愿得到表达，并将这种情绪和支持转化为合法性和赋权能力从而获取政权。因此民粹主义必然在民主政治的框架内发生。这种观点对于当前的民粹主义浪潮具有一定的解释力，但对早期民粹主义甚至拉美的民粹主义浪潮都力不从心。

早期民粹主义，例如俄国民粹派，发生在沙皇专制的政治制度之下，民粹主义者本身同样通过社会动员获得了广泛的支持，也借助社会运动联合其他革命力量成功迫使沙皇推行君主立宪制，组建了联合政府。而在拉丁美洲，无论是墨西哥、阿根廷还是巴西，民粹主义生发的背景都是威权体制。且在民粹主义政权被颠覆之后，军政府接管政权，同样再次掀起民粹主义浪潮。并非是先建立民主体制才发生民粹主义，而恰恰是民粹主义浪潮在一定程度上推动建立了民主体制。这证明无论是在专制或是威权体制下，民粹主义现象也都是可能发生的。

第二种观点为民粹在民主之前，即只有在不民主的国家才会发生民粹主义现象。这一观点的基本逻辑是，民粹主义是现代化进程中的畸形表现，是现代化发展并不充分的表现。民粹主义的发生一方面是由于高度同质化的农业社会为民粹主义者将民众想象为一个同一的、均匀的整体提供了条件，另一方面则是由于社会政治发展不完善，民众的意愿缺乏表达的渠道和机制。前者通过工业化的发展，社会自然发展为多元形态，同质化的“人民”概念就会自然消解。后者由于市场的发展、权利意识的增强，社会自然会演化出许多沟通平台与协商机制，至少不同的群体也会推举或选择自己的代表来争取自身利益。如此一来，统一的“人民意愿”自然不复存在。这种观点多见于二十世纪中期和下半叶的民粹主义研究，对早期民粹主义现象具有一定的解释能力，但在面对当前民粹主义浪潮时就暴露出来明显的缺陷。例如第三次民粹主义浪潮就发生在现代化程度非常高的美国与欧洲。事实证明，即使在现代化程度高，社会分化程度也很高的国家与地区，民众同样可能因同一个问题（如移民问题、难民问题、一体化问题、全球化问题）而产生高度相似的诉求和意愿。而由于福利国家使得国家负担过载，一体化使得国家治理能力遭到挑战等原因，当前民主制度特别是政党制度也并不能很好地回应民众诉求。这证明即使在现代化、民主化程度高的国家，民粹主义现象也可能产生。

第三种观点为民粹与民主截然相反，交替发生，即民主与民粹虽然具有相似的起源，但却在一些关键问题（例如代议制）上背道而驰，从而走向了两个截然不同的方向。这种观点的逻辑是代议制和直接动员难以并存。直接动员见效快，隐患也大；代议制虽然隐患较小，但应对危机的能力也不足。因此在社会变革时期，经常会出现直接动员的努力和重建代议制的努力交替发生的情景。这一观点的主要论述依据在于发生在拉丁美洲的民粹主义浪潮。即使是民粹主义领导人，上台之后往往也必须推行一系列民主政策，以巩固自己执政的合法性。而在反对派无法通过民主体制应对危机时，又会采取民粹主义策略争取政权。简而言之，民粹作为一种统治策略只是被民粹主义的领导人用以应对危机，在危机结束后仍需回归民主的建制。但这一观点同样存在问题。即使在拉丁美洲的案例中，常常出现的也不是民主—民粹交替循环，更多的是民主—威权交替循环。相对民粹主义而言，威权主义在应对危机时具有更强的能力，而民主政治则具有更强的合法性。民粹主义在此反而只呈现某种过渡特征。

第四种观点是民粹与民主相伴相生，同时存在，即民粹本身就是民主的一种激进形式，也可以说民主是民粹的一种建制形式，因此二者可能同时存在于同一政治体制当中。这种观点的逻辑是强调民粹与民主同根同源，都强调对民众意愿的表达。民主坚持人民主权的基本原则，这与民粹的主张一致。二者的区别仅仅在于表达的形式是否遵循既有规则。如果否定民粹，实际上就否定了民众诉求中的许多合理成分，这是得不偿失的。这一观点的主要论述依据多来自当前发生在欧美国家的民粹主义浪潮。持有这一观点的研究者认为，代议制并不能覆盖民众的全部诉求。同时由于国家功能和责任的不断复杂化，使得权力中心与民众渐行渐远、日益疏离。这两项前提条件的叠加会使得代议制忽略一些民众关注的重要议题，或由于无力协调一致，面对这些重要议题故意长期保持沉默或视而不见。这时就需要对民众的意愿进行直接表达来弥补代议制的不足。由此民粹也就成为民主的补充。但这一观点的问题在于，即使在欧美的案例中，民粹主义力量的初衷和目标也并不是要补充民主机制，而常常是对民主的机制和程序直接发起挑战。这就证明，民粹与民主的和谐共存、互相补充在很大程度上只是一种理想。

观察四种观点可以得出两个基本结论：（1）民主和民粹有着相似之处，但它们本质上是两种不同的、相互独立的政治进程，其中任何一个都不是另一个的前提；（2）民主和民粹的关键分歧在于二者对代议制和代表问题的态度。

4. 民粹主义的历史审视

上述结论实际上也能在中国学者的思考和研究中得到印证。在民粹与民主的关系方面，俞可平认为，二者从同一前提出发，在代议政治这一关键点上出现分歧，最终走向了不同甚至截然相反的目的地。[1]刘瑜认为可用“多元式民主”和“一元式”民主的框架来区分民主与民粹，其关键衡量指标是对精英主义的容纳程度。[2]段德敏则认为，民主与民粹之间的本质区别在于二者在政治维度上对代表问题的争论和在代表关系上的分歧。民主认为代表不是排他的、代表无法独自占据对“公共善”的解释权，而民粹则认为代表关系是特殊的，是对被代表者的直接体现（embody），因而也是对“人民诉求”解释权的完全等同和占有。[3]佟德志指出，民主与民粹共享多数原则，因此在权力行使上有着共同基础。但其区别在于民粹对民主程序的否决，核心争论在于是否对多数进行限制。他特别强调，与发展中国家出现民粹主义不同，发达国家的民粹主义更多的是对民主政体的修正，而不是颠覆。[4]俞可平也认为，新一轮民粹主义极可能会受制于民主法治的约束，使其传统的负面作用最大限度地得到弱化。[5]

实际上，中国学者的观点中已经提出了一个重要的假设：当前的第三次民粹主义浪潮，由于发生在发达民主国家，其结果很可能与发生在新兴民主国家的第二次民粹主义浪潮不同。如果对这一假设进行抽象，即应归纳为：

1 俞可平：《现代化进程中的民粹主义》，《战略与管理》1997 年第 1 期。

2 刘瑜：《民粹与民主：论美国政治中的民粹主义》，《探索与争鸣》2016 年第 10 期。

3 段德敏：《民粹主义的“政治”之维》，《学海》2018 年第 4 期。

4 佟德志：《解读民粹主义》，《国际政治研究》2017 年第 2 期。

5 俞可平：《全球化时代的民粹主义》，《国际政治研究》2017 年第 1 期。

（1）在不同的历史背景（国家、地区、时期、阶段、特定政治体制、社会结构、经济发展水平）下，民主与民粹很可能呈现出不同的关系；（2）在不同的历史背景下，民粹的表现形式及作用很可能大不相同。这就提示未来的民粹主义研究者，必须以历史的视角来看待和分析民主与民粹的关系。具体而言，至少应该包括三个关键点：次序（Sequencing）、存续时间（Duration）、发生时机（Timing）。

（1）次序

在民主与民粹的关系问题上，学界基本能就一个问题达成共识，即其关键分歧在于对待代议制和代表问题的态度。民主政治主张建立代议制，不同的代表凭借自己的智识和立场对被代表群体进行有限的代表，并不排斥其他代表；民粹主义则主张直接动员，建立某种直接的代表关系，由民粹主义领导人对全体民众进行全面的、独占的、排他的代表。因此在对民粹主义现象进行比较研究时，可以以代表制作为一个关键的衡量标准。因而次序就至少包含两层含义：其一，在关键节点（Critical juncture）是选择了代表还是动员；其二，代议制的建立和广泛大众动员何者在前。

首先，在平民大众需要表达诉求的关键节点上，是选择了代表还是动员，这将会在很大程度上影响政治体制的走向。上文已经证明，民粹主义发生的前提条件并不是民主体制的存在。追根溯源，民粹主义发生要求的实际上是一个更加基本的“积极、活跃、要求参与政治的大规模群体”的存在。在这一群体表达自己意愿和诉求的关键节点上，制度框架、文化传统与历史形势将会决定群体的选择。如果选择了代表协商，那么就会逐渐促成代议制的建立，并逐渐趋于政治改革；如果选择了直接动员，那么就会逐渐催生民粹主义现象，甚至触发暴力革命。前者的代表如十三世纪英国议会的建立及十四世纪上下院的分化，后者的代表如十九世纪俄国民粹派运动。

其次，如同上文所述，民主与民粹、代议和动员并非互斥，而是相互独立的两个政治过程，那么何者发生在后、何者发生在前？这将会影响二者各自发展的进程与程度。如果代议制先建立，之后再因内部压力（社会矛盾）

或外部压力（战争）进行广泛动员，那么一则这样的动员会相对有序，且能在一定程度上巩固和完善以代议制为代表的民主体制，二则动员的程度会相对受控，不至于挑战甚至颠覆既有的制度与程序。如果先采取了大众动员，之后再因为群体利益或恢复秩序试图为大众参与建立规则和代表，那么一则这样的代表机制接受度会比较低，群体之间依然很难通过协商达成共识，二则代表机制的建立会经历相当程度的反复。前者的代表如美国的人民党运动及独立战争，后者的代表如二十世纪九十年代苏联解体后的俄罗斯。

需要再次强调的是，在关键节点时的选择常常并不以个人、群体甚至社会的意志为转移，而是更多取决于当时的制度框架、力量对比及文化传统。例如在十九世纪俄国的沙皇专制制度下，占人口绝大多数的农民被农奴制所束缚，社会高度同质化，并无参与政治的能力和意愿。只有在 1861 年废除农奴制之后，农村人口加快流动，才使得平民大众参与政治具有可能。

（2）存续时间

关键节点上的选择并不是一劳永逸的。无论是代议制的建立还是大众动员的推行，实际上本身都存在一定的时间结构。代议制存续的时间或大众动员的持续时间，都会影响二者对政治发展方向的影响程度。代议制的存续时间决定了它是否能、又能在多大程度上规制大众动员；动员的持续时间，则将会在很大程度上影响平民大众的内部分化程度及矛盾的尖锐程度。因此，持续时间也包含两层含义：其一，在先建立代议制的情况下，代议制的存续时间长短；其二，在先进行大众动员的情况下，大众动员的持续时间长短。

首先，在先建立代议制的情况下，还需考虑代议制的存续时间长短。如果代议制的存续时间足够长，那么它就有足够的时间进行自我完善，有充足的机会将各个社会群体纳入代议协商机制当中。在这样的情况下，如果没有重大变故或外部压力，全社会就很难出现一个跨阶级、跨群体的具有同样利益诉求的联盟，因而产生民粹主义运动和思潮的可能性就会比较小。而如果代议制的存续时间比较短，代表机制和协商精神并不深入人心，平民大众对民主程序的信任程度比较低，同时利益诉求足够强烈，协商时间超过了民众的容忍程度，就很容易破坏刚刚建立的民主制度，催生民粹主义运动。前者的代表例如二十世纪的美国，虽然不断出现民粹主义领袖，但其影响力始终有限，或限于一州，或限于个别群体的联盟，难以对国家政治产生影响。后者的代表如同时期的拉丁美洲，虽然在军政府和民粹主义领导人的反复博弈之下也会出现短时期的民主政府，但很快就会因经济危机导致民众再次走上街头。

其次，在先进行大众动员的情况下，需要考虑大众动员的时间长短。如果大众动员的持续时间比较短，民众还能因共同的外部压力团结一致，加之民粹主义领导人如果决策正确，是很可能立竿见影地收到短期的政治经济效果的。因为这样的短期效果，民粹主义领导人也能巩固自己执政的合法性和权威，民粹主义运动就比较容易帮助促成代表协商机制或者稳定的、全国规模政治组织（如政党）的建立。如果大众动员的持续时间过长，动员的效果逐渐出现，那么民众内部不同群体的意见就很容易产生分歧与争论。这样的分歧和争论也会逐渐使民粹主义领导人的权威遭到挑战和削弱，从而难以继续推行自己的政策。这一结果会带来两种可能，一种是民粹主义领导人失去权威，代表制遭到破坏，各个群体陷入无休止的争论和混乱；另一种则是民粹主义领导人为巩固权威，大力加强自己的权力，从而建立某种威权政府。

前者的代表如二十世纪三十年代墨西哥的卡德纳斯改革，后者的代表如二十世纪九十年代俄罗斯的叶利钦。由于墨西哥的动员时间总体不长，卡德纳斯在上台后迅速建立了全国性的政党，将各种群体都纳入这一政党当中，基本保障了墨西哥的政治秩序。而俄罗斯由于从苏联末期就开始进行动员，在持续到苏联解体时，各个反对派之间已经出现尖锐矛盾。这不仅带来了1993年的宪法危机，也使得叶利钦在1996年再次当选后建立了当代俄罗斯的超级总统制。

（3）发生时机

正如在次序部分论述的一样，在关键节点的选择往往不会以个人、群体甚至全社会的意志为转移。实际上，除了当时的制度框架、力量对比和文化传统之外，还有一个很重要的变量就是代议制或大众动员、民主体制或民粹主义运动发生在世界历史中的时机。人类历史作为一个整体，在不同的历史时期有着不同的整体形势。而作为人类史局部的国家史或地区史，必然受到这样整体形势的影响。即使国家与社会都选择了进行大众动员而非建立代议制，那么在不同的、特定的历史时期，这样的选择也会使民粹主义运动发挥完全不同的作用，呈现不同的模式，从而带来不同的结果。民粹主义的三次浪潮就正好体现了三种不同的可能性。

在十九世纪至二十世纪初，世界各国都尚未完成自己的现代化进程，世界市场也并未完全形成。各国的政治、经济、社会发展虽然已经开始互相影响，但尚未产生相互依赖，依然可以被视为相对独立的进程。如果民粹主义运动发生在这一时期，那么其基本上可以被视为现代化进程的产物，民粹主义者和平民大众所要面对的也主要是现代化的任务及现代化进程中产生的一系列内部问题。这样，民粹主义运动的发生、发展、影响都会大致限制于一国的范围内。这一时期的民粹主义也很可能呈现出反现代化的特征，典型案例如俄国民粹派运动和美国的人民党运动。

在二十世纪中叶，一些大国的经济迅速发展，现代化程度已经比较高，世界市场上各个经济主体的相互依赖也在逐步加深。此时各个国家，特别是大国及其周边邻国的政治、经济、社会进程已经开始产生比较紧密的相互联系，很难再被视为绝对独立的进程。如果民粹主义运动发生在这一时期，那么它就可能面临现代化和全球化的双重任务。双重任务的要求很可能截然相反，因为想要提高现代化程度就必须学习先进国家，就要加深自己的全球化甚至依赖程度；而想要保持自己的独立性则必须与先进国家保持距离，就要相对降低自己的全球化程度。这一时期的民粹主义很可能呈现出反现代化、反全球化，或反对一项却支持另一项的矛盾特征，典型案例如拉丁美洲的民粹主义运动。

二十世纪末和二十一世纪以来，许多国家已经基本完成现代化进程，且人类社会的全球化程度大大加深，任何国家都难以脱离周边环境和世界局势而独立发展。此时各个国家内政与外交之间已经产生了高度紧密的联系，界限也日益模糊。如果民粹主义运动发生在这一时期，那么它更可能面对的则是全球化或至少是区域化的任务和问题。此时即使是发达国家，也不可能摆脱发展中国家而独立发展。全球治理中的一系列问题，如移民问题、难民问题、环境问题、医疗卫生问题都会成为国境难以阻断的共同问题。因此这一时期的民粹主义就很可能呈现出反全球化，如民族主义、种族主义、排外主义的特征，典型案例如欧洲极右翼民粹主义政党的崛起。

需要强调的是，在发生时机的判定过程中，绝对客观时间并不是最佳的衡量标准，因为各个国家的现代化进程和参与世界政治与世界市场的时机与程度各不相同。更好的判断标准是各个国家在开始现代化进程和全球化进程的时间，及其邻国或对其产生重要影响国家的现代化与全球化时间，以及二者的相对时间。

总结而言，虽然民主与民粹的关键区别在于代议制和大众动员的分歧，但这绝不是一个历史选择就能简单概括的。相反，如果真正以历史的眼光来审视民粹主义以及民主和民粹的关系就能发现，民粹主义发生的次序、时机和存续时间都会影响到它所扮演的角色、发展的模式和发挥的作用。根据民主与民粹的发生次序、存续时间、发生时机，可以将民粹主义对民主政治产生的影响归纳为三种类型：

（1）如果民粹主义运动发生在专制或威权国家，则民粹主义运动肯定人民大众的价值导向很可能为民众的意愿表达提供一种可能性。此时民粹主义运动和民主运动可能呈现高度相似的形态。民粹主义所采取的大众动员也会在缺乏代表机制或代表机制无法建立的情况下在一定程度上促成民主政策的推行，民主运动的发生，甚至民主体制的建立和实现。

（2）如果民粹主义运动发生在新兴民主国家，由于新兴民主国家大多并不具有选择建立代议制或大众动员的机会，从而更多的情况下都是通过首先采取大众动员的方式来推动代议制的建立。那么由于大众动员的次序在前，或者是代议制的建立时间太短，此时的民粹主义运动就会具有双重性与模糊性。它既可能促成民主体制，也可能催生威权体制。直接表现就是在新兴国家发生的民粹主义会使得国家在民主巩固（democratic consolidation）与民主崩溃（democratic breakdown）之间反复交替，进入一种“民主—威权”或“民粹—威权”的“民粹主义循环”。

（3）如果民粹主义运动发生在发达民主国家，那么一则由于次序上代议制建立在前，二则由于代议制的建立时间较长，民粹主义运动本身就会受到复杂的制衡与规制，造成的社会动荡则会相对比较受控。但另一方面，由于发达国家同样必须面临全球化的问题，会再次迫使发达国家走到代议制和大众动员选择的关键节点上。如果再次成功建立民众意愿和诉求的表达渠道和协商机制，那么就会使得这些国家的民主体制得到完善和巩固。而如果这次没能成功建立代表机制，那么这些国家的多元民主就会逐渐一元化，由民粹主义运动引发民主解固（democratic deconsolidation）。更值得注意的是，由于既有民主体制的限制和日益增长的民粹主义情绪间的矛盾逐渐升级，发达国家极有可能采取措施，实行民粹主义外交政策，使国际社会成为民粹主义的宣泄口，让世界政治走向民粹化。

总而言之，民粹主义在特定的历史时期和历史条件下，可能与民主运动携手共同推动政治的发展，但在当代世界，这种可能性正在日益减少。相反，民粹主义在当代世界造成问题将会越来越多，后果也会因规模扩大和人类社会的广泛联系而更加严重。借用俞可平教授的观点，民粹主义虽然有着模糊性和双重性，它对于现代化和社会进步来说可能是福音，但更可能是一种祸害。[1]

1　俞可平：《现代化进程中的民粹主义》，《战略与管理》1997 年第 1 期。

第五部分

政治制度

共和制

/ 房亚明* /

共和制，在当代也叫共和民主制（republic），是人类政治社会的一种组织形态和政权类型，其中君主不是国家实质上的最高权力持有者和独裁者。施行共和制的国家通常被称作“共和国”。这个词起源自拉丁文 res publica，意思是“人民的事业”或“公共事务”。中文用来对译英文 republic 的汉语“共和”一词来源于《史记·周本纪》，意为共同执政，天下为公，国家权力是公有物，非一家一姓或少数人持有，国家的治理是所有公民的共同事业。司马迁在《史记十二诸侯年表》中说：“及至厉王，以恶闻其过，公卿惧诛而祸作，厉王遂奔于彘，乱自京师始，而共和行政焉。”据《史记》记载，公元前 841 年（共和元年），因发生“国人暴动”，厉王被逐，宗周无主，周公和召公根据贵族们的推举，暂时代理政事，重要政务由六卿合议，这就是《史记·周本纪》所说的“召公、周公二相行政，号曰共和”。史称“周召

* 房亚明：广东工业大学政法学院副教授。

共和”或“共和行政”。这是中国历史上“共和”一说的来源（一说指由共国国君共伯和代行天子职务）。这种政治组织形态“共和”体制，是以当时实行的井田制基础上形成的周王朝君王与诸侯、诸侯与大夫之间的某种政治契约与互动关系（制度规范）。

作为一种国家治理形态的政治制度，共和制与君主专制、政治暴政相对立，是人类处理公共事务的政治组织形式，是政治文明不断发展和演进的重要成果。作为一种重要的政治传统和政治运作形态，西方共和制形成于公元前六世纪左右，是在王权衰落，贵族地位下降，平民不断抗争的政治环境下逐步衍生的多元主体共存、互动与妥协构成的一种政治统治状态。对于人类公共生活来说，政治体制中的多元利益和意志的形成即“共和”状态是个历史过程，并非一蹴而就。

一、共和制的起源与发展

共和制作为一种政治生活的组织形态和制度传统，具有悠久的历史和丰富的实践，粗略来说，经历了古代共和制如古希腊的早期共和、古罗马的经典共和，文艺复兴时期的新共和，现代共和制如英国、美国以及当代共和制如中国、印度等发展阶段。把具有悠久传统的政治形态与实践历史以高度简化的方式呈现，一方面是基于研究能力的限定和理论抽象需要，同时也是因为共和制本身并非是客观存在的一成不变的具有连贯性和持续性的“传统”所致。作为一种政治形态和组织机制，共和制曾经在历史流变中出现过断裂，以致对共和制的理解本身也聚讼纷纭，并无完全一致的一成不变的理念、制度、实践及模式等诸方面固定的要素与内容。就此而言，共和制作为一种立基于社会经济文化之上的上层建筑，受制于特定的时代与背景，其制度与实践是不断地在特定时空与环境下演化和生成的。

1. 共和制的源起

早期共和制是以城邦作为治理单元的政治组织形式。城邦是小国寡民的政治社会："我们见到每一个城邦（城市）各是某一种类的社会团体，一切社会团体的建立，其目的总是为了完成某些善业——所有人类的每一种作为，在他们自己看来，其本意总是在求取某一善果。既然一切社会团体都以善业为目的，那么我们也可说社会团体中最高而包含最广的一种，它所求的善业也一定是最高而最广的：这种至高而广涵的社会团体就是所谓'城邦'，即政治社团（城市社团）。"[1] 由于城邦地理面积较为狭小，人口从数万到数十万不等，其中享有公民权的所谓自由人为数不多，而妇女和外邦人并不享有政治权利，因此古希腊的城邦共和国中只有有限的民主意涵，或说其公民身份具有排他性和封闭性，具有精英主义色彩。因此，早期共和制与奴隶主贵族统治密切关联，是少数统治者内部利益均衡的协调机制，是一种贵族共和制，广大民众并不享有公共生活的参与权，这也说明共和制与民主制是两种不同的政治组织机制，逻辑和实践上并非不可分离。

古希腊的政治制度经历过君主制、贵族制和民主制，最终逐步演进形成具有混合性质的共和政体，其中梭伦改革起到了重要的推动作用。于公元前509年当选为首席执政官的梭伦，面对贫富分化和社会对立，以政治、经济、文化等多领域的改革促进社会矛盾和解，为共和制的形成与发展创造了良好条件和环境。梭伦改革恢复设立了作为最高权力机关的公民大会，设立了作为政府机关的四百人会议，设置了陪审法庭作为最高审批机关，制定了新法典，软化了法律的严酷性，奴隶共和制得以发展起来。在此基础上，克里斯提尼进一步推动改革，以地区部落代替氏族部落，以"五百人会议"代替"四百人会议"，扩大参政范围，创立十将军委员会和"陶片放逐法"，防止僭主政治出现，强化了民主共和制。到了伯里克利时期，雅典政治再次变革，包括削减战神山议事会的权力，官职向公民开放，实行"公职津贴"等，

1 ［古希腊］亚里士多德：《政治学》，吴寿彭译，商务印书馆1965年，第3页。

雅典政制的民主水平得到了很大的提高。肇端于城邦时代的共和政体，在后世的公共生活中，其政治意涵与机理不断地被重新审视与挖掘，并在历史长河中因应新的政治环境与需要不断推陈出新，成为公共生活与国家治理不可缺失的重要政治传统与制度成分。从古希腊政治制度演进的历程与形态来看，权力从个别人所有到少数人所有再到更多的民主参与，政治生活的公共性得以扩展，政治制度中不同阶级、群体之间利益与意志的调适机制不断改进，是政治文明发展的趋势和取向，这种制度与实践为共和制在后世的传承与发展提供了经验和资源。

2. 共和制的形成与巩固

如前所述，古希腊城邦时代，已经在政治生活中逐渐地形成共和制。雅典的政治制度，已经出现了多种利益及具有混合性质的代表机构，执政官，公民大会，“四百人会议”或“五百人会议”，陪审法庭等组织架构。这些设置代表了不同的国家职能，行使着各种公共权力，互相之间有了一定的监督与制衡。古希腊的城邦共和国，经历了君主制到贵族制到民主制最终演进成混合政体的历程。在希腊城邦中，其共和制度发展的鼎盛时期是伯里克利时代。此后，由于城邦内部的党争以及城邦之间的战争困扰，雅典的共和走向衰败。古希腊的早期共和实践成为共和制的重要资源与历史借鉴。罗马从小城邦通过军事征服逐步统一了意大利并称霸地中海，共和体制再次得到恢复、发展并走向巩固。按照公认的历史学说，罗马的崛起过程以及政府体制的演进分为王政时代、共和时代以及帝制时代。在王政时代后期，第六代国王赛维·图里乌斯进行了改革，通过建立地域部落代替氏族部落，将公民根据财产状况分级，设置百人队大会，推动罗马从军事民主制走向贵族共和制。公元前510年，暴君被驱逐，罗马建立共和国。公元前494年以后，罗马设立代表平民利益的保民官，限制贵族专横的“十二表法”制定，并在平民和贵族的斗争中逐渐地注入了民主的因素。罗马内战后，屋大维建立帝国制度，改组元老院，并在公元前29年被授予“最高统帅”和“奥古斯都”称号，罗马从共和时代走向帝制。由于专制制度的推行以及军事扩张，罗马的腐败以及政策失误带来了帝国的衰落与共和的式微。由于古罗马的辉煌历史，其政治文明以及共和制度，为当时世界政治体制中最先进、最有活力和最有魅力的政治实践与制度形态，其共和制具有典范性，故古罗马政制有“经典共和”之美誉，垂范后世。

3. 共和制的曲折发展

到了中世纪，随着商贸的发展，城邦共和国在新的环境和条件下演进成了城市共和国，威尼斯共和国、热那亚共和国、佛罗伦萨共和国是城市共和国的典型。公元 687 年，地中海港口和商贸城市威尼斯产生第一任总督 ，建立共和国。威尼斯共和政体的主要特征，是由总督、元老院和大议会组成的混合政制。威尼斯共和体制促进了其经济社会的发展，为威尼斯商贸立国提供了政治保障：“威尼斯共和政府中权力的均势和制衡，有效地消弭了内部冲突的危险，保持了共和国的自由和安全，造就了威尼斯神话。”[1]意大利西北部中心城市热那亚原为罗马帝国自治市，1100 年建立市议会，标志着独立共和国的形成。原罗马帝国殖民点佛罗伦萨在 1115 年成为独立的城市公社，并在十二世纪下半叶建立市政领导机构。通过斗争，于 1187 年击败神圣罗马帝国后获得自治权，成为独立的城市共和国 。城市共和国以商业、贸易及城市治理为近代共和国的发展奠定了某些元素与传统，揭示了经济基础即商业与贸易对于共和制的作用。

4. 文艺复兴时期的新共和

在十四至十六世纪，以意大利的佛罗伦萨为中心，发起了一场志在恢复古希腊、古罗马辉煌文化的思想文化运动，也为探索和发掘古希腊、古罗马政治文明与制度实践提供了契机。资产阶级及其代言人以文化运动作为重点冲击黑暗的宗教统治，教会的统治权受到不断增强的质疑和挑战，新兴的工商业阶级要求政治制度的保护。再以意大利最为重要的商贸城市佛罗伦萨为例，自 1187 年获得自治权成为独立的城市共和国后，随着商业、贸易与工业

---

1 ［英］斯金纳:《近代政治思想的基础》上卷，奚瑞森、亚方译，译林出版社 2011 年，第 150-152 页。

发展，其政治制度代表社会强势群体的“公共性”与“共享性”即共和取向不断强化。佛罗伦萨共和国于1282年取缔原市政机构，建立由八人组成的经过选举产生的执政团，其中既有平民又有贵族。1293年颁布的《正义法规》规定，由大行会代表一人和小行会代表两人组成的长老会议是佛罗伦萨共和国最高权力机关，行会组织的权力得到强化，不同的商业群体和社会主体的利益和意志得到了制度保障及政治认可，共和国的民主性也有了很大发展。作为以商业和贸易起家的城市国家，佛罗伦萨共和国主要代表羊毛商、丝绸商、呢绒场主、毛皮商、银钱商、律师、医生等七个大行会（肥人）的利益和意志，而其他群体比如铁匠、泥瓦匠、鞋匠等手工业者组成的十四个小行会（瘦人）利益也得到了一些考虑，而广大的雇佣阶级则并无参与公共生活的权利，生活悲惨。也正因此，1378年7月21日爆发梳毛工人起义，推动了共和国的民主化，到十五世纪初，中下层肥人进入执政团的比例有所增加。而上层肥人与中下层肥人、广大雇佣阶级的利益与意志冲突也不断强化，斗争的结果是走向肥人寡头政治，大富豪阿尔毕齐和美第奇家族的统治就是佛罗伦萨共和国衰败的征兆。从佛罗伦萨共和国的政制可见，当时其政体所包含的阶级构成与政治设置，对工商业不同群体的利益和意志的包容整合已经得到了结构化的处置，公共生活中工商阶级的利益和话语权也不断强化。

5. 共和制的复兴与扩展

自十七世纪下半叶以降，君主专制不断衰落、共和民主制不断扩散成为世界政治发展的主要特征和历史趋势，其中英国是“虚君共和制”的典型范例。随着商贸文明的演进，以及工商业的不断发展，新的生产方式逐步出现，对上层建筑的推动作用日益明显，对君主专制的消解和限制不断增强。早在1215年，英国就制定了《自由大宪章》，这部宪章成为约束国王权力、确认教会和贵族封建特权的法律，规定国王征税需得到贵族组成的议会同意并征求民众的意见，成为英国共和制兴起的重要制度渊源：“《大宪章》本身并不是具有多少民主内容的文件，但它给王权的范围立下了界标，肯定了个人所应享受的人身权和民事权，从而表明这种权力勘定范围的工作只能由法律来完成。”[1]1258年，英格兰国王亨利三世签订具有限制王权含义的“牛津条例”，规定国家权力由贵族操控的十五人委员会掌握，并于1265年召开第一次议会。在实际运作过程中，随着权力斗争的推进，到十四世纪上半叶时，议会演变成为上、下两院，上院又称贵族院，下院又称平民院。1640年英国资产阶级革命爆发，特别是经过1688年“光荣革命”以后，英国国王和封建贵族受到重创，新兴贵族和资产阶级登上政治舞台并随着资本主义的发展而推进了政治制度的民主化，对权力的约束和制衡机制也逐渐走向成熟，英国成为没有成文宪法的宪政国家，虽有国王却是以权力有效制衡为圭臬成为“虚君共和”的典范。

在美洲，英国的殖民地地位日益影响到资产阶级和大地主的利益，革命的意识和呼声日益高涨。在英法之间为争夺美洲控制权而展开的所谓“七年战争”（1756—1763）中，英国财政负担日益加重，对美洲殖民地的压榨也不断加剧，引发抗争。1775年4月19日，波士顿人民在莱克星顿打响了反抗的第一枪，并于1776年发表《独立宣言》，宣告脱离英国独立，成立美利坚合众国。1783年9月，英国承认美国独立。美洲殖民地在与英国的斗争过程中，就协调内部关系于1777年由大陆会议制定了《邦联条例》并在1781年得到批准施行，只是在实践过程中，邦联未能有效解决美洲内部的政治、经济和社会稳定问题，开国元勋们于是在费城召开制宪会议并通过了《美利坚合众国宪法》，决定设立联邦制共和国，实行立法、行政、司法三权分立与制衡的权力分配模式以及基于权力分散的联邦制政治体制。随着资本主义在欧洲的扩展，特别是英法战争及随后的美国革命，对欧洲原有的封建君主专制制度造成了巨大的压力和冲击，首先受到直接影响的就是法国。1789年，法国国王由于征税问题被迫召开三级会议，引发革命，建立了君主立宪制。随后，1792年资产阶级再次发动起义，处死路易十六，建立了第一共和国。1799年，拿破仑发动雾月政变，建立专制政权。直至1848年欧洲革命波及

1　刘军宁等编：《经济民主与经济自由》，生活·读书·新知三联书店1997年版，第89页。

法国，促使法国发生了二月革命，并建立法兰西第二共和国，法国的资产阶级共和制逐步稳固并持续下来。英国、美国和法国这三个早发达的资本主义国家，陆续走上资产阶级共和制的道路，并随着这三个国家在全世界范围内谋求霸权与优势地位而使得其政治、经济、文化制度在世界范围内扩散开来，其中包括民主共和体制，对于后发国家产生了重大影响。

共和政治及其制度、实践的不同历史发展阶段，从古希腊的早期共和、古罗马的经典共和到文艺复兴时期的新共和，以及当代的民主共和，中间经历了曲折与重生，并且在实践中逐步地与其他政治治理工具如民主、法治以及人权等机制不断地联手，从而助力公共生活走向健康和善治。总结共和政治的实践及制度历程，共和政治演进的内在逻辑在于人类政治生活本身的公共性及其参与主体的扩展。人类的重要特性就是社会性，而如何管理人类自身并协调其关系，以更好地应对自然与发展生产力，是人类公共生活即政治活动所要解决的重大问题。在人类处理公共生活的过程中，共和制的公共性和包容性特征，是其生命力和适应性所在，也是共和制的道德内涵和支撑。从历史来看，共和政治能够得以长期存在，其中至少有三个因素起到了重要作用：（1）商业、贸易以及市场机制的扩散是共和政治得以存在的经济基础。共和政治要包容和协调不同的利益主体，而没有商业、贸易和市场的拓展，利益和意志的多元化就缺乏经济支撑。无论是历史上还是在当代，共和政治及其制度得以较好运作的社会，其商业、贸易与市场往往相对发达，开放的经济环境有助于形成包容与妥协的理念和制度。（2）政治思想家对共和政治的理论总结与推动作用。从古希腊的亚里士多德开始，就有一大批政治思想家为人类公共生活的展开及其制度架构冥思苦想并提出了很多真知灼见，孟德斯鸠、卢梭、联邦党人等思想家对共和政制资源的挖掘、追求与推介极大地影响了各国政治制度的选择，特别是对近现代政治生活的塑造产生了实质性影响。（3）共和政治的制度构成与其他政治治理工具具有互补性和兼容性，与民主、法治甚至人权等人类管控公共生活的重要工具之间能形成良性互动，进而持续地发挥作用，保持影响力与生命力。因此，共和政治能够存在两千多年而持续不衰，并且嵌入当代世界各国的政治实践之中，与其能够契合政治生活的公共性及包容性、满足人类对美好政治生活的期待密切关联。

二、共和制的代表性国家

粗线条地说，共和制根据其历史演进，每个历史阶段都有相应的代表性国家。比较宽泛地区分，分为古代共和国、中世纪共和国、现代共和国、当代共和国四个阶段的体制形态。总的来说，不同时期的共和政制，有其不同的架构和利益取向，其制度成分反映的是当时不同的社会群体的政治地位及其利益表达机制。从这些不同历史阶段共和政制的构造及成分可知，不断地包容与吸纳社会的主要政治力量并达成公共生活的动态均衡是共和政治发展的基本取向，也是共和政治得以适应不同阶段的社会生产力与生产关系需求的密码所在。包容和吸纳社会多元主体与利益的倾向，也为共和制与其他治理工具的共存互动提供了可能与契机。

1. 古希腊和古罗马时期的奴隶制共和国

古希腊和古罗马时期的共和国，属于奴隶制共和国，是基于奴隶主阶级统治的混合政体。如前所述，在古希腊和古罗马时期，其共和体制的运作以执政官、元老院、公民大会等权力载体为支撑，以财产或性别或地域等因素作为界定公民身份的核心依据，少数被冠以“公民”的人具有参与公共生活的资格，以及维护共和国的责任与权力，形成具有排斥性的精英政治体制。与当时的政治意识相应，不同的人具有不同的德性，只有具有被“公民”认为具备某些品质如勇敢的人才配得上“公民”的称号。而公民美德，在城邦时代要求公民具有为共和国战斗的勇气，因此与战争密切关联，也才有“公民战士”的说法。就公民在古代共和国的界定而言，与军事斗争紧密关联，也使得古代共和国与军事扩张产生了某种关联。就此而言，古代共和国并不排斥帝国主义与战争扩张，而古代共和国的公民身份也并非是自由的、平等的、无条件的一种自由，政治参与也是附条件的。而勇敢往往与男性特征相关，古代共和国对妇女的参与排斥不言而喻。

2. 中世纪封建的贵族共和制

从公元五世纪到十五世纪，就是俗称的中世纪，也叫黑暗时代、中古时代，整个欧洲缺乏统一集中的政权，宗教势力及其架构在公共生活中发挥着日益重要的作用，封建制的庄园经济成为欧洲主导性的生产方式，地中海周边凭借地理上的海运枢纽优势形成了一些以商业和贸易为基础兴起的商业共和国，其中意大利的威尼斯共和国就是代表。意大利地处欧洲大陆中南部，是欧洲与非洲、亚洲贸易非常重要的中转站，四分五裂的政治状态使得各个城市各自为政，封建势力也较为薄弱，封建社会固有的人身依附关系在意大利显得较为淡薄，到公元十二世纪时，由于其地理位置的枢纽角色，商人和商业成为社会基础，资本主义因素在不断随着商业和手工业的发展而增长。尽管政治上意大利并非统一的实体，政治统治仍然受到教廷与神圣罗马帝国的有力钳制，但威尼斯、佛罗伦萨等城市共和国基于对商业与利益为指向的自由理念保持着不懈追求，并且凭借对贸易路线的有效控制而变得繁荣发达。威尼斯作为东罗马帝国的附属国于公元 687 年产生第一任总督，成为共和国，并在八世纪获得自治权（名义上主权仍然属于拜占庭）。在彼得罗·特拉多尼科统治期间（837–864），威尼斯建立了武装力量，成为共和国对外扩张和征战的依靠主要力量。威尼斯共和国形成了较为完备的政治体制即贵族共和制，由三个构成部分混合而成：公爵的王权、参议院的贵族政治和大议会的民主政治。其中大议会掌握着最高权力，是国家最高立法和监察机关，480 名成员皆为贵族出身；元老院掌握行政大权，由大议会选出；国家首脑称总督，由选举产生，终身任职。在 1297 年以后，只有列名“黄金簿”的几百个贵族大姓才有选举大议会议员的权力，贵族寡头统治强化。1310 年，贵族统治者在大议会下组织了秘密司法机关——十人委员会，掌控一切权力。1325 年后，十人委员会成为永久性机构，并设置了侦伺机关，直到1600年走向衰落。十人委员会本来是大议会的从属机构，但在运作过程中掌握了实际权力，在后期其职权甚至高于大议会，反映了威尼斯共和国晚期的贵族独裁色彩。当然，威尼斯共和国的衰败，与各国之间的斗争和战争对权力集中化的需求密切关联，也与共和国工商业走向集中化和寡头化相关。但这种权力集中化和寡头化，背离了共和政治的精神，消解了社会不同主体之间团结协作的利益纽带，为威尼斯的衰败埋下了伏笔。

3. 近现代资本主义共和制

生产方式和经济基础的变迁是共和政治变化的决定性因素。英国共和体制与美国具有很大的差异，但其阶级本质和利益取向相同，就是为资产阶级利益服务。无论是英国的“虚君共和制”还是美国的“联邦共和制”，都是特定的经济社会结构以及政治斗争作用的结果。英国的“虚君共和制”，是在英国独特的地理、经济和政治环境下产生的，从1215年《大宪章》对于君权的限制，以及贵族内部利益协调平台——议会的兴起，再到新兴资产阶级和工人阶级的成长与参与的有序扩大，经历了漫长的演进历程。作为英国曾经的殖民地，肇端于对殖民统治的抗争，美洲十三个殖民地在斗争中逐渐意识到要有效维护美洲人民的利益，不仅要推翻英王的统治，还要建立有别于宗主国英国的政权才是根本之道。为此，美洲革命先驱集会研讨对英斗争策略，于1774年9月5日到10月26日，在费城召开了殖民地联合会议，史称第一届大陆会议。12个殖民地的55名代表参加了会议，通过《权利宣言》，要求未经殖民地人民同意不得征税，并实行自治。1775年5月，第二届大陆会议在费城召开并通过了《独立宣言》，宣布成立美利坚合众国，告别英国的殖民统治，以大陆会议作为临时政府的组织形式。在革命胜利以后，美洲殖民地尝试以“邦联”的形式展开治理，发现无法有效地整合秩序和保障资产阶级整体利益，最终经过讨价还价和深思熟虑后选择了联邦制。美国联邦政府的法律依据——1787年制定的《美利坚合众国宪法》，是一种全新的政治制度形式，以立法、行政、司法不同部门分权制衡为基本原则，联邦制以地方自治为依托，为大国如何实现有效治理和共和政治提供了典范。

4. 当代新兴的超大型共和国

与美国建立时仅有200多万人，领土只有大西洋沿岸13个州，面积约80万平方公里不同，二十世纪从殖民地半殖民地获得独立地位的当代各国，往往人口较多，其中有的数以亿计甚至数亿计，如何有效地治理这些国家成为难题。无独有偶，这些获得解放的国家，其中人口数量和地域规模超大，发展状态相对落后的国家，比如中国和印度，都属于超大型社会，而且不约而同地选择了共和政制，并且实现了政治的长期稳定和国家的有效治理，非常具有代表性。如果说，古代和近现代共和国都是以西方为中心的政治体制和实践，那么，到了当代，随着资本主义全球化带来的民族压迫与觉醒，促使较晚进入资本主义世界体系的民族和国家在冲突中重新认识自身并寻求独立，资本主义的政治制度包括民主共和制也随着帝国主义的侵略向非西方世界扩展。中国和印度都是四大文明古国之一，在近代由于各种原因开始走向衰落，并在剧烈变动中的世界谋求自身的独立与解放地位。中国在1840年后逐步沦为半殖民地半封建社会，而印度则由于距离西欧更近等因素，在1600年就遭遇英国的侵略，1757年便沦为英国的殖民地。伴随着第一次世界大战特别是第二次世界大战对原有国际力量对比关系的冲击与重塑，中国和印度走向了独立发展道路，并且都选择了民主共和制，只是经济和政治基础不同，政治形态和运作机制也不同。中国的民主共和制，是共产党领导、多党合作基础上的人民代表大会制，政府、监察委、法院、检察院都由人民代表大会产生并对人民代表大会负责。印度的政治体制，或多或少受殖民地时期的宗主国英国的影响，采取资本主义取向的联邦共和国体制，总统由特设的选举机构间接选举产生，行使仪式性的国家元首权，行政权由以总理为首的部长会议行使，司法独立。作为议会制共和国，印度总理人选由议会多数党向总统提名，由总统任命总理。同时，印度还在国家结构形式上采取了具有较强集权色彩的联邦制，从而较好地整合了具有多元性的复杂社会。需要注意的是，中国和印度，是世界上人口最多的两个发展中大国，两国人口规模占世界人口比重的三分之一，而两国分别采取了民主共和制，长期有效地维系了政治社会的稳定，并在二十世纪后半叶以来取得了经济社会持续发展的巨大成就，深刻地改变了世界政治经济格局，并且在可预见的未来不久的时间里，推动世界进入“亚洲时代”。两个发展中国家的和平发展，也是民主共和制在当代成功实践的典范，是共和政治生命力与适应性的最佳注脚。

从以上对不同时期具有代表性和典型性的实行共和政治国家的简要概括可知，共和制有不同的构成与组合，从而形成不同的制度架构、政治形态与运作过程，也正是因为实行共和政治的国家往往具有不同的制度、结构与运作，进而形成了不同的政治体制。由此，共和政治可以区分为不同的类型，如贵族共和与平民共和、议会共和与君主共和、社会主义共和与资本主义共和等等。如前所述，在奴隶社会和封建社会，由于生产力发展水平不高，统治者代表的阶级利益有限，贵族共和即少数统治者分享权力成为主流，而被统治者追求平等的努力，则不断地推动着政治制度的变革，要么变为寡头统治，要么变成民主政治即平民共和，比如罗马共和国时期平民与贵族斗争了两个世纪之久，促使贵族的特权不断消解而平民的参与权扩大。当代不少共和国是对传统君主国进行改造而来，其中有的保留了君主制的外衣，但君主已无实质上的统治权，政治实权由选举产生的内阁持有，形成君主共和制；有的国家不设君主，设有其他象征国家的职位比如总督或总统，实权则由选举产生的议会持有，形成议会共和制。由于代表的阶级利益和意志不同，二十世纪以来，世纪各国的政治制度以社会主义和资本主义为两大分野，形成了政治架构、实践运作和价值取向都具有重大差异性的民主共和体制，其中的资本主义民主共和制以两党或多党制、分权制衡、地方自治作为核心特征，而社会主义民主共和制以共产党执政、单一制、人民代表大会制作为核心原则和政治制度的主要架构。无论采取何种政治制度和政治形态，共和政治的实践与运作都受制于其所代表的阶级利益和意志，并最终受制于经济基础和生产方式的组成与变迁。

三、对共和制的研究

关于共和制的研究，成果丰硕，产生了很多伟大的作家和作品，为后代学人和国家制度实践与治理提供了思想借鉴和启迪。粗略地说，共和制研究按时间和成果的情况大体可以分为古希腊、中世纪、近现代以及当代共和制研究。这些成果反映了政治思想家所处时代的政治环境以及思想状况，有的研究是当时所处国家和社会寻找政治解决方案的思考和探索。这也表明了共和主义思想及其政治制度的实践性与现实价值。

1. 古希腊的共和制研究

早在古希腊时期，柏拉图、亚里士多德就开始了对理想政制的研究。柏拉图终其一生，都在探寻比较理想的适用于城邦的政制，其论著《理想国》就是其探索和思考理想政制的集中体现。按照柏拉图的设想，理想的政权应该是立基于正义之上的制度结构："我们建立这个国家的目标并不是为了某一个阶级的单独突出的幸福，而是为了全体公民的最大幸福；因为，我们认为在一个这样的城邦里最有可能找到正义，而在一个建立得最糟糕的城邦里最有可能找不到正义。"[1]柏拉图分析了四种走向衰败的政治体制，分别是荣誉政制、寡头政制、民主政制、僭主政制。在其心目中，理想的政制，是统治阶级、武士阶级和劳动者阶级各司其职、各得其所的制度结构，而具有某种超人智慧和德性的"哲学王"统治是实现城邦善治的重要条件。然而，在经历过种种挫折包括导师苏格拉底之死后，晚年柏拉图重新审视政治现实，改变了政治立场："不得已舍正义而思刑赏，弃德化而谈法治"[2]，主张"第二等好的国家"，实行混合政制即具有共和色彩的统治形态："可以说，有两种一切其他制度由之产生的母制。第一种母制的确切名词是君主制，第二种是民主制。前者被波斯人推向极端，后者由我国推向极端。正像我说过的，一切其

1 ［古希腊］柏拉图：《理想国》，郭斌、张竹明译，商务印书馆 2002 年，第 133 页。

2 ［古希腊］柏拉图：《理想国》，郭斌、张竹明译，商务印书馆 2002 年，译者引言。

他政制实际上都是这两种母制的变种。如果（我们认为，没有哪个不是由这两种要素构成的国家能够正确地建立，这当然是我们的意见的中心点）——要享有自由、友谊和良好的判断力，对一种政治制度来说，绝对需要的是把上述两者结合起来。”[1] 柏拉图晚年所希冀的次优政体是君主制与民主制的混合体。

站在老师柏拉图的肩膀上，结合对古希腊城邦政治体制的比较研究，亚里士多德对政制的研究也是基于城邦的正义：“城邦以正义为原则。由正义衍生的礼法，可凭以判断［人间的］是非曲直，正义恰正是树立社会秩序的基础。”[2] 城邦是以善业为目的的政治组织形态：“我们见到每一个城邦（城市）各是某一种类的社会团体，一切社会团体的建立，其目的总是为了完成某些善业——所有人类的每一种作为，在他们自己看来，其本意总是在求取某一善果。”[3] 而政治体制是实现城邦所追求的善业的制度依托。因此，在对古希腊一百五十多个城邦政治制度予以分析的基础上，亚里士多德依掌权者人数的多少来划分之数量标准、依统治目的来划分之目的标准和依城邦组成部分不同之组成部分标准，[4] 区分了六种政体的类型：君主政体、僭主政体、贵族政体、寡头政体、共和政体、平民政体，这些政体之间有善恶对立的关系。透过对这些不同形态的政体所隐含的利益分析，亚里士多德认为不同利益要素的综合与平衡是城邦稳定的基础：“除了财富与自由之外，正义的品德与军人的习性（勇毅）也是不可缺少的要素。人们倘使要共处于一个城邦之中，就应该各各具有这些要素。前两个要素为城邦所由存在的条件，后两个要素则为城邦所由企求并获致优良生活的条件。”[5] 城邦的政制必须基于不同要素的混合，这是亚里士多德混合政体论的逻辑基础。亚里士多德指出：“一切政体都有三个要素，作为构成的基础，一个优良的立法家在创制时必须考虑到每

1 ［古希腊］柏拉图：《法律篇》，张智仁、何勤华译，上海人民出版社 2001 年，第 94 页。
2 ［古希腊］亚里士多德：《政治学》，吴寿彭译，商务印书馆 1965 年，第 9 页。
3 ［古希腊］亚里士多德：《政治学》，吴寿彭译，商务印书馆 1965 年，第 3 页。
4 范振远：《浅谈亚里士多德的政体分类标准思想》，《法制与社会》2009 年第 10 期。
5 ［古希腊］亚里士多德：《政治学》，吴寿彭译，商务印书馆 1965 年，第 150–151 页。

一要素，怎样才能适合于其所构成的政体。……三者之一为有关城邦一般公务的议事机能（部分）；其二为行政机能部分……；其三为审判（司法）机能”[1]。亚里士多德关于政体的“三要素”说被认为是近代“三权分立与制衡”政治思想的重要渊源，也是当代西方共和政制的重要理论构成。

波里比阿基于对罗马历史和政制的研究，认为政体选择事关国家兴亡，混合政体所包含的不同利益与要素有助于政治稳定，因为它能“融合每一种政体的长处，并且每一种原则都不能占据完全的支配地位，因而也就能够避免它们所带来的负面的影响”，“每一种因素的力量都将受到别的力量的制约，所以任何一种力量也就不可能无限制地发展到极端。换言之，（罗马）政体……正是由于其相互制约或者说相互作用的原则而在长时间内保持了一种平衡的状态。”[2]执政官、元老院以及代表公民利益与意志的护民官和公民大会分别执掌不同的权限与职能，形成了职能互补与权力互相制约的政治格局，从而为国家共同利益服务。按照波里比阿的设想，政治制度中行使不同职能的机构，不能出现有凌驾于其他部分之上的权力，以免出现权力失衡带来的滥权风险，而权力均衡使得“任何越权的行为都必然会被制止，而且每个部门自始就得担心受到其他部门的干涉”[3]。波里比阿被认为是古典共和制的理论标杆之一，与其混合政制的思想密切相关。

2. 中世纪的新共和主义论述

如前所述，在中世纪，欧洲虽然处于黑暗统治之下，但由于政治上缺乏统一集中的国家管理，一些地区以商业和贸易达致繁荣的城市延续了共和体制，并且意大利的一些地区凭借沟通中西商贸与思想文化交流的优势得以发展，佛罗伦萨共和国就是其中具有代表性实行共和制的城市。这种商贸繁荣与思想开放和政治上的支离破碎形成了鲜明对比，需要国家统一的政治思想

1 ［古希腊］亚里士多德：《政治学》，吴寿彭译，商务印书馆 1965 年，第 214–215 页。

2 ［古罗马］波里比阿：《罗马帝国的兴起》，转引自唐士其：《西方政治思想史》，北京大学出版社 2002 年，第 120 页。

3 ［古罗马］波里比阿：《罗马史》第 6 卷，任炳湘译，生活·读书·新知三联书店 1957 年，第 53 页。

方案与理论回应，从而为政治理论家的产生提供了社会土壤。1469 年 5 月 3 日生于佛罗伦萨没落贵族家庭的马基雅维利实现了这种政治理论的突破。作为中世纪晚期意大利新兴资产阶级的代表，马基雅维利在其两部最为经典的政治论著《君主论》和《论提图斯·李维罗马史前十卷》（以下简称《论李维》[1]，有的论者译为《李维史论》）中，1513年写作的《君主论》以现实主义政治理论著称，其中充分地阐释了意大利统一的政治理想与解决方案，主张以军队为基础的强力手段结束意大利政治分裂，建立以君主专权为核心特征的强大的中央集权国家；1517 年完成的《论李维》则阐释了马基雅维利的共和主义理想，对共和政制的优势与特征做了描述和分析，也表达了对共和政治的向往之情，只是囿于当时意大利的政治现实，实现国家统一和社会安宁的政治出路只能是君主专制制度而非共和制。

在马基雅维利对共和政治的描绘中，共和制与君主制相比具有某种优越性："与君主国相比，共和国有着更强盛的活力，更长久的好运，因为它有形形色色的公民，能够比君主更好地顺应时局……只用一种方式做事的人，绝不会改弦易辙；如果时局已变，他的方式不再适用，他也就覆灭了。"（《论李维》，Ⅲ.9）马基雅维利以罗马共和国的政制作为重要参照，以法比乌斯与西庇阿两位罗马将领合力击败悍将汉尼拔的事例为依据，认为共和制不同要素的组合具有某种制度优势："如果罗马是一个君主国，而法比乌斯是国王的话，那么他很可能会输掉战争，因为他的本性所决定的方式并不足以对付汉尼拔。所幸罗马是一个共和国，在不同的时机能适用具有不同秉性的将领，因此取得了成功。"（《论李维》，Ⅲ.9）马基雅维利甚至从罗马不同阶级与群体的派系斗争中看到其积极的价值，认为"……这些好的例子源于良好的教育，良好的教育源于良好的法律，而良好的法律源于被许多人轻率地斥责的那些纷争"（《论李维》，Ⅰ.4）。这种对派系和纷争的宽容很容易让人想起《联邦党人文集》关于对利益集团与党争的处置方式即以法律限制和规范而非粗

1 ［意］尼科洛·马基雅维里：《论李维罗马史》，吕建忠译，商务印书馆 2013 年。

暴消灭。不同成分的组合是共和政制的基本特征，因此派系和斗争不可避免，是公共生活的常态。在《君主论》第九章中，马基雅维利指出："在每一个城市里都可以找到两个相互对立的党派：平民不愿意被贵族统治和压迫，而贵族则要求统治和压迫平民。"[1]因此，马基雅维利心中的是以混合政制为特征的共和国，即使是面对意大利政治现实提出的解决方案，也是一种"把基础建立在人民之上"的"市民的君主国"。

在马基雅维利心中，共和国与法律密不可分，并且对民众的理性持有某种疑虑，这与其人性恶论密切关联：我们的史家在谈到群体的本性时所指的群体，并不是像罗马人那样受法律管辖的群体，而是像叙拉古人那样目无法纪的群体，是这种群体犯下了狂放不羁的个人犯下的错误，譬如……亚历山大大帝和希律。(《论李维》，Ⅰ.58）因此，罗马共和国的成功经验之一就是以法律保障秩序和自由。马基雅维利被认为是现实主义政治学的鼻祖，同时也被共和主义者誉为新共和主义的代表性人物，理由之一就是他关于佛罗伦萨史官与政治改革的咨询建议，以及各种论述中对共和制的热情："他认为：在现存条件下君主制是不可避免的；但是根据他的理论：在人民习惯于平等的地方宜于建立共和制政府。对于佛罗伦萨说来，现在已没有一个强有力的君主，很难建立梅迪奇家族早先的真正的君主政制，最好的政制将是共和制，可以为建立真正的共和国作准备。……这件事说明：马基雅维里同君主专制的统治者妥协的同时，并没有放弃自己对共和制的理想。"[2]从此意义上说，君主专制成为马基雅维利建立共和政制的过渡性措施和策略性妥协。关于马基雅维利的理论形象出现了政治现实主义与新共和主义并存的具有某种矛盾性的两种面孔，这折射出政治思想家面对复杂政治现实的解决方案与作为个体政治价值追求之间的纠葛。

3. 近现代共和制研究

近现代思想家洛克、孟德斯鸠、麦迪逊等人为共和制的复兴和发展做出

1 ［意］尼科洛·马基雅维里：《君主论》，潘汉典译，商务印书馆 1997 年，第 45 页。
2 ［意］尼科洛·马基雅维里：《君主论》，潘汉典译，商务印书馆 1997 年，译者序。

了卓越贡献，他们的一些思想和观点已经深深地嵌入西方国家政制并深刻地影响着后发国家的政治制度与选择。这些思想家关于共和制的理论与观点对近现代甚至当代世界政治体制特别是资本主义国家的政治实践产生了广泛而持久的影响。这些政治思想家所面对的时代，是资本主义蓬勃兴起迫切需要政治变革及制度依托的社会环境，他们的理论是现实政治问题的思想回应与解决方案，其中有的被纳入变革后的政治体系和运行机制中，成为资本主义共和政制的重要组成部分，并随着资本主义在全世界的兴起和扩展而得以传播开来，成为政治理论的经典与政制学说的范例。

洛克所成长和生活的年代，正是英国资本主义兴起的重要时期。与资本主义和商贸经济的发展相伴随的，是新贵族与新的商业资产阶级对君主专制制度的日益不满。英国资产阶级和新兴贵族自 1640 年后以暴力抗争方式表达其政治不满和分享权力的诉求，直到 1688 年“光荣革命”终止了君主专制制度，并于 1689 年由国会通过《权利法案》，限制君主主权，形成了国王统而不治并与贵族阶层、资产阶级分享权力的政治架构。洛克最重要的反映其政治思想的两篇著作《政府论》正是在 1689 年和 1690 年写就，而当时的英国政制及其演进是洛克政治思想的实践来源。洛克以自然法和社会契约论作为武器，提出了其自由主义导向的政府理论。洛克把权力分为立法权、执行权和对外权，并且立法权优越于行政权和对外权，确立了“议会优越”的理论基础。洛克将权力分为立法、行政和对外三种等级不同的权力类型，为后世权力分立与制衡思想的发展提供了重要借鉴，其思想中所包含的“虚君共和”因素在英国近现代政治实践中产生了深远影响。洛克关于政体的思想，虽然出发点并非从共和制的维度展开，却为英国共和制的演进提供了理论启迪。

法国思想家孟德斯鸠在深入地研究人性及由人组成的政府的特性基础上，提出了深刻影响后世政治思想与实践的“三权分立”学说，开启了共和制研究的新阶段。按照孟德斯鸠的观察：“一条万古不易的政治经验是，握有权力的人容易滥用权力，直到遇到某种外在限制为止。”[1]而权力的集中是对自由的最大威胁：“当立法权和行政权集中在同一个人或同一个机关之手，自由便不复存在了；因为人民将要害怕这个国王或议会制定暴虐的法律，并暴虐地执行这些法律。如果司法权不同立法权和行政权分立，自由也就不存在了……”[2]为了防止权力的滥用，孟德斯鸠提出了“以权力制约权力”[3]的思想和对策，即立法权、行政权和司法权由不同的机构行使并互相制约。孟德斯鸠这位法国思想家的政府理论被认为是美国联邦制共和国的主要理论渊源，极大地影响了美利坚合众国的政治体制建构，并对后发展国家政治体制的选择产生了深远影响。被誉为“美国宪法之父”的麦迪逊在分析孟德斯鸠对美国政制的影响时说：“在立宪问题上，自始至终被我们倾听和援引的是著名的孟德斯鸠。诚然，在政治科学中具有不可估量的价值的这一（分权）原则，并非由他首创，然而，他以最易接受的方式向人们阐述和介绍了这个原则，这至少是他的功绩。”[4]

美国开国元勋从孟德斯鸠对权力分配与共和体制的政治思想中汲取了有益养分并运用于美国政治体制的架构，成为美国确立复合制共和国的重要思想指引。汉密尔顿说，孟德斯鸠明确地把联邦共和国当作扩大民众政府范围、并使君主政体和共和政体的利益调和一致的手段。“假如人类没有创造出一种政体，它既具有共和政体的内在优点，又具有君主政体的对外力量，那么很可能，人类早已被迫永远生活在一人统治的政体之下了。我说的政体就是联邦共和国。”“联邦共和国的定义，看来就是‘一些社会的集合体’或者是两者或更多的邦联合为一个国家。”[5]因此，美国立宪者在设定政治制度时，选择

1 ［法］孟德斯鸠：《论法的精神》，张雁森译，商务印书馆1961年，第156页。

2 ［法］孟德斯鸠：《论法的精神》，张雁森译，商务印书馆1961年，第156页。

3 ［法］孟德斯鸠：《论法的精神》，张雁森译，商务印书馆1961年，第154页。

4 ［法］路易·戴格拉夫：《孟德斯鸠传》，许明龙、赵克非译，商务印书馆1997年，第493页。

5 ［美］汉密尔顿、杰伊、麦迪逊：《联邦党人文集》，程逢如、在汉、舒逊译，商务印书馆1997年，第42页。

了具有权力混合与均衡特性的共和体制。新成立的共和国是“这样一个政府：它从大部分人民那里直接、间接地得到一切权力，并由某些自愿任职的人在一定时期内或者在其忠实履行职责期间进行管理。”“在共和政体下，人民通过代表和代理人组织和管理政府。”“权力委托给由其余公民选举出来的少数公民。”同时，“由于选举每一个代表的公民人数，大共和国要比小共和国多，所以不足取的候选人就更难于成功地采用在选举中常常采用的不道德手腕；同时由于人民的选举比较自由，选票也就更能集中于德高望重的人的身上”[1]。因此，共和制成为美国的政制选择：“虽然有少数代表可能私下赞成有限君主制，但所有的代表都支持共和政体，这是认真考虑过的唯一政府形式。的确，这也是能为全国接受的唯一政府形式。”[2]美国的政治制度作为一种全新的探索，对后世资本主义和后发国家的政治选择产生了重大影响。美国的共和制以其独特性和有效性吸引了法国青年思想家托克维尔，使得他在游历美国后，写出了对美国政制进行总结的《论美国的民主》，展示了美国民主和政制的特色与魅力，为挖掘和传播美国的民主共和制做出了积极贡献。

4. 当代共和制的研究

在二十世纪，伴随着资本主义进入垄断阶段和帝国主义的全球化，人类的政治组织形式和制度结构的选择成为各国政治发展的重大问题。自由主义、民族主义、社会主义甚至法西斯主义等诸种思潮在世界范围内竞相出现和碰撞，在政治生活和实践中都产生了重大影响。由于帝国主义之间的矛盾冲突，人类在不到二十年的时间里爆发了两次世界大战，对原有的国际政治经济秩序构成了重大的冲击甚至重构，颠覆了原有的世界格局和政治模式，引发政治家、思想家和公众对各国政治模式的反思与探索。一战二战的爆发及其对

1 ［美］汉密尔顿、杰伊、麦迪逊：《联邦党人文集》，程逢如、在汉、舒逊译，商务印书馆1997年，第50页。

2 ［美］詹姆斯·M. 伯恩斯等：《民治政府》，陆震纶等译，中国社会科学出版社1996年，第4页。

原有政治经济秩序的冲击，也使得人类对公共生活和政治制度的思考更为深入和理性，其中的重要成果之一，就是政治思想家们对共和主义理论及其政治制度构造的探索。很大程度上，这种思考和探索是基于对自由主义思想及其政治制度的反思与批判，也是共和主义在各国实践的理论回响。

犹太家庭出生的著名思想家汉娜·阿伦特是当代共和主义复兴的重要旗手，她对共和主义的思考是基于对极权主义和自由主义的深刻反思。阿伦特在1951年出版了成名作《极权主义的起源》，分析反犹主义、帝国主义与极权主义之间的深刻联系，对“几十年来的动荡、混乱、恐怖”的政治过程与制度变迁后果做了描述：“在那几十年里，第一次世界大战之后发生了一系列的革命，极权主义运动兴起，破坏议会政府，紧接着是各种各样的新暴政，法西斯和半法西斯主义，一党专政与军事独裁，最后是表面上牢固地建立在群众支持基础上的极权主义政府。”[1]从某种意义上讲，阿伦特对极权主义起源的探究是其复兴共和主义的重要考量和逻辑起点，因为：“反犹主义（不仅仅是仇视犹太人），帝国主义（不仅仅是征服），极权主义（不仅仅是专政）——一个接着一个、一个比一个更野蛮，这说明人类尊严需要一种新的保障。这种保障只有在一种新的政治原则、在一种新的世界法律中才能找到。这一次，它的有效性应该包括整个人类，而它的权力应该受到严格限制，在新界定的地域统一体中扎根，并且受到控制。”[2]因此，原有的政治体制需要革新才能契合人类公共生活。

1958年，阿伦特出版《人的境况》一书，“从我们最崭新的经验和我们最切近的恐惧出发，重新考虑人的境况”，[3]系统地讨论劳动、工作和行动的关系，提出公共政治参与是人类生活最重要的条件，被欢呼为参与式民主的教

1 ［美］汉娜·阿伦特：《极权主义的起源》，林骧华译，生活·读书·新知三联书店2008年，第17页。

2 ［美］汉娜·阿伦特：《极权主义的起源》，林骧华译，生活·读书·新知三联书店2008年，第3页。

3 ［美］汉娜·阿伦特：《人的境况》，王寅丽译，上海人民出版社2009年，《前言》第4页。

科书，[1]是二十世纪七十年代以后“共和主义”在西方复兴的先声。[2]在1963年出版的代表作《论革命》中，阿伦特以自己的独特理论视角反思代议制民主，认为“代议制政府实际上变成了寡头政府……尽管不是在代表少数利益的少数统治这一阶级意义上的那种寡头政府。我们今天叫做民主制的东西，据说至少是一种代表多数利益的少数统治的政府形式。这种政府是民主的，因为平民福利和私人幸福是它的主要目标；但是，在公共幸福和公共自由再次成为少数特权这一意义上，它也可以被叫做寡头的。”在《共和的危机》中，阿伦特再次表达了对代议制民主的忧虑：“如今，代议制政府本身面临危机，这部分是因为随着时间的流逝，它已经丧失了任何允许公民实际参与的制度，还有一部分是因为，它现在受到政党体制所遭受的弊病的严重影响：官僚机构化和两党除了党派机器以外不代表任何人的倾向。”[3]为了实现革命的目的，必须开拓公共空间，以有效地维护自由，而委员会就是这样一种政治组织形式：“委员会是打破现代大众社会最好的工具；或毋宁说，基层拥有一种不是被选出来而是自我建构的‘精英’，而委员会是将大众社会分散到基层的最好、最自然的办法。”[4]基于委员会的公共参与空间与组织形式成为阿伦特心中共和主义政治制度的主要构造和实践平台。

在阿伦特之后，被称为“剑桥学派”的两大扛旗学者波考克和斯金纳，从政治思想史的维度，以启蒙运动到文艺复兴时期的政治思想为重点，特别注重文本的语境与条件，从中挖掘古典政治思想的共和主义传统与因素，引发了学界关注。波考克于1975年出版了代表作《马基雅维里时刻：佛罗伦萨政治思想和大西洋共和主义传统》，此后又发表论文集《德行、商业和历史：18世纪政治思想和历史论辑》，透过对马基雅维利思想以及英、美政治史的探索，试图重构“大西洋共和主义传统”，恢复马基雅维利作为共和主义者的

1 ［美］汉娜·阿伦特：《人的境况》，王寅丽译，上海人民出版社2009年，《导言》第8页。

2 崔之元：《崔之元论共和主义者阿伦特》，https://www.thepaper.cn/newsDetail_forward_1612347。

3 ［美］汉娜·阿伦特：《共和的危机》，郑辟瑞译，上海人民出版社2013年，第66页。

4 ［美］汉娜·阿伦特：《论革命》，陈周旺译，译林出版社2007年，第262页。

面貌。波考克在自由主义以权利和自由为核心范畴的论述之外试图以历史情境作为依托，探索“大西洋共和主义”的真谛，把积极生活和公民生活这种政治美德作为共和政制的重要组成要素。需要明确的是，波考克关于共和主义及其政制的论述，主要是从对相关作家和政治历史的分析中阐释的，因此更多的是思想史性质的研究，而不是对现存共和政制及其实践的分析，这从《马基雅维里时刻》开篇第一句话可以印证：“本书贯穿始终的意图是，在一种正在形成的历史主义语境中（in the context of an emerging historicism）描绘现代早期的共和主义理论。”[1]

斯金纳是共和主义复兴的重要代表人物，也是“历史语境主义”研究方法的重要倡导者和实践者，其出版于1978年的《近代政治思想的基础》，开辟了思想史研究的新范式，具有重大影响力。斯金纳对共和主义的重要贡献之一，就是引入共和主义的“无支配自由”概念，推动了有关国家与公民自由理论的思考与探索，为共和主义复兴提供了理论支持。斯金纳注重中世纪后期和近代早期政治思想的主要著作，对霍布斯、马基雅维利等经典作家都有深入研究，从中探寻政治思想与共和主义流变的历史脉络。在《霍布斯与共和主义自由》这一名作中，斯金纳“对人类自由之性质的两种对立理论进行比较”，探寻“新罗马的”自由论或说今人皆用的“共和主义的”自由论。[2]

在共和主义复兴运动中，佩迪特在波考克、斯金纳关于自由的基础上更进一步，提出了“无支配自由”即第三种自由的观念：“把自由视为这样一种社会状态，它既是免除他人施加专断干涉的相关保障，又能使人在他人当中享有一种安全感和地位感。”“在这种状态下，一个人或多或少可以完全免除或显著地免除建立在任意基础之上的干涉。”[3]佩迪特对自由以“无支配”予以界定，与波考克将共和主义自由观限定为以政治参与为核心的积极自由以

1 ［英］波考克：《马基雅维里时刻》，冯克利、傅乾译，译林出版社2013年，第3页。

2 ［英］昆廷·斯金纳：《霍布斯与共和主义自由》，管可秾译，上海三联书店2011年，《序》，第1–2页。

3 ［澳］菲利普·佩迪特：《共和主义》，刘训练译，江苏人民出版社2006年，《前言》第2页。

及斯金纳将积极自由的角色定位为只具有维护消极自由或个人自由的工具性价值思维迥异，并以此为基础“将国家的目标定为增进无支配的自由”，倡导“这样一种民主观：在这种民主观中，通常的‘同意’概念让位于‘可论辩性’概念；最重要的不是人民要政府怎么做它就怎么做，而是人民始终能够就政府的行为展开争论，否则它就是专制的。”[1]佩迪特对共和主义自由的性质及功能的界定比较新颖，认为“民主参与对一个共和国来说可能是不可或缺的，但这只是因为它是促进无支配自由的必要条件，而不是因为其独立的吸引力；它不像一种积极的自由观所认为的那样，自由就是民主参与的权利。”[2]就此而言，民主参与是手段，无支配自由才是目的，而“共和主义的国家要想在控制所有权和统治权方面达到它的目的，它必须建立一种共和主义价值在其中能够得到牢固确立的公民社会形式：它不要指望完全依靠自己实现这些奇迹。”[3]从自由概念的再阐释为基础，延伸到民主观念与实践形式的重新界定，到共和主义国家与社会的关系重构，是佩迪特共和主义思想的逻辑与构造。

在当代共和主义复兴运动中，还有法学专家参与其中，成就了“宪政共和主义”的重要思想流派，阿克曼和桑德尔就是其中两位代表性人物。阿克曼围绕美国宪法变革的程序讨论人民主权在美国宪政中的实现形式，将人民对公共生活的参与以宪法政治和常规政治两个不同的期间予以区分，在宪法政治期间，人民大众对政治和宪法改革问题给予了较多的关注；而在常态政治期间，人民则更多地关注日常生活，把国家问题留给了民选政治家。宪法变革程序——人民主权动议——最终也要由联邦最高法院宣告某宪法修正提案成为合众国高级法的一部分[4]。阿克曼关于“宪法政治”和“常规政治”的

1 ［澳］菲利普·佩迪特：《共和主义》，刘训练译，江苏人民出版社 2006 年，《前言》第 4 页。

2 ［澳］菲利普·佩迪特：《共和主义》，刘训练译，江苏人民出版社 2006 年，《前言》第 11 页。

3 ［澳］菲利普·佩迪特：《共和主义》，刘训练译，江苏人民出版社 2006 年，《前言》第 17–18 页。

4 参见［美］布鲁斯·阿克曼：《我们人民：宪法变革的原动力》，孙文恺译，法律出版社 2003 年，《译者序》。

区分，是其关于人民主权实现形态的“二元民主”的逻辑基础，为人民主权在美国宪法变革中的作用机制做了理论阐释：二元民主区分了人民的意志和政治家的意志，人民的意志作为高级法，必定表现为人民在历史某一时刻在政治舞台上的“现身说法”[1]。当代美国共和主义的另外一位代表性人物是哈佛大学教授桑德尔，其成名作《自由主义与正义的局限》和《民主的不满》，都是基于对自由主义的批判阐释其公民共和主义理念。桑德尔批判程序共和国不能维护它所承诺的自由，因为它不能激发起自治所要求的道德和公民参与。而共和主义传统的核心内容之一就是自治，共和主义政治的塑造方面需要公共空间把公民聚集起来，让公民能够理解他们的境况，培养团结与公民参与。[2]在当代，公共空间的衰败成为共和主义政治的主要威胁。因此，“寻找这样的公共空间，比如可以在公民社会的制度中寻找——包括学校、工场、教堂、工会以及社会运动”成为保障“共和主义公民舞台”的重要工作。[3]桑德尔关于共和制运作的条件即公共空间的思考无疑具有新颖性与启发性。

对共和主义与共和政制的研究，自共和主义复兴运动以来，还有不少不同学科领域的学者从不同维度参与其中。比如文森特·奥斯特罗姆以“复合共和制”的分析框架透视美国政制，认为美国立宪实践表明，人们能够通过理性的行为和榜样，并基于深思熟虑和自由选择，来建立并维持立宪政府体制。复合共和制的政治理论，就是指导这一制度设计的蓝图。以人类的自治能力为基础，借助政治代议制和联邦制这种权力分配体制，共和制在现代社会得以有效运作，打破了共和制只能在“小国寡民”条件下有效的假定[4]。以人类的自主治理能力为基础探索共和制及公共行政的真谛，倡导权力分散的多中心治理模式，是奥斯特罗姆关于共和制研究的重要思想特色。此外，部

---

1 参见［美］布鲁斯·阿克曼：《美利坚共和国的衰落》，田雷译，中国政法大学出版社2013年，《总译序》第9页。

2 ［美］迈克尔·桑德尔：《民主的不满》，曾纪茂译，中信出版集团2016年，第472页。

3 ［美］迈克尔·桑德尔：《民主的不满》，曾纪茂译，中信出版集团2016年，第471页。

4 参见［美］文森特·奥斯特罗姆：《复合共和制的政治理论》，毛寿龙译，上海三联书店1999年，《中译本序》。

分学者尽管并未宣称其学术倾向是共和主义的，其研究取向中的共和主义意味仍然是非常清晰的。最典型的比如当代著名思想家哈贝马斯，他所提出的“公共领域”“商议性政治”“作为程序的人民主权”等理念，[1]都有共和主义的影子，并且对共和主义研究特别是现代公共生活及其制度架构产生了重大影响。因此，给共和主义及政制研究贴标签需要审慎，因为对学者的研究旨趣及其思想倾向以某种“主义”来概括本身就不是科学的做法。

四、结论性分析

共和制作为一种政治制度，经历数以千年计的演进，产生了多种理论取向、实践形态和运作模式并形成了一些具有一定共性的要素与“传统”。概而言之，共和政体能够在人类公共生活中长期存在并发挥持续性的影响，其中的一些理念和要素能够嵌入当代各国的政治制度与实践之中，与共和政体具有一些特殊的优越性或优势密不可分。宽泛地说，共和政体至少具有以下三大优点：

共和政体所倡导的复杂而多元的政治结构具有较强的包容性和妥协性有利于社会稳定。无论是古希腊时期雅典政制的执政官、元老院与公民大会的构造，还是近现代资本主义政治制度中立法、行政、司法的制度设置，还是社会主义中国一党执政、多党参政的政党结构、人民代表大会制的大众民主、民族区域自治和特别行政区的高度自治等政治架构，都折射出权力分享与监督制衡的共和政治原理，从而有助于不同阶级、阶层与群体基于利益相对均衡地和谐共处。

1　[德]哈贝马斯:《在事实与规范之间》，董世俊译，生活·读书·新知三联书店 2003 年。

共和政治所追求的多元利益动态均衡与制度结构，都以法治作为制度框架予以支撑，从而使得不同阶级、阶层与群体之间的利益纷争能够转化为法律纠葛并通过制度化途径予以解决。正是因为共和政治与法治的联姻，使得共和政治的实践有了制度外衣的保障，从而为共和政治的运作提供了持久动力。

共和政治在道德上具有某种优越感，从而能够得到更多的认同与支持。由于共和政治追求利益的均衡与共享，自然能够得到社会支持，也得到了最有影响力和美誉度的一批政治思想家的追随与传播，进而也强化了共和政治的认同感与社会美誉度。共和制所承载的理性与中庸，契合人类对公共生活安定性的追求，特别是传统社会自然灾害频仍与政治动荡不安成为常态的局势下共和制更能引发人们的共鸣。

当然，共和政治也有其局限性，简单地说，共和制如果运用不当，则可能会患上“共和病”：

（1）共和制所代表的利益多元性与妥协性可能会因为某些群体的自私自利而造成制度运作的失效。一些政党或者派系可能会利用共和政治中制度的缺失而绑架公共利益与其他群体的利益，从而形成政治危机。（2）共和制具有某种保守性并借助法律强化固有利益，从而延缓政治改革与社会发展。共和政治承认既有利益格局并以法律制度予以确认，一旦出现社会经济危机与政治风险，固化的利益结构和制度有时无法有效应对新的社会变化与政治风险，并且由于其保守倾向不利于全面改革的推进。（3）共和制及其政治结构的多元化与复杂化，使得机构林立与冗员众多成为潜在的政治风险和社会负担，进而降低了政治效率和社会效果，无形中增加了交易成本。虽然这些副作用不是不可解决的，但是确实是很容易发生的，也是当代共和制国家在政治发展中需要持续改进的问题。

尽管共和政体有自身的风险与局限，但共和政体在当代仍然得到了广泛的采纳，表明共和政体的优势仍然居于主导地位，同时也说明共和政治具有历史的、现实的基础，具体而言：（1）当代世界各国广泛采用基于市场经济的资源配置方式，使得社会主体多样化和利益多元化成为各国政治制度设置必须面对的经济现实，这种以工业化大生产为基础的资源配置方式，加上现代国家人口规模和地域规模较大带来的管理复杂性，使得采用具有包容性和妥协性的政治架构具有某种必然性，而共和政制契合这种利益多样化的需要。（2）人类几千年公共生活的实践与经验，表明共和制与其他治理工具能够协同作用，从而更好地应对由于经济社会以及人口变迁带来的管理难题，共和制在与民主、法治及人权等治理工具的竞争与互动中形成了互相吸纳与兼容的机制，从而更好地适应了现代公共生活的需要。（3）共和政体在人类政治制度的选择中得到了较高认同与广泛实践，适应性和生命力都在与君主政体、民主政体的竞争与融合中得到强化。当代共和政体在实践中，在多数国家已经经过了现代化的改造，与君主制、民主制的某些因素共同并存于公共生活中，并在各自较为有效的范围内发挥作用。

最粗糙和简单地说，共和制具有以下特征或诉求：

首先，共和制注重公民参与和民主。

共和制的重要因素之一是注重公民的民主参与，这和人类对公共生活的需要密切相关。按照亚里士多德的说法："城邦出于自然的演化，而人类自然是趋向于城邦生活的动物（人类在本性上，也正是一个政治动物）。凡人由于本性或由于偶然而不归属于任何城邦的，他如果不是一个鄙夫，那就是一位超人……"[1]而所谓的动物，就是参与城邦公共生活的人。也正因此，参与成为公民资格的重要条件："凡有权参加议事和审批职能的人，我们就可以说他是那一城邦的公民。"[2]而好公民"既能指挥而行令，又能受命而服从"[3]。因此，亚里士多德主张公民参与："全体公民都天赋有平等的地位，……正也应该让全体公民大家参与政治……在同一期间，一部分人主治，另部分人受治，经

1 ［古希腊］亚里士多德：《政治学》，吴寿彭译，商务印书馆 1965 年，第 7 页。
2 ［古希腊］亚里士多德：《政治学》，吴寿彭译，商务印书馆 1965 年，第 113 页。
3 ［古希腊］亚里士多德：《政治学》，吴寿彭译，商务印书馆 1965 年，第 123 页。

过轮替，则同一人就是更换了一个。”[1]因此，在经典作家的理想中，共和制意味着民主参与。

事实上，在古雅典和古罗马，公民参与是其公共生活的重要特征。在古雅典，五百人议事会作为公民大会的常设机构，陪审法庭作为司法机构，都是公民参与公共生活的重要平台。而伯利克利的改革，使得雅典公职更具开放性，公民通过抽签或选举有机会担任各种公职，“人人轮番当统治者和被统治者”具有了某种现实性。在古罗马，公民参与也被视为共和国的重要特征：“素有一种公民应积极从事社会活动的传统，并把它视为理想的公民必备的特点。”[2]把民主参与视为公民的要素，是共和思想和政制的重要特征。而近现代的共和国，也都以公民直接或间接地参与政治生活作为其政制的重要组成部分，并以此为重要内容设计政治制度和运行机制。需要注意的是，不同时期的共和主义思想家对何为“公民”界定是有差异的，在古希腊、古雅典时期，奴隶、外邦人、妇女并无公民身份，而在近现代资本主义公共生活中，比如美国、英国，在相当长一段时期内，无产者、妇女、有色人种、外籍人并无公民身份特别是参与政治生活的权利，因此，共和主义公民身份在相当长一段时期并不意味着平等和自由的无条件的参与，具有浓厚的精英主义色彩。

此外，不同时期、不同的共和主义思想家关于公民参与和民主的认知也有差异。古希腊、古雅典时期的共和主义者，多数把民主归结为有产男性直接参与公共生活，而到了资产阶级执政后，美国的共和主义者把共和制与政治代议制、权力分散、多中心治理的联邦制甚至司法审查制也纳入共和国的制度框架，多种形式、多个层次的政治参与和乡镇自治成为美国共和制的重要特征。在相当长一段时期内，思想家和政治家关于公民参与和民主的认知仅仅限于选举过程，而到了二十世纪下半叶，面对人类公共生活特别是政治经济社会境况的变迁，新共和主义者拓展了民主参与的边界，探索民主参与的新形式，“审议民主”“参与民主”等新的参与方式和实现形态成为公民参

1 ［古希腊］亚里士多德：《政治学》，吴寿彭译，商务印书馆 1965 年，第 46-47 页。

2 王焕生：《西塞罗的义务观评析》，载《比较法研究》1999 年第 3 期。

与的重要机制和实践。而关于参与的作用与功能，不同的理论家也有不同的思考，一些思想家把参与作为共和国最高的善，而有的论者比如佩迪特则把民主参与视作“促进无支配自由的必要条件”而不是“一项根本性的价值。”[1]

尽管对参与和民主的形式、价值及其条件等等有不同的认知，总体来说，共和主义者都把公民参与和民主作为共和制不可或缺的要素之一。

其次，共和制注重公共利益和德性。

注重公共利益与公民德性是共和制的重要特征。按照亚里士多德对于城邦的看法：“一切社会团体的建立，其目的总是为了完成某些善业——所有人类的每一种作为，在他们自己看来，其本意总是在求取某一善果。”[2]而城邦的政制当然应该以实现公共利益这样的“善业”为目的。西塞罗说：“国家乃人们之事业……是许多人基于法的一致和利益的共同而结合起来的集合体。”[3]因此，公民参政成为维护公共利益和德性的要求：是自然“赋予人类如此强烈的德性要求，如此强烈的维护公共利益的热情，其力量能够战胜一切欲望和闲适产生的诱惑”[4]。

共和主义者之所以特别注重公共利益和德性，与共和制对于人及人类公共生活的认知密切关联，用佩迪特的话说：“离群索居的个人这一观念根本上是虚幻的：人们相互依赖，并且正是由于人具有思考的能力，所以这种依赖并不限于因果方式；他们本质上是社会生物。”[5]在一个以相互依赖为特征的生活世界里，共和制作为一种解决公共问题的政治形态，必须以某种最低限度的共识作为条件，这种共识可以借助分散的权力结构、分立的决策机制以及多元的参与方式来实现。

1　参见［澳］菲利普·佩迪特：《共和主义》，刘训练译，江苏人民出版社 2006 年，《前言》第 11 页。

2　［古希腊］亚里士多德：《政治学》，吴寿彭译，商务印书馆 1965 年，第 3 页。

3　［古罗马］西塞罗：《论共和国 论法律》，王焕生译，中国政法大学出版社 1997 年，第 39 页。

4　［古罗马］西塞罗：《论共和国 论法律》，王焕生译，中国政法大学出版社 1997 年，第 12 页。

5　［澳］菲利普·佩迪特：《共和主义》，刘训练译，江苏人民出版社 2006 年，《前言》第 1 页。

与注重公共利益相应，共和政体特别注重公民美德的培养。在古典思想家看来，普通公民政治德性的一般看法是：（1）政治德性、公民德性主要指向正义与节制这两种具体德性；（2）政治德性是能够为所有人（多数人）所享有的，而不只为少数人所享有；（3）政治德性不是天生的、偶然得来的，而是靠习惯培养的，是可教、可学的。[1]柏拉图在《法律篇》中把美德教育看成最重要的教育："我们所谓的教育是指从儿童时代就开始的德性教育，这种训练会让人产生一种热切的欲求，即成为一个知道如何按照正义的要求去统治和被统治的完美公民。我认为，我们应当把这种训练与其他的训练区分开来，并且只为其保留'教育'之名。那种旨在获得钱财或者健壮体格，甚至某种不为理性和正义所引导之智慧的训练，我们会视为粗鄙的、没有教养的，并且会说它根本不配称作教育。"[2]因此，在理想国中，国家应该以公共利益作为核心目标："我们建立这个国家的目标并不是为了某一个阶级的单独突出的幸福，而是为了全体公民的最大幸福；因为，我们认为在一个这样的城邦里最有可能找到正义，而在一个建立得最糟的城邦里最有可能找到不正义。"[3]而亚里士多德也把政治学的目的归结为以公共利益为依归的正义："世上一切学问（知识）和技术，其终极（目的）各有一善；政治学术本来是一切学术中最重要的学术，其终极（目的）正是为大家所最重视的善德，也就是人间的至善。政治学上的善就是'正义'，正义以公共利益为依归。"[4]

当然，对于如何有效地实现公共利益和公民德性，不同的思想家有不同的思考和解决途径。新雅典共和主义将公民美德视为一种获得人类品质，拥有和践行这种德性将能够确保公民获得麦金太尔意义上的实践的内在利益；新罗马共和主义将公民美德视为一种维护个人自由的工具，只有具备了美德这种品质，每个公民个人才能有效地投身公共事业，并且才有能力确保他们

1 陈文娟：《共和主义与德性》，中国社会科学出版社 2018 年，第 20 页。

2 转引自陈文娟：《共和主义与德性》，中国社会科学出版社 2018 年，第 25 页。

3 ［古希腊］柏拉图：《理想国》，郭斌和、张竹明译，商务印书馆 2002 年，第 133 页。

4 ［古希腊］亚里士多德：《政治学》，吴寿彭译，商务印书馆 1965 年，第 148 页。

自由。[1] 另外，不同的共和主义论者对何为公民美德的认知有所差异，有学者罗列了共和主义的公民美德清单：勇敢、正义、奉献和审慎。[2] 当代共和主义的两大分支对公民美德的定位与实现有不同的思路，一些人认为公民美德是一种本质性的甚至最高的善，[3] 这种公民美德的实际运用就是要求公民承担政治共同体向他们施加的政治义务。公民必须认识和理解他们所要承担的政治义务，并且必须承担他们应该承担的政治义务，这是整个共和主义传统得以建立的前提。[4] 如果公民没有承担这种政治义务，则可能受到惩罚或者排斥，甚至“被迫自由”。因此，这种进路的公民美德认知及其养成模式，有可能会造成恐怖和压制的政治风险。另外一些共和主义者将公民美德视为一种工具性的却又必不可少的善。如果政治共同体在向公民施加政治义务的过程中适当地运用这种公民美德，那么政治义务的实施阻力将大为降低。尽管作为一种工具性的公民美德也能够为政治义务提供同样的保障效果，但是这种公民美德却容易变成一种“国家强制性的德性”。[5] 此外，多数共和主义者都留意到了公民德性养成以及民主参与所需要的经济条件问题，早期的一些共和主义者甚至把公民资格的取得与财富、纳税等经济因素作为重要依据，当代的一些共和主义者比如桑德尔提出“经济政策不仅仅要追求繁荣与公平，也必须考虑经济政策的公民后果”，探索“什么样的经济安排最适合于自治”的问题。[6] 如何在工业化、组织化、市场化的环境下培养公共意识、自治能力与公

1　徐百军：《共和主义政治义务：一种尝试性理论建构与逻辑审视》，天津人民出版社 2016 年，第 233 页。

2　徐百军：《共和主义政治义务：一种尝试性理论建构与逻辑审视》，天津人民出版社 2016 年，第 244 页。

3　刘训练：《公民与共和——当代西方共和主义研究》，天津师范大学 2006 年硕士论文，第 133 页。

4　徐百军：《共和主义政治义务：一种尝试性理论建构与逻辑审视》，天津人民出版社 2016 年，第 252 页。

5　徐百军：《共和主义政治义务：一种尝试性理论建构与逻辑审视》，天津人民出版社 2016 年，第 253 页。

6　参见［美］迈克尔·桑德尔：《民主的不满》，曾纪茂译，中信出版集团 2016 年，《译者的话》。

民美德，是当代共和主义的重要论题之一。

再次，共和制注重法治和责任。

古希腊大思想家柏拉图曾经推崇“哲学王”的统治，相信“在最好的情况下应该是人而不是法律拥有全部权威，他掌握着统治的艺术并充满了智慧”[1]。在《法律篇》中，柏拉图开始注意到法律对于城邦生活的特殊价值：“如果法律没有自己的最高权威而必须从属于其他的因素，城邦崩溃也就为期不远了……相反，如果法律成为统治者的主人而统治者不过是法律的奴隶，那么人们就能够看到无限光明的前景，并且能够享受诸神为城邦所赐予的所有快乐。”[2]因此，在晚年柏拉图的理想政制中，法治有其一席之地。而亚里士多德则明确地将正义的法律与正宗政体的密切关系：“相应于城邦政体的好坏，法律也有好坏，或者合乎正义或者是不合于正义。这里，只有一点是可以确定的，法律必然是根据政体（宪法）制订的；既然如此，那么符合于正宗政体所制订的法律就一定合乎正义，而符合于变态或乖戾的政体所制订的法律就不合乎正义。”[3]法治是共和制的内在组成部分，也是公民利益得以保障的重要机制：“公民们都应遵守一邦所定的生活规则，让个人的行为有所约束，法律不应该被看作（和自由相对的）奴役，法律毋宁是拯救。”“法律的实际意义却应该是促成全邦人民都能进于正义和善德的永久制度。”[4]几乎所有的共和主义作家，都将法治作为共和制的重要构成部分来论述，这也使得共和主义政制与法治及其高级形态立宪主义产生了不可分割的关联，进而为民主与共和两种政治形态的共存互动提供了制度途径。

《君主论》的作者马基雅维利把法律作为保障共和政体长治久安的制度支撑，是建立“一个完美的共和国”不可缺少的要素。而哈林顿所设想的“大洋国”也是法治的共和国：人们“除了法律之外，不受任何东西约束”。这种

1 转引自唐士其：《西方政治思想史》，北京大学出版社 2002 年，第 62 页。

2 转引自唐士其：《西方政治思想史》，北京大学出版社 2002 年，第 63-64 页。

3 ［古希腊］亚里士多德：《政治学》，吴寿彭译，商务印书馆 1965 年，第 148 页。

4 ［古希腊］亚里士多德：《政治学》，吴寿彭译，商务印书馆 1965 年，第 276、138 页。

“法律是由全体平民制定的。目的只是在保护每一个平民的自由……通过这个办法，个人的自由便成了共和国的自由”[1]。在三权分立的创立者孟德斯鸠看来，法治是共和国实现权力约束的重要制度装置。而人民主权的提出者卢梭也认为共和国必定是法治国家：“共和国里对于行政官所设下的全部障碍，都是为保障法律的神圣堡垒的安全而建立的。他们是执行者而不是仲裁者；他们应该保卫法律而不是侵犯法律。”[2]而与法治相联系的重要机制，就是责任。法律的重要功能，就是以权利和义务作为中介，明确不同主体之前的利益及其责任。当代的共和制国家，都是法治国家，也都实行责任制的政府模式。正是基于法治所形成的责任机制，使得现代社会对权力的控制以及腐败的抑制具有了制度化的途径和手段。

值得一提的是，共和政府的对立面并非是君主制，因为英国这样的国家实行的就是“虚君共和”体制，所以共和政体最具吸引力的地方在于其反对专制的精神。而控制权力的肆意、腐化与专横，正是法治国家与责任政府的重要取向。正是在这个意义上，法治与责任机制能够成为共和政制反专制的制度支撑：“共和政体自产生之日起，就与专制势不两立，共和政体于专制政体的重要区别之一，就在于前者的国家权力由人民选举的代表有任期地行使；后者则掌握在某个人或某个集团的手中，是专断的权力。”[3]需要注意的是，在强调共和制的法治要素时，需要留意当代共和制的民主语境，把法治要素与民主要素衔接起来。孟德斯鸠对共和国的法律与选举的关系就作了界定：“在共和国里，因为有选举人的划分是一种基本法律，所以，进行选举的方式也是一种基本法律。”[4]而哈贝马斯关于法的商谈论，是解决法律共同体的有效性：“这样的法律规范使成为可能的，是一种高度人为的共同体，更确切些说，是由平等而自由的法律同伴所结成的联合体，他们之结合的基础既是外

1 ［英］詹姆斯·哈林顿：《大洋国》，何新译，商务印书馆 1983 年，第 21 页。

2 ［法］卢梭：《论人类不平等的起源和基础》，李常山译，商务印书馆 1962 年，第 51 页。

3 周叶中、戴激涛：《共和主义之宪政解读》，人民出版社 2005 年，第 104 页。

4 ［法］孟德斯鸠：《论法的精神》（上册），张雁森译，商务印书馆 1961 年，第 11 页。

部制裁的威胁，同时也是一种合理推动的同意的支持。”[1]透过法的形成和执行的商谈过程即民主，法的正当性和有效性都得到了程序保障，这是现代法治国家中民主机制的价值体现和重要实现形式。

最后，共和制追求以混合政体为特征的权力分离与利益均衡。

在共和政制的历史演进中，混合政体是其权力配置的基本框架。在亚里士多德看来，“以群众为统治者而能照顾到全邦人民公益的，人们称它为‘共和政体’”[2]。为了确保执政者避免由于人性本身的缺失带来的风险，需要通过不同的机制设置来达致“人之间互相依仗而又互相限制，谁都不得任性行事，这在实际上对个人都属有利”[3]。到了近代，洛克将国家权力分为立法权、行政权和对外权，并且倡导由不同的机关掌管。当然，在洛克的思想中，立法权、行政权和对外权不是平等的权力，立法权是最高权力同时也是受限制的权力，政府的统治必须基于人民的同意这一民主原则限定了权力的政治边界。孟德斯鸠更进一步，把国家权力分为立法、行政和司法，并认为应由三个不同的机构行使，以便这些分立的机构互相制衡，因为“一切有权力的人都容易滥用权力，这是亘古不易的一条经验”，“有权力的人们使用权力一直到遇有界限的地方才休止”，因此，“从事务的性质来说，要防止滥用权力，就必须以权力制约权力”[4]。美国的开国元勋们汲取了孟德斯鸠思想的营养，设计了复合共和制的政治架构：“在一个单一的共和国里，人民交出的一切权力是交给一个政府执行的，而且把政府划分为不同的部门以防篡夺。在美国的复合共和国里，人民交出的权力首先分给两种不同的政府，然后把各政府分得的那部分权力再分给几个分立的部门。因此，人民的权利就有了双重保障。两种政

1 ［德］哈贝马斯：《在事实与规范之间》，董世俊译，生活·读书·新知三联书店 2003 年，第 10 页。

2 ［古希腊］亚里士多德：《政治学》，吴寿彭译，商务印书馆 1965 年，第 133 页。

3 ［古希腊］亚里士多德：《政治学》，吴寿彭译，商务印书馆 1965 年，第 169 页。

4 ［法］孟德斯鸠：《论法的精神》（上册），张雁森译，商务印书馆 1961 年，第 154 页。

府将互相控制，同时各政府又自己控制自己。”[1]总统、国会、法院三权分立，联邦与各州分权，地方自治等制度装置，使得美国的复合制共和国具有强烈的创造性和本土性，成为当代资本主义共和政制的典范国家。

需要注意的是，混合政体的关键，不在于其分支机构的多少与部门的多寡以及政府层次的设置，最核心的内容在于对公共权力腐化的控制以及潜藏其中的不同群体的利益均衡问题：“野心必须用野心来对抗。人的利益必然是与当地的法定权利相联系。用这种方法来控制政府的弊病，可能是对人性的一种耻辱。但是政府本身若不是对人性的最大耻辱，又是什么呢？如果人都是天使，就不需要任何政府了。如果是天使统治人，就不需要对政府有任何外来的或内在的控制了。”[2]为了使政府能管理被统治者以及管理自身，就需要设置复杂的政治结构，从而保护多元化的利益：“在共和国里极其重要的是，不仅要保护社会防止统治者的压迫，而且要保护一部分社会反对另一部分的不公。在不同阶级的公民中必然存在不同的利益。如果多数人由一种共同利益联合起来，少数人权利就没有保障。”[3]因此，设立不同的机构行使权力并互相制衡的目的在于平衡多元化的公民利益。

在当代，治理体制随着政治思想、生产方式变迁以及公共生活的演进，共和制的政治形式和运行机制都发生了巨大的改变，而且这种体制的有效性与各国的政治传统、经济基础和文化意识密切关联。特别是随着资源配置形式和政治利益格局的差异，不同的国家往往采取不同的政治体制形式，而共和制的制度形态及其运作情况也迥然不同。而且，现代共和制往往与经济结构、官僚产生方式、利益分化程度、法治发展状况以及社会文明程度等多种因素密切关联，互为条件和约束。也正因此，社会形态是社会主义还是资本

1 ［美］汉密尔顿、杰伊、麦迪逊：《联邦党人文集》，程逢如、在汉、舒逊译，商务印书馆1997年，第265–266页。

2 ［美］汉密尔顿、杰伊、麦迪逊：《联邦党人文集》，程逢如、在汉、舒逊译，商务印书馆1997年，第264页。

3 ［美］汉密尔顿、杰伊、麦迪逊：《联邦党人文集》，程逢如、在汉、舒逊译，商务印书馆1997年，第266页。

主义，资源配置方式是政府计划还是市场主导，以及政治体制采取总统制、内阁制、委员会制抑或半总统半议会制的权力配置模式等因素，都会影响到各国共和制的模式及其绩效。但无论这些国家采取哪种类型的政治组织形式，可以确定的是，只有实行的政治体制能够较好地满足社会经济分化的发展以及有效规范和约束权力，共和国才能得到良好的运作。因此，现代共和制的稳定性与其混合政体的结构以及复杂性程度密切相关："一个拥有若干不同政治机构的政治体制则更能顺应时势。一套机构满足一个时代的需要，而时代的交替则要求机构的更新。""形式简单的政府最易衰败，而'混合的'政府形式则稳定得多。""稳定来自复杂性。"[1]一些发展中国家尽管移植或者借鉴了其他国家的政治体制包括共和制，但却未必有效甚至走向政治衰败，其中的原因之一就是没有意识到政治制度得以有效运作的一些政治经济文化因素以及体制背后的利益调适问题。正如有论者指出的："对于很多国家的政府和民众来说，'药方'并非不知，只是难为：利益的、观念的、资源的束缚使得'通往丹麦之路'异常艰难。"[2]因此，共和制、混合政体本身并不能确保政治发展和政治秩序，选择什么样的政治体制及其运作绩效受制于很多因素。

总体而言，古今共和主义者关于共和制的论述既有一些共性，又有一些个性，而不同时代、不同学者对共和体制的论说及其构成有所差异甚至出入很大，这是正常现象，因为正如佩迪特所言："或许，共和主义都称不上是一个传统，比如说，它缺乏一个传统所应当具备的足够的一惯性和连续性。"[3]只是，作为当代最有影响的政治思想以及体制实践，共和制的前述特征和诉求，是在与其他政体不断竞争与融合的过程中不断完善的。在当代，共和制与民主制不断互动融合，并以立宪主义作为重要制度依托共同作用，形成了现代政治制度的复杂特质与混合模式以及实践结果的多元性。就此而言，共和制

1 ［美］塞缪尔·P. 亨廷顿：《变化社会中的政治秩序》，王冠华等译，生活·读书·新知三联书店 1989 年，第 17–18 页。

2 ［美］弗朗西斯·福山：《政治秩序与政治衰败：从工业革命到民主全球化》，毛俊杰译，广西师范大学出版社 2015 年，《导读》。

3 菲利普·佩迪特：《共和主义》，刘训练译，江苏人民出版社 2006 年，第 14 页。

作为一种立基于一定的经济社会条件之上的上层建筑具有开放性和适应性，在变动的世界中不断吸收新的元素并因此获得生机与活力。

有意思的是，当代共和主义思想的复兴，很大程度上是基于对自由主义泛滥的不满与批判，但是这种不满与批判，被认为并没能从根本上动摇自由主义为基础的现代政治体制，而只是一种补充甚至仅仅是思想启迪："共和主义不是对自由主义的替代，而是其完善和补充，它应当具有自由主义的一些基本特征。"而新共和主义者所提供的政治方案被认为要么在实践上不可行，要么根本就语焉不详，因此难以为现代政治提出具体的、实质性的救治[1]。也正是因此，共和制的基本要素与制度构架，与当代西方自由主义民主的政治框架难以区隔，而其关于政治建制的设想也很难有实质性的突破和创新。也正是因此，一些被贴上"共和主义"标签的理论家有关政治体制及其运作机制的论述，往往是比较匮乏的，以至于与其说这些人是共和政制的研究者，不如说是共和主义思想的探究者更为准确。尽管如此，共和主义理论家有关参与与自由，自治与民主，民主的实现形式（比如委员会制、参与民主、审议民主等），公民美德等议题和观点，对于现代国家的构建以及政治制度的完善仍然具有重要的启发价值。就此而论，共和主义政治制度仍然是未来公共生活持续改善不可缺失的重要组织形式与制度资源。

1　参见刘训练：《共和主义：从古典到当代》，人民出版社 2013 年，第 252 页。

法治

/ 马 啸 吴泽民* /

法治，是人类社会发展和政治文明的结晶。实现法治，是古往今来众多思想家心中的一种政治理想，在价值层面和实践层面都有重要的地位。在过去的半个多世纪里，学界和政策界逐渐认识到法治在国家发展中的重要地位。如今，法治已经成为重要的政治学研究议题，备受学者的关注。在谷歌学术（Google Scholar）中以“法治”（rule of law）为关键词进行搜索，显示有196万余项有关的研究。

* 马啸：北京大学政府管理学院助理教授。
吴泽民：北京大学政府管理学院博士研究生。

一、法治的内涵、类型、历史与测量

由于法治往往和民主、善治等政治理念联系在一起，推动法治进步成为许多政治家改革的主要目标之一。不少研究者也指出，法治是善治的核心要素之一，也是善治的基本要求，[1] 法治进步是提升一个国家治理水平的重要方面。因此，提升法治化程度被认为是许多发展中国家的重要任务。不难理解，在这样的背景下，法治在思想界沉寂了千年以后逐渐走向政治实践，受到了学界和社会的广泛关注，关于其定义，也在经历争论后得到了发展和明晰。

（一）法治的内涵

在西方，法治的思想至少可以追溯至亚里士多德。他认为法律是“一个中道的权衡”，法律的统治就是“神祇和理智可以行使统治”，而个人的统治，则是“在政治中混入了兽性的因素”，根本上是因为“常人既不能完全消除兽欲，虽最好的人们（贤良）也未免有热忱，这就往往在执政时候引起偏向。法律恰恰正是免除一切情欲影响的神祇和理智的表现”。[2] 与亚里士多德同时期的柏拉图在国家政治的形式问题上，推崇由充满智慧的哲学家掌握国家最高权力的“哲学王”模式。尽管如此，他认为统治者仍然需要尊重一定的成文法律，“如果当法律依赖于他人（统治者）而没有自己独立的权威，那么国家离崩溃也就不远了”，他认为，“只有当法律成为政府的主人，当政府成为法律的仆人之时，人类才会享受神赐予国家的全部祝福”。[3] 不同于亚里士多德，柏拉图在掌握国家权力的主权者和法律孰大孰小的问题上，并没有给出明确的答案。

与古希腊的讨论类似的是，在中国古代有“刀治”和“水治”的区分。

1　俞可平：《治理和善治：一种新的政治分析框架》，载《南京社会科学》2001 年第 9 期。

2　［古希腊］亚里士多德：《政治学》，吴寿彭译，商务印书馆 1965 年，卷三，第 171 页。

3　Cooper, John M., and Douglas S. Hutchinson, eds. *Plato: complete works*. Hackett Publishing, 1997,p. 1402.

荀子曾经指出君为舟而民为水，水能载舟亦能覆舟，表明了中国古代的“水治”指向为民之治，[1] 这与为己之治明显不同。不难看出，古代政治思想家已经在不同程度上触及现代法治的内涵，指出了法治与人治的区别。

在中国古代，关于“法治”的表述最早可以追溯至春秋时期。《晏子春秋·谏上九》中提到，“昔者先君桓公之地狭于今，修法治，广政教，以霸诸侯”。西汉时期的《淮南子·氾论训》提到，“知法治所由生，则应时而变；不知法治之源，虽循古终乱”。现代语境下的“法治”（rule of law），则出现在十六世纪的英国，萨缪尔·卢瑟福（Samuel Rutherford）在关于神授王权（divine right of Kings）的大辩论中，使这一概念得到广泛传播。随后，法治又在洛克的《政府论》中正式亮相，并经由十九世纪英国法学家戴雪（A. V. Dicey）的进一步发展，逐渐成为深入人心的现代政治信条。

相对于人治而言，法治强调国家治理依靠法律制度而非个人。因此，“法治”与“法制”（法律和制度）不仅在表面上相似，也在内涵上有一定的关联性，没有法制难以有法治。[2] 相比于法制而言，法治还意味着法律制度要被政府和社会所认可，所遵守，政府的权力和公民的权利要在法律框架下实现一种平衡，[3] 因此建设法治政府和法治社会对于建设法治国家至关重要。[4]

尽管大多数研究者们都认可法治意味着有一套法律制度并且这套法律制度在执行，但是并不是所有的法律都能够受到广泛认可并被很好地实施。在这里，研究者对法治的内涵产生了分歧，其中争议的焦点在于法治仅仅是法律在被执行还是良法在被执行，法治应该加入什么优良内涵来保证好的结果。

前者以美国著名法哲学家富勒（Lon Fuller）为代表，他认为法律应该具备两种道德：内在道德和外在道德。法律的内在道德就是法律成为法律的先决条件，即只有具备内在道德的法律才能够维持和运转，因此他总结出非常

1　张千帆：《法治概念的不足》，载《学习与探索》2006 年第 6 期。

2　李步云，陈贵民：《关于法治与法制的区别》，载《中国人大》1998 年第 8 期。

3　罗豪才：《为了权利与权力的平衡》，五洲传播出版社 2016 年，第 236 页。

4　姜明安：《论法治国家、法治政府、法治社会建设的相互关系》，载《法学杂志》2013 年第 6 期。

著名的八条原则，这也是法治应该包含的八个基本原则。[1]

法治（法律）的第一个基本原则是一般性（generality）。实际上，人类社会必须要有规则，而法律作为规范人类行为的规则，不能是针对特定人的，而是具有广泛的和不偏颇的适用性。因此，这个法律规则必须是非人格化的，不能包含特定的名字。雇主可以为雇员设定一个规则，这个规则可以是针对特定行为的，但不能是针对特定个体的，也只有这样的规则才能称之为规则，即符合法律的一般性要求。

法治的第二个原则是公开性（promulgation）。法治的维持需要法律的颁布，从而让法律的适用对象能够知道这个法律并且遵循它。尽管在现代社会，大多数公民并不知道每条法律的所有细节，但是他们有途径（而不是被法律颁布者垄断）去获得每个法律文本。实际上，大多数时候公民可以通过间接的方式了解已经颁布的法律并遵循它。因为公民可以观察到其他公民的行动，并且会相信那些比自己更有法律知识的公民的行为是符合法规的，因此其就可以遵循这种行为方式，进而遵守法律。但是这些都需要法律公开颁布，从而使所有人都有途径去了解，使法律内行能够掌握法律的细节并遵循之。当然，法律的公开颁布，还可以为公民提供批判和改进的机会，从而使法律自身得以完善，形成法律修订的良性循环，进而实现法治的要求。

法治的第三个基本原则是前瞻性，法律是不能溯及既往的（retroactive）。法律规则的作用在于为之后的人们的行动提供一种稳定的预期，因此其不能适用于发生在法律颁布以前发生的行为。因为之前的行动者并不知道会有这个法律，其只能按照既有的法律规则来采取行动，因此新近颁布的法律不能溯及既往。实际上，许多法律的颁布在时间上都是晚于其试图要规制的行为或现象的，但是其可以约束之后的同类现象或行为。

第四个法治的原则是明确性（clarity）。法律规则必须可以明确理解的，不存在模糊空间。很少有人对这一个原则产生争议，只有规则是明确的，行动者

1 Fuller, Lon Luvois. *The morality of law*. Vol. 152. Yale University Press, 1969.

才能对自己行为的后果有明确的预期。否则，法律就可能会沦为法律实施者的工具，用来约束其想约束的所有行为，这就是套着“法治”名义的“人治”。

法治的第五个原则是一致性，不同的规则之间不能自相矛盾（contradictions）。法治这一原则要求不同法律规则之间应该不能互相冲突，否则就会让法律适用对象不知道该遵守什么样的规则。

第六个法治的原则是可遵守性，规则不应要求人们做不可能的事情（the impossible）。实际上，一旦法律规则要求法律适用对象做一些不可能做到的事情，那么法律规则自身的权威性就会受到怀疑，法律规则自身会受到挑衅和质疑，这样的情况下法治是不可能实现的。

法治的第七个原则是稳定性（constancy）。尽管法律规则需要根据社会变迁而进行调整，但是法律规则不能变得太快。人们尊重法律规则是因为法律规则提供了一个稳定的预期，遵守法律规则就不会受到惩罚。而如果法律规则频繁变化，那么人们对于未来就没有一个基本的预期，人们就只会有短期行为，而不会有长期的规划和打算，这样社会中的法律规则也很难得到人们的长期尊重和认可。

法治的第八个原则是相合性（congruence）。宣称的法律和执行的法律必须是相合的，而不能是分离的。现实中法律的制定者和法律的执行者往往是不同的人群，如果颁布的法律和执法者实际执行的法律不一致，即执法者不执行颁布的法律，那么法律即使如何上述的七个原则也并没有用，也只是文本上的法律，而不是实际运行中的法律。在这种情境下，即使有非常齐备和完美的法律，也并不能称得上是法治。

也有不少学者对这些原则进行补充或者调整，比如夏恿指出司法权威对于法治也至关重要。[1] 虽然这些法治的原则可以保证法律制度在程序上是可以被执行的，但是并不能保证符合这些原则的法规就是好的法规，因而也不确定是否必然带来好的结果。这种对法治的理解是从程序上出发，因而是中立

1　夏恿：《法治是什么——渊源、规诫与价值》，载《中国社会科学》1999 年第 4 期。

的，不带有价值取向的，可以称之为狭义上的法治观。

尽管狭义的法治观在概念上相对清晰，但是许多政治思想家以及政治改革者所要追求的显然是带有价值倾向的法治，是内涵更加丰富的法治，是指向一种良好的政治秩序的。但是，在狭义的法治观的基础上进行“加码”，就出现了较多的争议。比如，法治需要包含“人权保障”“权力制约”“党要守法”等，[1] 只要为法治附加上更多良好的理念，那么根据法治的含义就必然能推出法治会带来好的结果。但是真正的问题在于，要加入哪些理念？这些理念究竟是普适的还是西方式的？这些理念之间会不会有内在冲突？加码后的法治内涵与邻近的概念（如民主）会不会因为区分度太低而不再是一个好的概念？[2] 这类观点可以被称之为广义上的法治观，其在狭义的法治理解的基础上加入更多的规范性理念，来保证法治能够实现良法善治。

相比于狭义法治观而言，广义的法治观影响力更大，内部的争论也更多。但是，狭义的政治观的缺憾更明显。由于缺乏价值倾向，对狭义法治的追求可能造成误入歧途，甚至完美的形式法治也可能带来实质上的人治的暴政。[3] 例如后文会提到，不少威权国家也建立了完善的法律体系，并运用这种体系控制社会延续自己的统治。因此，尽管面临更多争议，广义的法治观在实际上受到了更多的欢迎、得到了更广泛的应用，这样的法治既是一种通向美好政治的手段，也是美好政治的表现。但这并不是研究的终点，反而迫切要求有更多更好的研究来让法治的概念更加可靠。否则，就不能很好地对法治进行测量。

1　李步云：《依法治国基本理念论纲——关于依法治国的若干理论问题》，载《广州大学学报（社会科学版）》2013 年第 7 期。

2　Versteeg，Mila and Tom Ginsburg，“Measuring the Rule of Law: A Comparison of Indicators”，*Law & Social Inquiry*, 2017, 42(1):100–137；Rodriguez, Daniel B., Matthew D. McCubbins, and Barry R. Weingast, “The rule of law unplugged”，*Emory Law Journal*, 2009,59: 1455.

3　张千帆：《法治概念的不足》，载《学习与探索》2006 年第 6 期。Rodriguez, Daniel B., Matthew D. McCubbins, and Barry R. Weingast, “The rule of law unplugged”，*Emory Law Journal*, 2009,59: 1455.

（二）法治的基本类型[1]

对于法治的类型的研究相对较少，中国著名哲学家贺麟被认为在法治类型研究上做出了重要贡献。[2]贺麟将法治划为三种基本类型：第一种是申韩氏法治；第二种是诸葛氏法治；第三种是民主型法治。这三种类型的法治诞生在不同的地方和不同的时代，有着不同的逻辑基础，也有着不同的价值取向。本部分将讨论这三种类型的法治。

申韩氏法治，指的是以战国时期的申不害、韩非为代表的法家流派中的法治类型。这一法治类型的基本逻辑始于人性论，即法家认为人性本恶，都是趋利避害的。这一法治类型下，法治有三条基本的要求。首先，法治需要有良好的法律。具体而言，法律必须顺应时代，法律必须顺应民心，同时法律不能强人所难，而应该是人民力所能及的。其次，法律必须具有权威，即法律应该得到人们的遵守，包括君王。最后，法治包含奖赏惩罚的思想，法治运行有赖于赏罚分明，否则法律就难以运转，法治就难以实现。总而言之，这一法治类型根基于特定的人性论，因此包含着很强的功利主义思想，法律就是为了达到特定的目的，遵循就能获利，否则就要受损。

诸葛氏法治指的是以诸葛亮为代表的儒家式的法治类型。这一法治类型有三种基本的要求。首先，追求德法并举，道德和法律是并重的。其次，人法并重，法治的形成不仅需要法律也需要人，尤其是贤人来使法律运转起来。最后，遵循实用理性原则。总而言之，这一法治类型是根基于道德，因此法治的实现离不开道德和贤人。

民主型法治指近代西方的法治。这一法治类型与民主原则密不可分，其根基于人民主权的理念，通过代议制、三权分立等手段来实现法治。在近代西方的语境下，不可能存在没有人民民主的法治，法治的目的就是让权力不压制人

1　本部分主要参考武建敏、董佰壹：《法治类型研究》，人民出版社 2011 年；柳正权：《法治类型与中国法治》，武汉大学出版社 2015 年。

2　武建敏、董佰壹：《法治类型研究》，人民出版社 2011 年。

民，进而保护人民大众的权利。尽管西方存在大陆法系和英美法系之分，但是这两种法系根本上同属于这一种法治类型。法治不仅仅是法律文本，更是法治精神，即法治所伴随的价值，这一价值和人民的生活相关，从而让法治能够关照到人民自身的美好生活，正是在法治精神这一维度上，大陆法系和英美法系是相通的，都是指向人民的权利。具体而言，大陆法系和英美法系主要的不同在于文化基础上，大陆法系根基于欧洲大陆哲学中的理性主义传统，强调普遍性和本质论，而英美法系则根基于英国哲学中的经验主义传统，强调归纳和类比。

总而言之，这三种基本类型的法治都是在广义的法治观上进行讨论的，其基本区别可以总结为表 1。

表 1　三种法治类型对比 [1]

<table>
<tr><th colspan="2">法治类型</th><th>时空背景</th><th colspan="2">逻辑基础</th><th>价值取向或原则</th></tr>
<tr><td colspan="2">申韩氏法治</td><td>中国先秦（古代）</td><td rowspan="2">义务</td><td>人性恶</td><td>功利主义</td></tr>
<tr><td colspan="2">诸葛氏法治</td><td>中国汉以后（古代）</td><td>人性善</td><td>道德</td></tr>
<tr><td rowspan="2">民主型法治</td><td>大陆法系</td><td rowspan="2">西方（近代）</td><td rowspan="2">权利</td><td>理性主义</td><td rowspan="2">民主</td></tr>
<tr><td>英美法系</td><td>经验主义</td></tr>
</table>

（三）法治的起源、发展与完善

法治的出现并不是一蹴而就的，从最初简单的约束人与人之间交往的不成文规则，到完善的成文的法律与国家制度安排，经历了漫长的演进历史。经济史学家对于制度演化的历史有着深入的研究。代表性的学者有阿夫纳·格雷夫（Avner Greif），道格拉斯·诺斯（Douglas North），斯坦利·安格曼（Stanley Engerman）和达龙·阿西莫格鲁（Daron Acemoglu）等人。

1　该表系作者根据本部分内容自制。

如果将法律作为规范人行为的制度性约束的话，那作为对人行为同样有制约的非正式制度很早就出现了，其历史甚至与人类社会的历史一样长。早期社会组织（例如村社、家族）中的原生社会关系（primordial relationship）起到了规范社群内成员行为的作用。[1] 社群内部成员之间的亲属血缘关系将成员之间的接触由单次博弈变为了重复多次博弈，减少了社区成员为了获取较小利益而做出违反社区规则的可能。违背社区规则的成员会受到诸如被剥夺享受社区公共服务等的惩罚。在相当长的一段时间内，这种原生的社会结构起到了规范社会秩序的重要作用。

但这种类型的非正式制度约束有其局限性。首先，其要求社群间成员互相熟悉，对于规则的确认和执行也依赖面对面的交流。这就意味着此类规则发挥效用的距离、范围都较有限，往往很难突破所在社区的地理范围。另外，这种规则所能规范的人类行为种类也比较有限，大多数是性质简单，行为结果易辨别的行为。对于性质复杂的社会行为，例如商业交易与合同执行等，这类制度的规范效应就捉襟见肘。最后，这类制度规范的执行因为依赖原生社会关系，很难保证规则执行的公平。掌握了规则执行权力的社群领导，很容易利用手中的权力偏向与自己有利益、血缘关系的人群。而这种不公平偏向则会影响规则进一步的有效执行。换句话说，早期社会中的规则执行，尽管有了现代法治的一些雏形，但其不具有法治的核心特点“去人格化”（impersonality），即规则的执行不依赖于个人关系，因此存在着种种的局限。[2]

随着社会经济的进一步发展，社会交往的形式日益复杂，范围也超出了传统的社区之外。例如，随着生产力的发展，逐渐出现了生产的专业化和分工，进而带来了贸易。随着专业化生产的深入和区域化，跨地区的贸易也随

1　Greif, Avner. “Commitment, coercion, and markets: The nature and dynamics of institutions supporting exchange.” In *Handbook of new institutional economics*, pp. 727–786. Springer, Boston, MA, 2005.

2　关于规则的“去人格化执行”的讨论，见 North, Douglass C., John Joseph Wallis, and Barry R. Weingast. *Violence and social orders: A conceptual framework for interpreting recorded human history.* Cambridge University Press, 2009。

之兴盛。此时不仅出现了专门进行货物贸易的市镇，也出现了专门从事贸易的商人。原先仅限于一地的、限于特定人群且依赖于原生社会关系的治理结构，很明显无法继续为社会交往提供制度保障。这种情况下，维持社会交往秩序，防止违约行为的重要机制之一是参与者的名声（reputation）。例如从事贸易的商人每周固定前往一个市镇交易，如果出现了违约的行为并被广泛传播，以后就无法在这个市场继续立足。商人出于对未来收益的考虑，就会尽量避免不诚信的行为。[1] 人口密集的商业市镇的出现为陌生人之间的交往提供了固定的平台，加速了名声的传播和建立。这使得陌生人之间的接触变得和姻亲宗族成员间的接触类似，都成为了重复多次博弈（repeated game）。但是名声机制仅依赖于个体对未来利益的考虑，缺乏第三方的制约与仲裁，同样存在着较大的局限。例如，当个体面临危机，对未来的贴现率（discount rate）出现急剧变化时，完全有可能不再考虑名声而做出失信违约的行为。[2]

随着货物贸易的进一步发展，第三方的执行机构终于诞生了。早期的第三方机构的主要表现是参与长距离贸易的商人们自发建立的商会。长距离贸易（例如跨地中海贸易）中存在着诸如按时交货、按时缴款等各种可信承诺问题，仅仅依靠商人对自身的道德和名声考量形成的约束远不能解决这些问题。这时候商人们自发组织起来，形成协会并互相监督，同时规定对那些违背商业诚信原则的会员采取共同的惩罚措施。[3] 商会的出现和发展有效缓解了商业交易中的承诺问题，为资本主义的萌芽奠定了基础。然而商会作为规则的执行机制同样具有局限性。首先商会仅能对特定交易领域内的失信行为进行制裁，而对广泛的存在与社会其他领域的失信、违约行为无能为力。其次商会作为自发组成的机构只能实现“软制裁”，即不让失信成员继续享受作为组织成员的附带福利，很难对行为恶劣的个体实现“硬制裁”，例如剥夺其继

1 Greif, Avner. "Reputation and coalitions in medieval trade: evidence on the Maghribi traders." *The journal of economic history 49*, no. 4 (1989): 857–882.

2 Levi, Margaret. *Of rule and revenue*. Vol. 13. University of California Press, 1989.

3 Greif, Avner. "Contract enforceability and economic institutions in early trade: The Maghribi traders' coalition." *The American economic review (1993):* 525–548.

续从事贸易的权力，或强制其补偿其行为受害方的损失等。

这时候国家作为规则（即法律）的最终执行者的意义就得到了体现。当各种组织为了规范内部成员行为的私法（private law）最终上升成为社会成员需要共同遵守的公法（public law）时，国家就成为规则的执行者。本质上说，国家是不同的社会组织，为了实现对有利于自身的各类规则的公正的执行，所设立并承认的第三方执行机构。不同于社会自发形成的组织或第三方执行机构（例如商会等），国家作为一国边境之内“垄断了暴力使用权”[1]的执行者，对社会生活的各个方面都具有规范决断的能力。且国家的强制力保证了这种第三方执行是有效、可信且长期存在的。

从经济史角度分析法治产生的学术流派深受罗纳德·科斯（Ronald Coase）的“交易费用”（transaction cost）理论的影响。交易费用理论认为，市场对资源的配置并非无成本的。交易者需要承担包括甄别交易对象、防止违约失信、参与市场议价等各类成本。而当国家背书的法律系统出现时，个体（个人或商业组织）所承担的确保对方履约的成本就大幅降低了。因此国家以及国家的法律机构的出现有利于经济社会的发展。然而这种观点单纯地认为国家机器是法律忠实的执行者。事实上，国家法律的执行者也是参与社会交往的个体。在很多情况下，掌握了国家权力的个体会利用手中的权力为自己谋取利益，包括通过利用手中的权力侵犯他人的利益而获利。这种行为因为具有国家强制力作为背书，又很难得到纠正。这就产生了一个悖论，国家一方面可以作为第三方减少交易费用，但同时国家本身也可能成为交易费用的来源。就如同巴里·温加斯特（Barry Weingast）所说：“一个强大的可以保护产权的国家，也同样具有剥夺私有产权的能力。”[2]

如何解决国家作为执法者在执行法律和不滥用执法权力间的张力，是政

1　Tilly, Charles. “War making and state making as organized crime” . *Violence: A reader* (1985): 35–60.

2　Weingast, Barry R. “The economic role of political institutions: Market–preserving federalism and economic development” , *Journal of Law, Economics, & Organization* (1995): 1–31.

治学长期以来所要回答的问题。新制度主义学派的观点认为，仅仅建立起一套法律体系，并不等同于实现法治。下文也会讨论到，绝大部分的威权政体也拥有完善的法律体系和执法系统。真正的法治同时还需要强调对执法者的制约。而实现对掌握权力的执法者的制约，则需要包括民主政治、公民参与、媒体监督等一系列复杂制度安排的配合。

当今世界绝大部分地区都已经建立起现代意义的国家，国家作为主权者在其领土范围内制定并执行法律。但是作为行使权力的执法者同样受到法律制约并遵守法律的国家却并非大多数。为何在有的国家执法者的权力受到制约，而在其他地方权力就不受或很少受到制约？

早期的社会科学研究认为这种差异的产生和经济发展水平有关。李普塞特（Seymour Martin Lipset）在其关于现代化理论的经典作品中认为，经济发展，教育水平的提升，城市化的推进，工业化的发生共同促进了将主权者置于法律之下的民主社会的萌芽。[1] 在李普塞特之后的学者通过对个体价值观的研究，发现经济社会的变迁（包括城市化，工业化和后工业化）促进了人们自我选择价值观的发展。自我选择价值观的出现，首先依赖于工业化。依靠现代生产方式的工业生产占据主导时，人们不再像农业社会时期那样靠天吃饭。这时传统价值观（例如宗教迷信、偶像崇拜等）在社会中的号召力就趋于下降。当社会完成工业化并进入后工业时代时，即当服务业成为经济活动的主体时，大多数人的生计将不再依赖于大型的工业组织（例如工厂生产线等），他们更多是依靠自己的一技之长，就业的流动性也显著提高。随着社会分工的进一步多元，人们对生活方式的选择也同样多样化。在这些因素的共同作用下，人们对权威（无论是组织还是个人）的崇拜也逐渐退潮。随着传统价值观和崇拜依附权威的价值观的退去，人们对个体选择和自我实现的强调随之增加。当强调自我选择的公民在社会中占据大多数时，就要求国家建立起一套公平公正的体系以确保个体的权利。这种情况下民主和法制就成为

1 Seymour Martin Lipset, “Some Social Requisites of Democracy: Economic Development and Political Legitimacy” . *American Political Science Review,* 1959(53), pp. 69–105.

了不可避免的制度选择。[1]

随着新制度主义学派的兴起，学界对民主法治与经济发展间的因果关系又提出了新的问题。制度主义学派认为良好的制度是经济发展的前提而非结果，这与现代化理论的因果关系形成了直接的冲突。经济发展与法治的建立这两个核心变量在理论上可以互为因果。即经济发展既可以导致法治社会的出现，同时法治社会的建立也会促进经济发展。阿西莫格鲁（Daron Acemoglu）等人于2000年发表的论文《比较发展的殖民地起源》通过工具变量的研究设计，发现在有殖民历史的"新世界"国家中，法治的建立与产权保护的完善对经济发展有着显著的因果效应。[2] 这一重要的发现不仅为制度主义学派和现代化理论的争论提供了重要的证据，同时也具有重要的政策参考价值。在讨论发展中国家如何才能够实现长久发展时，政策制定者经常面临着是先发展经济（或者先提供经济援助）还是先建立完善制度之间的抉择。制度主义学派的理论和发现为这种争论提供了一个答案，即要想获得可持续的发展，制度建设（即法治建设）必须先行。

然而阿西莫格鲁等人关于殖民地的法治起源解释过于依赖历史偶发的因素（historical contingency），即一个国家或地区现在的法治和制度发展水平很大程度上由几个世纪以前的殖民者决定。是否存在一种更为系统的、可预测的理论，能够解释一个国家从法治缺失的状态到建立法治的转型过程呢？奥尔森（Mancur Olson）在其名作《专制、民主与发展》一文中基于英国现代议会民主制度的诞生经验，认为能够让政治精英共同遵守规则的民主制度往往诞生于精英间权力分配相对比较均衡的时期。[3] 当没有任何一方的精英势力掌

1　Inglehart, Ronald, and Christian Welzel. *Modernization, cultural change, and democracy: The human development sequence.* Cambridge University Press, 2005.

2　Daron Acemoglu, Simon Johnson, and James A. Robinson, "The Colonial Origins of Comparative Development: An Empirical Investigation" . *American Economic Review*, 2001(91), pp. 1369–1401.

3　Olson, Mancur. "Dictatorship, democracy, and development" . *American political science review 87*, no. 3 (1993): 567–576.

握有对其他精英的压倒性优势时，这时候建立起一套能被各方所遵守的规则制度成为大多数精英所追求并且可以接受的目标，同时建立并维护这样一套制度的难度也相对更小。基于法治的民主政府就在这种环境下萌芽了。当这套规则一旦建立并且被执行，其又会产生强大的结构化力量，在规则的众多参与者中形成行为预期和自我行为的约束，进而形成制度的路径依赖。这时如果有一方精英希望通过改变或破坏规则而使自己获利时，将会遭到来自其他精英的反对和制度本身的制约。

诺斯（Douglas North）、瓦利斯（John Wallis）和温加斯特（Barry Weingast）在《暴力与社会秩序》一书中，认为人类社会从原始的自然国家（natural state）状态转型进入现代的“权利开放秩序”（open access order）需要满足若干个“门槛条件”（doorstep conditions）。[1] 首先，他们认为在国家的精英阶层内部需要形成一定的“法治”，即精英间处理不同意见或利益纠纷时将不再依赖暴力而是基于某种规则。其次是公共或者私人领域内的永久性组织的出现，例如社会组织或现代公司的出现。这些永久性组织拥有超过了他们创立者的生命周期，对于实现社会关系的“非人格化”具有重要的意义。最后他们认为建立起对军队（及暴力机构）的统一控制同样是转型出现的条件之一。

回顾法治出现、发展和完善的过程，我们发现人类对于不确定性风险的规避是蕴含于整个法治发展历程中的内在逻辑。早期社会的风险主要来自个体交往对象的机会主义行为。人们通过各种初级的非正式以及正式制度，来减少或规避来自他人的违约、侵害行为。当社会交往的类型和程度变得日趋复杂时，用于规范人类行为、执行规则的第三方执行机构也变得越来越复杂和强大。而国家的诞生则代表着终极的执行规则的第三方机构的出现。在国家出现以后，个体的风险不仅来自不遵守规则的个体，同样来自垄断了执法权的国家。如何设计一套均衡的制度体系，将掌握了暴力使用权的主权者置于法律之下，成为法治建设的核心。用诺斯等人的分析框架，我们也可以将

1 North, Douglass C., John Joseph Wallis, and Barry R. Weingast. *Violence and social orders: A conceptual framework for interpreting recorded human history*. Cambridge University Press, 2009.

法治发展的过程看成人类驯服暴力的过程。早期人类建立各种规则和组织，直至国家，用于减少人与人之间无所不在的暴力行为。当国家出现并逐渐变得强大以后，国家也成为暴力可能的施加方。在此时法治的要义即是将掌握了国家权力的人置于那些他们所要执行的法律之下，使得他们无法运用手中所掌握的权力对他人肆意施加暴力。在这一过程中，执行法律（或规则）的主体也在悄然发生变化。从具有血缘关系的族群成员，到商会，直至最终的法院，作为法律执行的主体也经历了从非正式到正式，从带有个体特征（例如血缘关系、特定行业）到非人格化机构的转变。这一转变的发生，也使得现代法律出现了上文所提及的一般性、公开性等特征。

（四）法治的测量

相比于法治的内涵，法治的测量不管在研究中还是在实践中都有着更实际的作用。对法治的不同测量的方法和结果，不仅影响着法治研究的可靠性，也评估了不同地方的法治化水平和法治建设成果。

从二十世纪九十年代开始，一些学者、研究机构以及国际组织逐步推动利用量化指标来考察和评估不同国家的法治化水平。正如“法治”概念本身存在争议一样，如何测量法治也是个极富争议性的问题，因此存在多种类似但并不完全相同的法治测量方法。本文选取目前在世界上影响最为广泛的五个法治指数：世界治理指标（WGI, Worldwide Governance Indicators）法治指数、自由之家（Freedom House）法治指数（FW）、贝塔斯曼（Bertelsmann）法治指数（BTI）和美国传统基金会（Heritage Foundation）的法治指数以及世界正义工程（WJP, World Justice Project）的法治指数，通过展示和对比五种法治指数之间的相似和差异，探讨法治测量中的经验和问题。[1]

世界治理指标（WGI）是1996年由世界银行的经济学家丹尼尔·考夫曼（Daniel Kaufmann）等人发起编制的，由六个聚合性维度构成，法治（rule

1　马啸，刘玲斐：《法治的测量：基于文献的梳理和评价》，工作论文，2018年9月。

of law）是其中一个。鉴于世界银行的影响力，世界治理指标及其中的法治指数涵盖了两百多个国家和地区，也受到世界性的关注，但是其并不是一个概念—特征—要素三级齐全的指标体系，而是仅提供了概念描述。专家学者通过对多家政府组织和非政府组织发布的相关数据进行挑选聚合，最终生成法治指数，因此每个年度以及每个国家的法治指数所基于的数据源并非一直完全相同，因此批评者往往认为利用该数据进行比较研究会存在问题。[1]

自由之家的法治指数来源于全球自由度调查（Freedom in the World），法治是该调查中的一个维度。自由之家采用确定概念框架邀请专家打分的方式获得指标数据，没有给出细致的指标分类，但它提供了四个较为详细的问题。

贝塔斯曼法治指数是贝塔斯曼集团做的贝塔斯曼转型指数（Bertelsmann Transformation Index）中的一项。这项指数也没有公布固定的分类指标，只是给出了一项概念解释，即国家权力被相互审查和平衡，公民权利得到保障。在具体的测评中，贝塔斯曼也采取专家打分的方法。

美国传统基金会的法治指数是将法治视为经济自由的一个维度。传统基金会的法治指数在概念化和操作化上都做得相对细致。它从两个维度测量法治，一是财产权保护状况，二是腐败状况。并且将这两个维度细化，制定出较为详细的评估维度，操作时也采用邀请专家打分的方式。

世界正义工程（WJP）的法治指数来自其测评项目，由时任美国律师协会（ABA）主席的 William H. Neukon 发起，致力于测评全球范围内各个国家的法治水平。相比前面几个法治指数，WJP 的指标体系结构较为完善。它将法治这一抽象的总体概念进行了分解，给出了法治概念的几个特征，而后进一步建构了测评中要使用的指标。WJP 的专家马克·大卫·亚格拉斯特（Mark David Agrast）将这些指标称为因子（factor）框架。WJP 至今共发布过六个因子框架。本文选取其最新的版本作为比较对象，该版本共公布了内含九个测评指标的因子框架。

1 Skaaning, Svend-Erik, "Measuring the rule of law", *Political Research Quarterly*, Vol.63, No.2, 2010: 21-42.

表 2　五种法治测量对比

机构	数据集	定义（概念化）	指标（操作化）
世界银行	世界治理指标（WGI）	法治是衡量主体在多大程度上对法律有信心并且遵守法律；尤其是在契约执行、财产权益、警察、法院的表现，和犯罪、暴力发生的概率。	1. 财产权利保护 2. 司法独立与司法公信 3. 行政责任 4. 规则的治理 5. 犯罪控制 6. 知识产权保护
自由之家	世界自由（FW，Freedom in the World）	1. 存在独立的司法体系吗？ 2. 在民众社交及犯罪行为中，法治是支配原则吗？警察是否处于市民社会的掌控中？ 3. 是否存在免于政治恐怖、不公正的囚禁、驱逐或者虐待的保护？以上事项是由反对或支持体质的组织发起的吗？是否有免于战争或者叛乱的自由？ 4. 法律、警察及实践中能否保证公平对待社会群体？	1. 司法独立 2. 司法公信力 3. 是否存在国家力量滥用 4. 公民自由权利 5. 社会秩序与人身保全 6.（政治）平等
贝塔斯曼基金会	贝塔斯曼转型指数（BTI）	国家权力被相互地审查和制衡，公民权利得到保障	国家权力存在审查制衡机制 公民权利得到保障
传统基金会	经济自由指标（Index of Economic Freedom）	产权保护与腐败	产权保护： 1. 法律保护私有财产 2. 法律被完全地执行 3. 私人财产被掠夺的程度 腐败： 司法独立 司法腐败 社会中的契约被执行的程度 经济关系中的不安全性和不确定性

续表

机构	数据集	定义（概念化）	指标（操作化）
世界正义工程	法治指标（Rule of Law Index）	1. 政府及其官员、代表负有法律责任； 2. 法律明确、公开而稳定，保障人身安全和财产安全在内的基本权利； 3. 法律制定、实施与执行的程序是可接近的、公平而高效的； 4. 审判者、律师或代理人、司法官员提供接近正义的机会，他们人员充足，能干、独立而有德性，有着充分的资源，体现了他们所服务的共同体的构成。	1. 有限的政府权力 2. 腐败的缺席 3. 开放的政府 4. 基本权利 5. 秩序与安全 6. 监管执行 7. 民事司法 8. 刑事司法 9. 非正式司法

资料来源：马啸，刘玲斐：《法治的测量：基于文献的梳理和评价》，工作论文，2018 年 9 月；Skaaning, Svend-Erik, "Measuring the rule of law", *Political Research Quarterly*, Vol.63, No.2, 2010: 21-42；Versteeg, Mila, and Tom Ginsburg. "Measuring the rule of law: a comparison of indicators", *Law & Social Inquiry*, Vol.42,No.1, 2017: 100-137.

根据表 2 不难看出，这几个世界上有代表性的法治测量既有类似也有不同。从对法治概念的把握上而言，法治测量表现出在广义上的法治和狭义上的法治之间的游走。一方面，不同的法治指标实际上测量的"法治"并不完全相同，在不同的附加价值之间有所取舍。另一方面，不同的法治指标测量的"法治"也有重合，比如司法独立一般都会是法治测量的重要内容。

因此，法治概念上的问题带来了法治指标体系构建上的凌乱，概念框架的论证不够系统化。比如，世界治理指标中的法治指数被批评缺乏内容效度，也造成不同时空的法治水平比较成为难点；自由之家的法治指数，也被批评指标胡乱堆砌，这些问题直接导致了最终选取的测量指标可能存在非单向性、重合、冗杂、不协调等问题。[1]

1 马啸，刘玲斐：《法治的测量：基于文献的梳理和评价》，工作论文，2018 年 9 月。

法治测量所面临的困境，其实与社会科学家在测量民主等概念时面临的困境类似。即作为实证测量对象的法治最终需要一个规范性的定义来实现可操作化。而在不同的政治环境中，不同的学术传统、流派的影响下，法治的规范定义千差万别。如同本文开始所述，如果对法治的理解仅仅停留在狭义的法律制度层面而不赋予其规范性的内涵的话，那其就不足以成为政治学者长期所关注的重要话题。

实际上，对法治水平的评估离不开法治的语境。[1] 如果撇开一个国家的政治环境而进行简单的法治测量，往往只是在测量西方式"法治"，容易沦为以美国式的政治标准来测量不同国家的"美化"程度。另外，为狭义上的法治附加价值从而保证良法善治已经得到越来越多人的认可，在法治测量中也更为流行，但是如果不能为不同的价值进行客观评估并排序，那么法治测量中的不协调甚至相悖就难以避免。不难看出，法治测量上的困境在倒逼法治概念研究上的需要进一步提升。正是基于现实中法治测量的困境，丹尼尔·罗德里格斯（Daniel B. Rodriguez）等人的研究指出，为了改进法治测量，需要在以下四个方面进行提升：一是法治的测量需要加入对政治环境的评估；二是需要对不同政治价值进行排序；三是评估政府多大程度上遵守法律制度；四是重新定义法治的概念。[2]

二、法治的现实意义与学术意涵

伴随着二十世纪九十年代华盛顿共识的形成和实践，加强法治建设已经成为许多发展中国家的政治实践中的重要内容。这不仅仅是因为法治建设往

1　夏勇：《法治是什么——渊源、规诫与价值》，载《中国社会科学》1999 年第 4 期。

2　Rodriguez, Daniel B., Matthew D. McCubbins, and Barry R. Weingast, "The rule of law unplugged", *Emory Law Journal*, 2009,59: 1455.

往能够为一个发展中国家带来国际性的认可或实质性的援助，还因为提升法治水平被认为对于一个国家的政治发展、经济增长和社会繁荣都有实质性的作用。本部分依据相关研究，分别从政治、经济和社会发展的角度对法治的作用与角色进行探讨。

（一）法治与政治民主

尽管法治对于经济发展的积极作用备受发展中国家的政治家们重视，但是法治首先意味着法律体系的建立和一系列配套制度的建设，从而与政治之间有着更直接的联系。

通常而言，法治往往被认为和民主有着直接联系。[1] 法治意味着要反对人治，要通过许多制度设计和组织安排等来限制政府的权力、保护人民的权利，比如要进行政治分权、制定并尊重宪法（即所谓宪政）、利用司法审查等，这些要素往往在民主体制下呈现，因而高度法治化也被认为是民主体制的一个重要特征。

早期社会科学家将竞争性选举视作民主制度的主要衡量标准，法治在民主政治中的作用并没有得到太多的重视。[2] 然而二战过程中纳粹党通过选举上台的历史以及战后部分民主国家失败的经历让学者反思，仅有选举本身是否就等同于民主？对于选举的重要性的强调是因为通过选举可以汇总收集选民的偏好进而形成政策，而选民的总和偏好是否一定是最优的选项？[3] 一旦政治家通过选举掌握了政治权力，其行为的边界又在哪里？在这些问题的启发之下，社会科学家开始关注包括法律在内的制度性因素在民主制中的作用。例如诺斯（Douglas North）和温加斯特(Barry Weingast) 认为，确立议会立法权和宪法相对于王权的至高无上的地位，是现代英国民主诞生过程中

1 Rodriguez, Daniel B., Matthew D. McCubbins, and Barry R. Weingast, “The rule of law unplugged”, *Emory Law Journal*, 2009,59: 1455.

2 例如熊彼特（Joseph Schumpeter）对民主的定义是是否有定期的、竞争性的选举，见 Schumpeter, Joseph A. *Capitalism, Socialism and Democracy*. Routledge, 2010。

3 Riker, William H, *Liberalism against Populism*. San Francisco: WH Freeman, 1982.

关键的一步。[1]

格蕾琴·赫姆基(Gretchen Helmke)在一篇综述性文献中，将法治与民主之间的关系总结为如下模式：民主能够保证司法独立，而司法独立则提升法治水平。其对民主和法治的关系模式进行了深入探讨：一是，民主并非司法独立的充分条件，而需要注意政治结构安排和公民态度。一方面，政治结构的碎片化会让政府部门难以联合起来一致反对法院，另一方面，民主政府也面临民众投票的压力会让政府压制法院的成本增高，成熟的民主体制往往能够同时拥有这两个条件，所以才会有独立的司法，因而非成熟的民主体制以及威权体制下难以实现司法独立。二是，在个人权利受到广泛认可的社会中，并不需要司法独立来保证法治的实现，可以直接实现从民主到法治的跨越。[2]如此看来，要想实现法治，发展中国家则需要彻底从政治上先转变为成熟的民主制国家，那么，许多发展中国家的法治建设失败可以归因于其在政治民主化上的失败。

其实，法治与民主之间的关系要复杂得多。一是，独立司法不仅不是实现法治的必要条件，还存在侵害法治的可能性。如果法官具有意识形态方面的偏见，那么独立的司法并不能带来良好的政治秩序，反而会让所谓的法治变得更像人治。[3]二是，独立的司法与民主体制之间存在着一种内在的张力。比如，法治的内涵往往要求通过司法独立来保证宪法能够被政府遵守，但是，具有很高独立性的法院往往意味着法院要免于外部因素的干扰，包括要免于民主力量的控制，这与民主的内涵在根本上是冲突的。

另外，不少实证研究还发现，许多威权国家制定宪法，设立法院，甚至

1　North, Douglass C., and Barry R. Weingast. “Constitutions and commitment: the evolution of institutions governing public choice in seventeenth-century England” , *The journal of economic history* 49, no. 4 (1989): 803-832.

2　Helmke, Gretchen and Frances Rosenbluth, “Regimes and the rule of law: Judicial independence in comparative perspective” , *Annual Review of Political Science*, Vol.12, 2009: 345-366.

3　Rodriguez, Daniel B., Matthew D. McCubbins, and Barry R. Weingast, “The rule of law unplugged” , *Emory Law Journal*, 2009,59: 1455.

赋予法院一定的独立性，这些提升法治水平的措施都对本国的发展起到了重要作用，但是并没有带来民主。学术界也将这种对法律的工具性使用称作“法制”（rule by law）。塔米尔·穆斯塔法（Tamir Moustafa）和汤姆·金斯伯格(Tom Ginsburg)在总结了相关研究后指出，“法制”在威权国家中有五大作用。一是提升对社会的控制，比如威权国家领导人利用刑法来控制政治对手；二是提升威权国家的正当性（Legitimation），比如威权国家利用法治话语或者法治体系来提升政权的正当性；三是控制地方政治官员、维持精英团结，威权国家可以通过行政法院来提升对地方官员的控制能力，还能通过宪法修订来协调不同政治势力，这些措施多有助于防止威权国家内部的精英分裂；四是在经济领域提供可信承诺，促进经济发展，提升国家财政能力；五是减少政治争议，威权国家将一些争议性的改革或决策推向最高法院来裁决，借助法院的判决、以尊重法律的名义推动特定政策，减少改革阻力。在一些威权国家，法治不仅没有促进民主转型，反而还巩固了现有政权，提升了威权政体的韧性。[1]

现在，人们往往将法治与民主、人权等概念混为同义词。这种误解的出现并不是偶然的。由于美国在全球处于优势地位，且不断进行全球性的制度与价值观的输出，美国的政治模式也往往被当作最优的政治安排，法治也成为（美式）民主的附属品，被认为是指向民主。但是，从理论上而言，法治与民主两个概念并不完全重合，也不是附属关系，而是并列关系。法治和民主都可以作为一种程序性的要求，而指向更高人类政治理想；同时，也都可以作为一种政治目标或政治价值，既可以分立，也能通过特定的制度设计和政治安排实现共存。即使是就全球范围内的现实经验而言，也并没有发现法治程度和民主程度之间存在明显的线性关系。[2]

1 Moustafa, Tamir, and Tom Ginsburg, “Introduction: The Functions of Courts in Authoritarian Politics”, in *Rule by law: the politics of courts in authoritarian regimes,* ed. Tamir Moustafa and Tom Ginsburg, Cambridge University Press,2008.

2 Wang, Yuhua, *Tying the Autocrat's Hands*, Cambridge University Press, 2014, p.2.

简而言之，尽管广义法治内涵中强调的司法独立和政治民主之间往往被认为密不可分，但是实际上，法治与政治民主之间的关系是不确定的。威权政体下的当权派也可以利用法院和法律来维持既有体制，而简单的投票选举并不一定能带来法治程度的明显提高，并且法治和民主之间还存在着内在的张力。

（二）法治与经济增长

法治不仅在一个国家的政治生活中发挥着重要作用，是治国理政的重要内容，也与一个国家的经济发展密切相关，因而受到政治家们的青睐。并且，法治在经济增长中的重要角色，也已经得到许多学术研究的证实。

自从新制度主义经济学兴起以来，制度对于经济增长的作用已经得到学术界的公认。既然法治本身意味着设立一套法律制度规范并受到政府和公民的尊重与执行，那么法治能够促进经济发展是显而易见的：法治能够带来对产权的保护，从而促进投资、拉动经济；法治还能保证对合同的执行以及对违约行为的惩罚，因而推动商品交换，保证市场的有效运行。[1] 法治对经济的积极作用也得到了许多经验研究的支持：道格拉斯·诺斯和巴里·温加斯特在他们的经典研究中，对英国“光荣革命”后议会与国王在税收、特许等重要经济政策上的权力重构进行了分析，并指出宪政体制的逐渐确立也带来了资本市场的复兴。[2] 达龙·阿西莫格鲁等人对后殖民国家的实证研究也同样指出，好的制度对于经济增长有很强的解释力。[3]

虽然许多研究发现利用法律规范保护产权对于经济发展具有积极作用，

1　Haggard, Stephan, Andrew MacIntyre and Lydia Tiede, “The rule of law and economic development”, *The Annual Review of Political Science*, Vol.11, 2008: 205–234.

2　North, Douglass C. and Barry R. Weingast, “Constitutions and Commitment: the Evolution of Institutions Governing Public Choice in Seventeenth-century England”, *The Journal of Economic History*, Vol.49, no.4, 1989: 803–832.

3　Acemoglu, Daron, Simon Johnson, and James A. Robinson. “The Colonial Origins of Comparative Development: An Empirical Investigation”, *American Economic Review*, Vol.91, no.5,2001: 1369–1401.

但是产权一旦得到法律保护，经济就能可持续性增长吗？与之相关，产权保护也并非凭空产生的，法律规范也在不断调整，动态性的经济增长会不会要求动态性的产权结构以及动态性的法律规范呢？

潘乎然（Frank K. Upham）在最近的研究中，对于这些问题进行了系统性探索：他从两条核心假设（实际上两者存在矛盾）出发，一是最优化的生产取决于特定时空下的技术条件，二是一个稳定的社会倾向于保护对领导层而言最有价值的资产和技术。在技术变革的时代，往往要求旧的法律规范进行相应的调整和变革（包括要对产权进行重新规范和调整），否则就不能让生产要素充分发挥其价值，就会阻碍社会进步。对此，新古典经济学的解决方案是，这种产权调整可以在私人讨价还价中自动运行并完成，而新制度主义学者则意识到巨大的交易成本会阻碍这种产权的规范和调整，那么，历史因此而停止进步了吗？当然没有。事实上，新的产权规范的形成是建立在打破旧有产权规范的基础上的，现实中巨大的交易成本让产权规范调整的过程变得不那么平滑，而是充满了牺牲与冲突。因此，作者指出，先前的许多实证研究只是说明了新的产权规范的建立在此后经济发展中起到了重要作用，而没有充分挖掘对旧的产权规范的破坏与新的产权规范建立的过程。[1] 的确，阿西莫格鲁等人的研究只限定于不存在本土稳定政权的被殖民国家，殖民者将一套制度直接嫁接到一张白纸的殖民地的难度远远要小于在原有制度基础上实现改良。即使被认为是法治建立典范的英国“光荣革命”，也有越来越多的学者认为，事实上微观层面的权力重组和制度变迁早已先于革命发生，“光荣革命”本身仅仅是对已有权力格局的一种承认。[2]

在现实中，对旧的产权规范的破坏与建立新的产权规范的过程充满了非法治的因素。基于对先前研究在理论上的批评，潘乎然重返历史经验，指出

1 Upham, Frank K, “The Paradoxical Roles of Property Rights in Growth and Development” , *Law and Development Review*, Vol.8, No.2, 2015: 253–269.

2 Pincus, Steven CA, and James A. Robinson. What really happened during the Glorious Revolution?. No. w17206. *National Bureau of Economic Research,* 2011.

英国的圈地运动中失地农民也利用旧有法规来保护自己的产权，与地主进行抗争、阻碍圈地运动，只是强者最终压制了弱者，最终圈地运动得以成功。虽然圈地运动本身是对农民土地产权的剥夺，但是其帮助资本家完成了原始资本的积累，带来了经济的发展。[1]

事实上，在产权结构发生调整的过程中，旧有法律充当了经济进步和历史发展的阻碍者，设计制度措施来保证对既有法律的坚守反而会延缓经济的发展。一些历史经验表明，恰恰是产权结构调整过程中的暴力等非法治因素发挥了重要作用。即使是在以保护产权著称的美国，历史中也不断出现产权结构调整的过程，只是许多调整过程并没有引起全国性的反抗，但是仍然有出现暴力因素的例子。[2] 著名的美国内战事实上就是缘于要剥夺南方农奴主的产权，毕竟对于奴隶主而言，奴隶就是他们的私有财产，这种对私有财产的侵犯在宪法框架下得不到解决，带来的结果就是充满了暴力和流血的战争。这种对于既有法律制度和产权的无视甚至是摧毁的暴力动荡，如果单纯地从学理角度看，未必完全符合法治的定义。但如果运用动态辩证的视角，这种打破旧有法律制度桎梏的冲击反而为之后的长期发展奠定了基础。这种观点也为我们提供了一个警示：不存在一种任何情况下都是最优的制度设计。随着生产力的发展和社会经济结构的变化，原先被认为能够促进生产力发展的制度有可能成为阻碍经济进一步发展的桎梏。这就需要有魄力的政治领袖在历史的关键节点打破旧有的制度，确立新的适合生产力发展水平的新制度。

产权结构的动态调整过程不仅与关键时刻不同利益群体的博弈策略息息相关，也与先前的法律规范中的产权结构密切相关。白素姗（Susan H. Whiting）在其新近的研究中对此进行了深入的研究。承袭玛格丽特·列维（Margaret Levi）的观点，她认为需要通过制度安排来促使生产要素发挥其最

1 Upham, Frank K, "The Paradoxical Roles of Property Rights in Growth and Development", *Law and Development Review*, Vol.8, No.2, 2015: 253–269.

2 Lamoreaux, Naomi R. "The mystery of property rights: A US perspective", *The Journal of Economic History*, Vol.71, No.2, 2011: 275–306.

大的价值，进而带来经济增长。虽然利用法规保护私有财产是调整产权结构来实现经济增长的重要途径，但是这并非唯一途径，在现实世界中存在多重机制来调整产权结构从而促进经济发展，并且她认为国家在这个过程中往往发挥关键性作用。她在实证部分指出，中国在法律上允许政府将农村集体土地通过合法途径转变为城市建设用地，从而为土地的产权结构调整预留了空间，那么作为生产要素的土地就能够在特定的条件下进行更优化的匹配、发挥更大的价值，从而促进了中国的经济增长。[1] 邓大才在最新的研究中，通过比较历史分析将产权结构的调整引向更宏大的历史过程，国家在产权过程中扮演着重要角色，文明的底色、权力结构和外部压力都会导致不同的产权过程，因此迥异于英国式和俄国式的产权过程，中国的产权过程之路则是一条中间道路：横向排他性产权清晰，纵向排他性产权模糊。[2] 实际上，改革开放以来中国的经济增长，与中国法律规范中产权制度的灵活性之间，有着密切联系，这也被认为是中国法治建设的独特经验。[3]

不过，更为有趣的现象是，自改革开放以来，中国的经济增长和法治建设都取得了重大成就，但是中国的经济增长并不能完全被法治解释，甚至一些非法治因素也起到了重要作用。郭丹青（Donald Clarke）等对法治在中国改革开放前二十年经济增长中的作用进行了系统性研究，从三个方面评估了法治在经济中的角色：一是法律对产权的保护的作用，二是法律以及法院在商品和服务的交易（指交易中合同的达成、执行和争议解决等）中的作用，三是公司治理制度在减少公司管理者和股东间的交易成本的作用。该研究指出，在改革开放以来的前二十年中，法律体系对于产权的保护是很有限的，法律在合同争议解决中的作用在逐渐增大，而大公司的管理者有多种渠道来对投资人隐瞒公司信息、损害投资者利益，这尚不能得到法律制度的有效约束，

1　马啸：《产权制度的中国经验及其学术意义》，载《北大政治学评论》2019 年第 1 期。

2　邓大才：《通向权利的阶梯：产权过程与国家治理——中西方比较视角下的中国经验》，载《中国社会科学》2018 年第 4 期。

3　马啸：《产权制度的中国经验及其学术意义》，载《北大政治学评论》2019 年第 1 期。

因而很难说法治对这段时间的经济增长起到了很大的作用。[1] 夏立军和方铁强的研究也说明了同样的道理，他们利用中国 2001—2003 年上市公司数据指出，地方政府控制会对上市公司的价值产生负面影响，但公司治理环境的改善会减轻这种负面影响，因而需要减少政府干预、加强对投资者的法律保护，加强法治建设。[2] 然而，与直觉相反的是，有时候提高法治化水平并不能带来经济增长，甚至会形成阻碍。卢峰和姚洋使用中国 1991—2001 年的省级数据进行研究，发现在以金融压抑为特征的经济中，仅仅改善法治并不能促进金融发展，反而会降低私人投资比重，进而对经济增长带来负面效果。[3] 在这样的背景下，关系、人情等非法治因素对于企业的发展往往至关重要。余明桂和潘红波对 1993—2005 年在沪深交易所上市的民营企业进行了研究，发现有政治关系的企业比无政治关系的企业能获得更多的银行贷款和更长的贷款期限。[4] 陈国权和曹伟的研究指出人情因素在温州模式兴起中发挥了重要作用。[5] 由此而言，中国的发展模式与西方式法治带来经济增长的模式有所不同。其实，研究者们普遍认为中国的经济增长奇迹根源于超出法律范畴的宏观激励结构和制度安排，同时还包括一些基层的非正式的制度安排。[6] 这些根基于特定的政治环境中的正式的或非正式的制度，在实质意义上为产权保护和合同执行提供了保证，进而推动了商业投资和商品交易，促进了经济发展。[7]

1　Clarke, Donald, Peter Murrell, and Susan Whiting, "The Role of Law in China's Economic Development", *China's Great Economic Transformation* 11 (2008).

2　夏立军，方铁强：《政府控制、治理环境与公司价值——来自中国证券市场的经验证据》，载《经济研究》2005 年第 5 期。

3　卢峰，姚洋：《金融压抑下的法治、金融发展和经济增长》，载《中国社会科学》2004 年第 1 期。

4　余明桂，潘红波：《政治关系、制度环境与民营企业银行贷款》，载《管理世界》2008 年第 8 期。

5　陈国权，曹伟：《人情悖论：人情社会对经济转型的推动与钳制——基于温州模式的历史考察》，载《国家行政学院学报》2013 年第 1 期。

6　马啸：《产权保护与法治建设的中国经验》，北京大学国家治理圆桌论坛会议论文，2018 年 6 月。

7　Haggard, Stephan, Andrew MacIntyre and Lydia Tiede, "The rule of law and economic development", *The Annual Review of Political Science*, Vol.11, 2008: 205–234.

从改革开放以来的中国发展经验来看，经济建设与法治建设都取得了重大成就。但是，法治在经济发展中起到的作用是有限的，至少在进入二十一世纪前的几十年内法治并未扮演关键性角色。反而更像是经济发展的要求带动着法治的进步。[1] 例如，中国的证券市场早在90年代初就已经存在，证券法却在1998年才制定，这也符合中国改革路径呈现出的“先试点，后铺开”的特征。[2] 然而，进入二十一世纪以来，伴随着经济体量的不断扩张，经济质量需要不断提升，前期的发展模式也面临着转型，法治在经济中扮演的角色越来越大。王裕华在新近的专著中从立法件数、诉讼量、法官和律师数量等角度指出中国的法治化水平在不断提升，其中一些省份（如北京）尤其突出。[3] 不仅如此，人情社会在温州模式中也在逐渐从助推器变为绊脚石。[4]

那么，如何解释中国改革开放以来法治化水平提高和经济增长的动态过程呢？洪源远（Yuen Yuen Ang）在其最新的专著中，基于近些年的调研资料，对中国的经济发展模式进行了总结。他指出，中国的模式并非制度驱动增长，也非经济增长带动制度发展，而是制度改进与经济发展的共同演化：改革开放初期是在制度不健全的条件下建立市场、发展经济，中期是市场呈现混乱要求制度改进，后来则是改良后的制度得以规范和维护市场。[5] 实际上，法治进步与经济增长的关系在中国也呈现出这样共同演化的模式。[6]

总而言之，法治建设与经济发展的关系密不可分。法治建设可以通过多种路径来带动经济增长，尤其是通过保护产权。但是社会是动态变化的，生产力的进步要求生产关系的变革，经济基础的变动也会带来上层建筑的变化。

---

1 Clarke, Donald, Peter Murrell, and Susan Whiting, “The Role of Law in China's Economic Development”, *China's Great Economic Transformation,* 11 (2008).

2 马啸:《产权制度的中国经验及其学术意义》，载《北大政治学评论》2019 年第 1 期。

3 Wang, Yuhua, *Tying the Autocrat's Hands,* Cambridge University Press, 2014, pp.51–60.

4 陈国权，曹伟:《人情悖论：人情社会对经济转型的推动与钳制——基于温州模式的历史考察》，载《国家行政学院学报》2013 年第 1 期。

5 Ang, Yuen Yuen, *How China escaped the poverty trap*. Cornell University Press, 2016.

6 Clarke, Donald, Peter Murrell, and Susan Whiting, “The Role of Law in China's Economic Development”, *China's Great Economic Transformation,* 11 (2008).

产权结构和相应的法律规范也会在这个过程中不断调整，并且产权结构的调整往往意味着需要突破原有法律框架、违背法治要求，这也是法治与经济之间的内在张力。中国产权制度的灵活性为产权结构调整提供了新的思路，同时，中国的经验也表明，特定的环境和条件下经济发展并不需要以高度法治化为前提条件，法治建设和经济建设可以在共同演化的模式下都取得巨大的成就，这也为许多发展中国家的政治改革家们提供了新的思路。

（三）法治对国家社会关系转变的影响

前文提到，诺斯等作者在讨论人类社会从原始自然状态向现代法治社会转型时，一个重要“门槛条件”（doorstep conditions）是在公共或者私人领域内的永久性组织的出现。[1] 这些组织包括社会机构、私人公司等。之所以用“永久性”来描述，是因为这些组织的存续和运转不再依赖于少数的个体，例如组织的创始人或者具有重要影响力的成员等。即使在组织创始人或主要领导者离开的情况下，这些社会组织仍然能够按照一定的组织目标独立运转。

诺斯等作者认为这种永久性组织的大量出现和多元化发展是法治成熟的重要条件。当组织的个人化色彩较浓时，即人们主动地将组织的行为与特定个体（例如组织的领袖或创始人）画等号时，那这些特定个体间的人际关系与交易行为，而非成文的法律规则，对于解决组织间的纠纷会起到决定性作用。在这种情况下，社会关系呈现出很强的“个体化”（personalized）色彩。但个体间的关系会受到各种不可预知因素的影响，个体的偏好、行为及其转变也无法被很好地预知。当社会组织成员及其领袖出现改变时，组织间关系的稳定性就会受到影响。当超出社会组织成员生命周期的“永久性组织”出现时，就需要有一种比个体间关系更为稳定、长久的规则来规范组织间关系。这就为法治的出现创造了强大的需求。成文法律的出现为社会组织提供了一

1　North, Douglass C., John Joseph Wallis, and Barry R. Weingast. *Violence and social orders: A conceptual framework for interpreting recorded human history*. Cambridge University Press, 2009.

套可供遵守的行事规则，同时其又不轻易地因个体或个体间关系的情况而改变，在规范社会行为、降低不确定性等方面都发挥了重要的作用。可以说法治的出现和确立，又反过来促进了社会和社会组织的多元健康发展。

然而法治对于社会发展的作用不仅限于此。长期以来，政治学者所思考的一个重要问题是为何不同国家之间治理的绩效存在如此巨大的差异？为什么有的国家的政府能够不费周章地将自己的政策意图转化为现实，而在有些国家，再好的政策构想也只是空中楼阁，很难落地实现？一些政治学研究者尝试用“国家—社会”二元对立的框架来解释这种差异。例如，米格代尔（Joel Migdal）认为，国家仅仅是社会场域中寻求支配（dominance）的一个组织，其他社会组织，包括地方宗族势力、教会、政党、公司、种族等，都有可能和国家争夺社会的支配权。在那些社会权力结构呈现网状的社会，国家需要与强大的社会组织和支配这些组织的地方强人争夺社会的支配权。当国家在和社会的对抗中败下阵来时，就无法很好地将自己的政策意图贯彻执行到基层。[1] 这种“强社会、弱国家”之间的对立贯穿于第三世界的国家社会关系。因此一个发展中国家的政府要增强自己的执政能力，往往以驯服社会、削弱社会中地方强人反抗政府意图的能力为代价。在这种零和博弈下，“强国家、强社会”的组合看似难以共存，两者间必然有一方在争夺社会支配权的竞赛中败下阵来而被削弱。然而在发达国家，这种相悖的组合却可以存在。例如帕特南（Robert Putnam）关于意大利的研究中发现，那些自发形成的社会组织越发达的区域，当地政府的治理绩效也越强。[2]阿西莫格鲁（Daron Acemoglu）和罗宾逊（James Robinson）在《狭窄的走廊》一书中也指出，强国家和强社会的组合是保证经济繁荣和政治民主的重要组合条件。[3] 从这个对

1 Migdal, Joel S. *Strong societies and weak states: state–society relations and state capabilities in the Third World*. Princeton University Press, 1988.

2 Putnam, Robert D. *Making democracy work: Civic traditions in modern Italy*. Princeton University Press, 1994.

3 Acemoglu, Daron, and James Robinson, *The Narrow Corridor: States, Societies and the Fate of Liberty. Penguin Press, 2019.*

比中，我们会有一个疑问，为什么在绝大部分的发展中国家，国家与社会的影响力是此消彼长的关系，而在那些发达国家，强国家却可以和强社会共存。

法治在后者的形成过程中发挥了重要的作用。就如同本节开篇所提到的一样，法律为包括政府在内的各种社会组织规范自身行为，处理相互之间的关系提供了一种稳定、公平、去人格化的方案。置于法律之下的政府与其他社会组织一样都需要遵守法律。政府与社会之间的边界，以及双方的权利，都由法律所清晰地定义和保护。在特定情况下，政府制定和执行政策需要社会组织的配合甚至无条件的服从，而政府采取这种行为本身也需要来自法律的授权。在法治的环境之下，社会组织或其他的社会力量无须担心政府的影响和力量会无节制的膨胀，或者担心政府会违背他所许下的在特殊政策结束之后将权利交还给社会的诺言。社会与国家之间的关系不再是相互猜忌、提防，而是转入了相互合作相互信任的良性均衡。国家也在法律的框架之下，在不削弱社会力量的前提之下，获得了由社会组织自主服从所带来的巨大的国家能力。因此无论是对追求实现政策目标的国家，还是对寻求自主性的社会力量，实现法治都是一个双赢的选项。

（四）法治的建设

既然法治在政治、经济、社会生活中具有重要的价值和作用，那么，对于一个缺乏法治的国家而言，大力进行法治建设是一个重要的任务，同时也是一个困难的任务。实际上，对于一个四分五裂的国家或者缺乏政治秩序的国家而言，是很难真正实现法治化的。有学者从中国产权制度建设的经验出发指出，一项具体制度的建立过程和国家治理形态是相互影响、互为因果的。[1] 包含产权保护的法治建设，与国家建设也密不可分：法治建设需要建立在稳定的政治秩序的基础上，同时又要求一定的政治改革。从法治的内涵出发，政府的权力需要受到法律的约束，法治政府建设对于法治建设而言至关

1　邓大才：《通向权利的阶梯：产权过程与国家治理——中西方比较视角下的中国经验》，载《中国社会科学》2018 年第 4 期。

重要。但是，政府既是政治秩序的维护者，也是法治建设的推动者，却又要将自己约束在法律制度的框架中，这就是真正的张力所在。

制度建设往往被认为对于提升法治化程度具有重要意义。罗德里格斯等人对法治建设的相关研究进行了总结，指出有四项制度被公认对于法治建设具有关键作用：一是制定宪政方案。一方面，宪法提供了一个国家的基本政治架构，包括政府的结构；另一方面，宪法也包含着对政府的授权和对政府权力的限制。在宪法的框架下才能为政府定位，否则难以确定政府是在维护法治还是在摧毁法治，因此，作为根本大法的宪法，被认为是实现法治的必要条件。二是设立司法审查系统。宪法只是建造了约束政府权力的笼子，而司法审查则是要核查政府的行为有没有越出宪法之笼，因此也被视为能够促进法治。三是进行政治分权。利用政治分权来制衡政府权力，从而推动法治。四是设计独立司法体制，这样的制度设计能够减少法院受到的外部威胁，进而做出公正无偏的决定，这也是法治中的重要组成部分。[1]

但是，这些制度设计在实践中并不一定能够起到真正的作用，比如中华民国时期的宪政设计，也并没有带来真正的法治。[2] 实际上，针对法治的制度设计在理论上也有瑕疵。司法独立能够避免来自政府的威胁，但是并不能消除腐败，也不能避免法官个人因素的影响。并且，独立司法设计也会扩大负面因素的影响，进而违背法治。如果中央政府能够很好坚守法治原则并且维护法治，那么政治分权体制就会阻碍法治进步。宪法总是包含着例外条款让政府得以钻空子，因而宪政设计也未必能保证法治。[3]

通过制度设计来试图限制政府权力的效果并不如人意，但是通向法治的道路并不唯一。从法治内涵的角度而言，法治不仅意味着对以政府为代表的公权力的约束，也意味着对于社会主体的约束，法治社会也是法治国家建设

---

1 Rodriguez, Daniel B., Matthew D. McCubbins, and Barry R. Weingast, “The rule of law unplugged” , *Emory Law Journal*, 2009,59: 1455.

2 张千帆：《走向世界的中国宪政》，载《北方法学》2008 年总第 11 期。

3 Rodriguez, Daniel B., Matthew D. McCubbins, and Barry R. Weingast, “The rule of law unplugged” , *Emory Law Journal*, 2009,59: 1455.

的重要组成部分，是法治国家建设的重要途径。江必新和王红霞在研究中指出，从一般意义上而言，法治社会建设是法治建设的根本和基础，从实际情况而言，法治社会建设可以形成对公权力依法运行的倒逼机制，是破解法治建设难题的有效路径。[1] 吉莉安·哈德菲尔德（Gillian K. Hadfield）和温加斯特在新近的研究中指出，许多国家法治建设的失败和国际社会法治秩序建设的困难都根源于缺乏对法治的微观基础的把握。他们不再强调政府在推动法治中的核心地位，而从定义上指出，法治就是一种规范性的社会秩序，也是一种社会的均衡状态，这种秩序的特点是有一个拥有法律属性的实体（可以是个人或者组织），其将一些行为归为合法，另一些行为归为不合法。这个实体被称为归类制度（classification institution）。基于简单的博弈模型，他们指出这个归类制度需要有七种法律属性，如公开性、普遍性、稳定性等，从而能够使人们分享一些共同的信念并协调行为，从而保证法治的平衡状态能够自发维持，任何一种脱离这套秩序的人都会受到有效的制裁。因此，从一个缺乏法治的国家转变为高度法治化的国家，根本上是从一种均衡状态向另外一个均衡状态的过渡，因而其面临的挑战来自先前已有的规范秩序。尽管他们并没有指出应该如何建设法治，但是该研究指出法治的建立并不仅仅依赖于设立特定制度，也不在于集中式政府的推动，而更应该重视广泛的分散式社会约束与自愿性服从对于维护法治秩序的作用。[2]

虽然法治社会建设提供了通向法治的另外一条途径，但是其在实践中也面临困境。法治社会建设的根本难点在于如何让千差万别的社会主体形成对于法治的共同信念和诉求，否则就难以在社会层面形成对政府权力的约束。从制度上约束政府权力面临着内在张力和理论困境，而法治社会建设则面临社会主体分散且差异较大的问题，这些困难也反映在实践结果上：不少国家的法治建设以及国际社会的法治建设都不尽如人意。

1　江必新，王红霞：《法治社会建设论纲》，载《中国社会科学》2014 年第 1 期。

2　Hadfield, Gillian K., and Barry R. Weingast, “Microfoundations of the Rule of Law”, *Annual Review of Political Science*, Vol.17, 2014: 21–42.

法治建设不仅在路径上有区别，在时空层次上也有先后。一个国家法治化的推进和提升也并非总是呈现出一蹴而就、全面展开的特点。特别是就中国而言，1978年以来的政治改革充满了渐进性的特点，[1]法治建设也是如此。王裕华基于数据资料指出，不同省份间的法治化水平存在差异，这种差异的出现主要由各地对流动性资本，特别是外资的依赖程度而决定。[2]付子堂和张善根对于这种现象进行了系统性说明，他们指出，不同于国家整体主义法治观的分析模式，中国的法治建设离不开不同的地方法治实践，这些地方法治现象可以分为地方法治先行现象（东部发达地区，法治重视经济需求导向）、内陆化现象（内陆地区，法治依靠地方社会文化资源）和区域法治现象（打破行政区划，建设区域一体化法治），表现出三种典型的地方法治发展模式：程序型法治（湖南）、自治型法治（广东）、市场型法治（浙江）。[3]从地方法治向国家法治推进，也是一个国家法治建设的重要方式，尤其对于大国而言。除了地方法治建设与国家法治进程的互相影响，国际法治和国内法治也存在双向互动，比如世界贸易组织（WTO）的法治与中国的法治之间就存在双向互动，从组织法治、规范法治到观念法治都存在互相影响。[4]由于法治程度在时空维度上的不均衡性，一个国家的法治建设进程也往往受到来自国内外法治实践的影响。

总而言之，从法治的内涵而言，法治建设的路径主要分为两条：一是从法治政府建设入手，二是从法治社会建设入手。前者往往依赖各种制度设计，来约束政府权力、保证政府受到法律制度的约束，进而保护个人权利、维护社会主体的权益；后者则依赖于对社会主体的法治培育，形成共同社会法治信念，进而倒逼政府尊重和维护法治。两条路径并不矛盾，而是互相补充，但是却都面临着实践困难：制度建设尽管易行，但是其在理论上并不能保证

1 徐湘林：《以政治稳定为基础的中国渐进政治改革》，载《战略与管理》2000年第5期。

2 Wang, Yuhua, *Tying the Autocrat's Hands*, Cambridge University Press, 2014, pp.58–60.

3 付子堂，张善根：《地方法治建设及其评估机制探析》，载《中国社会科学》2014年第11期。

4 赵骏：《全球治理视野下的国际法治与国内法治》，载《中国社会科学》2014年第10期。

法治，实践中也往往不能约束政府权力，因此难以有效带来法治水平的提升；法治社会建设则另辟蹊径，但是如何打破旧有的制度习惯、行为习惯和思维习惯，在分散且不同的社会主体中形成有效的法治信念，仍然是个难题。从时空维度而言，法治建设进程是不均衡的且互相影响的，一个国家的法治建设既和地方上的法治实践密切相关，也和国际法治产生互动，这些都是影响一个国家进行法治建设的因素。

三、法治研究的前沿与未来趋势

法治作为人类文明最重要的制度成果之一，长期以来被政治学、历史学、经济学、法学、社会学等领域的研究者所关注，并取得了众多的研究成果。前文已经梳理的法治研究，主要集中在如下领域：法治的规范性定义，法治的历史起源与发展，法治的实证测量，法治对政治、社会、经济发展的影响，以及法治的建立过程。随着跨学科研究的日益兴盛以及社会经济新现象的出现，关于法制的研究也在发生着日新月异的变化。除了上文所述的这些传统领域内的研究将进一步得到深入讨论以外，本文梳理了法治研究在其他前沿领域发展的情况，同时提出了本文作者认为亟待研究者回答的一些重要问题。首先，更多的研究将采用行为（而且制度的）角度尝试解释法制的建立与巩固。其次，人们将越来越认识到非正式制度，即所谓“软法”[1]在规范社会秩序方面的作用。最后，科技的发展，特别是信息技术的发展，也将会改变法治建立的形式和存在的形态。

1　罗豪才：《软法与公共治理》，北京大学出版社 2006 年。

（一）从行为主义角度理解法治

关于制度研究的一个长期共识是，制度的有效建立在很大程度上依赖于社会的协作与配合。玛格丽特·列维在关于税收制度的研究中，就发现那些能够有效地从社会中汲取财政资源的政府，无不具有一个高度配合的社会。政府可以通过暴力威慑等手段强迫公民纳税，然而这种手段不仅代价高昂（国家需要建立庞大的暴力征收机构），且从长远看，社会因充满恐惧而无法被充分激励投身经济创新活动进而获得最大化的税收。相比之下，在有些国家，社会对纳税制度形成了"半自主性服从"（quasi-voluntary compliance）。即公民纳税是出于自愿行为，而并非因恐惧政府的惩罚。尽管公民如果不进行这种自愿行为将会受到政府的惩罚，因此也被称作"半自主"的服从。[1] 在社会充分配合的条件下，国家税收制度的运行成本相对较低，节省下来的资源可以被进一步投入促进经济发展增加税源的领域中去。

法治社会的建立也遵循着类似的逻辑。法治社会的确立如果仅仅从制度上完成法律的建章立制远远不够，还需要法律规范的对象，即社会的配合。如果社会不配合，国家执行法律的财政和社会成本都会很高。而社会如何配合法律的执行？为何有的社会公民自觉守法程度较高，而在有的社会却存在到处钻法律空子的情况？随着对法律受众的行为、态度等为对象的行为研究的兴起，人们对于这些重要问题又有了新的回答。了解法律受众的所思所想，和他们采取特定行为的逻辑，对法律制定者和国家治理者，都具有重要的参考意义。

首先法律自身的合法性是社会服从度的一个重要决定因素。玛格丽特·列维在关于税收、征兵等国家政策的跨国比较研究中提问，为什么有的政策得到公民的拥护和自主服从，而有的政策却遭到了反对和抵制？一个重要的解释变量是国家政策的合法性[2]（legitimacy）。公民作为理性人，其自主服

1 Levi, Margaret. *Of rule and revenue*. University of California Press, 1989.

2 Levi, Margaret. *Consent, dissent, and patriotism*. Cambridge University Press, 1997.

从，执行政策或法律的重要行为前提是，其认为参与这项政策或遵守这项法律将会最终使其获益。

公民对于法律的自主性遵守可以用同样的逻辑来解释。如果公民认为法律本身将会伤害其利益，或者经管法律制定很完善，而执行法律的机构无法在现实中实现其所应享的权利，那么该项法律在受众中的观感合法性（perceived legitimacy）就会下降。公民对法律的自主服从程度也会同样出现下降。对于这种现象具有代表性的研究是玛丽·加拉格尔（Mary Gallagher）对中国劳工使用法律维护自身权益的研究。[1] 早期中国地方政府在偏重经济增长的政绩观的影响下，多与辖区内的企业合谋，对工人争取自身合法权益的诉求往往采取推诿甚至压制的做法。因为预知地方法院无法替自己伸张正义，很多权益受损的劳工即使在明确知道相关劳动法规的情况下，也不会向法律系统求助，转而采取上访等较为激进的手段。加拉格尔将这种明明知法却不用法的行为称作"知情祛魅（informed disenchantment）"。很显然，这种现象的出现与法律受众对法律体系和执法者的失望是紧密相关的。

公民对于法律的自主性遵守的另一重要前提是具有相关的法律知识。这种知识不仅包括对法律条文本身的了解，还包括一旦有了法律诉求，可以通过何种手段、向哪些机构寻求帮助的知识。法律条文往往晦涩难懂，而公民的受教育水平又千差万别。如何确保文化水平迥异的公民对自身权利边界的各种细枝末节的规范有明确的了解？这时由国家背书的法治教育和普法运动就具有重大的意义。白素珊（Susan H. Whiting）的一项实验研究发现，通过报纸、电视、广播等媒体手段，对城市居民开展有关法律援助机构知识的宣传，可以显著地提高城市居民的法治意识。[2] 而且这项研究同时还发现，那些受到普法宣传的居民，对政府特别是中央政府的信任程度也显著提升。这表

1 Gallagher, Mary E. "Mobilizing the law in China: 'Informed disenchantment' and the development of legal consciousness", *Law & Society Review 40*, no. 4 (2006): 783–816.

2 Whiting, Susan H. "Authoritarian 'Rule of Law' and Regime Legitimacy", *Comparative Political Studies 50*, No. 14 (2017): 1907–1940.

明法律知识与政府的观感合法性可能存在某种内在的联系。当公民知晓其身处一个法律体系完善的社会（先不论法律的具体执行的效果如何），其对政府的信任感就会提升，也更有可能主动地遵守法律，并在有需要时寻求法律的援助。玛丽·加拉格尔的另一项研究也发现，受教育水平是决定受访者是否会采用法律手段保护自己利益的重要决定因素。[1] 这些研究发现给国家治理者的启示是，要提高公民对法律的自觉遵守，关键的第一步是健全公民的法律知识，增强公民的法律意识。

此外需要说明的一点是，寻求法律帮助未必是遭遇纠纷或不公正待遇时人们天然的第一选择。不少社会学研究发现，诉诸法律可能是人们最后迫不得已的举动。[2] 这种情况在具有“无讼”文化的中国更为明显，麦宜生（Ethan Michelson）在关于中国农村纠纷解决手段的问卷调查中发现，在所有遭遇纠纷的人群中，最终选择诉诸法律的仅有 1.8%。大量的受访者采用了诸如谈判、协商，甚至忍耐等非正式的纠纷解决手段。[3] 如果说对法制系统失望，不运用法律维护自身权利是对法治社会的一个威胁的话，那事事诉诸法律可能对法治社会同样是一个威胁。这可能使得通过法律寻求正义的过程变得冗长复杂，让那些真正对法律援助有迫切需求的人无法及时得到帮助。所以在正式的法律体系之外，如何建立一套有效的社会机制，让大部分的纠纷和冲突能以低成本的形式得到解决，同样对建立法治社会有着重要的意义。

（二）非正式制度的作用

法律条文和执行这些法规的执法机构，被学者归为正式制度的范畴。而那些没有落到纸上，仅存在于人们观念里的非正式制度，却有意识无意识地

1 Gallagher, Mary. *Authoritarian legality in China: Law, workers, and the state*. Cambridge University Press, 2017.

2 Miller, Richard E., and Austin Sarat. “Grievances, claims, and disputes: Assessing the adversary culture”, *Law and Society Review (1980)*: 525–566.

3 Michelson, Ethan. “Climbing the dispute pagoda: grievances and appeals to the official justice system in rural China”, *American Sociological Review 72*, no. 3 (2007): 459–485.

对人类的行为产生了重要的影响。部分的非正式制度在规范社会秩序方面甚至起到了与正式法律一样的作用。罗豪才将这部分的非正式制度称为“软法”。他认为“软法”是“一种法律效力结构未必完整、无须依靠国家强制保障实施、但能够产生社会实效的法律规范”。软法与正式的成文法“硬法”具有“法律逻辑上的错综复杂、法律功能上的优势互补、法律规范上的相互转化”三种基本关系。[1]

对于非正式制度的关注始于对现代国家形成之前社会组织的研究。阿夫纳·格雷夫（Avner Greif）对从事长距离跨地中海贸易的马格里布（Maghribi）商人建立的贸易联盟进行研究。[2] 如何在横跨几个国家和地区的贸易中有效地执行合同，确保贸易的代理商不会因图谋私利而违反约定？格雷夫运用历史合同文书和商业记录发现，马格里布商人之间建立了一套信息分享机制。一旦一个代理商有失信违约行为，这个信息会被贸易联盟内所有成员知晓，并且贸易联盟约定互相之间不再雇用有过失信记录的代理人。这种制度安排使得那些有机会主义倾向的失信代理人无法找到新的雇主来继续从事贸易活动，进而减少了他们一开始就失信违约的可能。马格里布商人之所以能建立起这样一个多边的信息共享机制，依靠的是他们之间相同种族和宗教信仰。这意味着诸如种族、宗教等社会制度，在合适的条件下也能起到和法律一样的规范作用。

基于这个研究结论，格雷夫在之后的研究中发现，中国和欧洲之所以出现所谓的“大分流”[3]，与两国社会制度间的差异息息相关。[4] 在欧洲较早就确立了城市生活和公民自治在社会中的主导作用时，帝制时期的中国家族血亲

1　罗豪才，宋功德：《认真对待软法——公域软法的一般理论及其中国实践》，载《中国法学》2006 年第 2 期。

2　Greif, Avner. “Contract enforceability and economic institutions in early trade: The Maghribi traders’ coalition.” *The American economic review (1993)*: 525–548.

3　Pomeranz, Kenneth. *The great divergence: China, Europe, and the making of the modern world economy.* Princeton University Press, 2009.

4　Greif, Avner, and Guido Tabellini. “Cultural and institutional bifurcation: China and Europe compared.” *American Economic Review 100*, no. 2 (2010): 135–40.

关系仍然是主导的社会制度。这种差异对两个区域之后的商业经济发展，法治发展水平上出现的分化产生了深远的影响。

张泰苏从中英两国角度出发同样尝试回答中欧发展的历史差异。[1] 在帝制中国时期，家族和地方社会扮演了重要的规范社会秩序的角色。与家庭文化伴生的尊重长者的文化使得贫穷但年长的个体在社区中能够获得与其财富所不相符的影响力。年长者在决定社区内资源分配（例如土地）和获得公共服务等方面较年轻的成员更具有发言权。这种基于长幼顺序的文化制度为社会中的贫穷群体提供了制度兜底。相比之下，在工业革命前期的英国，个体所掌握的财富（例如拥有土地的数量）决定了一个人经济和政治上的发言权。无论个人长幼与否，如果没有掌握一定数量的财产，那么其就无法获得名望与权力。这种社会制度上的差异使得中国传统社会并没有出现英国工业革命早期那样巨大的贫富差距，因为个体无论财富差异都会因年长而在社区内获得地位和尊重。

Michael Suk-Young Chwe 更进一步，运用博弈论解释各种传统和文化习俗等非正式制度存在的功能解释和其社会功效。[2] 他首先提出了社会合作依赖共同知识（common knowledge）的存在。共同知识不仅要求社会合作中的甲方知道乙方会采取和自己一样的行动，还要求乙方知道甲方已经知道自己会行动的意愿，以及甲方知道乙方已经知道自己知道乙方的行为意愿，并依此往复类推。共同知识的创造需要克服信息不对称的问题。依赖人与人之间机械的信息传递不仅效率较低，而且无法真正克服不完全信息的问题。崔时英认为那些为人广泛所知的传统和仪式，之所以能跨越历史而延续至今，是因为其起到了制造和传播共同知识的作用。不少看似不起眼的社会制度和习俗，可能对维系社会的顺畅运转起到了重要的作用。

1 Zhang, Taisu. *The Laws and Economics of Confucianism: Kinship and Property in Preindustrial China and England.* Cambridge University Press, 2017.

2 Chwe, Michael Suk-Young. *Rational ritual: Culture, coordination, and common knowledge*. Princeton University Press, 2013.

（三）信息技术对法治建设的影响

在已有的关于法治的研究中，尽管存在各种社会组织执行正式与非正式的规范，但政府往往被视为法律最终的执行者。随着信息技术的发展，人与人之间的交往，从简单的对话，到商业交易，越来越多地在网络虚拟空间进行。在这种情况下，一些承担了信息交流的网络平台在合同执行、解决纠纷、维护市场秩序等领域开始扮演起类似国家的职能。

刘立之和温加斯特研究了以“淘宝”为代表的网络交易平台的作用。[1]他们认为，中国的线上交易市场发展如此迅速，一个重要的因素是网络平台代替地方政府，实现了维护市场秩序、执行合同、减少违约欺诈等行为。他们认为，地方政府目前的治理能力还无法成为一个强有力且清廉公正的第三方执行机构，而且地方执法者保护市场参与者利益的承诺在有些时候也不可信。部分执法者还有与民争利，甚至利用手中权力侵害市场参与者利益的情况。这些不完善的制度因素都有可能阻碍基层市场的发展。

在这种情况下，网络交易平台作为一种地方政府维持下的市场规范的“制度性替代”得到了市场的欢迎。[2]首先，以淘宝为代表的交易平台建立了一套复杂的信誉系统、信用评分、欺诈检测程序，并建立了类似陪审团的纠纷解决机制。这一套体制有助于减少欺诈、确保合同的执行，保护经销商和消费者的财产权利。其次，这些市场保护手段并不依赖“执法者”的个人意志或偏好，而是通过交易平台的技术与规则设计实现。例如淘宝建立一套双向的评分机制，使得市场参与主体（商户和消费者）能够通过打分惩罚不守信的行为。又例如，对于交易合同的执行，这些平台引入了第三方托管平台（例如支付宝等），降低了不履行合同承诺的风险。即使是带有主观因素的“陪审团”纠纷解决机制，也通过随机分组、多数同意决策等手段尽量排除了

1　Liu, Lizhi, and Barry R. Weingast. “Taobao, Federalism, and the Emergence of Law, Chinese Style.” Working Paper, 2017.

2　马啸：《产权制度的中国经验及其学术意义》，载《北大政治学评论》2019 年第 1 期。

人为操纵的影响。这种基于技术的“去人格化”的市场规则，与传统的依赖人情、关系等的基层市场执法相比，不仅效率更高也更为公平。众多的网络交易平台的使用者，特别是中小微商人，不用再像之前那样需要花大量的时间和精力去经营与基层政府和执法者之间的关系，有效地降低了经商的制度成本。[1] 此外，不同于政府执法，需要承担相应的人力成本，而且需要经过一定的程序和等待，网络平台的纠纷解决机制的边际成本几乎可以忽略不计，而且问题解决的效率相比线下也更高。

当然信息技术辅助法治建设未必都产生正面效果。政治经济学家认为掌握了权力的个体只有贴近一线，真正了解治理对象的特点，才能够做出最适合的政策决定。这也是为何分权（即让一线治理的基层官员掌握更多的决策权）一直都被认为是一种有效的治理形式。[2] 同时，分权也被认为赋予了基层政府一定的抵制中央政府不合理决策的能力，可以增加政府对法治的可信承诺程度。[3] 然而基于平台的治理却将信息集中化了，也减少了基层执法者接触一线问题、解决现实问题的机会。这种信息的集中趋势一方面增加了系统性风险。如果平台一旦出现故障无法正常运行，而基层执法力量孱弱，将会对社会及市场的运行造成巨大的干扰。同时这种集中趋势也削弱了基层执法者的权力，如果上级政策出现方向性的错误，也将会缺乏有效的来自基层的制衡。

总之，信息技术的发展对法治的建设既是机遇也是挑战。如何衡量在技术驱动下的新型法治治理手段的效果，一个国家治理的能力会因为技术得到增强还是削弱？此外，社会在这种新型治理模式下又会做出何种反应？这些问题是信息时代关于法治的研究所需要关注的话题。

---

1 Liu, Lizhi, and Barry R. Weingast. “Law, Chinese Style”, Working Paper, 2017.

2 Bardhan, Pranab. “Decentralization of governance and development.” *Journal of Economic Perspectives 16*, No. 4 (2002): 185–205.

3 Weingast, Barry R. “The economic role of political institutions: Market-preserving federalism and economic development”, *Journal of Law, Economics, & Organization (1995):* 1–31.